미디어기업을 넘어
콘텐츠기업으로

미디어기업을 넘어 콘텐츠기업으로

저자_ 성열홍

1판 1쇄 인쇄_ 2010. 7. 2.
1판 2쇄 발행_ 2010.12. 27.

발행처_ 김영사
발행인_ 박은주

등록번호_ 제406-2003-036호
등록일자_ 1979. 5. 17.

경기도 파주시 교하읍 문발리 출판단지 515-1 우편번호 413-756
마케팅부 031)955-3100, 편집부 031)955-3250, 팩시밀리 031)955-3111

저작권자 ⓒ 성열홍, 2010
값은 뒤표지에 있습니다.
ISBN 978-89-349-3999-3   03320

독자의견 전화_ 031)955-3200
홈페이지_ http://www.gimmyoung.com
이메일_ bestbook@gimmyoung.com

좋은 독자가 좋은 책을 만듭니다.
김영사는 독자 여러분의 의견에 항상 귀 기울이고 있습니다.

세상을 바꾸는 소프트파워, 문화콘텐츠의 힘

미디어기업을 넘어
콘텐츠기업으로

이야기가 기술을 지배하는 콘텐츠 시대가 온다!

성열홍 지음

김영사

변화를 넘어선 미디어의 진화, 그 방향은 어디인가?

〈USA 투데이 USA Today〉는 '보도는 독자를 이끌고, 독자는 보도를 이끈
다'는 메시지를 통해 네티즌과의 활발한 소통을 위한 네트워크 저널리
즘을 강화하고 있다. 국내 방송사인 SBS 역시 'SBS 뉴스는 시청자 여러
분과 같이 만들어간다'는 슬로건을 내걸고 있다. 바야흐로 미디어 산업
에서도 고객과의 소통이 가장 중요한 화두로 떠오르고 있는 것이다.

1964년 마셜 맥루한 Marshall McLuhan은 "미디어는 메시지 Media is message"라
고 말한 바 있다. 즉 미디어 자체가, 그 미디어가 전달하는 어떤 메시지
보다 더 큰 영향력을 지니고 있다는 주장이었다. 하지만 이제 소비자들

의 역할 모델이 정보의 생산과 소비에까지 적극 참여하는 체험지향적 프로슈머prosumer로 진화하면서 '소비자가 미디어를 변형시키는 구조, 소비자가 만든 콘텐츠UCC가 더 각광을 받는 미디어 환경'이 본격 도래하고 있는 추세다. 디지털 미디어의 등장과 웹 2.0에 기반한 참여형·개인형 미디어의 확산이 미디어의 지형을 크게 변화시켜 나가고 있다. 조용한 변화를 넘어서는 미디어의 급격한 진화시대를 맞이한 것이다.

지난 세기의 미디어 산업은 전파의 희소성에 따른 독과점 구조 및 공익성 추구라는 배경을 갖고 있었다. 그러다가 상업적 속성을 전제로 한 다채널 케이블방송과 위성방송, IPTV가 연이어 등장하면서 '미디어 간 균형과 경쟁'이란 키워드가 방송정책의 기본 골격으로 자리 잡았다. 정체된 통신·방송 시장을 활성화시켜 새로운 일자리를 창출하고, 산업의 경쟁력과 효율화, 그리고 자율화를 추구하는 개념으로 그 흐름이 변화한 것이다. 나아가 방송을 포함한 음반·영화·게임·출판 산업 등의 디지털 문화산업을 집중 육성하기 위한 정책들이 활발하게 추진되고 있다.

다양한 업체의 진입과 경쟁 속에서 미디어 산업은 가치사슬의 일대 재편을 경험하고 있다. 과거에는 방송사가 엄격한 허가제의 유지, 그리고 전문 제작 및 기술 인력과 고가 방송장비의 자체 보유, 연기자를 전속제로 묶어둠으로써 그 권력을 오랫동안 유지할 수 있었다. 이러한 자원들은 방송사가 보유한 핵심역량이었다. 그러나 디지털 기술이 발전하면서 방송제작 및 편집장비들이 저렴한 가격으로 대중화되었고, 과거 방송사 내부의 핵심역량도 아웃소싱하는 형태로 변화하고 있다. 2009년 노벨 경제학상을 수상한 올리버 윌리엄슨Oliver Williamson 교수의 '가치사슬을 지배하는 법칙'에 따르면 '조직은 계속 거래비용이 적게 드는 쪽으로 변화한다. 이 법칙에 바탕한 아웃소싱 모델은 전통적인 미디어 산업 구조에 큰 변화를 불러일으키고 있다.

　디지털 기술의 발달과 인터넷의 보급 확산은 미디어 간 융합과 영역 파괴에 의한 '미디어 스크램블 현상'을 가속화시키고 있다. 이러한 변화에 따라 매스미디어의 중심에서 오랫동안 영상산업을 주도해 온 TV 매체는 치열한 경쟁환경 속에서 생존을 위한 사업적 변화를 모색해야 하는 처지에 직면해 있다. 지상파TV의 산 역사인 영국 공영방송사 BBC 의 마크 톰슨Mark Thompson 사장은 "BBC는 이제 방송사가 아니라 모든 플랫폼에 콘텐츠를 제공하는 종합 콘텐츠 기업으로 변신하겠다"고 선언한 바 있다. 이는 오늘날 TV라는 미디어의 현 주소를 잘 대변해 주고 있는 대목이다.

　2004년 크리스 앤더슨Chris Anderson 이 주창한 '롱테일long tail 법칙'은 미디어 산업 분야에도 빠른 속도로 영향을 미치며, 미디어 2.0 시대를 주도하고 있다. 이제 방송 시스템은 개별고객들의 다양한 요구와 전통적인 대량생산 시스템을 접목하는 이른바 '매스 커스터마이제이션mass-customization'을 수용한다. IT와 디지털에 의한 콘텐츠의 생산·저장·가공·배포 기술이 비약적으로 발전함으로써 가능해진 것이다.

　디지털 경제시대는 영원한 위기와 기회가 동시에 상존하는 패러다임이 지배한다. 아날로그 시대에는 승자뿐 아니라 많은 2등, 3등 기업들도 시장에 공존하면서 시장을 분할하고 있었다. 그러나 이제 검증된 상위 브랜드로 집중이 심화되면서 '승자 독식The winner takes it all'의 구조가 보편화되었고, 중간에 위치한 사업자의 지위는 점차 축소되는 경향이 두드러지고 있는데, 미디어 기업 또한 이 원칙의 예외가 될 수는 없는 상황에 이르렀다.

　이 책의 집필 목적은 미디어 빅뱅의 시대에 산업현장에서 전개되고 있는 커다란 변화의 물결과 진화의 방향을 공유하며, TV 매체를 중심으로 한 미디어 영상산업의 새로운 경영전략을 찾아 그 방향을 모색해 보는 데 있다. 점차 레드오션이 되고 있는 방송 미디어 산업을 블루오션으로 바꾸기 위해 이 책에서 논의하고 있는 사업전략들을 살펴보면 다음과 같다.

첫째, 디지털 시대를 맞아 각국의 주요 핵심산업 중 하나로 성장하고 있는 콘텐츠 산업의 특성과 진화방향, 미디어 산업의 경제적 속성에 대해 고찰함으로써 급변하고 있는 미디어 기술이 우리의 생활방식과 의식을 어떻게 바꿔놓고 있는지를 조명한다.

둘째, 다양한 비즈니스 모델 발굴에 미디어 산업의 성패가 달려 있음을 직시하고, 전통적인 미디어 업(業)의 3가지 경계인 '영역, 온·오프라인, 국경'이 무너지고 있는 현상 속에서 그 해결방법을 찾기 위해 다양한 사례와 사업전략을 살펴본다. 특히 고비용·저수익 유형의 기존 미디어 사업구조를 효율적인 디지털 생산·유통 시스템으로 바꿔 분화되어 있는 수용자를 끌어 모으고, 수익성을 개선할 수 있는 전략에 대해 분석한다.

셋째, 바야흐로 정보량과 미디어 유통채널이 급증하면서 브랜드 로열티와 차별화된 콘텐츠, 이를 효율적으로 전달할 수 있는 기술역량이 중요해지고 있다. 특히 불황의 여파로 쓰러진 기업의 시장까지 승자가 가져가는 '생존자 수혜의 법칙 survivor's effect'이 강화되고 있어 새로운 시각의 경영전략이 필요하다. 또한 오늘날과 같은 무한경쟁시대에서는 고객 기반의 확보와 유지, 위험을 적절히 분산하면서 상호 시너지가 발행할 수 있는 포트폴리오의 구성, 이를 지탱해 줄 수 있는 규모의 경쟁력 확보가 매우 중요하다. 이와 같은 전략을 잘 실천해 성공하고 있는 미디어 기업과 그렇지 못한 기업들의 사례를 수집, 분석함으로써 다양한 학습효과를 제시하고자 한다.

마지막으로 미디어 기업의 '글로벌라이제이션globalization'은 이제 미래 전략이 아닌 당면과제가 되고 있는 바, 세계시장 진출을 위한 전략적 과제들을 살펴본다. 국내 미디어 기업의 경우 자본력의 열세, 사업전략의 부족, 취약한 현지 인프라, 비효율적인 콘텐츠 라이브러리 운영 등의 요인들로 글로벌라이제이션은 아직 초보적 수준에 머물러 있다. 따라서 향후 글로벌 네트워크로 성장하기 위한 국내 미디어 기업들의 도전과제와 추진방향을 모색해 보고자 한다.

현재의 위기를 극복하고 새로운 블루오션을 찾아 접목하고자 하는 미디어 기업들은 공급자의 관점보다 소비자의 관점에서 해결방법을 찾아내야 한다. 소비자들은 더 이상 생산자가 내놓은 정보를 일방적으로 수용하려 들지 않는다. 기존의 대량 소비자들은 미디어 브랜드에 대한 충성도가 매우 높지만, 젊은 소비계층은 브랜드보다는 콘텐츠 자체를 더 중시하며 콘텐츠의 개인적 선택을 쉽게 해주는 컨버전스convergence 전송수단들을 선호한다. 그러므로 점점 세분화되어 가는 소비자들의 니즈에 적합한 '라이프 미디어'로의 변신이 필수적이다.

TV를 만드는 사람은 TV가, PC를 만드는 사람은 PC가, 휴대폰을 만드는 사람은 휴대폰이 디지털 컨버전스의 중심에 있다고 주장한다. 델Dell 컴퓨터의 마이클 델Michel Dell 회장은 다음과 같이 말했다. "진짜 중심은 기기나 매체가 아니라 소비자들이며, 이들에게 진정한 가치를 제공하는 기업만이 살아남을 것이다." 디지털 컨버전스 시대에 진정 중요한 것은 기술의 문제가 아니다. 소비자의 심리, 소비자의 라이프스타일에 맞춰 이들이 원하는 시간에 원하는 콘텐츠를 원하는 플랫폼을 통해 즐길 수 있도록 이끄는 라이프 미디어 기업만이 살아남을 것이다.

이 책에서는 디지털과 인터넷을 통해 급격히 바뀌고 있는 미디어 산업지도와 미디어 경제의 패러다임 변화를 정확히 파악하기 위해 가능한 한 현장 중심의 시각을 유지하고자 노력했다. 미디어와 엔터테인먼트 산업 분야에 종사하는 분들과 관련 학문을 연구하시는 분들에게 조금이나마 도움이 되었으면 하는 바람이 간절하다.

2010년 7월
성열홍

Part 4 미디어와 소비자의 변화

Part 5 미디어 사업의 성패는 소비자에 대한 이해에 달려 있다

콘텐츠 경제시대의 도래

디지털 경제와 감성의 하이터치 시대
미디어 산업의 경제적 속성
디지털 기술과 콘텐츠의 진화
이야기가 돈이 되는 시대, 스토리텔링

PART 1

CHAPTER 01

디지털 경제와
감성의 하이터치 시대

오랫동안 인류의 커뮤니케이션을 주도해 왔던 '문자text' 시대에는 이성적 사고와 합리성 추구가 핵심 코드였다. 하지만 오늘날 디지털 시대에는 인간의 본능적 감성에 어필하는 '영상visual'이 더 주목을 받고 있다. 젊은 세대들은 시각적인 감각과 총체적인 느낌, 내용보다도 이미지를 중시한다. 따라서 이제 영상은 이성과 감성을 아우르는 '통합적 소통론'으로 부상하고 있다. 노래를 부를 때 문자세대는 가사와 음절 속에서 감정을 느낀다. 이들에게 빠른 속도의 랩은 가사가 잘 들리지 않는 만큼 노래를 이해하기도 어렵고, 감흥 또한 잘 일어나지 않는다. 그러나 젊은 감성세대들은 비록 가사가 잘 들리지 않더라도 전혀 불편해 하지 않는다. 오직 느낌만으로 음악에 빠져든다.

산업혁명을 계기로 시작된 산업사회는 고도의 기술이 주도해 온 하이테크hi-tech 시대였다. 산업사회에서는 상품과 서비스를 창출하고 유통시키는 것이 경제활동의 중심이었고, 대량생산과 대규모 유통에 바탕한 '규모의 경제'가 경쟁력의 핵심이었다. 그리고 하이테크를 활용한 신제품의 연구 개발 메커니즘을 통해 사회가 발전되었고, 경제적 부를 창출했다. 20세기 산업사회 경제에서는 과학기술이 발달된 미국, 일본, 서유럽의 선진국들이 세계를 이끌어나갔다.

디지털 경제란 인터넷을 바탕으로 태어난 전자상거래나 인터넷 쇼핑몰, 검색 서비스 등을 의미한다. 이들 서비스는 디지털과 인터넷 기술의 발달에 따라 사면팔방으로 연결된 네트워크를 통해 생산과 소비, 유통의 새로운 질서를 확보했으며, 시공간을 뛰어넘는 경제 패러다임으로 확산되었다. 또한 소비자들이 공급자와 상품에 대한 정보를 얼마든지 손쉽게 얻을 수 있는 개방된 시장으로 전환되면서 공급자보다 소비자가 더 우위에 서기에 이르렀다. 또한 지식과 정보, 문화가 무엇보다 중요해지면서 감성이 중시되는 하이터치hi-touch 시대로 그 패러다임이 전환되고 있다.

산업사회에서 오랫동안 소외되어 왔던 지극히 아날로그적인 '감성'이 첨단기술을 기반으로 성장한 디지털 경제의 핵심 코드로 부활하고, 더 나아가 감성경제로까지 이어지고 있다는 사실은 진정 역설적이지 않을 수 없다.

디지털 코드와 영상

인간의 감성이 디지털 경제의 화두로 떠오른 것은 어떤 이유 때문일까? 여기에 대한 해답은 '정보통신의 발달'에서 찾을 수 있다. 오늘날 컴퓨터 시대는 네트워크를 통한 '접속의 시대 the age of access'를 활짝 열어주었고, 인류는 현실공간에서 가상공간으로, 산업자본주의에서 문화자본주의로, 문자시대에서 영상시대로, 재화의 직접적인 소유에서 접속을 통한 간접소유로 이동하는 거대한 흐름을 맞이했다. 사람들은 인터넷의 가상현실로 생활공간을 확장하면서 활자매체 시대의 합리적이고 이성적인 사고로부터 벗어나 감성적 사고로 빠르게 이동했고, 그 결과 이미지와 영상을 더 선호하게 되었다. 또한 기술 발달의 속도가 빨라질수록 불확실한 미래를 감각적으로 파악하려는 경향이 커지고 있다.

디지털 시대의 전도사로 불리는 미국 MIT의 니콜라스 네그로폰테 Nicholas Negroponte 교수는 "컴퓨터는 더 이상 계산기가 아니라 바로 생활 그 자체"라는 사실을 강조한다. 디지털과 인터넷, 네트워크는 우리의 일하는 방식과 커뮤니케이션 방식을 획기적으로 변화시켰다. 특히 신세대들에게 컴퓨터는 기술이 아닌 문화이며 놀이터다. 기성세대들은 낯설고 어려운 컴퓨터 언어를 익히기 위해 매뉴얼에 의지해 조심스럽게 접근한다. 반면에 디지털 세대인 'N세대 Net Generation'는 매뉴얼보다는 '감각적 인지(認知)'를 활용해 사용법을 익히며, 감성적이고 직관적인 감각을 요구하는 디지털 코드에 매우 익숙하다. 디지털 코드란 사진, 영화, TV, 비디오, 컴퓨터, 애니메이션 등과 같이 문자 텍스트의 개념을 기반으로 설계된 초언어적 코드로서 비언어적 매체인 영상이 그 중심개념을 이루고 있다.

커뮤니케이션 철학자이자 디지털 사상가인 빌렘 플루서 Villem Flussser는 《디지털 시대의 글쓰기 Die Schrift》에서 알파벳 문자가 디지털 코드에 의해 밀려나는 현상에 대해 다음과 같이 설명했다. "알파벳이 계몽의 코드로써 문자 텍스트를 통해 계몽에 성공하기까지 문자 발명 이래 3,000

년 이상의 세월이 소요되었지만, 디지털 코드를 통해 21세기의 새로운 계몽에 성공하는 데는 불과 몇십 년이면 충분할 것 같다." 탈문자 시대를 맞아 물질을 산출하는 방식보다 디지털 코드를 산출하는 방식이 많아지면서 상품의 미학적 가치가 증대되고 있으며, 이에 따라 영상 코드를 해석할 수 있는 상상력과 스토리텔링이 우리에게 중요한 현상으로 다가왔다.

사람들은 영상성이 증대될수록 영상세계의 감각적 속성과 놀이적 속성을 공간에 적용하려는 경향을 보이고 있다. 현대 산업에서 오락의 요소가 증대되고 있는 까닭이 여기에 있다.[1]

감성 기반의 미디어 소비 환경

인터넷 공동체는 감성의 공동체로서 네트워크라는 관계망을 통해 끊임없이 접속하면서 관심을 공유하고, 새로운 가치를 산출해 내고 있다. 인터넷 공동체는 소비자들의 습관도 변화시키고 있다. 즉 소집단의 유대감과 자기표현감, 재미와 즐거움, 감성적 만족 등을 찾아 소비하는 '감성기반 소비'가 확대되고 있다.[2]

경제학자 제레미 리프킨Jeremy Rifkin은 《소유의 종말The Age of Access》에서 "오늘날 산업화시대의 소유 개념은 점차 소멸되고, 접속으로 대체되어 간다"고 주장한다. 이른바 '접속의 시대'에는 거미줄 같은 전자 네트워크에 기반한 글로벌 경제가 상호 의존성의 관계망을 구축한다. 상품의 판매자와 구매자는 이 관계망 속에서 서비스의 공급자와 사용자로 바뀐다. 접속의 시대에서는 소유가 제공할 수 없는 인간의 감정이나 다양한 경험과 아이디어와 이미지들을 상품화·상업화한다. 이러한 특징 때문에 접속의 시대란 곧 '문화와의 접속'으로 정의될 수 있다. 새로운 네트워크 경제에서 사고파는 것은 아이디어와 이미지다. 공장이나 제조설비 하나 없이 브랜드만으로 운영되는 나이키Nike와 같은 기업들이 속속 등장하고 있으며, 단 한 평의 서고나 음반 매장도 없는 아마존닷컴Amazon. com이나 아이튠스iTunes 스토어가 버젓이 대형 유통점들을 밀어내고 있다. 이처럼 접속의 시대는 디지털 통신기술과 문화상업주의가 빚어낸, 고객 감성에 초점을 맞춘 새로운 패러다임이다.

이에 관한 대표적 사례로 '감성 마케팅emotional marketing'을 들어보자.

감성 마케팅이란 제품의 기본적 편익이나 기능보다는 그 제품이 갖고 있는 상징symbol, 메시지, 이미지를 중시한다. 따라서 제품의 질이나 가격 등을 우선하는 '이성 마케팅rational marketing'과는 본질적으로 다르다. 감성 마케팅은 소비자들이 좋아하는 자극이나 정보를 통해 제품에 대한 소비자의 호의적 반응을 불러일으킨다. 눈에 보이지 않는 감성이나 취향을 눈에 보이는 색채, 형태, 소재를 통해 형상화시키며 오감을 통해 느끼게 해주는 것이다. 이는 이성에 호소하기보다는 직관과 이미지를 중시하는 감성을 자극해 주며, 좀 더 쉽고 직접적으로 소비자를 사로잡을 수 있다.

감성 마케팅과 마찬가지로 디지털 시대의 미디어 사업 또한 감성소비가 주축을 이룬다. 동일한 메시지라도 전달매체나 방식에 따라 달라진다. 우리가 직접 얼굴을 맞대고 이야기하는 것과 신문을 통해 전달되는 것, TV를 통해 인식되는 것 사이에는 커다란 차이가 존재한다. 매체가 다르면 메시지가 달라지고 수용자가 세계를 인식하는 방법 또한 달라진다. 활자매체와는 달리 감성 코드에 기반한 TV 매체는 사용자를 완전히 가상현실로 몰입시키는 속성을 갖고 있다.

마셜 맥루한의 이론에 따르면, 한 가지 감각에만 의존함으로써 참여도가 떨어지는 라디오가 '핫hot 미디어'인 반면 TV는 '쿨cool 미디어'다.

즉 수용자로 하여금 여러 감각의 활용을 이끌어내게 함으로써 참여도를 높이도록 유도한다. 오늘날 TV 매체는 디지털 및 인터넷 기술기반과 접목되면서 다양한 기술형상들을 만들어내고 있다. 영상매체를 통해 경계를 넘나드는 디지털 콘텐츠는 고정된 형식이 아니라 다양한 형태로의 변화가 가능해졌으며, 공급자와 소비자 간 쌍방향 커뮤니케이션의 새로운 소통방식이 이루어졌고, 이질적인 기기와의 자유로운 인터페이스가 보편화됨에 따라 콘텐츠 소비의 시공간적 개념이 사라졌다. 여기에 감성적 소비성향을 지닌 세대들의 등장으로 콘텐츠의 영상 코드에 재미 코드가 강화되고 있으며, 수용자들의 능동적 참여를 통해 재미와 감동을 극대화한 체험형 콘텐츠가 날로 증가하고 있는 추세다. 결국 미래의 미디어 산업은 고도화된 기술 위에 감성과 예술을 중시하는 하이터치가 결합한 콘텐츠에 의해 그 성패가 좌우될 것으로 전망된다.

CHAPTER 02

미디어 산업의
경제적 속성

인간의 욕망은 무한한데, 이를 만족시킬 재화 생산에 필요한 자원은 부족하다. 여기서 '희소성의 법칙the law of scarcity'이 생겨난다. 이는 곧 경제학 원리의 출발점이기도 하다. 따라서 경제학이란 한 마디로 '희소성에 대처하기 위해 사람들이 어떤 선택을 하는지를 연구하는 학문'이라고 할 수 있다.

그렇다면 미디어 경제학media economics이란 미디어 기업들이 콘텐츠의 생산, 패키징packaging, 배급과 관련한 자원들을 활용해 어떻게 수용자와 광고주를 만족시키는지, 정보와 오락에 대한 사회의 욕구와 필요를 어떻게 충족시키는지를 다루는 학문으로 정의할 수 있다. 다원적 다매체 시대가 본격화된 1980년대 이후 미디어의 경제현상에 대한 깊은 학문적 관심 속에서 태동한 미디어 경제학은 광범위한 경제적 총계와 평균을 다루는 거시경제학이 아니라 개별시장, 생산물, 기업의 분석을 다루는 미시경제학적 접근을 취하고 있다. 연구자들은 주로 산업조직론의 분석틀을 도입해 미디어 사업자의 경제행위들에 대한 경제적 효율성과 이익에 미치는 영향요인들, 그리고 미디어 산업의 운용방식을 분석한다. 공적 영역에서 엄격한 규제를 받아왔던 미디어 기업들이 시대의 변화에 따라 경쟁환경에 노출되면서 일반기업과 동일한 경제활동을 영위하고 있기 때문이다. 미디어 기업들은 내부성장의 한계를 극복하기 위해 외부성장의 가장 적극적 방법인 '합병'을 통한 성장과 집중화를 추구한다. 이와 동시에 내부적으로는 '효율성'을 경영목표로 설정하고 있다. 그러나 엄밀히 말해 미디어 기업의 경제활동은 미시경제학에서 다루는 경제적 현상들이나 법칙들과는 다른 특수성을 갖고 있다.

예를 들어 미디어 기업들은 일반 기업들처럼 이윤추구가 목적인 상업적 조직의 성격만을 갖고 있는 것은 아니다. 미디어 기업들은 미디어 사업의 속성을 이용한 정치적·사회적 영향력을 행사함으로써 이윤을 넘어서는 대가를 얻는 경우가 많다. 2009년 기준으로 살펴보면, 국내 통신사업 시장은 그 규모가 무려 40조 원에 달한다. 반면에 수많은 사업자들이 난립해 있는 미디어 시장은 10조 원 규모밖에 안 된다. 하지만 사업적 성과를 떠나 사회적 영향력 면에서는 미디어 분야가 통신분야보다 훨씬 크다고 할 수 있다. 이러한 무형의 이익 창출 혹은 문화적 파급력을 갖춘 미디어 산업의 경제활동은 일반 경제학에서 다루는 현상들과는 확연히 다른 가치들을 지니고 있다. 한 걸음 더 나아가 디지털과 인터넷이 미디어 산업에 지대한 영향을 미치면서 미디어에 적용되어 왔던 전통적인 경제법칙들과 현상들도 뚜렷한 변화를 맞이하고 있다.

콘텐츠는 공공재이자 사유재

한 사람의 소비가 다른 사람의 소비를 배제하는 특징을 가진 재화를 '순수 사유재pure private good'라고 한다. 예를 들면, 어떤 사람이 배 한 개를 먹을 경우 다른 사람은 그 똑같은 배를 먹을 수 없고, 백화점에서 한 사람이 구매한 양복 한 벌은 오로지 먼저 구매한 사람만 입을 수 있다. 이처럼 사유재는 소비의 경합성rivalry을 갖고 있으며, 소비하는 사람의 수와 그 생산가격은 긴밀한 관계를 가진다.

반면에 공공재는 '비경합 소비 non-rivalous consumption'의 특징을 갖는다. 동일한 재화를 여러 사람이 서로 경합을 벌이지 않고 동시에 소비할 수 있는 경우를 뜻한다. 공공재의 대표적 사례들 중 하나가 곧 '방송 프로그램'이다. 특정한 한 시청자가 특정한 프로그램을 시청한다고 해도, 이는 다른 사람의 시청에 전혀 영향을 미치지 않는다. 따라서 소비하는 사람의 수와 프로그램 생산가격은 상호무관하다. 사유재와 공공재 간의 관계는 매우 단순하다. 사유재는 사적으로, 공공재는 공적으로 소유·관리될 때 그 효율성이 달성된다.

그런데 방송 프로그램이나 영화, 책의 내용들은 공공재와 사유재의 두 가지 요소를 동시에 지니고 있다. 이들 콘텐츠 재화는 공공재이지만 소비자들에게 사유재 형태로 전달되고 있기 때문이다. 공공재의 사적 생산과 공급은 경제성을 확보하기 위해 다른 사업자의 진입이나 경쟁으로부터의 독점력이 요구되며, 무임승차자를 배제해야 이익이 증가한다. 유료 케이블TV 방송이나 고속도로의 통행료 징수를 좋은 사례로 꼽을 수 있다.

미디어 생산물의 높은 초기 생산비용과 고정비용은 기타 산업과는 달리 비용 절감을 어렵게 하고 있다. 따라서 소비자 수를 늘릴수록 고정원가가 분산되는 '창구화'를 통해 이윤을 창출한다. 미디어 생산물을 동일한 가격으로 제공하면 해당 생산물에 대한 가치를 그 가격보다 아래에 두고 있는 소비자들은 배제된다. 그러므로 이는 매우 비효율적이다. 미디어 콘텐츠는 '창구 효과window effect'가 가장 잘 발휘되는 산업이다. 동일한 콘텐츠라도 시차별·매체별·지역별 노출창구에 따른 차별된 가격을 통해 가치를 창출할 수 있는데, 이는 영화나 TV 프로그램의 공공재적 성격을 철저하게 이용하는 방법이다.

미디어의 네트워크 외부효과

'네트워크 외부효과network externality effect'란 네트워크 규모가 커질수록 네트워크 가치가 증가하는 것을 말한다. 전화, 팩스, 이메일, 인터넷 등은 가입자가 많아질수록 더 많은 통신이 가능해진다. 따라서 대규모 네트워크 형성을 통해 소비자에게 직간접적으로 더 많은 혜택을 주는 효과를 창출한다. 일반 경제시장과는 달리 네트워크 시장은 '수익체증increasing returns'의 원칙이 존재하는 특성을 지니고 있다.

미디어 사업에서도 이와 같은 네트워크 외부효과가 발휘된다. 미디어 사업의 규모는 하드웨어, 소프트웨어, 서비스 망(網), 콘텐츠, 부가서비스 등 네트워크를 구성하는 요소들을 포함한다. 따라서 미디어 사업의 규모 또한 네트워크 규모로 간주될 수 있다. 네트워크 규모가 커질수록 해당 미디어 기업은 다양한 보완재를 개발, 더 나은 가치를 소비자들에게 공급함으로써 소비자들의 가입이 가속화되는 선순환을 실현한다. 소비자들은 다른 네트워크로 전환하고자 할 때는 전환비용을 부담해야 하기 때문에 네트워크 규모를 고려해 수용 여부를 결정하는 뚜렷한 경향을 나타낸다. 결국 미디어 사업은 네트워크 외부효과를 통해 '기존 가입자 수가 많으냐, 적으냐'의 여부가 '신규 가입에 중요한 영향을 미치는' 속성을 드러낸다. 케이블방송, 위성방송, IPTV 등 유사한 서비스를 제공하고 있는 방송사업자들이나 인터넷 서비스 제공업체들, 그리고 포털들의 네트워크 외부효과는 매우 크다. 따라서 그들은 가입자 기반 확보를 향한 치열한 경쟁을 벌이고 있다.

네트워크 외부효과를 유지하기 위해 선두 미디어 사업자들은 '잠금효과lock-in effect' 전략을 사용한다. 원래 잠금효과 전략이란 기본 세트의 가격을 낮게 책정해서 신규 고객을 확보하고, 그들이 고정고객으로 자리 잡으면 계속해서 다른 연관제품들을 구매하게끔 유도함으로써 기본 세트 판매시 책정했던 낮은 이윤을 만회하는 것을 뜻한다. 미디어 사업의 경우 네트워크 외부효과를 통해 규모가 커질수록 소비자에 대한 보상 잠재력이 높아지고, 막대한 비용이 소요되는 기술개발에 대한 인센티브가 발생한다. 이로써 소비자들에게 더 많은 가치를 제공할 수 있다. 이처럼 지속적인 가치를 소비자에게 제공하면 잠금효과가 발휘되어 고객 이탈을 방지할 수 있다. 이를 통해 다른 미디어 기업과의 경쟁에서 결코 쉽게 무너지지 않는다. 소비자 역시 기존의 서비스나 기술을 버리고 다른 서비스로 전환하고자 할 때 유무형의 손실 부담으로 쉽게 이동하지 못하는 것이다.

문화적 할인

'문화적 할인cultural discount'이란 하나의 문화 콘텐츠가 다른 문화권에서 소비될 때 언어나 그 밖의 문화적 맥락의 차이 등으로 말미암아 소비나 감상의 수준에서 일정 부분 손실이 발생한다는 개념이다. 예를 들어 미국의 문화 콘텐츠가 동일한 언어권인 캐나다에 진입할 때는 문화적 할인을 거의 경험하지 않는다. 반면에 언어도 다르고 문화도 다른 나라에 진입할 때는 문화적 할인율이 크게 작용한다. 진입하고자 하는 나라의 국민들은 자국의 생활습관을 반영하고 자국의 언어와 이미지에 바탕한 문화 콘텐츠를 우선적으로 선호하기 때문이다.

언어, 생활습관, 배경이 되는 공간, 스타 연예인 등 문화적 할인을 불러오는 요인들은 다양하다. 또한 문화적 할인의 폭은 매체나 장르별로도 달라질 수 있다. 예를 들어 언어가 중요한 문학작품들은 그 문화적 할인의 폭이 커질 수밖에 없다. 특히 시(詩)와 같이 '생산된' 언어의 중요성이 크게 작용하는 경우에는 할인의 폭이 매우 커진다. 또한 언어가 그다지 중요하지 않은 클래식 음악보다는 언어나 생활습관이 비중 있게 작용하는 대중음악의 할인 폭이 훨씬 크다.

반면에 영화나 TV 같은 영상매체는 언어와 함께 이미지가 전달되는 특징을 갖고 있다. 이 경우 배우들의 대사와 같은 언어적 요소는 문화적 할인에 구속받지만, 이미지는 크게 구속받지 않는다. 그러므로 이미지가 강조되는 할리우드 블록버스터 영화들은 문화적 할인의 폭이 크지 않은 반면, 로맨틱 코미디와 같이 언어나 관습의 차이가 뚜렷한 장르의 경우에는 문화적 할인의 폭이 커진다. 스펙터클한 미국 드라마가 우리나라에서 열풍을 불러일으킨 것은 결코 우연이 아니다. 창의적이면서 차별화된 소재, 기발한 아이디어와 박진감 넘치는 스토리, 탄탄한 구성으로 시청자들의 눈길을 사로잡는다. 우리나라의 역사 드라마 〈대장금〉이 상이한 생활풍습과 음식문화에도 불구하고 무슬림 국가들에서까지 인기를 끌고 있는 것도 이와 같은 맥락에서 해석될 수 있다. 결국 문화 콘텐츠의 해외시장 지배력은 콘텐츠 자체에 투입된 생산비용과 이를 수용하는 나라에서 겪는 문화적 할인 폭 사이의 긴장을 통해 결정된다고 할 수 있다.

범위의 경제와 규모의 경제 효과

'범위의 경제economy of scope'란 효율성의 중심논리로서 기업이 두 가지 제품을 동시에 생산할 때 소요되는 비용이 별개의 두 기업이 각각 한 제품씩 생산할 때 소요되는 비용의 합보다 작다는 것을 의미한다. 연구개발·판매·생산 등은 공동 이용하면서 제품의 종류만 달리할 경우, 비용은 적게 들고 효과는 극대화하는 장점이 있다. 단일 SO(종합유선방송사업자)로 출범한 케이블TV 방송국들이 인수합병M&A을 통해 거대 MSO(복수 종합유선방송사업자)로 재탄생, 생산과 공급 요소의 기능을 조절해 효율성을 증대시켜 이윤을 높이고 있는 것을 대표적 사례로 꼽을 수 있다. 한 사업자가 다수의 복수 채널을 가지고 운영하는 MPP(다채널 방송사업자)도 마찬가지다.

미디어 사업은 범위의 경제를 통한 '규모의 경제economy of scale'를 실현한다. 다수의 생산물을 동일한 시설을 이용해 생산하기 때문에 산출물이 증가할수록 고정비용은 감소한다. 투입 규모와 생산 규모를 크게 할수록 단위당 생산비용이 낮아지면서 수익이 향상되는 현상이 발생한다.

또한 미디어 기업이 규모의 경제를 발생시키는 이유는 미디어 생산물의 특성에서도 찾아볼 수 있다. 미디어 생산물은 초판 생산에 대부분의 생산비가 투입되고 재판부터는 단순히 복제비용만 추가되기 때문에 한계비용이 발생하지 않는다. 아울러 미디어 상품을 수용자에게 판매하고, 이 수용자를 광고시장에 판매하는 이중상품의 특성을 지니고 있다. 하나의 상품을 생산해 두 개의 상품으로 거래하기 때문에 미디어 사업에서 규모의 경제는 매우 중요하다.

원 소스 멀티 유즈

원 소스 멀티 유즈one source multi use 란 하나의 콘텐츠를 서로 다른 장르의 매체에 적용해 경제적 파급효과의 최대화를 도모하기 위한 마케팅 전략이다. 이는 문화 콘텐츠 산업의 가장 큰 특징이기도 하다. 《해리포터》나 《반지의 제왕》과 같은 소설이 영화로 제작되고, 디즈니Disney 의 다양한 캐릭터가 영화, 게임, 완구 등으로 다양하게 재포장되어 팔리고 있는 것을 예로 들 수 있다. 특히 디지털 콘텐츠와 온라인이 크게 발달하면서 각 매체별 경계가 허물어지고 콘텐츠의 이동이 자유로워짐으로써 원 소스 멀티 유즈의 시너지와 경제적 효과는 더욱 커지게 되었다. 이에 따라 기획단계에서부터 영화·게임·애니메이션·캐릭터 등을 고려해 문화 콘텐츠를 개발하는 것이 보편적 추세다. 한 장르에서 특정 소재가 인기를 끌면 추가비용의 부담을 최소화하면서 다른 상품으로 전환해 높은 부가가치를 얻을 수 있기 때문이다.

특히 사양산업으로 치부되던 영화가 오늘날까지 대중이 가장 좋아하는 문화상품으로 생명을 이어올 수 있었던 비결이 곧 원 소스 멀티 유즈 덕분이다. 극장용 영화는 DVD로 출시된 후 인터넷, 케이블TV, 지상파TV를 거치면서 그 수익이 극대화된다. 아울러 영화 캐릭터 판매사업도 병행한다. 최근 인기를 모으고 있는 새로운 장르인 '무비컬(영화＋뮤지컬)'도 원 소스 멀티 유즈의 하나다.

영화의 원 소스 멀티 유즈는 매체별 '홀드백hold back 기간(콘텐츠 부가 판권이 한 곳에서 다른 곳으로 넘어가는 데 걸리는 시간)'을 조정해 수익을 최대화하는 경제적 메커니즘을 적용하고 있다. 흥행이 좋을수록 극장에서 상영하는 기간이 길어지는 대신 비디오 및 DVD 출시와 TV 매체 판매가 지연되며, 극장 흥행실적이 저조하면 2차 판매를 앞당겨 극장 마케팅의 영향력을 최대한 활용, 부가창구에서 재정적 손해를 보전하고

자 한다. 한 편의 영화가 흥행에 성공하면 원 소스 멀티 유즈 전략을 통해 막대한 부를 창출하지만, 실패하면 막대한 손실을 초래하는 전형적인 '하이 리스크high risk, 하이 리턴high return' 유형의 비즈니스 속성도 아울러 갖고 있다.

사라지는 희소성의 법칙

모든 경제행위의 출발점인 희소성의 법칙은 적어도 콘텐츠 자원이 무한하게 유통되는 인터넷 공간에서는 적용되지 않는다. 인터넷 공간에서의 희소성은 자원이 아니라 '클릭click'이라고 할 수 있다. 더욱이 콘텐츠의 무한복제와 배포가 가능하고, 복제비용이 들지 않는 디지털 기술이 실현되면서 미디어의 진입장벽이 무너지고 있는 현실이다. 따라서 희소성의 법칙의 영향력은 아주 미미하다. 이처럼 기술의 발전이 미디어의 경제원칙은 물론 콘텐츠의 내용과 형식을 변화시켜 나간다.

무릇 경제란 무엇을 생산하고 어떻게, 언제, 어디에서 생산하며, 누구를 위해 생산하는가를 결정하는 메커니즘이다. 그 결정은 소비자, 기업, 정부라는 세 행위자를 통해 시장에서 이루어진다. 그러나 오늘날과 같은 디지털 경제의 시대에는 소비자도 엄연히 생산의 주체가 되고 있다. 생산자를 뜻하는 '프로듀서poducer와 소비자를 의미하는 컨슈머consumer를 합한 이른바 '프로슈머prosumer'가 출현한 것이다. 과거에는 오직 기업만이 독점했던 정보력을 소비자들도 확보하기에 이르면서, 소비자가 제품의 생산단계에서부터 참여하는 것은 물론 가격정책에까지 그 영향력을 미치고 있는 시대가 도래했다. 따라서 이제는 셀 수 없이 쏟아져 나오는 미디어 상품들 속에서 '어떻게 하면 소비자들에게 각인시켜 구매를 유도할 것이냐'의 문제가 미디어 사업의 성패를 가름한다.

〈뉴욕 타임스New York Times〉일요일판에 실리는 정보는 15세기에 작성된 모든 문서를 합한 것보다 많다고 한다. 그만큼 정보가 넘쳐나는 세상이 되었다. 보통사람들의 거실에서도 100개가 훨씬 넘는 방송채널들이 수많은 프로그램들을 쏟아내고 있다. 인터넷에서도 각종 정보와 오락물이 넘쳐나고 있어 콘텐츠의 희소성을 통해 가치를 창출하던 경제법칙은 점점 사라지고 있다. 그 대신 수많은 콘텐츠를 정작 소비하고 향유해 줄 인간의 '관심'이란 자원이 날이 갈수록 희소해지고 있다. 각개인들에게는 스스로 그 소중한 '관심'을 어떻게 배분해 유익하게 사용할 것인지가 핵심 화두로 떠올랐고, 미디어 사업에서는 많은 사람의 관심을 어떻게 끌어 모을지가 사업성패의 관건이 되었다.

사회학자이자 경영학자인 토머스 데이븐포트Thomas Davenport는《관심의 경제학 The Attention Economy》에서 다음과 같이 말한다. "관심에 대한 희소가치가 폭등하면서, 관심은 이제 돈만큼이나, 때로는 돈 주고도 못살 만큼 귀중해진 자원이 되었다."

CHAPTER 03

디지털 기술과
콘텐츠의 진화

　2009년 여름, 〈해운대〉라는 한국영화 한 편이 공전의 히트를 기록했다. 영화의 폭발적 인기에 힘입어 촬영지인 부산은 밀려드는 관광객들로 경제 특수를 누렸다. 나아가 〈해운대〉 이후 많은 영화들이 부산에서 속속 제작되면서, 부산은 한국의 할리우드로 떠올랐다.

　1,000만 관객의 신화를 쓴 〈해운대〉의 힘은 과연 어디에서 나온 것일까? 한국적 정서를 담은 스토리텔링으로 관객들에게 깊은 감동을 주었다는 사실도 중요한 역할을 했겠지만 무엇보다 한국 최초의 재난영화를 표방한 최첨단 디지털 영상 표현기술의 힘이 흥행의 가장 큰 비결이었다. 거대한 쓰나미가 해운대를 덮치는 장면을 중심으로 긴박하게

전개된 재난상황들은 컴퓨터 그래픽과 특수효과 기술을 통해 실제 현실보다 더 생생한 가상현실을 만들어냈다. 물론 할리우드의 최고 기술 수준에는 못 미치지만, 그래도 관객들의 감탄을 자아내기에 충분했다.

인간의 오감을 무한대로 확장해 주는 디지털 IT 기술과 매력적인 콘텐츠가 만나면서 '단순히 보는 즐거움을 뛰어넘어 함께 느끼는 공감각적 이미지'를 제공해야만 성공하는 시대가 온 것이다. 콘텐츠의 진화에는 한계가 없다. '느끼는 콘텐츠, 입고 만지는 콘텐츠, 상호 교감하는 콘텐츠, 감성을 공유하는 콘텐츠'로까지 무한 진화를 꿈꾼다. 머지않아 옷처럼 입는 웨어러블 PCWearable PC, 햅틱폰 같이 촉감을 재현하는 터치 TV, 몸으로 즐기는 닌텐도 게임기 위wii 등이 합해져 사용자가 오감으로 콘텐츠를 만끽할 수 있는 단계로 빠르게 발전해 나갈 전망이다.

디지털 콘텐츠의 특징

IT 컨버전스 기술은 콘텐츠의 모든 요소를 자유롭게 표현하고, 다양한 미디어와 연결시켜주고, 인간의 삶을 더욱 풍요롭게 만들어가고 있다. 이제 콘텐츠 산업은 무한 기회를 창출하는 산업, 고효율의 경제적인 문화산업, 첨단기술과 예술이 접목된 데카르트(기술tech + 예술art) 산업, 전 세계인이 함께 즐길 수 있는 글로벌 수출산업으로 각광받고 있다.

디지털 기술의 발전에 힘입어 콘텐츠의 정의도 그 외연이 확장되고 있다. 원래 콘텐츠는 형식form 이나 틀container, 표현expression 과 대비되는 '내용'을 의미해 왔다. 또한 콘텐츠는 대체로 내용물과 항목들을 담는 복수형contents 으로 사용된다. 쉽게 비유하자면 물컵은 물을 담는 틀인 컨테이너이고, 컵에 담긴 물이 콘텐츠다. 이를 미디어 산업에 적용해 보면 영화관, 신문, TV, PC 등은 컨테이너이고 그 안에 담겨 있는 말과 내용이 콘텐츠다.

그렇다면 '디지털 콘텐츠'란 어떤 의미일까? 사전적 정의에 따르면, 디지털 콘텐츠는 '각종 유무선 통신망을 통해 매매 또는 교환되는 디지털화된 정보의 통칭', '유·무선 통신망에서 유통될 수 있도록 디지털 방식으로 제작하거나 처리된 콘텐츠'로 풀이된다.

디지털 콘텐츠의 가장 큰 특징으로는 '비파괴성'과 '항상성'을 들 수 있다.

첫째, 디지털 자료는 아날로그 자료와는 달리 시간이 지나도 색상이나 형태가 변하지 않고, 복제시에도 항상 똑같은 품질을 유지할 수 있다. 오래된 필름이나 녹화 테이프에서 나타나는 이른바 비가 줄줄 내리는 등의 열화현상이 없다.

둘째, 디지털 콘텐츠는 다양한 변형성을 갖고 있다. 콘텐츠가 디지털화되어 있기 때문에 별도의 비용을 들이지 않더라도 정보를 추가·삭제할 수 있으며 수정도 가능하다.

셋째, 디지털 콘텐츠는 스토리지에 저장할 수 있기 때문에 보관이 편리하고 공간적 낭비가 거의 없다. 아울러 네트워크를 통해 언제 어디서든지 보관된 콘텐츠를 공유할 수 있다(아날로그 방송 테이프나 영화 필름을 보관하기 위해서는 항온·항습 설비가 잘 갖춰진 넓은 보관장소가 필요하며, 자료의 세심한 관리가 요구된다).

넷째, 콘텐츠의 자유로운 결합성을 들 수 있다. 여러 종류의 디지털 콘텐츠를 손쉽게 결합해 더 나은 하나의 콘텐츠로 만들거나 또 다른 버전의 콘텐츠를 생산해 낼 수 있다. 또한 하나의 콘텐츠를 여러 개로 나누어 재(再)제작함으로써 멀티미디어 콘텐츠의 생산이 매우 용이하다. 아울러 방송과 통신 콘텐츠가 웹기반으로 융합되면서 웹의 멀티미디어 기능이 강화되었고, 디지털 콘텐츠 유통 채널의 다양화가 가속되고 있다.

다섯째, 디지털 콘텐츠는 네트워크를 통한 신속한 배급과 유통이 가능하다. 매체별로 복잡하게 포맷format을 변환해야 하는 아날로그 콘텐츠와는 달리 디지털 시네마 극장에서부터 디지털 방송과 온라인 VOD에 이르기까지 쉽게 배급할 수 있게 해준다.

그러나 열화현상 없이 무한복제가 가능하다는 디지털 콘텐츠의 장점은 거꾸로 무단복제와 정보의 유출이 쉽게 이루어질 수 있다는 단점을 수반한다. 따라서 디지털 콘텐츠의 무단복제와 불법사용을 방지하고, 디지털 저작권관리를 위한 DRM digital rights management 이나 효율적인 콘텐츠 관리·운용을 위한 CMS contents managemant system 가 개발·활용되고 있다.

디지털 콘텐츠의 끊임없는 진화에 힘입어 가정에서도 HD 콘텐츠는 기본이고, 이제 초고화질의 3D 콘텐츠까지 즐길 수 있게 되었다. 흔히 IT 기술의 발전 속도를 설명할 때는 '도그 이어dog year'라는 표현을 자주 인용한다. 사람의 1년이 개에게는 7년에 해당하고, IT 산업의 1년은 우리가 생각하는 7년과 맞먹는다는 의미다. 빛의 속도로 진보하는 디지털과 IT, 컨버전스 기술은 미디어·통신·인터넷의 고유영역을 무너뜨리면서 미디어의 산업지도를 급속히 개편하고 있다. 디지털 콘텐츠와 미디어 산업의 육성을 지원하고 촉진해야 할 국가의 정책과 제도보다 기술 발전속도가 훨씬 빨라 산업의 발전을 저해하는 현상이 빚어지기도 한다.

김명곤 전 문화부장관은 "미디어의 발전 속도는 1미터를 가는데, 법과 제도의 발전은 1밀리미터를 간다"고 표현하며 정책담당 부처의 고충을 토로하기도 했다.

콘텐츠의 변함없는 가치는 아날로그적 힘

디지털 콘텐츠의 궁극적 진화방향은 어디를 향하고 있는 것일까? 물론 디지털 콘텐츠는 사람의 감정과 더 잘 소통할 수 있는 방향으로 발전해 나갈 것이다. 하지만 콘텐츠 자체가 갖고 있는 아날로그의 힘은 여전히 변하지 않을 것이다.

국내 한 이동통신사의 '대한민국 보고서, 고향부모 방문'이라는 영상통화에 관한 TV 광고를 떠올려보자. 시골에 사는 노부부가 "우리는 아무것도 필요없다"라고 말하면서도 고장 난 TV를 아들에게 영상폰으로 보여주고, "연속극은 옆집 가서 본다"는 능청스러운 연기에 시청자들은 웃음을 자아낸다. 아들이 보낸 신제품 TV가 시골집으로 배달되자 이번에는 물이 새는 세탁기를 보여주는 노부부의 쇼가 계속된다. 이 TV 광고가 전달하고자 하는 핵심 메시지는 먼 곳에 있는 사람과도 손쉽게 영상통화를 나눌 수 있다는 '디지털 기술의 놀라운 발전'이 아니다. 멀리 떨어져 계신 부모님의 얼굴을 직접 뵈면서 사랑과 정을 나누는 통화를 할 수 있다는 '감성가치가 더 소중하다'는 사실을 따뜻하게 일깨워주고 있는 것이다.

미디어 기업 역시 다양한 디지털 기술을 활용해 고화질의 다양한 콘텐츠를 더욱 빠르고 편리하게 전달하고 있다. 하지만 소비자들이 인지하는 가치의 핵심은 아날로그적 감성을 담은 콘텐츠들로부터 창출된다. 미디어가 담아내고 있는 콘텐츠가 '얼마나 독창적이며, 소비자들에게 느낌을 줄 수 있는 것인가'라는 점이 더 중요한 것이다. 드라마와 영화뿐 아니라 요즈음의 TV 광고 역시 최첨단 컴퓨터 그래픽을 자유자재로 활용한 덕택에 현란한 화면의 생성은 물론, 3D 광고까지 등장해 때로는 드라마보다 더 박진감 넘치고 재미있는 표현을 생생하게 전달한다. 그러나 광고의 본질은 소비자의 마음을 읽고, 소비자의 마음을 움직이게 하는 메시지를 제공하는 데 있다. 광고의 메시지인 콘텐츠를 소비자에게 좀 더 효과적으로 전달하기 위해 첨단의 표현 기술을 활용할 뿐이다.

2000년대 들어 맥도널드McDonald는 비만의 주범, 정크푸드의 대명사라는 오명을 쓴 채 그 브랜드 가치가 지속 하락하는 위기에 몰렸다. 이를 타개하고자 맥도널드는 '프리미엄 샐러드', '건강식 닭요리', '애플파이' 등의 신제품을 출시했다. 그러고는 테니스 스타 자매인 비너스 윌리엄스와 세레나 윌리엄스를 광고 모델로 기용, 자사의 제품에 웰빙푸드의 이미지를 입히고 건강의 중요성을 강조하는 등 각고의 노력 끝에 2006년을 기점으로 브랜드 가치를 다시 상승시키는 데 성공했다. 그런데 여기서 한 가지 흥미로운 사실이 있다. 맥도널드의 브랜드 이미지를 실추시킨 가장 큰 원인은 패스트푸드에 탐닉하는 자녀들이 아니라, 자녀들이 패스트푸드를 먹도록 방치해 둔 어머니들의 죄책감과 의구심에서 비롯되었다는 것이다. 이 같은 사실을 파악한 맥도널드는 광고 캠페인을 통해 자신들의 제품이 안심하고 먹어도 되는 건강식품이라는 점을 부각시켜 부모들이 자녀들의 먹을거리 관리를 소홀히 하고 있었다는 심리적 죄책감을 덜어주는 데 주력한 것이다.

최근 들어 차가운 이미지의 디지털에 아날로그적 인간의 감성을 입힌 '디지로그digilog' 제품이나 서비스를 우리 주변에서 많이 찾아볼 수 있다. 전자펜으로 직접 손글씨를 쓰거나 그림을 그려 입력하는 태블릿PC, 한국인 고유의 촌수(寸數)에 디지털 문화를 입힌 싸이월드 미니홈피, 평범한 사람들의 참여를 통해 날마다 업데이트되는 디지털 백과사전 위키피디아, 우리에게는 생소하기 짝이 없는 동계올림픽 스키 점프종목에 도전하기 위해 똘똘 뭉친 선수들의 이야기를 그린 영화 〈국가대표〉 등이 좋은 사례들이다. 〈국가대표〉에 등장하는 코치와 선수들은 이른바 비주류 인생들이다. 변변한 연습장도 없는 탓에 공사장에 점프대를 설치해 훈련하고, 오토바이 헬멧과 공사장 안전모로 보호장구를 대신하는 등 아날로그적 열정 하나만으로 첨단과학과 기술의 지원이 절실하게 요구되는 스키 점프에 도전한다. 마침내 그들은 화려한 시설들이 갖춰진 올림픽 스키장 점프대 위에서 조금도 주눅 들지 않은 당당한 모습으로 최선의 성적을 거두었다. 관객들은 이 같은 부조화에서 깊은 감동을 받는다.

2008년 서울디지털포럼의 미디어 정상회의 기조연설에서 바이어컴 Viacom 그룹의 섬너 레드스톤 Sumner Redstone 회장은 다음과 같이 말했다. "미디어 환경이 아무리 변해도 변하지 않는 세 가지 가치가 있다. 그것은 바로 '콘텐츠'와 '세계화', '규제'다. 그리고 콘텐츠는 과거나 미래에도 항상 왕이다."

디지털 기술의 발전은 미디어 산업을 국경과 매체를 초월한 수준으로 발전시키고 있다. 하지만 콘텐츠 자체의 가치는 어제도 오늘도, 그리고 내일도 불변이라는 진리를 그는 강조하고 있는 것이다.

시대의 변화에 관계없이 콘텐츠의 본질은 인간의 감성에 기반한다. 디지털 시대에도 변치 않는 영원한 콘텐츠의 감성가치를 통해 우리는 디지털 미디어의 휴머니즘 시대에 접어들고 있다.

소프트파워에 밀려났던 IBM과 몽골제국

바야흐로 세계는 '제조기반의 경제시대 manufacturing based economy'를 거쳐 '지식경제시대 knowledge based economy', 그리고 오늘날 '콘텐츠 기반의 경제시대 contents based economy'로 접어들고 있다. IT의 관점에서 보더라도 1970년대 하드웨어의 시대에서 1980년대 소프트웨어의 시대, 1990년대 정보통신의 시대를 거쳐 2000년대 이후 '콘텐츠웨어'가 가장 중요한 요소로 떠올라 산업의 성장을 이끌고 있다.

컴퓨터의 발전 과정을 예로 들어 설명해 보자.

IBM은 하드웨어 시대를 선도하면서 1980년대까지 전성기를 구가했다. 당시 프로그래밍의 표준은 하드웨어였다. 소프트웨어는 하드웨어의 차별화를 위해 단지 곁들여 제공하는 부산물이었고, 특정 하드웨어에만 사용이 가능한 제품들이었다. 따라서 소프트웨어를 별도의 수익 상품으로 생각하지 않았다. 그 후 하드웨어와 상관없이 모든 애플리케이션 소프트웨어가 호환될 수 있는 운영체제가 공급되면서 상황은 서서히 반전되기 시작했다. 하드웨어를 통해 지배적 사업자로 군림했던 IBM은 PC의 운영체제 공급업체로 마이크로소프트Microsoft를 선정했다. 이때만 해도 마이크로소프트의 윈도Window가 산업 표준으로 부상할 것이라고는 전혀 짐작도 하지 못했다. 만약 이 같은 변화를 사전에 예측할 수 있었다면 IBM은 마이크로소프트와의 독점 공급계약을 통해 시장 지배력을 더욱 강화했을 것이다. 마이크로소프트는 자사의 운영체제를 IBM뿐 아니라 모든 사업자에게 공급했고, 이는 곧 표준으로 자리잡았다. 이로써 IT 업계의 질서가 완전히 뒤바뀌기에 이르렀다. 마이크로소프트는 불과 5만 달러에 사들여 개발한 DOS 운영체제로 수천억 달러 규모의 소프트웨어 시장을 창출한 것이다.

반면에 하드웨어 시장은 사업자 간의 치열한 경쟁으로 과거 서버 성능에 육박하는 PC조차 불과 500~600달러면 구입할 수 있게 되었다. 1911년 미국 뉴욕에서 설립된 IBM은 컴퓨터의 역사 그 자체였다. PC에서부터 슈퍼컴퓨터에 이르기까지 20세기의 컴퓨터 혁명과 진화에 IBM의 손길이 닿지 않은 곳이 없었다. 그러나 IBM은 돌연 "우리는 더 이상 컴퓨터 회사가 아니다"라고 선언하고는 2004년 PC 사업부문을 중국 레노버Renover에 매각하면서 완전히 손을 뗐다. IBM PC가 역사의 뒤안길로 사라지는 순간이었다.

지난 세기가 하드파워 시대였다면 21세기는 콘텐츠 기반의 소프트 파워 시대다. 영국의 낭만주의 시인 바이런Byron은 "칼은 칼집보다 오래 가고 영혼은 가슴보다 오래 간다"고 노래한 바 있다. 이는 마치 소프트파워 시대를 잘 대변해 주고 있는 듯하다.

1990년대 이후 정보통신망이 빠른 속도로 보급되면서 전국 방방곡곡이 초고속도로로 탄탄하게 연결되었다. 그러면서 고속도로 위를 달릴 차량들, 즉 콘텐츠의 수요가 폭발하는 상황을 맞이했다. 그간 가장 중시되던 플랫폼을 대신해 콘텐츠가 핵심역량으로 떠오른 것이다. 제 아무리 기술 수준이 높은 미디어 플랫폼이라 할지라도 탑재한 콘텐츠가 빈약하면 더 이상 고객의 관심을 끌기 어려워 시장에서 생존이 불가능해졌다. 가장 앞선 디지털 기술 수준을 자랑하는 IPTV가 큰 기대 속에 서비스를 개시했지만 빈약한 콘텐츠로 초기 반응이 싸늘했던 사실을 우리는 기억한다. 그러다가 2009년 후반에 들어 KT의 IPTV가 인기 높은 스포츠 채널과 뉴스 채널 등 다양한 콘텐츠 확보에 성공했을 때 비로소 가입자들이 크게 증가했다는 사실은 시사하는 바가 매우 크다.

아날로그 시대에는 〈KBS 9시 뉴스〉나 MBC 드라마 〈아들과 딸〉처럼 미디어와 콘텐츠가 한 몸으로 묶여 소비자에게 제공됐었다. 그러나 디지털 시대에는 미디어에서 콘텐츠가 분리되어 '다시 보기'나 VOD 등을 통해 시간과 공간의 물리적 제약 없이 언제 어디서나 소비자의 접근이 가능하도록 해주고 있다. 이제 각 개인의 라이프스타일에 맞춘 '콘텐츠의 실시간 소비'가 보편적으로 이루어지고 있으며 초고속 인터넷, DMB, 포털, 와이브로Wibro, IPTV 등 개인형 미디어들이 확산되면서 콘텐츠의 유비쿼터스 시대가 활짝 열리고 있다. 이 같은 환경에 따라 개별 디지털 콘텐츠의 가치는 더욱 높아졌고, 콘텐츠가 궁극적으로 미디어의 발달과 성장을 견인하고 있다.

디지털 문화 콘텐츠 산업은 감성·창의력·상상력을 원천으로 문화적 요소가 체화되어 경제적 가치를 창출하는 산업이다. 경영학의 대가 피터 드러커 Peter Drucker 는 다음과 같이 주장했다. "21세기에는 문화산업이 각국의 승패를 결정하는 최후의 승부처가 될 것이다." 소프트파워가 주도하는 시대를 맞이한 오늘날, 드러커의 이 같은 통찰은 매우 의미심장하다.

소프트파워란 물리적 강제력보다는 매력을 통해, 강압적 명령이 아닌 자발적 동의에 의해 확보되는 능력을 의미한다. 따라서 부국강병의 하드파워에 대응되는 개념이다. 하버드 대학교 케네디스쿨의 조지프 나이 Joseph S. Nye 가 처음 사용한 이 용어는 문화에 토대한 교육·예술·과학·기술 등의 범위를 두루 망라한다.

인류사의 과거를 돌아보면 군사력 기반의 하드파워, 즉 '경성(硬性)국가'가 세계를 주도해 왔다. 그러다가 이제 인간의 가치와 삶의 질이 우선되는 소프트파워, 즉 '연성(軟性)국가' 시대의 막이 올랐다. 13세기 몽골은 칭기즈칸의 리더십을 바탕으로 세계를 정복해 100년 이상 세계를 지배했다. 막강한 군사력의 하드파워에 의존했던 몽골이 훨씬 발달한 피정복 문화에 점차 동화되어 결국 멸망에 이른 것은 소프트파워의 좋은 예가 될 것이다.

칭기즈칸의 손자인 쿠빌라이 칸은 원(元)나라의 초대 황제로서 몽골의 중국정복을 완성시켰다. 쿠빌라이는 베이징을 수도로 삼아 모든 무역로의 중심지이자 출발지, 목적지로 발전시켰고, 드넓은 인공호수를 만들어 황허(黃河)까지 수로를 통해 배가 드나들 수 있는 문명국가의 기틀을 다졌다. 그는 한족(漢族) 학자들을 측근에 두는 등 중국의 문화를 적극 수용했고 서역에서 영입되는 문화를 중시했다. 나아가 티베트에서 라마교를 받아들이기까지 했다. 이 같은 노력을 통해 원나라는 몽골제국의 종주국으로서 북방 유목문명과 정착문명의 중국, 그리고 아랍문명을 통합한 위대한 제국을 건설했다. 그러나 쿠빌라이 칸이 사망한 후 원나라는 쇠락의 길을 내닫는다. 결코 한 곳에 머무르지 않는 유목민의 정신과 강력한 통치로 제국을 건설했던 그들은 대륙에 정착하면서 선진문명의 안락함에 젖어든 나머지 선조들의 날카로운 '푸른 이리'의 기상을 잃고 만 것이다. 강력한 군사적 통치를 통해 세상을 지배했던 경성제국 몽골은 문화와 문명의 힘에 말미암아 스스로 무너져내렸던 것이다.

세상을 바꾸는 디지털 문화콘텐츠의 힘

소프트파워의 핵심인 문화 콘텐츠 산업을 미국에서는 '엔터테인먼트 산업'으로 부른다. 1930년대 미국은 뉴딜정책의 일환으로 고용창출을 위해 문화예술 분야에 대한 대규모 투자를 단행한 바 있다. 이를 통해 미국은 하드파워에 이어 세계 최대의 소프트파워 국가로 탈바꿈했다.

영국에서는 1997년 이래 영화, TV, 라디오, 음악, 출판, 소프트웨어, 컴퓨터 게임, 공예, 건축, 공연예술, 디자인, 패션, 광고, 예술품, 골동품 분야의 산업을 '크리에이티브creative 산업'으로 분류했다. 그들은 문화의 핵심요소인 창조성을 산업과 접목시켜 부가가치를 창출하는 산업으로 정의하고 있다. 특히 토니 블레어Tony Blair 전 총리는 영국의 창조산업을 미래전략사업으로 육성하기 위해 집중적인 진흥책을 추진했다. 그는 영국을 '점잖은 신사의 나라'에서 '창조적인 영국'의 이미지로 바꾸는 정책 슬로건을 내걸었다. 이러한 노력의 결과인지는 모르겠지만 여성 작가 조앤 K. 롤링Joanne K. Rowling은 엄청난 상상력을 발휘해 세계적으로 1초당 15부씩 팔리고 있는《해리포터》시리즈를 완성했는데, 이는 전 세계 청소년들을 열광시킨 매혹의 판타지였다.

한편 일본에서는 문화 콘텐츠 산업을 '콘텐츠 산업'으로 부르고, 중국에서는 '창의산업(創意産業)'으로 분류한다. 일본에서는 해외에서 높은 평가를 받는 자국의 애니메이션, 만화, 패션, 음악, 게임, 음식문화 등 일본 특유의 브랜드 가치창조에 관련되는 산업을 소프트파워 산업으로 분류해 집중적인 진흥정책을 추진하고 있다. 구체적으로 일본 정부는 소프트파워 산업의 진흥을 위한 창조력 강화전략, 소프트파워의 해외전파력 강화전략, 자국의 브랜드를 지속적으로 향상시킬 수 있는 전략을 주요시책으로 실행하고 있다.

콘텐츠 산업을 포함하고 있는 '문화산업'이라는 용어는 1950년대에 프랑크푸르트학파의 막스 호르크하이머Max Horkheimer와 테오도어 아도르노Theodor Adorno가 자본주의 사회의 대중문화 발달성향을 비판하면서 처음 사용했다. 그들은 대중문화의 확대 속에 대중이 어떤 비판과 반성도 하지 못한 채 자본의 노예가 되고 만다는 부정적인 시각을 갖고 있었고, 결국 대중문화와 파시즘의 뿌리가 서로 같다고 인식했다. 그후 미국의 경제학자 매칠럽R. Machlup이 '지식산업knowledge industry'이라는 개념을 제안했고, 독일의 철학자 한스 엔첸스베르거H. M. Enzensberger가 '의식산업consciousness industry'이란 개념을 만들어내면서 산업으로서의 문화가 주목을 받기 시작했다. 그리고 1970~80년대에 이르러 사회적·기술적·경제적 능력의 향상과 매스 커뮤니케이션의 발달로 문화의 자유스러운 수혜범위가 확대되면서 대중문화의 기반이 마련되었다.

문화산업의 핵심인 콘텐츠 산업은 연관산업의 동반 성장을 촉진하는 '원 소스 멀티 유즈'의 속성을 갖고 있다. 따라서 고용창출 효과와 성장률이 높으며, 수출 증대와 고부가가치를 실현할 수 있는 산업이다. 이에 세계 각국들은 문화산업의 육성을 통한 자국의 부와 영향력을 확대하고자 많은 노력을 경주하고 있는 것이다. 현재 방송·영화·게임·출판 등을 망라한 우리나라의 문화 콘텐츠 산업의 규모는 약 23조 원으로, 약 1,200조 원에 달하는 세계시장에서 2% 수준의 점유율을 갖고 있는 것으로 추정된다. 국제회계컨설팅법인인 프라이스워터하우스쿠퍼스PwC의 2006년 보고서에 따르면, 세계시장 점유율 가운데 미국 41.7%, 일본 7.8%, 영국 6.8%, 독일 5.9%, 중국 4.5%, 프랑스 4.0%, 한국 2.2%로 분석된다.

우리 정부 역시 문화 콘텐츠 산업을 창조경제를 선도하는 신성장 동력으로 선정하고 문화 콘텐츠 창작기반 구축 및 저변확대, 문화산업 전문인력 양성, 문화 콘텐츠 관련 기술개발 등 다각적인 육성책을 펴고 있다. 그러나 문화 콘텐츠를 소비하는 국내 시장의 규모는 아직 협소한 실정이다. 따라서 무엇보다 선진국들의 사례와 같이 디지털화, 글로벌화, 문화중심 소비를 활성화시켜 세계시장을 대상으로 문화 콘텐츠를 개발·판매할 수 있는 저변을 만들어나가는 일이 중요하다.

미키마우스법은 콘텐츠 수명 연장법

문화 콘텐츠 산업은 지속적으로 다양한 비즈니스 모델을 태동시키고 있다. 경제시장에서 새로운 화두로 떠오르고 있는 '프리코노믹스freeconomics'가 콘텐츠 산업에 적용되어 수익을 창출하고 있는 경우를 그 예로 들 수 있다. 프리코노믹스란 '무료경제free+economics'를 의미하는데, 영상이나 음악 등의 저장공간이나 콘텐츠를 무료로 제공하는 대신에 광고를 삽입해 수익을 창출하는 모델을 가리킨다.

또한 감성과 체험의 욕구를 충족시킬 수 있는 '터치테인먼트touch-tainment' 분야가 문화 콘텐츠 산업에 접목되어 각광을 받고 있다. 예를 들어 어뮤즈먼트 파크amusement park나 극장을 중심으로 더욱 혁신적인 3D 콘텐츠가 개발되어 소비자들의 감성을 충족시켜 주고 있다. 피부와 촉각을 느끼게 해주는 햅틱haptic 기술 또한 휴대폰, 게임기를 넘어서 문화 콘텐츠 산업 분야로 확산되고 있다. 머지않은 시일 내에 허공에 뜬 홀로그래픽 화면에 손을 대면 초음파 신호로 형태를 느낄 수 있는 '촉각 디스플레이' 또한 상용화될 전망이다.

즐겁게 식사하면서 영화나 게임, 공연을 즐길 수 있는 이터테인먼트eatertainment도 확산되고 있는 새로운 콘셉트의 복합상품이다. CGV가 도입한 '시네 드 쉐프Cine De Chef'를 대표적 사례로 꼽을 수 있다. 이는 스타벅스Starbucks가 커피에 제3의 공간이란 의미를 더해 사양길에 접어들었던 커피산업을 다시 일으켜 세운 것과 비슷한 개념으로 볼 수 있다. 스타벅스는 자신들의 매장을 '반가운 사람들과의 만남과 교류'라는 문화공간으로 바꾸어 고객들을 끌어들였다. 그리고 한 걸음 더 나아가 매장 내에 무선 인터넷을 설치해 콘텐츠를 다운로드하거나 CD를 구입할 수 있는 '디지 카페Digi-Café'로 발전시키고 있다. 스타벅스는 이를 통해 젊은이들에게 단순한 커피숍 이상의 트렌드와 감성기반의 문화를 팔고 있다. 비록 오늘날의 스타벅스는 치열한 경쟁으로 사업적 어려움을 겪고 있지만 제1의 커피 소비공간인 가정과 제2의 소비공간인 사무실에 이어 스타벅스를 제3의 문화공간으로 만든 성공신화는 분명 주목할 만하다.

세계인의 사랑을 받고 있는 캐릭터의 대명사, 미키마우스의 연봉은 얼마일까? 거액의 연봉을 받는 유명 스포츠 스타들과 비교해 보자. 2009년 기준으로 맨체스터 유나이티드의 박지성, 요미우리 자이언츠의 이승엽, FC 바르셀로나의 리오넬 메시, 뉴욕 양키스의 알렉스 로드리게스 등 4명의 연봉 총합은 무려 600억 원에 달한다. 그러나 미키마우스가 1년에 벌어들이는 돈은 그들의 100배에 해당하는 약 6조 원에 이른다. 세계에서 가장 돈을 많이 버는 스포츠 재벌인 타이거 우즈가 프로 데뷔 이래 2009년까지 골프대회 상금과 초청료, 광고 등의 후원 계약, 골프장 설계 등 개인사업을 통해 벌어들인 총 수입이 10억 달러(1조 1,700억 원)라고 하는데, 이 역시 미키마우스의 연봉에는 훨씬 못 미친다.

항공우주산업과 군수산업, IT 산업과 문화 콘텐츠 산업은 미국을 지탱하고 있는 주요 기간산업이다. 특히 영화·방송·음악·캐릭터·출판물 등의 분야는 세계시장에서 월등한 경쟁력을 자랑하는 산업이다. 문화 콘텐츠의 해외수출을 통해 미국은 연간 1,260억 달러를 벌어들이고 있다. 그런 만큼 문화 콘텐츠 산업의 엄청난 부가가치를 지키기 위해 미국이 쏟고 있는 노력은 실로 대단하다. 대표적인 예로 '미키마우스 법'의 제정을 들 수 있다. '미키마우스 법'이란 캐릭터 미키마우스의 부가가치를 유지하기 위해 저작권법을 개정, 기존 50년의 저작권 보호 기간을 70년으로 연장한 것을 빗대어 부르는 표현이다. 1998년 소니 보노Sonny Bono 하원의원의 발의(그래서 '소니 보노 법'이라고도 불린다)로 개정된 이 법에 따라 미국은 미키마우스와 도날드 덕 등 디즈니의 캐릭터 저작권을 굳건하게 지킴으로써 커다란 이익을 추가 확보하는 바탕을 마련했다. 이 저작권법의 개정에 따라 우리가 추가로 지불해야 할 저작권료는 연간 1,000억 원에 육박한다.

미키마우스의 콘텐츠 수명 연장은 저작권법 개정을 통해서만 이루어지는 것이 아니다. 디즈니는 스스로 캐릭터 이미지를 변신시켜 시대의 변화상에 걸맞은 미키마우스의 이미지를 재창출하고 있다. 미키마우스는 데뷔작인 1928년의 〈증기선 윌리〉 이래 지난 80여 년간 수많은 애니메이션을 통해 순수하고 착한 이미지의 대명사로 묘사되어 왔다. 그러나 너무 오랫동안 한결같은 이미지를 유지해 온 탓에 소비자들은 식상해했고, 이는 결국 미키마우스의 브랜드 파워를 떨어뜨리는 결과를 낳았다. 이를 극복하기 위해 오늘날 미키마우스는 시대의 흐름에 맞춰 터프가이로 변신을 모색하고 있다. 2010년 가을에 출시 예정인 닌텐도의 비디오 게임 '에픽 미키'에 등장할 미키마우스는 금단의 땅을 모험하는 영웅의 캐릭터로 그려진다. 천진한 이미지에서 때론 싸움을 걸고 심술을 부리기도 하며, 교활한 술수도 거침없이 사용하는 터프가이의 성격으로 탈바꿈할 예정이다. 디즈니는 다음과 같이 설명한다. "다양한 매체를 통해 새로운 미키가 지속 나타날 것이다. 픽사, 드림웍스 등을 통해 컴퓨터그래픽에 익숙한 신세대를 사로잡기 위해 조심스럽게 미키마우스의 이미지 변신을 진행하고 있다."

콘텐츠 가치의 발생과 성공요소

그 동안 국내에서는 지나치게 플랫폼과 네트워크 중심의 정책을 펴 오면서 콘텐츠의 가치를 등한시한 측면이 없지 않다. 관련산업 종사자들 또한 콘텐츠에 대한 접근 자체를 쉽게 생각하는 경향이 있는 것도 사실이다. 그러나 부가가치를 창출하는 콘텐츠를 생산하는 시스템은 단순히 자본력만으로 해결되지 않는다. 콘텐츠 산업에 대한 본질적인 이해와 고도의 창의력이 요구되기 때문이다.

콘텐츠가 상품으로서 시장에서 가치를 확보하기 위해서는 예술작품과는 다른 차원의 산업적 접근이 필요하다. '미디어 산업＝콘텐츠 비즈니스＝저작권 비즈니스'라는 등식의 적용이 바로 그것이다. 콘텐츠에서는 본질가치보다 기회가치가 더 중요하다. 콘텐츠의 부가가치는 매출과 '매출이익(판매가치)+미래기회가치(저작권)'에서 발생한다.

2008년 한국문화콘텐츠진흥원의 수장으로 취임한 고석만 원장은 "미키마우스, 〈오페라의 유령〉처럼 100년 수명의 콘텐츠를 만드는 데 기여함으로써 한국 문화 콘텐츠 산업의 숙원을 풀어내겠다"라는 포부를 밝힌 바 있다. 그는 "미키마우스는 나이가 이미 80세를 넘었고, 〈오페라의 유령〉은 20세를 넘겼다"고 강조하면서 "100년 이상 세대를 넘어 공유할 수 있는 긴 수명의 우리 문화 콘텐츠를 만들어낼 수 있는 콘텐츠 수명 연장법을 찾는 데 적극적인 노력을 경주하겠다"고 덧붙였다. 아울러 그는 "우리의 문화 원형이 21세기의 옷을 입고 세계로 나간다면 100년 수명의 콘텐츠도 가능할 것"이라고 말했는데, 이것이 곧 콘텐츠의 미래기회가치를 의미한다고 하겠다.

콘텐츠는 다른 사람의 소비에 의해 한정된 재화가 줄어드는 사유재가 아니라, 다른 사람이 얼마를 소비하든 누구나 혜택을 누릴 수 있는 비경합성과 비배제성이 전제된 공공재이므로 무한복제를 통해 오랫동안 지적재산권을 판매할 수 있다. 콘텐츠는 초기 제작비를 회수한 손익분기점 이후 복제비용은 거의 들지 않기 때문에 이익의 폭은 기하급수적으로 증가한다.

2008년 '한·EU FTA 협상' 테이블에서 EU는 미국과 마찬가지로 자신들의 지적재산권 보호를 위해 우리에게 저작권법 개정을 요구한 바 있다. 그들이 경제자원으로서 지적재산권을 얼마나 중요하게 여기고 있는지 확인할 수 있는 대목이다.

콘텐츠는 시간을 소비하는 상품의 속성을 지니고 있다. 소비자의 콘텐츠에 대한 관심과 욕구 수준에 따라 시간 소비가 확대되면서 부가가치가 창출된다. 8,000원을 치르고 감상한 영화나 뮤지컬이 매우 감동적이었다면, 지갑에서 1만 원을 꺼내 팸플릿이나 화보를 기꺼이 구입한다. 그리고 영구보관을 위해 2만 원짜리 DVD나 OST를 담은 CD를 구매하기도 한다. 해당 영화의 공식 홈페이지에 접속해 2,000원을 주고 콘텐츠를 다운로드하기도 한다. 또한 1만 8,000원을 주고 영화의 원작소설을 구매해 읽기도 하고, 주연배우의 팬클럽에 가입해 그가 출연하는 차기 작품을 오매불망 기다리기도 한다. 영화나 드라마의 촬영지는 일약 유명 관광지로 떠올라 또 다른 부가가치를 창출한다. 이처럼 콘텐츠 하나가 만들어낸 다양한 세계에 소비자들이 몰입하면서 새로운 가치를 지속 창출해 낸다.

콘텐츠 산업의 성공 요소는 상상력과 공감이 소통하는 창조적 지식이다. 오늘날 문화 콘텐츠 산업은 무한한 기회를 제공하는 하이터치 산업의 대표적 아이콘으로 떠오르고 있지만, 여전히 콘텐츠 결과물의 흥행은 그 불확실성이 매우 높은 것도 사실이다. 일반상품과 달리 문화상품은 정량적인 평가체계의 적용이 거의 불가능한 장르다. 또한 내용에 대한 절대적인 가치보다 소비자들의 주관적인 가치와 트렌드에 크게 의존하는 산업이다. 그러므로 주류세대보다 '1325세대'가 흥행몰이를 주도하기도 하고, 한류나 동북공정과 같은 시대적 환경에 따라 콘텐츠의 성패가 매우 민감하게 반응한다.

이처럼 변화무쌍한 산업적 특성으로 말미암아 지속적으로 수익을 내면서 10년 이상 사업을 유지하고 있는 국내 영화사나 방송 프로그램 제작사는 별로 없다고 해도 과언이 아니다. 미국의 경우 세계시장을 상대로 영화를 제작해 30%를 웃도는 높은 성공률을 기록하면서 막대한 부를 창출하고 있고, 일본의 경우 애니메이션을 통해 세계시장을 석권하고 있다. 이에 반해 우리나라는 영화 투자금액을 회수하는 비율이 10% 내외에 그친다. 즉 10편의 영화 중 한 편만이 겨우 흥행에 성공하고 있는 셈이다. 이처럼 우리의 경쟁력은 선진국보다 크게 낮다는 사실을 직시해야 한다. 그런 가운데 아시아권에서의 한류 열풍은 우리에게 희망을 던져주고 있는 등불이다. 지상파TV의 한류 드라마와 가요, 온라인 게임은 글로벌 시장 진출의 중요한 기반이 되어주고 있다. 우리 민족 내에서만 통하던 문화적 DNA를 글로벌 모드로 바꾸어 세계로 진출하는 것만이 성장의 유일한 길이다.

또한 21세기 문화 콘텐츠 산업에서는 콘텐츠의 창의성과 질이 중요할 뿐, 원작이나 시장의 국경은 이미 무너지고 있다는 점에 유의해야 한다. 영화 〈괴물〉의 판권이 할리우드에 팔려 나가고, 해외 원작을 들여와 히트작으로 만드는 등 문화의 '하이브리드' 시대가 뚜렷한 세계적 추세를 이루고 있는 것이다. 국내에서 선풍적 인기를 끌었던 드라마 〈꽃보다 남자〉, 〈결혼 못하는 남자〉, 〈하얀 거탑〉 등은 각각 일본의 만화와 드라마와 소설이 원작이다. 그러나 원작보다 오히려 더 잘 만들어 일본으로 역수출하고 있는 현상이 발생하고 있다. 재미있게 스토리를 풀어내고, 콘텐츠를 구성할 수 있는 창의력이 원작보다 더 중요한 시대가 열리고 있는 것이다.

새로운 경험과 감성, 공감은 콘텐츠의 생명력

1903년에 출시된 할리데이비슨은 100여 년의 세월을 거치면서 단순한 모터사이클을 넘어 이 시대의 문화적 아이콘이 되었다. 직업과 나이를 떠나 '더 늦기 전에 할리데이비슨을 타고 드라이브를 즐기겠다'는 동경을 가진 사람들을 우리는 주변에서 쉽게 찾아볼 수 있다. 그 중에는 기업이나 의사 등 전문직 종사자들도 많다. 사실 성능이나 디자인만을 놓고 보면 할리데이비슨은 경쟁사의 첨단 모터사이클에 뒤진다. 오랫동안 고집해 온 고전적이고 육중하며 다소 과장된 듯한 차체 디자인, 그리고 투박한 로고와 번쩍이는 금속장식이 붙어 있는 가죽 옷, 요란한 특유의 엔진 소리 등은 세련미와는 거리가 먼, 오히려 촌스럽게 느껴질 만하다.

그런데도 왜 많은 사람들은 여전히 일탈을 꿈꾸며 할리데이비슨에 매료되는 것일까? 과격하고 불친절하며 거친 이미지에 불량스럽기까지 하던 할리데이비슨은 1970년대까지만 해도 비주류 제품이었다. 하지만 여기에 감성이란 옷이 입혀지면서 그 어떤 모터사이클로도 결코 대체할 수 없는 '인간적인 매력'을 가진 제품으로 거듭나는 데 성공했다. 한낱 커다란 소음에 불과했던 할리데이비슨의 "두둠! 두둠! 두두둠… 두둠! 두둠!" 하는 강렬한 엔진 소리는 '심장을 두드리는 북소리'가 되어 마니아들을 열광시키고 있다. 그것은 성공적인 감성 마케팅을 통해 기울어가던 할리데이비슨이 힘차게 부활했음을 알리는 신호이기도 했다. 이제 할리데이비슨은 고객들에게 모터사이클이 아니라 이미지를 팔고 있다. 거친 반항아들의 전유물로 여겨졌던 이미지에서 '자유와 열정', '자연에 대한 사랑' 등의 이미지로 변신하는 데 성공한 것이다. 할리데이비슨을 탄다는 것은 일시적 유행이 아니라 하나의 개성이요, 삶의 방식이라는 메시지를 고객들에게 심어주면서 할리데이비슨은 마침내 세계적인 명품 반열에 올라설 수 있었다.

스타벅스의 마케팅 전략 또한 할리데이비슨과 맥락을 같이 한다. 고객들은 스타벅스에서 단지 커피 한 잔을 구매하는 것이 아니다. 그들은 스타벅스에서 커피와 함께 세련된 삶의 여유 한 잔을 소비한다. 이 같은 감성적 이미지들을 끊임없이 제공함으로써 고객들 스스로 스타벅스 매장을 문화적 공간으로 창출하게끔 이끈 것이다.

고객들에게 상품이나 서비스를 팔고자 한다면 이제 기업들은 새로운 경험과 감성가치, 그리고 공감을 함께 제공해 주어야 한다. 콘텐츠도 마찬가지다. 콘텐츠가 대중에게 사랑받는 상품으로 태어나기 위해서는 감동을 만드는 스토리텔링과 테크놀로지에 기반한 미디어가 요구된다. '성춘향과 이몽룡이 오랫동안 사랑하면서 잘 살았다'는 서사(敍事)만으로는 콘텐츠로써 가치가 없다. 사랑과 신분 상승을 둘러싼 숨막히고 애절한 갈등이 흥미진진하게 담겨 있는 《춘향전》이라야 비로소 콘텐츠로써 가치를 가진다. 할리데이비슨을 동경하는 사람들이 하드웨어 자체보다 자신의 꿈을 만족시켜주는 무형의 가치를 기대하듯이, 콘텐츠를 구매하고자 하는 사람들은 그 안에 담긴 울림 깊은 감동적 스토리를 원한다.

스코틀랜드의 작은 시골마을인 블랙번에서 홀로 어머니를 모시고 고양이 한 마리와 평생을 살아온 외로운 여인이 있다. 그녀의 이름은 수전 보일Susan Boyle이다. 수전 보일은 2009년 4월, 가수가 되고픈 자신의 꿈을 이루고자 영국 1TV의 〈브리튼즈 갓 탤런트Britain's got Talent〉라는 프로그램에 출연하게 되었다. 그녀가 무대에 서자 청중들은 그녀의 촌스럽고 볼품없는 외모에 어이가 없다는 듯 술렁였고, 심사위원단조차 고개를 갸웃거렸다. 하지만 그녀가 심금을 울리는 천상의 목소리로 뮤지컬 〈레미제라블〉의 'I dreamed a dream'을 부르기 시작하자 객석에서 감동의 물결이 일기 시작했다. 겨우 두 소절쯤 불렀을 뿐임에도 방청객들은 기립박수를 보내기 시작했고, 심사위원들도 모두 그녀에게 찬사를 보냈다. 그녀의 외로웠던 삶이 송두리째 뒤바뀌는 순간이었다. 수전 보일에 대한 뉴스는 삽시간에 세계 전역으로 퍼져나갔다. 유튜브Youtube에 올라온 그녀의 오디션 동영상은 무려 1억 회가 넘는 조회 수를 기록했다. 사람들은 그녀의 천상의 목소리에도 감동을 받았겠지만, 그보다는 47세의 나이에도 가수가 되겠다는 꿈에 도전해 방청객들의 조롱거리를 단숨에 환호와 함성, 감동의 도가니로 바꿔놓은 그녀의 인생 역전 스토리에 더 감동을 받은 것이다. 그녀의 꿈은 우리 모두의 마음속에서 꿈틀거리는 희망과 꿈이기도 했기 때문이다.

이처럼 성공한 콘텐츠에는 누구나 공감할 수 있는 감동이 깃들어 있다. 공감이란 '남의 생각이나 의견 혹은 감정에 대해 자기 자신도 그렇다고 여겨지는 느낌이나 감정'을 말한다. 즉 공감은 다른 사람의 마음을 이해하고, 공유하는 심리과정으로서 타인과 깊은 만남의 교류를 나눌 수 있는 우리의 소중한 능력이다. 성공적인 콘텐츠는 재미와 경험, 스토리텔링과 감동의 합과 일치하며, 그 결과는 '공감'으로 나타난다.

영국의 악틱 몽키즈와 한국의 뿌까

상상력이란 무엇일까? '꿈을 이루어주는 특별한 31가지 이야기'란 부제로 독자들의 사랑을 받은 이철환의 《못난이 만두 이야기》에는 다음과 같은 글이 실려 있다. "정확한 의미의 상상력이란 없는 것을 보는 것이 아닙니다. 있는 것을 자세히 들여다보는 것이 상상력의 시작입니다. 상식적인 것들을 한번쯤 뒤집어 생각해 보는 것이 상상력입니다."

상식을 다시 한번 뒤집어 보는 것, 그것이 상상력의 시작이다. 오늘날 성공적인 문화 콘텐츠나 기업의 상품을 살펴보면 고객의 니즈를 정확히 파악하고, 여기에 상상력과 공감을 더해 고객의 큰 호응을 불러일으키고 있음을 알 수 있다.

영국 셰필드 출신의 4인조 록 밴드인 악틱 몽키즈Arctic Monkeys는 2005년에 싱글 곡 'I bet you look good on the dance floor'로 데뷔했다. 그 이듬해에는 정규앨범 1집인 〈Whatever people say I am, That's what I'm not〉을 발매했다. 이 앨범은 출시 후 1주일 만에 36만 3,735

장이 판매되어 영국 역사상 가장 빠른 기간에 가장 많이 팔린 데뷔 앨범으로 기록되었다. 또한 이들은 2006년 머큐리상, 2007년 부릿 어워드 베스트 브리티시 앨범상을 수상하기도 했다. 2006년에 출시한 2집 앨범 역시 발매 첫 주 만에 무려 22만 5,000장이 판매되는 등 엄청난 인기를 모았다.

악틱 몽키즈의 성공비결은 무엇이었을까? 악틱 몽키즈는 공연장을 찾은 팬들에게 자신들의 음악을 녹음한 CD를 공짜로 나눠주었다. "우리의 음악을 얼마든지 온라인에서 뿌려도 좋습니다. 각종 인터넷 사이트에 공짜로 올려도 상관없어요. 마이스페이스, P2P 웹사이트에서 마음껏 돌려가며 즐기세요." 무단복제와 배포를 통해 음악을 감상하고픈 팬들의 니즈에 적극 부응한 것이다. 그 덕분에 그들의 음악은 별다른 홍보 없이도 네티즌들의 입소문을 통해 일약 유명해졌고 앨범은 잇따라 대히트를 기록했다. '좋은 음악은 공짜로 뿌려도 앨범이 팔린다'는 그들의 상상력이 '공짜로 음악을 뿌리면 앨범 판매에 치명적이다'라는 음반업계의 상식을 보기 좋게 깨면서 성공한 것이다.

미국에 미키마우스가 있고 일본에 헬로키티가 있다면, 한국에는 '뿌까PUCCA'가 있다. 뿌까는 한국의 디자인 회사인 '부즈 캐릭터 시스템즈'가 2000년에 발표한 캐릭터다. 쭉 찢어진 눈에 동그랗게 말아올린 까만 머리의 귀여운 소녀 뿌까는 빨강, 검정의 강렬한 원색 플래시 애니메이션으로 세상에 태어났다. 당시 10~20대 젊은 여성들 사이에서는 이메일을 주고받을 때 플래시 애니메이션을 첨부하는 것이 유행이었다. 이에 힘입어 뿌까는 젊은 여성들의 눈길을 단번에 사로잡았고 중국, 유럽 등지에까지 수출되어 온라인 플래시 카드의 마스코트로서 폭발적 반응을 끌어냈다. 그후 뿌까는 지구촌 젊은 여성들 사이에서 독특한 패션 아이콘으로 떠올랐으며 한류 스타로서 그 면모를 유감없이 과

시했다. 패션의류, 신발, 화장품, 홈데코 매장에서 선풍을 일으킨 뿌까는 글로벌 기업인 베네통Benetton과도 라이선스 계약을 체결, 2,000개가 넘는 베네통 의류매장에까지 진출했다. 2006년에는 TV 애니메이션으로 만들어졌고, 2007년에는 온라인 게임 '뿌까 레이싱'이 출시됨으로써 원 소스 멀티 유즈의 대표적 성공사례로 명성을 얻었다. 2008년 3,000억 원의 총 매출액 가운데 97%를 해외에서 거둬들였으며, 워너 브라더스Warner Brothers와 에이전트 계약을 맺을 만큼 그 시장성과 성장 가능성을 인정받고 있다.

뿌까는 신비주의적 요소들을 많이 갖고 있다. 소비자들은 뿌까라는 캐릭터에 풍부한 상상력의 날개를 달아준다. 먼저 뿌까를 사랑하는 사람들은 대부분 뿌까의 고향이 어디인지 모른다. 중국의 10대 소녀를 형상화한 듯한 뿌까는 세상에서 가장 맛있는 자장면을 만드는 거룡반점 사장의 막내딸이지만 정확한 국적은 미지수다. 그리고 뿌까는 동그라미와 직선 몇 개만으로 단순하게 표현한 캐릭터다. 검정과 빨강으로 이루어진 색상의 조화 역시 매우 단순하다. 이 같은 단순함은 어느 나라 사람이 보더라도 쉽게 기억할 수 있게 해주었다. 또한 단순한 색상 또한 캐릭터의 상품화를 쉽게 만들어주었고, 소비자들에게 시각적 차별화를 제공했다. TV 애니메이션에서 뿌까는 대사가 없다. 단지 웃음 소리와 몇 개의 감탄사만으로 의사소통을 하는 캐릭터로 등장한다. 뿌까는 닌자의 후예인 가루를 짝사랑하며, 그와 뽀뽀를 하기 위해 열심히 뒤를 쫓아다닌다. 하지만 가루는 무술수련에만 집중하고자 그녀를 어떻게든 피하려고 안간힘을 쓴다. 단순하기 짝이 없는 이들의 귀여운 사랑 이야기에 세계인들은 깊은 정감과 공감을 느끼며 즐거워한다.

또 하나의 잘나가는 캐릭터 '뽀로로' 역시 상상력과 공감의 산물이다. 뽀로로는 2004년 프랑스 지상파TV 방송사인 TF1에서 시청점유율

47%라는 기록을 세운 이후, 세계 90개국에서 방송된 한국산 히트 애니메이션이다. 호기심 많은 꼬마 펭귄 뽀로로는 신기한 물건을 발견하면 호기심이 발동하고, 하고 싶은 것은 꼭 하고야 마는 성격이다. 뽀로로 캐릭터를 이용한 완구, 유아용품, 식품 업체들에게서 받는 로열티 수입만 연간 100억 원에 달하며 제품 매출액까지 계상할 경우 약 5,000억 원 정도로 추산된다.

이 같은 캐릭터의 힘은 어디에서 오는 것일까? TV 애니메이션 〈뽀롱뽀롱 뽀로로〉를 만드는 오콘(www.ocon.co.kr)의 디자이너 전미진 씨가 그 해답을 제시해 준다. 그녀는 한 언론과의 인터뷰에서 다음과 같이 말했다. "막연한 상상력으로 캐릭터를 그려내진 않아요. 대중이 공감할 수 있도록 캐릭터에 히스토리와 철저한 상품성을 투여하죠. 외관과 함께 성격, 성향, 버릇과 같은 생명을 불어넣는 것도 저희의 일입니다." 그녀는 캐릭터 브랜드 크리에이터가 지녀야 할 필수요소로 '독특한 아이디어와 색채 조화에 대한 감각, 공감각적 능력, 대중의 트렌드를 읽는 감각 등'을 꼽았다.

콘텐츠 기업은 상상력의 발전소

21세기 들어 일과 놀이를 동등하게 생각하거나 놀이를 위해 일을 한다고 생각하는 사람이 크게 늘고 있다. 그래서 젊은 층에게 엔터테인먼트 관련기업이 인기를 끌고 있다. 그들이 원하는 일류기업은 곧 재미있고 즐거운 일터다. 한 대기업 CEO는 "일을 엔터테인먼트처럼 할 수 있는 조직이 아니면 인재들이 외면한다"고 말할 정도다.

이 같은 트렌드에 발맞춰 기업들은 점점 '펀fun 경영'의 도입에 깊은 관심을 기울이고 있다. 펀 경영이란 조직원들에게 신바람 나는 분위기를 조성해 마음껏 일할 수 있는 여건을 제공한다는 의미이다. 또한 이러한 조직 내 분위기를 고객들에게까지 즐겁게 전파될 수 있도록 노력한다.

세계적인 인터넷 기업 구글Google의 미국 캘리포니아 본사는 하나의 거대한 놀이터다. 구글러Googler(구글에서 일하는 직원)들은 이를 '캠퍼스'라고 부른다. 다양한 놀이시설과 쉼터, 자전거 도로, 푸드코트들이 들어서 있는 구글 캠퍼스는 직원들의 창의와 감성을 창출하는 데 중요한 역할을 한다.

삼성전자 역시 2009년 8월 '삼성 디지털 시티' 선포식을 가진 후 2만 3,000여 명이 근무하고 있는 수원사업장을 대학 캠퍼스를 능가하는 첨단 친환경 공간으로 바꾸기 시작했다. 체험형 조경공간과 친환경 산책로를 조성하고 야구장 등의 체육시설과 스카이라운지, 베이커리, 푸드코트 등을 마련했다. 딱딱하고 지루한 전자공단의 이미지에서 탈피해 빵 굽는 냄새가 나는 감성공간으로 거듭나겠다는 계획이다. 이를 통해 삼성전자는 창의적 글로벌 인재들이 가장 근무하고 싶어하는 꿈의 일터를 만들겠다는 목표를 갖고 있다.

펀 경영의 원조는 미국의 사우스웨스트Southwest 항공이다. 고속버스 회사와 경쟁하기 위해 5시간 이내의 구간만 운행하고 있는 이 항공사에서는 값비싸고 근사한 기내식 대신, 승무원들의 기발한 유머와 복장, 행동으로 고객들에게 여행의 즐거움을 선물한다. 특히 승무원들의 재치 만점의 기내방송은 비행에 따른 긴장과 피로를 풀어주기에 모자람이 없다. "흡연을 원하시는 승객께서는 문을 열고 날개 위로 나가주시기 바랍니다. 담배를 피우시면서 오늘 즐기실 영화는 〈바람과 함께 사라지다〉입니다."

무한한 창의력과 춤추는 상상력은 콘텐츠 기업의 생명과도 같다. 직원들과 고객들이 마음껏 끼를 발휘할 수 있도록 자유스럽고 즐거운 분위기를 만들어주는 것이 콘텐츠 기업의 역할이다. 몇 년 전 크게 히트한 디즈니의 영화 〈라따뚜이〉의 애니메이터는 아침 9시에 출근해 하루 종일 놀다가 오후 5시 30분쯤이 되어서야 비로소 아이디어를 내기 시작한다. 이러한 그의 업무습관을 잘 이해해주는 회사가 있는 탓에 남다른 창의력을 발휘할 수 있는 것이다.

드림웍스Dreamworks는 초록괴물 〈슈렉 시리즈〉 3편으로 무려 3조 원 이상을 벌어들였고, 〈쿵푸 팬더〉로 공전의 히트를 기록했다. 이들 애니메이션을 만든 드림웍스 직원들 역시 자신들의 회사를 캠퍼스라고 부른다. 드림웍스의 캠퍼스는 잘 가꿔진 산책로와 야외식당을 갖추고 있다. 또한 실내 당구장에서 게임을 즐길 수도 있고 헬스클럽에서 체력단련을 하기도 한다. 드림웍스의 기업문화는 아침 9시 출근해서 오후 5시에 퇴근하는 전통적 회사들과는 전혀 다른 모습이다. 임직원들 간 직급을 넘나드는 수평적인 의사소통, 긴장을 풀고 창의력을 북돋아주는 분위기를 통해 꿈을 만드는 공장, 상상력 발전소의 원천이 되고 있다. 드림웍스의 CEO 제프리 카젠버그Jeffrey Katzenberg는 설명한다. "직원들은 일터에 나와서 특별한 느낌을 얻어야 한다. 원한다면 게임룸이나 여가 공간에서 시간을 보내도 괜찮다. 그리고 예술적 영감을 얻을 수 있는 강의도 들을 수 있다."

픽사Pixar 스튜디오의 분위기 또한 드림웍스 못지않다. 2009년 미국에서 애니메이션 〈업Up〉을 개봉한 지 한 달 만에 무려 2억 5,000만 달러를 벌어들인 이 회사의 사무실은 한 마디로 일하는 듯 노는 듯하고, 모든 것이 개방되어 있으며, 누구나 사무실을 자유롭고 기발하게 꾸밀 수 있는 권리를 가진다. 어떤 직원은 온라인 쇼핑몰에서 오두막을 한 채 사서 사무실에 설치하기도 하고, 술 마시는 바bar처럼 자신의 책상을 꾸며놓고 일을 하는 직원도 있다.

그렇다면 업무공간과 창의력 사이에는 어떤 관계가 있을까? 1950년 대에 소아마비 백신을 개발한 미국의 면역학자 조너스 솔크Jonas Salk 박사의 사례를 통해 그 연간관계를 유추해 보자.

당시 솔크 박사는 몇 년에 걸쳐 연구를 거듭했지만 백신 개발에 번번이 실패하고 있었다. 그는 복잡한 머리를 식히기 위해 이탈리아를 여행하던 중 13세기에 건축된 천장이 높은 성당을 방문했다. 그때 불현듯 포르말린을 통해 소아마비 바이러스를 억제할 수 있을 것이란 생각이 떠올랐다. 이를 통해 마침내 백신 개발에 성공한 솔크 박스는 연구실에서 풀지 못한 문제를 성당에서 해결할 수 있었던 비결에 대해, 성당의 천장이 높았기 때문이라고 확신했다. 그리고 훗날 그의 이름을 딴 연구소를 지을 때 일반건물보다 높은 3m 높이의 천장을 설계했다. 그후 이 연구소에서는 지금껏 노벨상 수상자를 무려 5명이나 배출했다. 천장 높이와 창의성 사이에 밀접한 관계가 있다는 솔크 박사의 믿음은 2008년에 시행된 한 연구결과를 통해 사실로 밝혀졌다. 건축물의 구조가 인간의 창의성, 집중력, 인지능력 등에 큰 영향을 주며, 보통 건물의 천장 높이인 2m 40cm보다 60cm 더 높은 3m 높이에서 문제 해결력, 창의력 등이 더 활발하게 나타난 것으로 분석된 것이다.

할리우드에서는 시나리오 작업을 할 때 집단창작을 주로 활용한다. 또한 '집단지성collective intelligence'을 통해 스토리텔링을 완성시키기도 한다. 집단지성이란 수많은 개체의 협력 또는 경쟁을 통해 얻어지는 지적 능력의 결과를 말한다. 물론 세계적인 작가 한 사람에 의해 훌륭한 스토리가 탄생할 수도 있다. 하지만 오늘날에는 다양한 전문가들의 협업을 통해 완성되는 스토리텔링이 점점 확대되고 있는 추세다.

픽사에서도 구성원 간의 '소통문화'를 가장 중시한다. 즉 픽사에서는 활발한 집단토론이 이루어진다. 치열한 논쟁을 거치다 보면 시나리오도 유기적으로 더 좋아지고, 똑똑한 한 사람의 결론보다는 집단의 결론이 더 탁월하다는 판단에서다. 픽사를 방문하는 사람들은 시공간의 제약 없이 언제 어디서나 함께 모여 토론을 즐기는 자유분방한 업무환경을 쉽게 발견할 수 있다.

나아가 픽사는 전 세계 사람들이 모여 일하는 특이한 조직이다. 물론 한국인들도 일하고 있다. 픽사에서 일하기를 희망하는 후배들에게 테크니컬 디렉터인 조예원 씨가 들려주는 조언은 이 회사가 원하는 인재상이기도 하다. 2009년 그녀는 국내 한 언론과의 인터뷰에서 다음과 같이 말했다. "신입사원에게 기교는 중요하지 않다. 픽사에서 제일 눈여겨보는 건 가능성, 창의력이다. 기계 다루는 건 들어와서도 배울 수 있다. 인공적인 이야기를 만들기 전에 나 자신에 대한 이야깃거리가 풍부해야 한다. 이를 재미있게 자유롭게 전달할 수도 있어야 하고… 그러려면 문화적으로 다양한 경험이 필요하다. 입사 전형은 서류와 포트폴리오, 면접으로 진행된다. 포트폴리오는 반드시 애니메이션이 아니어도 된다. 그러나 광고든 영화든, 짧고 강렬한 것이 핵심이다. 욕심내서 이것저것 붙이기보다는 정말 잘 만든, 가장 자신 있는 걸 보여주는 게 좋다."

결국 창의적이고 기발한 생각, 독특한 생각이 존중받는 환경을 만들어주는 것이 픽사의 성공비결인 셈이다. 또한 그녀는 "애니메이션이 전 세계적인 공감을 얻기 위해서 가장 중요한 것은 이야기의 힘이며, 아무리 작은 소재라고 할지라도 상상력을 이용해 내 것으로 만들어 표현하는 것이 가장 중요하다"고 강조한다. 이는 곧 춤추는 상상력이 콘텐츠 기업의 생명임을 시사한다.

CHAPTER 04

이야기가 돈이 되는 시대, 스토리텔링

세계적인 초일류기업 마이크로소프트의 2004년에서 2007년까지 4년간 순이익 증가율은 18%였다. 반면에 같은 기간 동안 콘텐츠 기업의 대명사인 디즈니의 순이익은 41.4%나 증가했다. 2003년 마이크로소프트의 빌 게이츠Bill Gates는 주식배당금으로 450억 원을 벌어들였지만, 같은 해 작가 조앤 롤링은《해리포터》로 1,000억 원의 저작권 수입을 올렸다. 이른바 '이야기 경제'의 가치창출력이 '기술 경제'를 뛰어넘는 시대가 온 것이다. 그리고 이야기 경제의 중심에는 스토리텔링이 핵심 기술로 자리 잡고 있다.

스토리텔링이란 상대에게 말하고자 하는 바를 재미있고 생생한 이야기로 설득력 있게 전달하는 행위를 뜻한다. 이때·전달되는 이야기는 특정 그룹을 타깃으로 삼아야 효과가 커진다. 또한 전달되는 내용을 통해 듣는 사람의 흥미를 자극함으로써 뭔가 새로운 것을 느낄 수 있는 계기를 마련해 주어야 한다. 스토리텔링은 학문적으로도 '문화 원형에 언어라는 도구적 가치를 활용해 새로운 이성과 정서의 세계를 창출하는 동력인(動力因)'으로 정의되고 있다. 따라서 스토리텔링이란 단순히 '이야기하기'가 아니라 콘텐츠의 원천이 되는 '이야기를 창조하는 것'이다.

스토리텔러storyteller는 글자 그대로 이야기를 만드는 사람이다. 하지만 훌륭한 스토리텔러는 단순히 이야기를 만드는 사람 이상의 의미를 지닌다. 스토리텔러란 '발상의 전환가', '느낌으로 세상을 바꿀 수 있는 사람'이기 때문이다. 우리에게 《아라비안나이트》로 잘 알려진 '천일야화'의 왕비 '세헤라자데'는 전형적인 스토리텔러의 표상이다. 그녀는 여성을 혐오해 신붓감 후보자를 더 이상 찾을 수 없을 때까지 매일 새로운 신부를 맞이했다가 이튿날 죽이는 끔찍한 짓을 반복하는 '샤리아르' 왕에게 나라의 여성을 구하기 위해 스스로 시집을 간다. 첫날밤 세헤라자데는 왕에게 이야기를 들려준다. 그런데 이야기의 결말까지 모두 들려주는 것이 아니라 다음날 밤에 마치겠다는 약속을 한다. 그녀의 이야기는 몹시 흥미로웠고, 왕은 이야기의 끝이 너무 궁금한 나머지 하루하루 그녀의 처형을 연기하다가 마침내 여성들에 대한 잔인한 보복을 단념하기에 이른다. 세헤라자데는 단순한 사실에 관한 이야기를 들려준 것이 아니다. 그녀 자신의 주관적 느낌을 통해 흥미로운 이야기를 창출함으로써 왕의 상상력을 자극했다. 듣는 사람이 기대하는 꿈과 이미지를 잘 대변해 주는 탁월한 이야기꾼이었던 것이다.

스토리텔링은 이야기를 담아 파는 상품

삼성전자는 자사의 다양한 소식과 스토리를 취재·발굴해 블로그를 통해 널리 알리는 대학생 스토리텔러단을 운영하고 있다. 기업들 간의 기술력이나 디자인은 서로 엇비슷해지고 있는 시대다. 적절한 가격과 품질은 기본적으로 갖춰야 할 요소이지, 더 이상 구매의 핵심요소가 아니다. 바야흐로 소비자의 구매에 가장 큰 영향력을 미치는 것은 브랜드 가치다. 따라서 기업들은 확실한 가치를 브랜드 속에 구축할 수 있어야 한다. 삼성전자에 채용된 대학생 스토리텔러들은 회사의 각종 정보를 생생한 스토리로 만들어 고객들에게 전달함으로써 삼성 브랜드에 대한 호의적이고 긍정적 이미지를 유도하고, 고객들로 하여금 삼성이라는 가치와 보다 쉽게 소통하도록 이끄는 역할을 한다. 단순한 이야기를 넘어 감성과 가치의 조화를 심어주는 뛰어난 이야기를 끊임없이 창출하고자 노력하고 있는 것이다.

구전이나 활자로 전달되던 스토리텔링이 기술적 형상인 전자 미디어와 만나면서 콘텐츠 산업은 확대일로에 있다. 콘텐츠 산업은 플랫폼이나 미디어와 결합해야 산업이 커지는 속성을 갖고 있다. 하지만 스토리텔링을 포괄하고 있는 콘텐츠 산업은 콘텐츠를 담는 그릇인 플랫폼이나 미디어와는 본질적으로 다르다.

TV 드라마를 예로 들어보자. 드라마 시청자들은 'TV에 결합된 콘텐츠 상품'을 사는 것이 아니다. 그들은 'TV를 통해 전달되는 스토리'를 사는 것이다. 디지털 시대는 다양한 뉴미디어의 시대다. 따라서 스토리텔링은 TV나 영화관 바깥으로 손쉽게 진출할 수 있다. 즉 다양한 미디어에 적용될 수 있는 '크로스 미디어cross media' 형식으로 변신을 거듭하면서 커다란 수익 창출의 기회를 맞이한다. 따라서 스토리텔링은 영리적이든 비영리적이든 간에, '이야기를 담아 파는 상품'이라고 정의할 수 있다.

시나리오 작가 나현 씨는 2007년 최고 히트 영화 〈화려한 휴가〉와 2008년 700만 관객을 동원한 〈우리 생애 최고의 순간〉을 집필해 이 시대 최고의 흥행작가 반열에 오른 스토리텔러다. 그가 집필한 이 두 편의 시나리오는 우리에게 별 새로울 것 없는 실화에 바탕하고 있다. 하지만 그는 스크린을 통해 감동을 창출하는 스토리텔링으로 이를 재탄생시켰다. 평범한 스토리텔러는 모든 사람에게 즐거움을 주고자 노력하지만, 정반대로 누구도 즐겁게 만들지 못할 수 있다. 모든 사람의 행복을 추구하다 보면 전달 메시지의 힘이 약해지고, 더 나아가 무의미해질 위험이 있기 때문이다.

진정한 스토리텔러는 스토리를 충실하게 전달하는 데 집중하지 않는다. 핵심 스토리의 갈등과 재미요소를 구성하면서 사람들의 공감을 이끌어내는 데 전력한다. 나현 씨는 말한다. "영화 상영 중에 관객들이 시계를 자주 본다는 것은 단순히 이야기가 지루해서일 수도 있지만, 이야기가 잘 구성되어 있지 못하다는 사실을 의미합니다. 도대체 이 이야기가 지금 어디까지 왔는지, 앞으로 얼마나 더 나아갈지를 알고 싶다는 뜻이죠. 반면 잘 짜인 이야기는 보는 동안 관객들로 하여금 기승전결을 저절로 알게끔 합니다. 시계를 보게 하는 영화란 관객들을 영화라는 롤러코스터에 전혀 태우지 못했다는 것을 의미하죠."

아울러 그는 스토리텔링이란 "팔아야 할 소재거리를 스토리로 꾸며내는 일"이라고 설명한다. 따라서 '무엇을' 이야기할 것인가보다는 '어떻게' 이야기할 것이냐가 훨씬 중요하다.

〈우리 생애 최고의 순간〉이나 〈화려한 외출〉은 소재로만 보면 재미없을 것 같은 작품들이다. 그러나 작가는 팔고자 하는 소재들인 핸드볼과 아줌마 선수들의 명승부, 아테네 올림픽을 가지고 캐릭터와 스토리를 재구성해 '우생순'이라는 신드롬을 탄생시켰다. 비인기종목의 설움을 가진 아줌마들이 만들어낸 기적 같은 명승부를 통해 소외된 대한민국 여성들의 가능성을 감동적인 이야기 상품으로 만들어냈다.

2006년 삼성경제연구소가 선정한 10대 히트상품 목록에는 영화 〈왕의 남자〉와 〈괴물〉, TV 드라마 〈주몽〉이 포함되어 있다. 〈주몽〉은 스토리텔링의 의미를 가장 잘 살린 작품들 중 하나로 평가받는다. 세계적인 판타지 열풍을 불러일으킨 〈반지의 제왕〉, 〈해리포터〉와 같이 〈주몽〉 또한 고구려 역사와 민족주의에 바탕한 웅장한 판타지를 갖추고 있다. 아울러 무한한 상상력을 통해 역사라는 소재도 얼마든지 자유롭게 창작될 수 있다는 가능성을 보여주었다. 과거의 드라마들은 그 중심에 역사를 놓았지만 현재의 드라마들은 시청자를 중심에 놓고 스토리텔링을 펼쳐나간다. 고구려의 시조 주몽은 분명 우리 역사의 실존인물이다. 이 같은 사실fact 위에 작가적 상상력fiction을 가미한 새로운 스토리텔링, 즉 팩션faction이라는 조합 산출물이 탄생한 것이다.

또한 〈주몽〉은 전형적인 '코스튬 드라마costume drama'다. 코스튬이란 '의상 또는 시대의상'을 뜻한다. 따라서 코스튬 드라마는 역사적 사건을 있는 그대로 그리는 데 중점을 둔 정통 시대극과는 다르다. 당시의 시대상을 잘 반영한 의상과 소품, 관습 등을 활용해 관객들에게 그 시대의 현실감을 생동감 있고 완성도 높게 전달한다. 대표적인 코스튬 드라마로는 빅터 플레밍Victor Fleming의 〈바람과 함께 사라지다〉, 알렉산더 코르더Alexander Korda의 〈안나 카레니나〉, 마틴 스코시즈Martin Scorsese의 〈순수의 시대〉 등을 들 수 있다. 코스튬은 시청자들의 상상력을 자극하고 감동을 주는 스토리텔링의 훌륭한 구성요소다. 〈주몽〉 역시 코스튬 드라마답게 화려한 의상과 당시의 흥미로운 관습들을 보여줌으로써 시청자들의 주목을 끌기에 충분했다. 현대적 감각이 물씬 풍겨나는 주인공의 사랑 이야기, 수많은 시련을 극복하고 고구려의 제왕으로 올라서는 한 남자의 일대기를 통해 시청자들을 열광시켰다.

스토리텔링의 구성요소인 등장인물, 플롯, 갈등, 메시지(대화, 내레이션, 자막)에 판타지와 신(新)패션, 감각적인 언어를 가미한 퓨전 사극은 대하(大河) 사극을 기피하는 젊은 시청자들을 뛰어난 흡입력으로 끌어들이고 있다. 대표적인 퓨전 사극으로는 〈최강칠우〉와 〈돌아온 일지매〉를 꼽을 수 있다. 〈최강칠우〉에서는 서양의 '쾌걸 조로'를 연상케 하는 주인공 칠우의 캐릭터가 젊은 층의 인기를 모았고, 〈돌아온 일지매〉에서는 주인공 남녀가 나누는 사랑의 대화들이 요즈음 시대에서나 사용함직한 현대적 감각의 언어들로 전개되어 젊은 시청자들에게 신선한 느낌과 새로운 경험을 던져주었다.

소비자가 만들어가는 디지털 스토리텔링

디지털 스토리텔링이란 네트워크로 연결된 컴퓨터 환경에서 디지털 기술을 이용해 이야기를 전개하는 것으로 온라인 게임과 디지털 영화, 디지털 애니메이션, 인터렉티브 드라마 등을 포함한다. 특히 온라인 게임 분야는 디지털 스토리텔링이 가장 활발하게 시도되는 영역이다. 일반적인 영화나 애니메이션과는 달리 온라인 게임은 개방형 스토리 전개방식을 선택한다. 즉 사용자의 선택에 따라 이야기를 끝도 없이 만들어나갈 수 있다. 이처럼 디지털 스토리텔링은 창작된 이야기를 사용자가 선택·조작함으로써 쌍방향 커뮤니케이션을 구현한다.

온라인 게임뿐 아니라 인터넷에서 많은 사용자가 참여해 완성시켜나가는 스토리텔링 또한 대표적 사례들 중 하나다. 차세대 사이버공간에서는 사용자의 스토리텔링 활성화 여부가 성공의 관건으로 떠오를 전망이다. 사용자들이 스스로 활발하게 이야기를 만들어나갈 때, 이를 바탕으로 집객력 높은 플랫폼이 완성되는 것이다.

디지털 스토리텔링을 가장 잘 구현한 캐릭터 상품으로는 '마시마로'를 들 수 있다. 엽기토끼 마시마로는 순수 국산 캐릭터다. 곰 같기도 하고 토끼 같기도 한 귀가 짧은 마시마로는 생김새부터 글자 그대로 엽기적이다. 마시마로는 애니메이션과 온라인 게임, 캐릭터 상품을 통해 수많은 이야기들을 창출해 내는 데 성공하며 커다란 인기를 불러 모았다.

마시마로 캐릭터를 만든 김재인 씨는 만화를 전공하는 고등학생이었다. 그는 한 회사로부터 유치원생들을 위한 캐릭터를 제작 의뢰받아 마시마로를 기획했다. 처음에는 단순한 만화영화 형태의 아동용 콘텐츠로 제작했는데, 마시마로의 독특한 생김새 때문에 회사의 냉담한 반응과 함께 채택되지 않았다고 한다. 마시마로라는 특이한 이름은 아이들이 좋아하는 하얀 마시멜로에서 착안되어 붙여진 것이다. 그는 작품을 의뢰한 회사의 거절에 낙담했지만 2000년에 장난삼아 플래시 애니메이션 '마시마로의 숲'을 만들어 인터넷에 올렸다. 그러자 네티즌들의 반응은 가히 폭발적이었다. 그후 마시마로는 시대적 분위기에 걸맞은 엽기적 돌출행동과 온라인상에서 끊임없이 이어지는 스토리텔링에 힘입어 일약 국민토끼로 사랑받기에 이르렀다. 마침내 마시마로는 캐릭터, 애니메이션, 게임 시장을 두루 섭렵하면서 수천억 원을 벌어들이는 황금알을 낳는 토끼가 되었다.

할리우드는 스토리 자원전쟁의 본부

《서유기》, 《삼국지》, 《피터팬》, 《신드바드》, 《슈퍼맨》, 《토토로》, 《피노키오》, 《신데렐라》, 《해리포터》… 이들의 공통점은 무엇일까? 바로 동서고금을 막론하고 전 세계 사람들의 사랑을 받는 '원작(原作)'이라는 것이다. 3세기 무렵 쓰인 진수(陳壽)의 역사서 《삼국지》는 14세기 나관중(羅貫中)에 의해 장편 역사소설로 재탄생했다. 그후 700년 이상 《삼국지》는 인류의 사랑을 받는 이야기로 엄청난 부가가치를 창출하고 있다. 그렇다면 세계인이 모두 아는 우리의 원작은 무엇일까? 딱히 떠오르는 이야기가 없다면 지금부터라도 만들어야 한다. 이를 통해 신한류의 붐을 일으켜야 한다. 스토리 전쟁의 시대에는 스토리가 곧 국력이기 때문이다.[3] 아직은 걸음마단계이지만 숨 쉬는 한국 신화의 원형을 탐구하는 노력도 그 중 하나가 될 것이다.

제주대학교 탐라문화연구소는 제주도의 민속신앙과 생활문화, 나아가 근대사를 연계해 제주 특유의 전통과 문화를 현대에 되살리는 방법을 연구하고 있다. 2007년 탐라문화연구소는 제주 신화에서 '돼지 한 마리를 모두 먹었다'는 식신(食神) '궤네깃또'를 캐릭터로 재탄생시켰다. '궤네깃또'가 제주의 전통음식을 먹고 힘을 내 문제를 해결한다는 내용으로 제주의 음식문화와 신화를 연결시키는 스토리를 개발해 영상화 사업으로 추진한 것이다. 마치 시금치를 먹고 힘을 내 악당을 물리치는 뽀빠이와 같다고 할까?

전문가들은 문화 콘텐츠 산업을 "문화를 돈으로 만드는 일이다"라고 정의하기도 한다. 그 중심에는 문화 콘텐츠가 있고, 문화 콘텐츠의 중심에는 이야기와 감성이 있다고 설명한다.

스토리텔러들은 각 나라별로 고유문화와 정서는 다르지만 모든 인류가 감동·공유할 수 있는 이야기를 발굴하기 위해 절치부심하고 있다. 신데렐라류(類)의 이야기는 전 세계적으로 500여 개나 된다. 에너지나 광물에만 자원전쟁이 존재하는 것이 아니라 이제 '스토리 마이닝story mining'에서도 치열한 자원전쟁이 벌어지고 있다.

할리우드 또한 서양 고유의 이야기 소재가 고갈되면서 새로운 이야기를 찾아 전 세계 곳곳을 찾아나서고 있다. 그들은 싼 값으로 이야기 자원들을 사다가 특별한 것으로 바꿔 커다란 부가가치를 창출하는 데 천재적 재능을 발휘한다. 공전의 히트를 기록한 디즈니의 애니메이션 〈뮬란〉은 중국의 전래설화에서 소재를 빌려왔다. 양탄자를 타고 하늘을 멋지게 나는 〈알라딘〉은 아라비아 설화에서, 〈포카혼타스〉는 인디언의 정서와 문화에 바탕한 러브 스토리를 담고 있다. 〈쿵푸 팬더〉 또한 중국 특유의 무술 수련을 배경으로 이야기를 전개함으로써 큰 성공을 거두었다.

1997년 미국 소설가 아서 골든Arthur Golden은 일본 기녀(妓女)들의 이야기를 다룬 《게이샤의 추억》이란 소설을 발표했다. 이 소설은 출간과 동시에 50주 연속 〈뉴욕 타임스〉 베스트셀러가 되었고, 이후 32개국 언어로 번역되어 전 세계 독자들의 큰 반향을 얻었다. 시대와 문화적 차이를 뛰어넘는 감동의 러브 스토리를 담고 있는 《게이샤의 추억》은 스티븐 스필버그Steven Spielberg와 로브 마셜Rob Marshall 감독을 통해 영화로 만들어져 다시 한번 전 세계 관객들을 매료시켰다.

할리우드는 한국의 이야기 자원들에도 주목했다. 〈텔 미 섬씽〉, 〈조폭 마누라〉, 〈엽기적 그녀〉, 〈가문의 영광〉, 〈괴물〉 등의 영화가 할리우드에 리메이크 판권으로 수출됐다. 한국에서 크게 흥행한 영화들을 재가공해 세계시장에 출시함으로써 더 큰 성공을 거두겠다는 목적이었다. 세계의 관객들은 어느 나라 소재인지가 중요한 것이 아니라 콘텐츠 상품에 담긴 스타일과 이야기, 경험과 감성을 구매하기 때문에 가능한 일이다.

세계적인 미래학자이자 코펜하겐 미래학연구소장인 롤프 옌센Rolf Jensen은 《드림 소사이어티 Dream Society》에서 꿈을 꾸는 능력과 상상력이 사회 발전의 원동력으로 떠오르는 시대를 예고한다. 드림 소사이어티의 핵심 키워드는 '이야기'다. 거대한 철강산업이나 악마의 눈물로 불리는 석유산업이 산업사회의 발전동력이었다면 다가올 드림 소사이어티의 유전(油田)은 이야기산업일지도 모른다.

〈뉴욕 타임스〉의 칼럼니스트인 토머스 프리드먼Thomas Friedman은 《세계는 평평하다 The World is Flat》에서 다음과 같이 설명한다. "이제는 디지털 혁명으로 전 세계 사람들이 동시적인 비즈니스 수행이 가능한 평평한 세계에 살고 있다." 평평한 세계에서는 국가 간 투자나 교류, 협력 등이 물 흐르듯 자연스럽게 이루어진다. 많은 나라의 자본들이 싼 임금과 거대한 시장을 찾아 중국과 인도 등으로 몰리는 바람에 지식산업에서도 전 세계가 동시에 경쟁하는 평평한 세상이 되었다.

평평한 세계에서는 유형의 하드웨어 상품보다는 무형의 소프트웨어 상품이 경제활동의 중심으로 떠오르고 있는데, 정보통신·문화콘텐츠·서비스 산업 등이 그 대표적 사례다. 사람들은 인터넷을 통해 전 세계의 상점에서 물건을 구입할 수 있고 세계 각국의 신문이나 방송 프로그램, 영화, 오페라 등의 콘텐츠를 실시간으로 소비할 수도 있다. 바야흐로 우리 모두가 평평한 세계의 네트워크 구성원이 되어 '공감을 느끼는 이야기'로 상호작용을 하는 세상이 도래한 것이다.

스토리텔링이 있는 기업 마케팅

상상력에 기반한 스토리텔링의 적용범주는 드라마나 영화, 소설과 같은 창작분야에만 적용되는 것이 아니다. 앞에서 살펴본 바와 같이 온라인 게임 또한 스토리텔링에 기반한 문화 콘텐츠로 빠르게 발전해 가고 있다. 2009년 국내 굴지의 게임회사 엔씨소프트의 김택진 사장은 한 언론과의 인터뷰에서 다음과 같이 말했다. "게임이 옛날 갤로그처럼 '자극과 반응' 수준이던 시대는 지났다. 오늘날 게임은 종합적으로 만들어진다. 그 안에서는 스토리 또한 중요한 영역을 차지하고 있다. '리니지 2'의 음악은 런던 필하모닉 오케스트라와 작업했고, '아이온'은 재일동포 작곡가 양방언 씨와 함께 했다. 사람들은 이제 게임을 통해 음악·미술·스토리를 즐긴다. 그러므로 파생상품도 많이 나온다. 영화처럼 게임이 원 소스 멀티 유즈의 중심이 되고 있는 것이다." 온라인 게임이 종합 문화예술상품으로 진화하고 있다는 의미다.

한 걸음 더 나아가 스토리텔링은 콘텐츠 비즈니스의 영역을 넘어 일반 제품에 이르기까지 폭넓게 적용되고 있다. 최근 유통·패션·식품 업계를 중심으로 스토리텔링 마케팅이 확산되고 있는 것이 좋은 사례다. 스토리텔링 마케팅이란 특정 상품의 브랜드에 스토리를 부여해 해당 브랜드에 대한 소비자의 우호적인 이미지를 만드는 전략을 의미한다. 브랜드에 기억에 남을 만한 이야기를 담아 제공함으로써 단순히 브랜드를 떠올리는 차원을 넘어 브랜드를 사랑하게끔 만드는 것이다. '이야기를 타고 팔리는' 상품, 즉 감성마케팅이 기업들의 중요한 화두로 떠오르고 있다.

제일모직의 의류브랜드인 빈폴의 TV 광고를 살펴보자. 남녀 주인공이 이국적 향기가 물씬 풍기는 영국의 런던 거리에서 서로 마주치며 애틋한 눈빛을 나눈다. 시청자들은 궁금하다. 두 사람의 만남은 어떻게 이루어졌을까? 빈폴은 두 남녀가 만남에 이르기까지의 비하인드 스토리를 자사 홈페이지를 통해 공개했다. 그러고는 시청자들로 하여금 이 스토리의 결말이 어떻게 될지 홈페이지에 올리도록 유도했다. 스토리텔링 광고의 대표적 사례다.

휴대폰 '애니콜'의 스토리텔링 광고는 애니콜의 기능이나 이미지에 대한 설명을 늘어놓지 않는다. 이를 대신해 서로 다른 사상과 체제를 넘어 교감하는 남북한 두 젊은 여성의 이야기를 펼친다. 남한의 가수 이효리와 북한의 예술인 조명애 사이에 전개되는 '하나의 어울림'이라는 주제는 애니콜의 브랜드 정신인 '시간과 공간을 초월한 세계인의 만남'이란 메시지를 잘 표현해 준다. 이처럼 갈수록 경쟁이 치열해지는 세계시장에서 글로벌 기업들은 브랜드 가치를 높이기 위해 많은 노력을 경주하고 있다. 이를 위해 문화적 감성과 예술적 직관에 바탕한 창조경영과 감성경영을 도입하고 있다.

'다른 사람들은 보지 못합니다. 전쟁 속에 핀 희망의 봄을… 당신은 그 차이를 압니다.' LG전자의 엑스캔버스X-Canvas TV 광고의 카피다. 고화질, 앞선 기술 등의 키워드로 주로 기술력에 소구해 왔던 기존 TV 광고와는 달리 엑스캔버스는 소비자들의 감성에 호소한다. 본디 인간은 이성 20%, 감성 80%로 살아간다고 한다. 보다 인간적인 모습으로 전달되는 이 광고에 더 많은 시선이 가는 이유가 여기에 있는지도 모른다. 방송 콘텐츠도 마찬가지다. 최근에 인기를 끈 청춘 드라마들을 살펴보라. 이야기의 구성 못잖게 시각적 영상미와 음악, 패션 등 감성적·미적 표현을 시청자들이 얼마나 중시하는지 잘 알 수 있을 것이다.

2009년 코카콜라가 한국시장에 출시한 '글라소 비타민 워터'는 6가지 맛의 제품으로 각각의 라벨에 해당 제품의 특성을 담은 이야기를 풀어냄으로써 소비자와의 대화를 시도하고 있다. 비타민C와 칼슘이 든 오렌지맛 제품에는 '아침밥 챙겨먹고 여유롭게 집을 나서는 건 일일연속극에서나 나올 법한 일 아닐까요?' 하면서 출근길에 해당 제품을 챙길 것을 추천한다. 또한 전날 밤 과음한 고객들을 위해서는 '어제도 달리셨어요?' 하며 비타민B와 칼륨이 든 프루트펀치맛을 권유한다. 코카콜라의 타깃고객은 젊은 층이다. 젊은 소비자들에게 어필하기 위해 블로그 스타일의 카피를 통해 해당 메시지를 작성, 고객들 사이에서 이야 깃거리가 될 수 있는 스토리텔링 마케팅을 추구하고 있는 것이다.

치열한 경쟁에서 살아남기 위해 기업들은 너나 할 것 없이 뛰어난 상품을 생산한다. 따라서 품질만으로는 상품의 우위비교를 하기란 매우 어렵다. 그러므로 소비자들의 구매결정은 이성이 아니라 감성을 더욱 따를 수밖에 없다. 하버드 대학의 심리학자인 하워드 가드너Howard Gardner 교수는 다음과 같이 설명한다. "사람들이 논리적으로 생각할 때는 이성을 지배하는 좌뇌가 작동하지만, 최종 의사결정시에는 감성을 지배하는 우뇌가 작동한다." 이는 현대 소비자의 구매결정 과정을 잘 시사해 주고 있다.

이야기와 꿈을 파는 드림케팅

세계적인 마케팅 전문가 잭 트라우트Jack Trout는 2009년 국내에서 개최된 글로벌 포럼에서 다음과 같이 주문했다. "한국의 기업들도 애플이나 렉서스처럼 매력적인 스토리를 팔아야 한다." 삼성과 현대자동차는 글로벌 브랜드로 성장했다고 할지라도, 스스로 더 좋은 스토리를 만들어냄으로써 브랜드 이미지를 높이는 끊임없는 리포지셔닝repositioning 과정을 거쳐야 한다고 그는 강조했다. "애플 매장은 누구나 방문하고 싶어하는 멋진 장소다. 아이폰을 꺼내 쓰면 곁에 있는 사람들 모두 예외 없이 힐끔거린다. 애플은 제품에 스토리를 집어넣는 데 성공한 것이다. 아이폰은 스마트폰 수준을 넘어선 컴퓨터폰이다. 아이폰은 참신하지만 삼성의 휴대폰은 그렇지 못하다." 또한 그는 현대자동차에 대해서도 따끔한 충고를 던졌다. "프레스티지가 부족한 현대차가 미국에서 5만 달러를 웃도는 대형차 에쿠스를 팔겠다는 계획은 실수에 가깝다.

렉서스는 스토리를 만들어냈지만 현대차는 그렇지 못하다."

최근 마케팅 분야에서는 이처럼 소비자들의 꿈과 이미지를 추구하는 '드림케팅(dream과 marketing의 합성어)'이 각광받고 있다. 현대인들은 누구나 자신이 처한 현실보다 좀더 풍요롭고 더 나은 미래를 꿈꾸며 살아간다. SK텔레콤의 '생각대로 T' 광고 캠페인은 어려운 경제상황에서 모든 사람의 소원이 술술 풀리기를 기원하는 메시지를 담고 있다. 비록 서민적 소원은 아니지만 영화배우 장동건과 가수 비 역시 이 광고 캠페인에서 자신들의 가장 큰 소원인 아카데미상과 그래미상 수상의 꿈을 이루기 위해 '비비디바비디부'를 외운다. '비비디바비디부'는 디즈니의 애니메이션인 〈신데렐라〉에 등장하는 마법의 주문이다. 이는 불교 경전 《천수경》에 나오는 '수리수리마수리 수수리 사바하' 정도가 될 것이다. 글로벌 명품 브랜드 루이비통 Louis Vuitton의 광고는 언제나 화려한 귀족적 이미지를 추구함으로써 상류사회에 진입하고픈 여성들의 꿈을 일깨워준다. 이처럼 드림케팅은 상품 자체보다는 상품이나 브랜드에 담긴 꿈과 이야기를 강조하는 마케팅 기법으로서 상품의 품질을 넘어 브랜드 이미지를 부각시키는 감성마케팅의 일환이다. 2007년 1월 LG경제연구원은 '기업경영보고서'를 통해 기업들이 불확실한 경영환경을 돌파하기 위한 7가지 과제 중 하나로 '드림케팅'을 선정하기도 했다.

지안 루이지 롱지노티 뷔토니 G. L. Longinotti-Buitoni는 《드림케팅 Selling Dreams》에서 다음과 같이 설명했다. "드림케팅은 고객의 꿈을 파는 행위, 이야기를 전달하고 흥미를 끄는 기술, 상품이 아닌 꿈을 광고하는 행위, 꿈을 중심으로 브랜드를 구축하는 행위, 열풍과 유행을 불러일으키는 행위로 정의될 수 있다. 드림케팅은 주주들에게 훨씬 많은 이익을 가져다주고 있다."

아모레퍼시픽의 '헤라 카타노 크림'은 기능이나 성분 내용을 부각시켜 제품명을 만드는 일반 화장품들과는 달리 그리스 신화의 여신을 등장시킨다. 카타노는 그리스 신화에서 여신 헤라가 젊음을 유지하기 위해 목욕했던 샘물의 이름이다. 신화 속의 스토리를 제품 마케팅에 활용함으로써 소비자들의 감성 속에 아름다움이란 이미지를 각인시킨 것이다. 삼성전자의 에어컨 브랜드 '하우젠' 역시 '바람의 여신'이라는 애칭을 사용하고 있는데, 여신의 우아한 이미지와 고급스러운 제품 디자인을 자연스럽게 연결하고 있다.

언제부터인가 현대인의 필수품인 휴대폰에도 특별한 '펫 네임(애칭)'이 붙기 시작했다. 통상 휴대폰은 알파벳과 숫자가 조합된 제품명을 갖고 있다. 하지만 이를 기억하는 소비자들은 거의 없다. 그 대신 소비자들은 제조사에서 붙인 펫 네임을 통해 해당 제품의 이미지를 떠올린다. 이 또한 소비자들에게 제품에 대한 호감과 꿈을 심어주기 위한 드림케팅 전략의 하나다. LG전자는 자사의 휴대폰 광고에 국민배우 안성기를 모델로 발탁해 '와인'이란 펫 네임을 만들어 퍼뜨렸다. 중년 소비자들은 와인 스토리에 바탕한 광고를 통해 격조 있고 여유로운 삶의 이미지를 구매하고픈 욕구를 느꼈을 것이다.

LG의 감성적 펫 네임과는 달리 삼성은 기술적 측면을 강조한 펫 네임을 선호한다. 촉각을 이용한 컴퓨터 입력기술을 의미하는 '햅틱', 능동형 유기발광 다이오드 '아몰레드', 모든 기능을 갖췄다는 뜻의 라틴어에서 따온 '옴니아' 등이 대표적 사례다. 'SCH-M715' 등의 복잡한 모델명보다는 '김태희가 쓰는 아이스크림폰', '아몰레드폰을 든 자체발광 손담비' 등과 같이 휴대폰 애칭과, 거기에 연결된 제품 이미지가 소비자 머릿속에 더 강하게 남는다는 사실을 기업들은 적극 마케팅 전략에 활용하고 있는 것이다.

이 밖에도 생수업체 에비앙Evian의 미네랄 이야기, 루스벨트 대통령과 테디베어에 얽힌 일화, 지포라이터와 전쟁터의 사연들, 정주영 회장과 현대중공업 조선소 건설이야기 등이 세간에 깊은 주목을 받았다. 에비앙은 세계 최초로 물을 상품화한 회사로서, '에비앙은 곧 신비스러운 약수'라는 이미지를 소비자들에게 각인시키기 위해 성공적 스토리를 활용했다. 1789년 프랑스의 한 귀족이 알프스 자락의 작은 마을 에비앙에서 요양을 하면서 병을 고친 일이 있는데, 에비앙 지역의 물속에 다량 함유되어 있는 미네랄과 같은 몸에 좋은 성분이 존재했기 때문이다. 에비앙은 이 스토리를 자사의 광고에 적극 활용함으로써 세계 최고의 생수회사로 성장했다.

'설화수'는 외국 유명 화장품들을 제치고 백화점 매출 1위를 기록한 국산화장품이다. 설화수는 한류 열풍과 중국인 특유의 한방에 대한 관심과 맞물려 중국인들 사이에서 명품화장품으로 통한다. 설화수에는 1930년대 개성에서 동백기름을 팔아 자식을 교육시킨 어머니의 이야기와 개성 인삼상인들의 이야기가 제품의 혼(魂)으로 녹아들어 있다.

성공한 스토리텔링에는 공통점이 있다. 바로 실화에 바탕한 독특한 이야기인 동시에 모두에게 재미와 공감을 제공한다는 것이다.

'밥을 굶는 아이가 없게 해주세요.' 이는 CJ제일제당의 캠페인이다. 잔잔한 감동을 제공하는 실화에 바탕한 스토리텔링의 좋은 사례다. CJ제일제당에서 근무하는 어떤 부장에게 다섯 살 난 딸이 있었다. 그런데 그의 딸은 음식 속의 단백질을 섭취하면 몸에 심각한 손상을 일으키는 선천성대사질환을 앓고 있었다. 딸의 건강을 위해 늘 노력하던 그는 회사에 자신의 딸과 같은 환자들이 먹을 수 있는 '저단백 햇반'의 출시를 건의했다. 그러자 회사는 단백질 섭취의 제한이 필요한 국내 환자 200여 명을 위해 기꺼이 저단백 햇반을 만들었다. 2009년에 출시된 이 제품은 개발비용으로 8억 원이 소요됐다. 하지만 연간 매출액은 고작 5,000만 원에 불과하다. 따라서 영원히 수익을 맞출 수 없는 제품이다. 그렇지만 저단백 햇반의 출시로 많은 사람들에게 훈훈한 감동을 제공하면서 CJ제일제당은 자사의 이미지를 제고할 수 있었다.

기업이 성공 스토리텔링을 창출하려면 먼저 '스토리 비전'을 찾아내야 한다. 스토리 비전은 고객의 니즈를 정확히 파악해 그에 적합한 상품과 서비스를 제공함으로써 고객을 감동시키는 것을 목표로 한다.

남이섬의 스토리 비전은 '자연이 숨 쉬는 동화 같은 섬'이고 민들레영토는 '젊은이들이 즐길 수 있는 색다른 문화공간'이다. 앞에서 살펴본 CJ제일제당의 경우 '소외된 단 200명만을 위한 아름다운 햇반'이 스토리 비전이다. 고객의 니즈 속에 태어난 기업의 스토리텔링은 고객들로 하여금 브랜드 충성도를 높일 수 있도록 해주며, 내부직원들에게는 기업의 비전을 공유할 수 있게 이끈다.

벨기에를 대표하는 수제 초콜릿 고디바Godiva는 드림케팅의 원조로 평가받는다. 고디바는 매년 밸런타인데이의 최고 선물로 소비자들의 사랑을 받고 있다. 그렇다면 고디바라는 제품 이름은 어떻게 탄생되었을까? 그 네이밍naming의 배경이 된 스토리텔링은 정녕 흥미롭다.

표 1-1 **기업의 스토리텔링 창출**

스토리 비전		기업의 스토리
• 고객의 니즈 파악 • 적절한 상품·서비스 제공 • 고객 감동이 목표	⬅➡	• 고객에게 감동·재미 전달 • 조직 내 감동적인 스토리 • 내부직원과의 기업 비전 공유

※ 출처 : 김우정, '김우정의 풍류일가 뉴스레터', 2009. 12

11세기 잉글랜드의 코번트리 지방을 다스리던 영주에게는 16세의 어리고 아름다운 '고다이바(고디바)'라는 아내가 있었다. 그녀는 농노(農奴) 신분의 주민들이 과중한 세금에 시달리는 것을 불쌍히 여겨 남편에게 세금 감면을 요청했다. 하지만 가혹한 영주는 아내의 청을 거절하기 위해 실천할 수 없는 조건을 내세웠다. 그 조건이란 다름 아닌 그녀가 벌거벗은 알몸으로 말을 타고 마을을 한 바퀴 돌아야 한다는 것이었다. 어떻게든 주민들의 무거운 고통을 줄여주고 싶었던 그녀는 선뜻 그 조건을 받아들였다. 영주의 아내가 자신들을 위해 알몸으로 길거리를 나선다는 소문을 접한 주민들은 그녀의 따뜻한 마음에 깊이 감동했다. 그래서 그들은 그녀의 알몸을 절대 보지 않기로 약속하고는 집집마다 문과 창을 걸어 잠그고 커튼을 내려 그녀의 희생에 깊은 경의를 표했다.

18세기에 들어서 코번트리 마을은 고다이바 부인의 전설을 관광상품화했다. 오늘날에도 그 지역에는 말을 탄 고다이바의 동상이 상징적으로 세워져 있다고 한다. 한편 벨기에 초콜릿의 창시자인 조셉 드랍 부인은 고다이바의 높은 뜻과 전설을 담아 세상에서 가장 우아하고 고귀한 초콜릿을 만들겠다는 의미로 자신이 만든 초콜릿을 '고디바'라고 명명했다. 고디바는 오늘날 최고급 초콜릿으로 그 명성을 유지해 오고 있다.

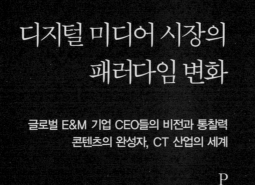

디지털 미디어 시장의
패러다임 변화

글로벌 E&M 기업 CEO들의 비전과 통찰력
콘텐츠의 완성자, CT 산업의 세계

PART
2

CHAPTER 01

글로벌 E&M 기업
CEO들의 비전과 통찰력

　과거와 현재를 구분하는 가장 큰 기준 가운데 하나는 아마도 '속도'
일 것이다. 미국의 알렉산더 그레이엄 벨Alexander Graham Bell이 전화기를
발명한 이래, 전화가 미국의 가정에 50%가량 보급되기까지는 70여 년
의 시간이 걸렸다. 또한 토머스 에디슨Thomas Edison이 발명한 전기는 52
년이 걸렸다. 그리고 커뮤니케이션과 엔터테인먼트의 혁신적 수단이었
던 TV는 50% 이상 보급되기까지 30년이 소요되었다. 하지만 인터넷은
불과 10년이 채 걸리지 않았다 '소셜 네트워크 서비스sns'를 제공하는
페이스북facebook은 불과 5년 만에 전 세계적으로 4억 명의 가입자를, 그
리고 트위터twitter는 3년 만에 1억 명의 사용자를 창출했다. 전화와 전

기, TV의 경우와 비교하면 가히 빛의 속도로 전파되었다고 할 수 있다.

이처럼 변화의 속도가 빨라지고 그 폭이 넓어지는 경영환경에서 글로벌 E&M Entertainment&Media 사업을 이끌고 있는 CEO들에게 요구되는 능력은 무엇일까?

무엇보다 미래에 대한 상상력과 통찰력, 그리고 빠른 결단력일 것이다. 뉴스코퍼레이션 News Corporation, 디즈니, 닌텐도 Nintendo 와 같은 글로벌 E&M 기업의 CEO들에게서는 지칠 줄 모르는 열정과 위험을 무릅쓴 과감한 도전, 창조적 파괴로 생각의 틀을 깨는 발상 등의 공통점을 발견할 수 있다.

통신과 방송의 융합에 기반한 미디어 빅뱅 시대에 기술의 진화만큼이나 빠르게 변하고 있는 소비자들의 변화 흐름을 읽어내고, 생존과 성장에 요구되는 미래전략을 제시하는 이들 CEO에게는 상상력이 가장 중시되는 덕목이다. 따라서 그들은 '최고경영자'를 의미하는 통상적 CEO가 아니다. 그들은 공감을 주도하는 CEO Chief Empathy Officer(최고공감책임자)인 동시에 자신의 사업에 대한 상상력을 최대한 발휘할 수 있는 CIO Chief Imagination Officer(최고상상력책임자)다.

구글에는 있고 야후에는 없는 것

1995년 세계 최초로 인터넷 검색엔진을 개발한 야후 Yahoo! 는 2001년부터 인터넷이 확산되면서 큰 성공을 거둔 기업이다. 당시만 해도 야후의 탄탄한 앞날에 의문을 제기하는 사람은 아무도 없었다. 그리고 야후에서 근무한다는 사실 자체가 종업원들에게는 커다란 성취감이었다. 그러나 야후는 단 한 번의 잘못된 판단으로 내리막길을 치닫고 말았다. 야후는 머잖아 검색기능은 누구나 제공할 수 있는 보편적 서비스가 될 것이라 예상했다. 그리하여 검색엔진에 대한 투자를 줄이는 대신 미디어 분야에 대한 집중 투자를 결정했던 것이다. 그런데 그 무렵 등장한 구글은 야후와 생각이 달랐다. 구글은 검색시장이 더욱 성장할 것으로 판단했고, 이 시장에 더 빠르고 더 정확한 검색엔진을 제공하면 충분히 승산이 있다고 전망했다. '검색, 지식, 그리고 응답'은 구글의 창업자 '세르게이 브린Sergey Brin'과 '래리 페이지Lawrence Page'가 허름한 차고에서 검색기술 개발에 열중하던 시절부터 모색해 온 온라인 정보사회의 키워드였다.

구글은 업계 최강의 검색엔진을 제공하기 위해 포털 검색시장에서 유일한 수입원이었던 배너광고를 과감히 포기하는 파격적인 조치를 취했다. 배너광고가 노출되면 사용자가 선택한 페이지가 뜨는 시간이 길어지기 때문이었다. 또한 사용자가 원하는 검색과 관련이 없는 광고가 노출됨으로써 검색의 정확도도 떨어질 수밖에 없다는 이유에서였다. 당시 대부분의 포털 업체들은 자신들의 사이트를 방문한 고객들을 조금이라도 오래 묶어두기 위해 다양한 수단을 강구하고 있었다. 하지만 구글은 고객들의 발길을 붙잡고자 하지 않았다. 그 대신 고객들에게 검색 자체에 대한 충실한 서비스를 제공하기 위해 노력했다. 더 나아가 구글은 차세대 검색엔진 개발을 위한 막대한 R&D 투자에 나섰다. 향후 검색엔진의 진화는 '무엇을 검색하느냐'에서 '어떻게 검색하느냐'의 방향으로 그 무게중심이 옮겨가고 있다. 구글은 스스로 답을 찾아 정확한 결과를 보여주는 지능형 검색엔진의 시대가 도래할 것으로 판단하고 있다.

LG경제연구원의 보고서에 따르면, 2008년 현재 구글은 미국 내 웹검색시장의 약 60%를 점유하고 있다. 반면에 과거의 선두주자였던 야후의 시장점유율은 겨우 20%대에 불과하다. 그리고 전 세계적으로 매일 830만 명이 구글에 접속해 뉴스와 정보를 얻고 있다. 인터넷 검색시장의 새로운 강자로 떠오른 구글은 배너광고를 대신한 '키워드 광고'를 새로운 수익원으로 창출했다는 점에서 관련 업계의 깊은 주목을 받고 있다. 키워드 광고는 검색 사이트에서 특정 키워드를 검색한 사람들에게만 광고주의 사이트가 노출되도록 하는 기법으로 '검색광고'라고도 불린다. 서비스나 제품의 판매자가 '고객을 찾아서' 광고를 노출하는 TV나 라디오 광고, 인터넷 배너광고와는 달리 검색광고는 '찾아오는 고객'에게 해당되는 광고를 노출함으로써 매우 적극적이고 적중률이 높은 기법이다.

검색광고는 구글에게 엄청난 수익을 가져다주었다. 매출구조로만 보면 구글은 광고회사나 다름없다. 2007년에 구글이 기록한 총 매출액은 무려 218억 달러에 이르는데, 그 가운데 95% 이상이 검색광고와 구글의 광고 프로그램인 '애드센스AdSense'에서 거둔 것이다. 구글에 왕좌를 내준 야후는 2007년 72억 달러 매출에 그쳤다.

여기서 주목해야 할 사실이 하나 더 있다. 구글의 막대한 검색광고 수입 역시 야후의 두 번째 결정적 판단 실수에서 비롯되었다는 것이다. 2003년까지만 하더라도 구글은 뛰어난 기술력과 폭발적인 트래픽을 갖고 있었지만 수익을 창출할 수 있는 뚜렷한 비즈니스 모델이 없었다. 즉 우후죽순처럼 생겨났던 여느 벤처기업들처럼 반짝했다가 사라질 수도 있는 운명이었다. 그러다가 구글은 야후의 자회사인 오버추어Overture가 갖고 있었던 PPC Pay Per Click(클릭당 광고비를 지급하는 시스템)를 적용해 수익을 창출하기 시작했다. 하지만 야후로부터 특허권 침해소송을 당하면서 구글은 큰 곤경에 빠졌다. 2004년 8월, 미래를 예측하지 못한 야후는 구글에게서 2,850만 달러를 받는 조건으로 구글이 PPC 기술을 영구적으로 사용할 수 있도록 하는 라이선스 계약을 맺고 말았다. 이로써 야후는 스스로 '호랑이 구글'을 키우는 어리석은 실수를 저질렀고, 구글은 마침내 인터넷 시장의 판도를 바꿔놓았다. 2009년 미국의 시사주간지 〈뉴스위크Newsweek〉는 '과거 10년간 역사를 바꾼 10가지 결정' 중 하나로 야후의 이 엄청난 실수를 선정하기에 이르렀다.

최근 모바일 광고시장에서도 구글의 행보가 빨라지고 있다. 2009년 11월 구글은 실리콘밸리의 모바일 광고회사인 애드몹AdMob을 무려 7억 5,000만 달러에 인수했다. 애드몹은 아이폰 애플리케이션이나 휴대폰에서 검색이 가능한 배너광고 전문회사다. 전 세계 모바일 사용자는 33억 명에 달한다(PC 사용자는 약 11억 명이다). 구글이 구축해 온 검색기술, 위치기반기술LBS과 애드몹의 타깃팅 광고, 광고배포 알고리즘 기술이 결합하면서 모바일에서도 엄청난 시너지를 창출할 전망이다. 모바일 광고는 PC 광고와 달리 사용자가 현재 어디에 있는지를 파악, 위치기반 광고를 집행할 수 있기 때문에 더 정교한 타깃광고가 가능하다는 특징을 갖고 있다.

2009년 9월 기준, 구글의 시가총액은 1,210억 달러다. 이는 세계 최대의 미디어기업인 타임워너Time Waner의 1,053억 달러를 웃도는 수치다. 따라서 많은 전문가들은 구글이 향후 글로벌 미디어 산업을 주도할 것이라는 데 한결같이 동의한다. 구글은 전 세계 인터넷 검색시장의 70%를 장악하고 있다. 그리고 전 세계 온라인 광고시장의 40%를 점유하고 있다. 2008년 기준으로 구글의 광고수입은 ABC, CBS, NBC를 포함한 미국 5대 방송사의 총 광고수입과 맞먹는 규모로 성장했다.

구글의 진화는 여기서 멈추지 않는다. 구글은 안드로이드 운영체계를 적용한 구글폰에 이어 2010년 4월, 안드로이드TV를 공개했다. 안드로이드TV는 인터넷 검색, 채팅, 유튜브 동영상, 웹 서핑 등이 가능한 구글의 최첨단 신병기다. 미디어 전문가들이 안드로이드TV에 관심을 갖는 것은 마이크로소프트가 컴퓨팅 환경의 'OS 표준'을 장악함으로써 독점기업의 이점을 누리고 있듯이, 검색서비스의 '사용 표준'을 장악한 구글이 마이크로소프트의 영향력을 넘어서는 기업이 될 수도 있을 것이라는 불안한 예측 때문이다. 인터넷에 접속하는 규격을 공통화한 고기능의 '넷TV'가 바로 애플과 구글이 추구하고 있는 차세대 TV 방식이다.

구글의 성공신화와 실체를 파헤친 《구글드》의 저자 켄 올렌타Ken Auletta 는 "세계는 구글되었다googled"라고 강조한다. 전 세계 검색엔진 사용자 70% 이상이 구글을 이용하고 있기 때문에 사람들은 이제 더 이상 '정보를 검색한다'는 표현을 쓰지 않는다. 그 대신 그들은 '구글링googling'한다는 표현을 쓰는 것이다. 정녕 구글이 만들어낸 가공할 만한 변화가 아닐 수 없다.

구글에는 있었지만 야후에는 부족했던 점은 무엇이었을까? 바로 미래를 바라보는 상상력과 공감, 고객의 니즈를 정확히 찾아내는 통찰력, 그리고 과감하게 이를 추진하는 실행력이다. 이것이 오늘날 야후와 구글의 운명을 바꿔놓은 전략들의 가장 중요한 키워드다.

영원한 디지털 이민자, 뉴스코퍼레이션의 루퍼트 머독 회장

글로벌 미디어그룹인 뉴스코퍼레이션의 루퍼트 머독Rupert Murdoch 회장은 '미디어의 황제'로 불린다. 머독 회장은 자신을 가리켜 '디지털 이민자digital immigrant'라고 표현한 바 있으며, 자신의 딸을 '디지털 원주민digital natives'이라고 지칭하면서 향후 10~20대가 미디어 업계에서 차지할 중요성에 대해 강조했다.

이민사회에서 1세대와 2세대 간에는 현지 언어습득 능력에 있어 뚜렷한 경계선이 존재한다. 디지털 환경에 뒤늦게 발을 내디딘 이민 1세대는 아무리 애를 써도 현지 언어를 습득하는 데 한계가 있으며, 디지털이란 신세계보다는 아날로그에 대한 향수가 강하다. 반면에 디지털 신대륙에서 태어나고 자라난 디지털 원주민들인 N세대Net Generation('넷 세대'라는 뜻으로《위키노믹스》,《패러다임 시프트》 등의 저술로 유명한 돈 탭스콧이 처음 사용한 표현이다)는 별다른 노력이나 고통 없이 생태적으로 인터넷 공간에서 정보를 나누고, 협업을 하고, 국경을 넘나들고 있다. 이 두 세대를 갈라놓고 있는 요소가 바로 디지털 기술이다. N세대는 아날로그 세대와 그 사고방식에서부터 완전히 다르다.

구체적으로 살펴보면 N세대는 1977~97년 사이에 태어난 10~30대의 젊은 층으로서 컴퓨터와 인터넷을 통해 디지털 시대를 온전하게 누리면서 성인으로 자라난 첫 번째 세대를 말한다. 머독 회장은 '마이스페이스MySpace'와 같은 인터넷 미디어기업들을 적극 인수하는 등 컴퓨터와 각종 디지털 기기에 익숙한 젊은 N세대를 겨냥해 미디어 사업을 확장해 나가고 있다. 그 결과 오늘날 뉴스코퍼레이션은 올드미디어에서부터 뉴미디어까지 거느린 거대 그룹으로 성장했다. 머독 회장은 말한다. "기성세대가 커피 한 잔과 신문으로 하루를 시작했다면, 요즘의 젊은 세대는 커피 한 잔에 온라인으로 하루를 시작한다."

디지털 이민자가 이끄는 뉴스코퍼레이션은 다음과 같이 선언하고 있다. "우리의 전략은 간단하다. 뉴스콥(뉴스코퍼레이션)의 핵심인 콘텐츠와 인터넷의 핵심인 개인적인 선택을 결합하는 것이다."

뉴스코퍼레이션의 두 가지 비즈니스 축은 콘텐츠와 전통적인 배포수단이었다. 여기에 머독 회장은 인터넷 분야를 보태 뉴스코퍼레이션의 포트폴리오를 구성했다. 그는 콘텐츠와 배포, 인터넷 영역이라는 3개의 원이 겹치는 교집합에 그가 5억 8,000만 달러에 인수한 소셜 네트워

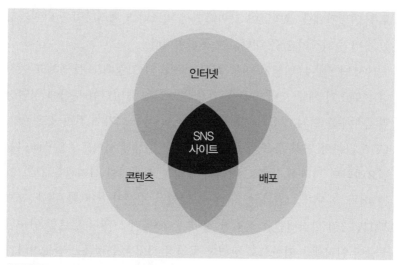

그림 2-1 **뉴스코퍼레이션의 플랫폼 전략**

킹 서비스SNS 사이트인 마이스페이스를 그려놓고 있다. 그는 설명한다. "이 교집합은 강력하고 유연한 미디어 플랫폼이 될 것이고, 큰 성장 잠재력을 지니게 될 것이다."

그의 예측대로 세상은 이제 소셜 네트워킹 열풍에 빠져들고 있다. 당초 사이버 공간에서 지인들과 교류하고 인맥을 넓히는 의도로 출범한 SNS는 콘텐츠, 블로그, 위치정보 서비스까지 결합되면서 인터넷의 보급속도보다 훨씬 빠르고 눈부신 진화를 보여주고 있다. 마이스페이스는 설정된 계정만 3억 개에 달하며, 한때 하루 55만 개의 계정이 새로 만들어지는 성장을 기록했었다.

이처럼 한동안 독보적인 시장 지배자였던 마이스페이스 역시 외부 콘텐츠와의 협력을 차단한 폐쇄적 플랫폼 정책을 유지하다가 개방과 협력의 정책을 도입한 후발 주자 페이스북에 밀려나고 말았다. 그러나 여기서 강조하고 싶은 것은 현재의 전통 미디어와 미래 미디어와의 새로운 연결관계를 끊임없이 고민하면서 비즈니스 패러다임을 바꿔가고 있는 머독 회장의 앞을 내다보는 통찰력이다.

1931년 3월 11일생인 머독 회장은 팔순의 고령에도 불구하고 여전히 콘텐츠의 개인 소비가 붐을 일으키고 있는 뉴미디어 분야에 정열적인 승부수를 던지고 있다. 마이스페이스에 이어 그가 도전한 곳은 인기 TV 드라마와 영화 등을 무료로 제공하는 동영상 사이트 '훌루Hulu'다. 필요하다면 적과의 동침도 마다하지 않는 진취적인 사업관을 갖고 있는 머독 회장이 그간 사이가 좋지 않았던 경쟁자 NBC와 손을 잡고 2007년 3월 합작법인을 설립한 것이다. 2006년 11월 유트브를 인수한 구글이 인터넷을 기반으로 강력한 동영상 서비스 플랫폼을 만들어나가자, 이에 위기를 느낀 뉴스코퍼레이션과 NBC가 공동의 적을 타도하고자 뜻을 합친 것이다. 이른바 '구튜브Gootube의 극복'이 합작법인의 목표였다. '훌루에서는 영화, 방송 프로그램을 무료로 볼 수 있다. 그것도 아마추어들이 만든 동영상이 아니라 프로가 만든 질 높은 비디오라면 매력적이지 않는가?'라는 것이 유튜브에 대응하기 위한 출사표였다. 한 걸음 더 나아가 훌루가 제공하는 콘텐츠를 개인의 블로그와 카페에서도 공유할 수 있게 만들었다. 단, 이를 시청하기 위해서는 광고를 봐야 한다. 이 같은 훌루의 전략은 적중했고 많은 소비자들의 호응을 이끌어낸 성공적 사업모델로 꼽힌다. 훌루가 시장에 완전 정착하기까지는 좀더 상황을 지켜봐야겠지만 2009년 미국 시사주간지 〈타임Time〉은 '가장 멋진 올해의 발명품 49개' 중 하나로 훌루를 선정하기도 했다.

2008년 뉴스코퍼레이션은 영화 제작 및 배급, TV 방송, 케이블TV, 출판, 인터넷 사업 등을 통해 40조 원의 매출을 기록했다. 하지만 그후 세계적인 불경기와 신문사업의 부진 등으로 큰 손실을 맛보았다. 인터넷의 영향으로 미국 신문의 하루 발행 부수는 1990년 6,200만 부에서 2008년 5,000만 부 이하로 줄어들었다. 신문사업의 부진을 타개하고자 머독 회장은 온라인 뉴스의 유료화에 새롭게 도전했다. 먼저 자신이 소유하고 있는 〈월 스트리트 저널Wall Street Journal〉의 온라인판 뉴스를 1주일에 1.99달러씩 받는 유료화에 착수했다. 이는 매우 성공적인 정책으로 평가받았다. 머독 회장은 "고품질 저널리즘은 돈을 지불하고 구독할 가치가 있다. 공짜 온라인 뉴스 시대는 끝났다"고 말하면서 뉴스코퍼레이션이 소유한 폭스TV, 〈뉴욕 포스트New York Post〉, 〈더 타임스The Times〉, 〈더 선The Sun〉 등의 온라인판 뉴스를 2010년까지 모두 유료로 전환하겠다고 선언했다. 인터넷을 통한 무료 콘텐츠 배포방식이 급증하고 있어 유료화에 대한 많은 위험부담이 존재함에도 불구하고 그는 미디어 산업에서 가장 중요한 건 '미디어 상품의 내용'이라는 확신 하에 유료화 정책을 적극 진행하고 있다. 기술이 미디어 상품의 생산과 배급을 쉽게 해줄 수 있지만, 이것만으로는 성공을 보장할 수 없다는 것이 머독 회장의 시각이다.

머독 회장의 유료화에 대한 신념은 인터넷 매체들과의 갈등을 불러오기도 했다. 한 예로 머독 회장은 구글이 검색 사이트를 통해 허가도 받지 않고 신문기사를 무료로 제공하고 있다고 맹비난한 적 있었다. 그는 구글에 대해 '절도광', '기생충' 등의 원색적 비난을 서슴지 않았고, 구글의 콘텐츠 도용행위를 근절하겠다고 선언했다. 2009년 실제로 그는 소비자가 구글 검색을 통해 무료로 콘텐츠를 보기 위해 접근할 경우 첫 문단 외에는 기사내용이 화면에 뜨지 않도록 하는 차단정책을 〈월 스트리트 저널〉부터 순차 적용하고 있다.

사람들은 대부분 디지털 시대에 종이신문은 종말을 맞이할 것으로 생각한다. 하지만 머독 회장의 답변은 단연 '노No!'다. 오히려 그는 신문의 새로운 전성기를 예고하고 있다. "종이신문의 발행부수는 줄어들 겠지만, 웹사이트나 이메일 등으로 맞춤형 기사가 전달되는 등 다양한 콘텐츠 활용이 증가하면서 오히려 더 성장할 것이다. 다만 뉴스를 전달하는 형태가 달라질 뿐, 신문이란 미디어 자체는 결코 망하지 않는다."

그의 주장대로 오늘날 뉴스 소비가 줄어든 것은 결코 아니다. 오히려 과거 어느 때보다 뉴스와 정보에 대한 수요는 더욱 늘어나고 있는 추세다. 웹사이트, 소셜 미디어, 휴대폰 등을 통한 공짜 뉴스가 사방에 범람하고 있다는 것이 문제라면 문제다. 그러므로 '가치 있는 뉴스는 돈을 주고 구매할 것'이라는 머독 회장의 전망처럼 온라인 뉴스의 유료화를 통해 뉴스 산업이 새로운 전기를 마련할 수 있을지가 초미의 관심사로 떠오르고 있다. 신문사업의 새로운 기회를 발굴하기 위해 새롭게 시도하고 있는 뉴스코퍼레이션의 행보는 모든 신문사들의 간절한 바람이기도 하다.

뉴스코퍼레이션은 글로벌 전략을 추구해 온 선두주자다. 미국, 영국, 호주 등 7개국에서 총 33개의 신문사와 14개 방송국을 소유하고 있으며 아시아, 남미, 유럽 지역으로 진출을 지속 확대해 현재 약 46개 국에서 방송서비스를 제공하고 있다. 특정국가의 미디어가 국경의 제약을 뛰어넘어 글로벌 미디어로 성장하기란 실로 어려운 일이다. 미디어 상품은 일반 공산품과 달리 해당국가의 정서나 문화적 코드에 부합하지 않으면 쉽게 배척당하고, 외국 미디어에 의한 문화 침투를 염려한 많은 규제가 따르기 때문이다. 뉴스코퍼레이션이 다국적 방송사업자로 성장하기까지는 남다른 치밀한 전략과 노력이 수반되었다. 그들의 진입에 대해 거부감이 큰 국가의 경우 프로그램 판매와 공동제작으로 출발해 프로그램 블록 편성, 그리고 채널 진입의 단계로 진출을 추진했다. 또한 채널 진입을 하더라도 각 나라에 최적화된 방송모델을 적용하고 있다.

뉴스코퍼레이션이 인도에서 힌두어로 방송되는 'Star Plus'와 'Star Utsav' 채널을 개국해 인기를 끌고 있는 사실이 좋은 사례다. 특히 'Star Plus'는 수백 개에 이르는 인도 방송 채널 가운데 지난 8년간 광고수입 1위를 유지하고 있다. 중국에서는 만다린어로 방송되는 'Xing Kong Wei Shirk' 채널이 큰 호응을 얻고 있다. 이탈리아에 진출한 'Sky Italia'는 자국 프로그램을 선호하는 현지 가입자들을 확보하기 위해 미국 프로그램 대신 이탈리아 내 콘텐츠 투자를 강화하고 있다.

글로벌 미디어 왕국을 건설한 머독 회장에 대한 평가는 참으로 다양하다. 무모하고 비도덕적이며 민주주의에 위배되는 인물, 19세기의 악덕자본가라는 혹독한 비난도 뒤따른다. 하지만 〈뉴욕 포스트〉, 〈더 타임스〉, 폭스TV, 20세기폭스, 스타TV, 델파이 인터넷 서비스, LA 다저스 등 52개국에서 780여 종의 사업을 영위하고 있는 뉴스코퍼레이션을 일궈낸 탁월한 CEO임에는 틀림이 없다.

스튜어트 크레이너 Stuart Crainer는 《루퍼트 머독 성공에 감춰진 10가지 비밀 Business the Rupert Murdoch Way》에서 다음과 같이 분석했다. "변화의 흐름을 타는 천부적인 능력으로 이 시대 최고의 카멜레온, 사업에 있어서는 몰인정하고 냉정한 사람, 모험을 즐기며 큰 판에 승부를 거는 도박사, 사업의 전체를 꿰뚫고 있는 능력(언제 머독으로부터 전화가 올지 몰라 간부들은 24시간 전전긍긍하고 있다고 함), 선천적으로 타고난 마케팅과 세일즈의 귀재, 다른 사람이 수 년 걸려서 할 일을 전화 한 통으로 해결하는 속전속결의 강자, 나이 일흔이 넘어서도 내일의 일을 오늘 준비하는 사람, 더 큰 글로벌 미디어그룹을 만들기 위한 끊임없는 야망, 움직이지 않으면 생존경쟁의 시대에 살아남을 수 없다는 생각으로 항상 회사를 움직이는 사람이 루퍼트 머독이다."

세계 최고의 엔터테인먼트 그룹, 디즈니를 회생시킨 로버트 아이거 회장

영화·TV·홈비디오·애니메이션·출판·음악 부문의 사업과 테마파크, 캐릭터 상품 등의 사업을 영위하고 있는 디즈니는 새삼 설명이 필요 없는 세계 최고의 엔터테인먼트 그룹이다. 사람의 나이로 치면 팔순이 넘은 미키마우스, 도널드 덕을 비롯해 밤비, 라이언 킹, 피터팬, 미녀와 야수 등 수많은 애니메이션 캐릭터를 보유하고 있는 디즈니는 세계에서 가장 많은 '고객재산권'을 갖고 있다. 2007년 디즈니의 총 매출은 약 37조 원으로, 세계 1위의 반도체기업 인텔Intel의 총 매출 30조 원을 넘어선 글로벌 우량기업이다.

디즈니의 성장배경에는 로버트 아이거Robert Iger 회장이 있다. 2009년 6월 컨설팅기업 브렌던 우드 인터내셔널BWI은 미국의 317개 기업의 CEO 중에서 성공적인 M&A의 실현과 기업 가치를 크게 확대시킨 '올해의 탑건 CEO 25인'을 선정 발표했다. 그 가운데 한 명이 몰락해가던 디즈니를 위기에서 구한 아이거 회장이다.

2005년 10월 아이거 회장은 이사회의 내분과 경영난에 빠진 디즈니의 CEO로 취임했다. 당시 디즈니는 잇따른 애니메이션 영화의 실패와 변화를 모르는 관료주의 경영, 창의적 크리에이터들의 대거 퇴사 등으로 말미암아 그 명성이 급격히 퇴색하고 있었다. 1937년 〈백설공주와 일곱 난장이〉를 출시한 이래 애니메이션 시장을 지배해 온 디즈니는 2000년 들어 2D에 기반한 '셀 애니메이션cells animation(배경은 그대로 두고 캐릭터만 움직이게 하는 애니메이션 기법)'을 버리고 3D 애니메이션으로 돌아섰다. 하지만 3D로 제작한 〈다이노소어〉가 흥행에 참패하면서 다시 2D로 돌아가 〈쿠스코? 쿠스코!〉를 만들었지만 과거의 영광을 재현하기에는 역부족이었다. 마침내 디즈니는 2004년 세 마리의 암소가 목장을 지킨다는 내용의 〈카우 삼총사〉를 끝으로 전통 셀 애니메이션 시대를 마감했다. 당시 CEO였던 마이클 아이스너Michael Eisner는 앞으로 모든 애니메이션을 3D 애니메이션인 'CGI computer generated imagery'로 제작하겠다고 선언했다. 이로써 수십 년 동안 지속되어온 셀 애니메이션이란 예술의 한 형태가 몰락하기 시작했고, 이는 디즈니뿐 아니라 애니메이션 시장 전체에 큰 충격으로 다가왔다. 오랫동안 디즈니에서 일하며 셀 애니메이션을 만들었던 수많은 크리에이터들이 회사를 떠났다. 반면에 동종업계의 드림웍스는 2D 애니메이션 시대를 마감하면서 일러스트레이터들에게 3D 애니메이션 작업을 훈련시켰다. CG라는 도구는 글자 그대로 도구에 불과할 뿐 영화를 만드는 것은 여전히 인간이라는 사실에는 변함이 없다는 것이 그들의 생각이었다. 드림웍스와는 달리 디즈니의 관료주의 문화는 자신들의 크리에이터들을 포용하지 못했고, 이는 쇠락의 길을 걷는 중요한 이유가 되었다.

디즈니의 애니메이션이 대중의 사랑에서 멀어진 또 다른 이유는 소비자들의 변화를 디즈니가 수용하지 못했기 때문이다. 그때까지 디즈니의 작품들은 대부분 선과 악의 대결을 소재로 삼고 있었다. 또한 늘 주인공은 백인의 차지였고 언제나 해피엔딩으로 끝나는 스토리, 고전을 각색하거나 약간 변형시킨 콘텐츠는 소비자들에게 따분하고 지루하게 다가갔다. 셰익스피어의 《햄릿》을 패러디한 〈라이언 킹〉, 그림 형제의 동화를 공주 시리즈로 변형시킨 스토리들은 1990년까지가 한계였다. 디즈니 또한 이 같은 한계를 내부적으로 주목했다. 2002년 디즈니는 파격적인 스토리와 캐릭터로 구성된 〈릴로&스티치〉를 선보였다. 하와이에 사는 외톨이 소녀 릴로와 저 멀리 행성에서 온 사고뭉치 스티치의 이야기는 전통적인 디즈니 스타일을 벗어던진 새로운 도전이었다. 하지만 이 같은 새로운 시도들에 대해 디즈니의 최고경영진은 못마땅한 시선을 보냈다. 〈릴로&스티치〉 이후에도 작품방향을 논의하는 디즈니의 의사결정체계는 여전히 보수적이었고, 게다가 흥행 실패로 말미암아 회사와 주주들 간의 갈등도 심화되었다. 2D 셀 애니메이션으로 전성기를 구가하던 1990년대와는 달리 2000년 이후 디즈니는 급감하는 매출 부진 속에서 커다란 위기에 봉착했다.

2005년 말 위기에 빠진 디즈니를 구하기 위해 새로 취임한 아이거 회장은 무엇보다 오래된 관료적 조직문화의 파괴, 창의적 조직의 구축, 열린 기업문화의 조성, 콘텐츠 중심의 핵심역량을 추구하는 경영전략을 강력하게 추진해 나갔다. 2006년 1월 아이거 회장은 스티브 잡스Steve Jobs가 운영하던 최고의 애니메이션 회사인 픽사를 74억 달러에 인수하는 데 성공했다. 이로써 스티브 잡스는 디즈니의 최대 개인주주가 되었다. 사실 디즈니와 픽사는 〈토이 스토리〉 등을 공동 제작하는 등 친밀한 관계였지만 아이스너 회장 시절에 서로 갈등을 빚으면서 거리가 멀어진 바 있었다. 아이거 회장이 막대한 금액을 투자해 픽사를 인수하겠노라 나섰을 때 업계에서는 이를 회의적인 시각으로 바라보았다. 1년에 고작 애니메이션 한 편을 내놓는 기업에 그처럼 많은 돈을 들인다는 건 무모하다는 반응이었다. 하지만 픽사는 시들해진 디즈니의 창조성에 새로운 바람을 불러일으켰고, 소비자들의 니즈를 적극 반영한 3D 애니메이션으로 제2의 디즈니 전성시대를 열어주었다. 픽사를 인수한 후 디즈니가 선보인 대표적인 작품으로 2009년에 개봉한 3D 애니메이션 〈업〉을 들 수 있다. 이 작품은 1995년 디즈니와 픽사가 〈토이 스토리〉를 함께 만든 이래 10번째의 공동제작 영화다. 78세의 은퇴한 노인 '칼'이 평생 아내와 함께 했던 정든 집에 풍선을 매달고 남미여행을 떠나면서 겪게 되는 이야기다. 픽사와 함께 제작한 〈토이 스토리〉, 〈벅스 라이프〉, 〈라따뚜이〉, 〈월-E〉 등은 모두 곤충이나 동물, 로봇을 주인공으로 내세웠다. 하지만 〈업〉은 인간이 주인공으로서 우리 모두가 꿈꾸는 행복에 대해 많은 공감을 던져준 '어른을 위한 아름다운 동화'다. 〈업〉은 미국에서 개봉한 지 한 달 만에 3,000억 원을 벌어들이면서 큰 성공을 거뒀다. 애니메이션 영화로는 이례적으로 전통과 권위를 자랑하는 칸 영화제의 개막작으로 선정되는 영광을 누리기도 했다.

디즈니는 "창의성이 열쇠다Creative is key"라는 모토 아래 '폭력이 없는 보편적 콘텐츠'를 제작, 세계시장을 대상으로 공급하는 사업에 역점을 두고 있다. 디즈니의 핵심경쟁력 중 하나는 창의적 조직문화의 구축이다. 디즈니의 창의성은 사실 아이스너 회장 시절부터 그 기틀을 새롭게 다지기 시작했다. 아이스너 회장은 고위간부들에게 성(姓)이나 직책을 빼고 이름만 넣은 명찰을 착용토록 했다. 경직된 수직관계에서 좀 더 친근한 느낌의 수평적 문화로 변화를 도모함으로써 직원들이 창의적 아이디어를 효과적으로 주고받을 수 있는 가족적 분위기를 조성한 것이다. 또한 직함의 개편을 단행했다. 예를 들어 '콘셉트 개발 담당부사장'이란 직함을 '디즈니랜드 프로듀서'로 대체하는 등 관료적이고 공식적인 문화를 털어버리고자 애썼다.[1] 수익률과 브랜드 가치가 크게 하락한 부실덩어리였던 디즈니는 아이스너 회장의 취임을 통해 재건의 길을 걷기 시작했다. 하지만 아이스너 회장의 독선적 경영 스타일과 원만하지 못한 인간관계 등으로 많은 사람들이 그에게서 등을 돌렸고, 회사는 다시 어려워졌다. 1994년 아이스너 회장은 애니메이션 감독 제프리 카젠버그를 불화 끝에 쫓아낸 적 있었다. 그런데 카젠버그는 드림웍스로 자리를 옮겨 〈슈렉〉을 만들었고, 이는 공전의 히트를 기록했다. 자신을 퇴출시킨 아이스너에게 멋지게 복수를 한 셈이다.

아이거 회장은 취임하면서 전임 아이스너 회장이 큰 힘을 실어주었던 '전략기획팀'을 전격 해체했다. 디즈니의 직원들은 회사의 모든 업무에 사사건건 간섭하던 전략기획팀을 '전략파괴팀'이라고 비판했고, 아이거 회장 또한 직원들의 자발적 창의성을 가로막는 요인으로 여겼기 때문이다. 나아가 아이거 회장은 디지털 시대를 맞아 격변기에 놓인 디즈니 그룹의 진로와 관련, 디지털 기술의 주도권을 확보해 디지털 사업구조로 회사를 혁신하는 일에 주력했다. 예를 들어 디즈니가 소유한 스포츠채널 ESPN은 TV, 라디오, 인쇄매체, 웹, 아이팟, 휴대폰 등 모든 미디어 플랫폼에 프로그램을 공급, 브랜드를 크게 확장하면서 원소스 멀티 유즈를 극대화했다. ESPN 모바일 사업을 통해 송출되는 스포츠 게임 하이라이트, 경기결과 등의 콘텐츠는 매년 125%의 높은 성장세를 기록하고 있다. 아울러 디즈니는 게임 시장에도 진출, 아동 대상의 사이트 웹킨즈webkinz를 만드는 등 신규사업에도 박차를 가했다.

타임워너와 뉴스코퍼레이션 등의 경쟁 미디어그룹에서조차 애플의 아이튠스나 유튜브 등 새로운 플랫폼에 프로그램을 제공하는 것을 꺼려하던 2006년에 디즈니는 계열사인 ABC TV의 〈위기의 주부들〉 등 여러 편의 드라마와 영화를 과감하게 아이튠스에 공급했다. 아이거 회장은 다음과 같은 소신을 갖고 있었다. "월 스트리트에서는 불법 콘텐츠 문제로 미디어 기업이 오래 못 갈 것이라고 예상하지만 우리가 적재적소에 올바르게 콘텐츠를 제공한다면 불법은 문제가 되지 않는다."

그는 급증하고 있는 디지털 문화 안에서 콘텐츠가 충분히 사용되고 있지 않음을 지적하며, 디즈니의 모든 콘텐츠를 온라인과 디지털 기기에 전송하는 서비스 전략을 글로벌 미디어그룹 중 가장 빨리 실행에 옮겼다. 디즈니가 실행에 옮긴 다운로드 사업모델은 기존 불법파일 공유 사이트와 거의 동일한 방식이었다. 따라서 미디어 기업들이 거부감을 갖는 것은 어쩌면 당연했을지도 모른다. 그러나 디즈니는 소비자들이 더 이상 TV가 아닌 다른 방식으로 콘텐츠를 소비하고 싶어한다는 사실에 주목했다. 그들에게 좋은 품질로 콘텐츠를 제공할 경우 기꺼이 돈을 지불할 것이라는 확신을 가졌다. 디즈니의 예상은 적중했다. 아이튠스에 콘텐츠를 제공한 첫 주에 12만 5,000회의 다운로드를 기록하면서 디즈니는 100만 달러의 매출을 올렸다. 그후 1년간 총 5,000만 달러를 웃도는 매출을 실현했다. 디즈니의 놀라운 성과를 지켜본 다른 미디어 그룹들도 앞다퉈 애플과 손을 잡았다. 파라마운트Paramount, 워너브라더스 등의 영화사들도 한 편에 14.99달러씩 받고 콘텐츠를 공급함으로써 침체된 DVD 시장을 대신할 승부수로 다운로드 시장에 가세했다.

디즈니의 멀티 플랫폼 전략에 대해 디즈니-ABC TV의 앤 스위니Anne Sweeney 사장은 다음과 같이 설명한다. "디지털 비즈니스 시대에는 미디어 기업이 아닌 시청자가 운전대를 쥐고 있다. 미디어 기업들이 우물 안에 갇혀 있는 동안 소비자들에게 디지털 혁명은 일상화되었으며, 권력의 이동은 이미 완료되었다."

그녀는 또한 향후 미디어 사업의 모든 전략은 소비자 중심으로 이루어져야 한다고 강조했다. 디즈니는 인터넷과 모바일에 익숙한 1980년대 이후 세대를 '밀레니엄 세대'로 명명하고, 커다란 화면보다 모바일 기기의 작은 화면에 친숙한 그들이 미래 콘텐츠 산업의 생존을 결정하는 열쇠를 쥐고 있음에 주목하고 있다.

아이거 회장 취임 이후 디즈니는 매년 두 자릿수의 성장률을 실현했다. 2005년 319억 달러였던 총 매출은 2008년에 378억 4,000만 달러로 늘어났다. 이와 함께 디즈니의 브랜드 가치는 278억 4,800만 달러로 상승, 잃어버렸던 애니메이션 왕국의 화려한 명성을 회복하는 데 성공했다. 이러한 성과를 놓고 미국 언론들은 "마법의 왕국 디즈니에 다시 마법이 돌아왔다"고 평가하기도 했다. 아이거 회장은 미국에서 가장 몸값이 비싼 CEO 대열에도 합류했다. 2008년 그의 연봉은 자그마치 5,110만 달러로 미국 CEO들 가운데 6위를 기록했다.

우리가 여기서 주목해야 할 것이 또 하나 있다. 즉 아이거 회장을 비롯한 경영진의 노력으로 잘 정리되어 구축된 디즈니의 안정적인 포트폴리오다. 사업 포트폴리오가 잘 구성된 복합 미디어 기업은 내부적으로 판매·생산·투자·관리 분야에서 영업적 시너지 효과를 발휘할 수 있다. 그리고 한계투자수익률이 낮은 사업부문에서 높은 사업부문으로 자금을 배분함으로써 보다 효율적인 내부자본시장의 재무적 시너지를 확보할 수 있다. 특히 문화산업은 투자 위험성이 높은 사업의 속성을 갖고 있다. 따라서 최적의 사업 포트폴리오 구성은 매우 중요하다. 디즈니 포트폴리오는 주력사업과 신규사업 간의 시너지를 매우 중시하는 '집중경영'의 특징을 갖고 있다. 특히 뉴미디어에 대한 경영진의 적극적인 대응으로 올드미디어와 뉴미디어의 적절한 조화를 통해 기회손실을 막고 새로운 시장을 선점해 나가고 있다. 또한 외견상 쉽게 신규사업에 참여하는 것처럼 여겨지지만 실제로는 만화영화, 테마파크, 방송, 멀티미디어, 출판 등 주력사업과 연관성이 있는 분야에 집중 투자함으로써 비관련사업 다각화를 지양해 사업투자의 효율성을 높이고 있다. 디즈니의 매출구조는 방송제작과 케이블TV 분야가 56%, 영화 15%, 테마파크 및 리조트가 22%, 캐릭터 상품이 7%의 비중으로 구성되어 있다.

디즈니의 성공은 시너지 경영의 성공이라고 할 수 있다. 디즈니는 테마파크와 영화사업 중심의 사업 다각화를 실행했다. 테마파크는 확실한 현금 확보의 원천으로서 또 다른 투자의 재원이 되었다. 영화사업 역시 극장과 비디오, 방송사 판매를 통해 막대한 현금을 창출했다. 그리고 디즈니의 브랜드 위력과 캐릭터 사업을 연결시켜 전 세계 550여 곳에 캐릭터 매장을 열었다. 캐릭터 사업의 성공과 지명도 확보를 통해 디즈니의 비디오 판매는 증가했고, 이는 또한 테마파크의 이벤트로 이어지는 선순환의 시너지 경영이 이루어졌다.

디즈니는 여전히 이야기와 콘텐츠를 팔아서 해마다 37조 원의 매출을 올리고 있다. 하지만 판매하는 방식과 대상 미디어는 더욱 다양해지는 추세다. 디지털 시대의 새로운 고객들을 끌어들이는 과감한 도전과 모험을 통해 디즈니는 더 이상 올드미디어 컴퍼니가 아니라 뉴미디어의 리더로 변신하고 있다.

재미로 승부한다, 게임 시장의 경쟁 틀을 바꾼 닌텐도

매출 약 23조 518억 원, 영업이익 6조 6,093억 원, 당기순이익 3조 4,980억 원, 그리고 시가총액 63조 2,000억 원, 직원 수 약 1,500명(제휴업체 포함시 5,233명). 이것이 곧 세계 최고 게임업체 닌텐도의 2008년 결산현황이다. 세계적으로 불어닥친 경기불황에 소비심리가 얼어붙었지만 닌텐도는 역대 최고의 실적을 기록하는 데 성공했다. 닌텐도라는 기업 하나가 한국 게임시장 전체 규모의 3배가 넘는 매출을 올린 것이다. 닌텐도의 실적을 좀 더 알기 쉽게 현대자동차의 실적과 비교해 보자. 〈표 2-1〉에서 알 수 있듯이 2008년 총 매출액 면에서는 현대자동차가 닌텐도를 앞서지만 당기순이익 면에서는 닌텐도가 현대자동차보다 무려 2.5배나 높다.

그렇다고 현대자동차가 경영상 어떤 결함이나 문제를 안고 있는 건 결코 아니다. 현대자동차는 세계 6위의 자동차 메이커로 초우량 글로벌기업이다. 협력업체를 포함하면 무려 25만 명의 고용을 창출하고 있어 겨우 5,233명을 고용하고 있는 닌텐도보다 훨씬 더 국가경제에 기여하는 바가 크다. 이처럼 제조업과 서비스업 간에 존재하는 사업속성

표 2-1 **2008년 기준 현대자동차·닌텐도 실적 비교**

구분	현대자동차	닌텐도
매출액	32조 1,897억 원	23조 518억 원
직원 수/수출비중	약 5만 명 / 62%	약 1,500명 / 87%
영업이익	1조 8,772억 원	6조 6,093억 원
경상이익	1조 7,950억 원	5조 6,244억 원
당기순이익	1조 4,479억 원	3조 4,980억 원

※ 현대자동차는 12월 말 결산법인(2009년 1월 발표), 닌텐도 3월 말 결산법인(2009년 5월 발표)

의 차이로 직접적인 비교는 어렵겠지만, 삼성전자조차도 "우리의 유일한 벤치마킹 상대는 닌텐도다"라고 평가할 만큼 닌텐도의 성과는 놀랍다고 하지 않을 수 없다.

닌텐도의 괄목한 만한 매출 증가는 남녀노소 누구나 쉽게 이용할 수 있는 가족형 게임 콘솔인 '닌텐도 위Wii'와 휴대형 게임기 '닌텐도DS', 카메라 부착형 '닌텐도DSi'가 세계 각국에서 불티나게 팔려나간 덕분이다. 닌텐도의 판매량은 소니의 플레이스테이션PS보다 무려 3배가 많다.

사실 닌텐도 제품은 첨단기술의 산물인 PS보다 화질이 훨씬 떨어지고, 마이크로소프트의 엑스박스XBox에 견줘볼 때 그래픽 또한 화려하지 않다. 그럼에도 닌텐도가 이들 경쟁기업을 제치고 게임 시장을 질주하는 비결은 무엇일까? 한 마디로 온 가족이 함께 모여 간단한 리모컨 조작만으로도 쉽게 즐길 수 있기 때문이다. 그리고 '오직 재미로 승부한다'는 닌텐도의 CEO 이와타 사토루(岩田聰)의 확고한 경영관이 뒷받침되고 있기 때문이다. '게임이란 무엇인가?'라는 질문에 대한 이와타 회장의 답변은 다음과 같다. "게임은 즐거움이고 여러 사람이 함께 어울려 놀 수 있다면 그것이 가장 큰 가치다."

흔히 수익성의 원천은 첨단기술에서 나온다고 생각하게 마련이다.

이는 게임회사들도 마찬가지다. 하지만 닌텐도의 생각은 다르다. '재미란 반드시 첨단기술이 만들어주는 것은 아니다'라고 그들은 확신한다. 이미 나와 있는 기술로도 얼마든지 새로운 엔터테인먼트 시장을 창출할 수 있다는 것이다.

1965년 전기기술자로 닌텐도에 입사해서 패미콘, 게임보이 등 전설적인 히트작을 만든 요코이 쿤페이는 최첨단 기술에 대한 미련을 버리라고 주문한다. 그는 이 같은 자신의 생각을 '재래기술의 수평적 사고'라고 설명하면서 다음과 같이 덧붙였다. "훌륭한 상품이 잘 팔리는 것이 아니라 잘 팔리는 상품이 훌륭한 것이다."

이 같은 철학을 기반으로 닌텐도는 낮은 사양의 하드웨어와 쉬운 게임으로 세계시장을 제패하고 있다. 닌텐도는 게임기기에서 복합적인 기능들을 모두 빼버린 채 오직 게임에만 집중하는 단순함을 추구한다. 디지털 시대의 유행인 '다기능 컨버전스' 제품이 아니라 핵심적 기능만 선택해 집어넣는 '디버전스divergence' 전략을 활용하고 있는 것이다. 빌 게이츠는 닌텐도의 전략에 대해 주류 게임시장에서 벗어나 틈새시장 업체로 전락할 것이라고 폄하했다. 하지만 그의 예상은 보기 좋게 빗나갔다.

오늘날 닌텐도 게임은 디지털 시대의 대표적 키워드인 '재미', '창조', '혁신'에 바탕한 세계인의 문화 아이콘으로 떠오르고 있다. 그렇지만 시련도 많았다. 닌텐도의 120년 역사는 숱한 적자생존의 위기를 극복해 온 진화의 역사다. 일본 교토에서 화투를 만드는 가내 수공업체로 출범한 닌텐도는 장난감 생산을 거쳐 8비트 게임기, 슈퍼마리오에서 닌텐도 위에 이르기까지 늘 그 패러다임을 바꾸면서 새로운 게임 시장의 지평을 열어왔다.

닌텐도는 미국 시장에 성공적으로 진출함으로써 글로벌 기업의 기반을 다졌다. 물론 미국 진출 초기에는 닌텐도 역시 큰 고전을 겪어야 했다. 당시 미국 시장의 주도자는 오락실 게임기였다. 하지만 게임 산업 자체는 이미 사양길로 접어들고 있었다. 더군다나 가장 미국적인 캐릭터가 가장 세계적이었던 시절이다. 닌텐도의 '동키콩'이나 '패미컴' 등의 캐릭터는 미국 시장에서 쉽게 먹혀들기가 어려웠다.

1970년대 말 닌텐도는 미국 시장에서 엄청난 열풍을 불러일으킬 것으로 기대하고 출시한 게임기 '레이더 스코프'가 3,000대 중 고작 1,000대만 팔리는 참담한 실패를 맛보았다. 1981년 전략을 바꾼 닌텐도는 창고에서 먼지를 뒤집어쓰고 있던 레이더 스코프를 '동키콩' 게임기로 변환하는 작업을 진행했다. 그리고 게임에 등장하는 콧수염 달린 주인공의 이름부터 미국 사람들이 기억하기 쉽고 좋아할 수 있는 이름으로 바꾸기로 결정한 후 그 이름을 찾는 데 고심했다.

그러던 어느 날, 밀린 사무실 임대료를 독촉하기 위해 건물주가 닌텐도 사무실에 들렀다. 그의 이름은 '마리오 시갈리'였다. 그때 사무실 직원들은 자신들이 그토록 원하던 주인공의 이름을 찾아냈다. 그들은 캐릭터의 이름을 '마리오'라고 결정했다. 그리고 오늘날 당시 건물주의 이름을 딴 '슈퍼마리오'는 일약 비디오 게임을 대표하는 아이콘으로 자리를 잡았다. '마리오'가 등장하는 게임 200여 개를 모두 합치면 2억 개 이상 팔려나갔고, 미국 어린이들에게 마리오는 미키마우스보다 더 사랑받는 캐릭터가 되었다.

닌텐도의 성공신화를 다시 한번 정리하면 다음과 같다.

첫째, 닌텐도는 기존의 사업모델이나 고정관념에서 탈피, 그 무게중심을 옮겨 아예 새로운 종(種)을 출현시킴으로써 경쟁기업과의 차별화를 만들어내는 데 성공, 게임시장의 경쟁 틀을 완전히 바꿔놓았다. 닌텐도는 게임에 대한 상식을 과감히 뒤집었다. 요란한 사운드와 화려한 그래픽, 복잡한 조종방식과 득점방식이 주요 트렌드였던 게임 시장에서 닌텐도는 간단하고 쉬운 방식, 그리고 소박한 그래픽의 게임을 제공했다. PS나 엑스박스는 '게임이란 최첨단 기술을 총동원해 마니아를 열광시켜야 한다'는 고정관념에 갇혀 있었다. 소니와 마이크로소프트는 뛰어난 성능을 갖춘 게임기는 만들었지만 닌텐도처럼 잘 팔리는 상품은 만들지 못했다. 경쟁사들이 더 나은 성능개발에 집중할 때 닌텐도는 더 많은 사람들이 재미를 느낄 수 있는 게임 개발에 주력했다. 처음부터 닌텐도는 재미있는 스토리를 만들고, 거기에 맞춘 게임 플레이어 디자인에 들어갔다. 너무나 당연한 수순이지만 당시로서는 혁신에 가까운 사고였다. 이 과정에서 닌텐도는 게임에 사용자들과 함께 즐기고 공감하는 철학을 불어넣었다. 게임업계의 살아 있는 신화로 불리는 미야모토 시게루(宮本茂) 닌텐도 개발본부장은 설명한다. "닌텐도의 경쟁력 원천은 그 누구와도 경쟁하지 않는다는 원칙에 있다." 경쟁기업을 이기는 데 초점을 맞추기보다는 고객이 원하는 게임을 만드는 데 집중해야 한다는 뜻이다.

둘째, 닌텐도는 게임에 대한 성인들의 부정적 인식을 긍정적으로 바꿔놓았다. 세계시장에서 2,000만 대 이상 판매된 게임 '위'가 대표적인 예다. 온라인 게임은 많은 시간이 소요되고, 지나치게 폭력적이고, 죽기 살기로 덤벼야 이길 수 있는 속성을 지니고 있다. 부모들은 대부분 PC방이나 자기 방에 틀어박혀 밤낮으로 게임에 몰두하는 자녀들에 대해 큰 우려를 갖고 있다. 이는 온라인 게임에 대한 깊은 불신과 부정적 이미지로 작용한다. 이 같은 현실에 착안, 닌텐도는 몸을 많이 사용하는 게임인 '위'가 두뇌개발이나 신체발달에 좋다는 긍정적인 이미지를 고객들에게 각인시키는 데 총력을 기울였다. 예를 들어 '매일매일 DS 두뇌트레이닝' 시리즈의 '실전 DS 영어삼매경'이나 '자동차 운전교육용 시뮬레이션' 등의 기능성 게임은 온 가족이 게임에 몰두하는 시간이 낭비가 아니라 생산적 활용이라는 이미지를 제공하는 데 성공했다. 또한 화려한 최신 게임의 복잡하기 짝이 없는 매뉴얼 등에서 염증을 느끼거나 소외된 사람들은 그저 단순하게 몸으로 즐기는 게임에 환호했다.

닌텐도는 게임이 아닌 문화를 만들어내고 있다. 그들의 모토는 '남들이 가지 않는 길을 가라'는 것이다. 미국 시장 진출 초기에 큰 실패를 경험했듯이 새로운 도전에는 항상 리스크가 따르게 마련이다. 하지만 리스크와 원칙 사이에서 언제나 흔들리지 않는 닌텐도의 명확한 비전과 미션, CEO 이와타 사토루의 고집스런 집념이 오늘날의 닌텐도를 이끌어가고 있다.

언제나 콘텐츠가 핵심, 바이어컴 섬너 레드스톤 회장

바이어컴의 섬너 레드스톤 회장은 강조한다. "뉴미디어의 출현은 기존 미디어 시장의 질서를 급격히 개편하는 것이 아니라 진화시킨다." 바이어컴은 오늘날 파라마운트, MTV와 어린이 채널인 니켈로디언 Nickelodeon, 그리고 CBS 방송사 등을 소유한 굴지의 미디어그룹이다. 레드스톤 회장은 '언제나 콘텐츠 중심의 사업!'이라는 철학을 갖고 있는데, 2006년 드림웍스를 인수한 것이 대표적인 사례다. 파라마운트는 드림웍스의 실사영화 프로덕션 부문을 16억 달러에 인수했다. 이와 함께 〈아메리칸 뷰티〉, 〈라이언 일병 구하기〉, 〈글래디에이터〉 등 드림웍스의 실사영화 59편의 판권과 애니메이션 〈슈렉〉의 프랜차이즈, 향후 7년간 제작될 애니메이션의 배급권까지 확보했다. 그후 퀀텀펀드그룹의 조지 소로스George Soros 회장이 파라마운트가 확보한 드림웍스 영화 라이브러리 59편의 5년간 배급권을 9억 달러에 매입하면서 바이어컴은 약 6억 달러의 순이익을 창출할 수 있었다. 이 돈으로 바이어컴은 파라 마운트와 드림웍스의 영화제작 및 TV 채널인 CBS에 재투자하고 있다.

2008년 〈인디아나 존스〉와 〈쿵푸 팬더〉의 홍보 차 한국을 방문한 레드스톤 회장은 언론과 만난 자리에서 미디어 산업의 변화방향에 관한 질문에 다음과 같이 답변했다. "내가 40년 넘게 이 업계에 있으면서 알게 된 것이 있다면 미디어 산업은 갑자기 혁명revolution이 일어나기보다는 진화evolution해 나갈 것이라는 사실이다. 나는 인터넷이 하루아침에 세상을 바꿔놓은 혁명이었다고 보지 않는다. 기술의 진화과정에서 벌어진 일일 뿐이다. 앞으로도 그런 진화가 계속 일어날 것이고, 진화과정에서도 콘텐츠는 변하지 않는 핵심이다. 콘텐츠는 언제나 왕King이다."

레드스톤 회장은 젊은 세대들이 방송이나 영화 등 기존 매체보다는 인터넷을 더 즐기고 있는 상황에 대해 "요즘 아이들에겐 하루에 24시간이 아니라 48시간이 있다. 아이들은 인터넷을 하는 도중에도 케이블TV를 틀고 있다"라고 하며 위기감을 표현했다. 그러나 그는 이 위기를 새로운 기회로 생각한다. 인터넷은 미디어 콘텐츠를 보급하는 또 다른 수단이라는 것이다. "새 기술이 옛날 기술을 죽인다고만은 할 수 없다. 전통 미디어와 디지털 미디어는 상호보완 관계이며, 새로운 기술이 시장에 들어올 때마다 시장의 규모는 더 커진다." 이러한 그의 경영철학에 바탕한 바이어컴의 영업실적은 온라인이 뚜렷한 대세인 시대임에도 날로 증가하고 있다.

레드스톤 회장의 주장을 되짚어 보면 끊임없이 변하는 기술환경에서는 미디어 자체가 사업의 중심이 될 수 없다는 것이다. 아날로그가 디지털로 바뀌든 케이블TV나 위성방송의 시청자가 인터넷으로 옮겨가든 간에, 이는 또 다른 콘텐츠의 보급창구가 확대될 뿐이다. 소비자들은 언제나 콘텐츠를 원하고 기꺼이 구매하기 때문에 콘텐츠야말로 사업의 중심이라는 설명이다.

레드스톤 회장은 1960년대 중반에 극장을 운영하면서 '멀티플렉스 multiplex'라는 말을 처음 만들어냈고, 하나의 극장에서 여러 편의 영화를 동시에 상영하는 시스템을 도입했다. 이러한 변신은 영세한 극장주들이 영화사와 대등하게 협상할 수 있는 위치에 오르게 되는 계기로 작용했다. 2008년 5월 한 인터뷰에서 레드스톤 회장은 기술의 발전과 미디어의 융합으로 미디어 환경이 매우 빠른 속도로 변화하고 있지만 결코 변하지 않는 세 가지의 상수가 있다고 주장했다.

첫째, 콘텐츠의 힘이다. 콘텐츠 유통 채널의 확대는 결국 콘텐츠의 강화와 연결된다.

둘째, 미디어 기업의 글로벌화다. 미디어 콘텐츠 시장에서의 글로벌 소비는 변하지 않는 트렌드다. 전 세계 뉴스를 각국에 실시간으로 제공하면서 시작된 미디어 콘텐츠의 글로벌화는 이제 만화, 영화, 드라마, 쇼, 토크쇼, 스포츠, 이벤트 등 전 장르로 파급되었다. 미디어 기업들은 글로벌화와 현지화를 적절히 조화시켜 콘텐츠 이용의 효율을 높이고 이윤 극대화를 추구한다.

셋째, 우수 콘텐츠의 지속적 생산을 위한 저작권의 강화다. 양질의 콘텐츠를 지속 공급하려면 저작권 보호는 필수적이다. 많은 비용을 들여서 제작한 콘텐츠가 디지털 복제를 통해 온라인에서 무차별적으로 뿌려진다면 콘텐츠 기업의 미래는 어두워질 수밖에 없다.[2]

뉴미디어의 출현은 다양한 환경변화를 불러일으키고 있다. 하지만 바이어컴, 디즈니, 타임워너 등 글로벌 미디어 기업들의 지위는 여전히 공고하다. 이들 기업을 이끌고 있는 CEO들은 급변하는 미디어 환경에도 자신들의 핵심역량을 더욱 강화시켜 나가고 있으며, 뉴미디어 시장에 대한 발 빠른 적응과 활발한 M&A를 통해 성장을 도모하고 있다. '언제나 콘텐츠가 핵심'이라고 외치는 레드스톤 회장 역시 그 중 하나다.

규칙의 창조적 파괴자, 애플의 스티브 잡스

애플은 1977년 미국 캘리포니아 주에서 스티브 워즈니악Steve Wozniak
과 스티브 잡스가 설립한 PC 제조회사로 출발했다. 그러다가 잡스가
개발한 아이팟과 아이폰이 글로벌 히트 상품이 되면서 하드웨어 기업
에서 성공적인 소프트웨어 기업으로 변신했다.

'미국에서 가장 존경받는 기업', '3년 연속 세계에서 가장 창의적인
기업 1위', '1초당 한 개씩 판매되는 없어서 못 파는 아이팟' 등등 애플
에 대한 찬사들은 오늘도 끊임없이 쏟아진다. 2010년 4월에 출시한 태
블릿형 컴퓨터 '아이패드' 역시 매력적이고 혁신적인 제품으로 또 한
번의 신화를 써나가고 있다. 아이패드는 출시와 동시에 ABC의 방송 콘
텐츠를 볼 수 있는 플레이어, CBS 라디오 프로그램, 만화 제공 애플리
케이션인 '마블 코믹스', 온라인 매거진을 제공하는 플랫폼 '지니오'
등을 서비스하고 있다. 또한 〈AP통신〉, 〈뉴욕 타임스〉, 〈BBC 뉴스〉,
〈USA 투데이〉, 〈월 스트리트 저널〉 등도 아이패드 전용 애플리케이션
을 개발해 자사의 기사들을 제공하고 있다. 이처럼 아이패드는 전자책
과 방송, 신문마저 자사 플랫폼으로 흡수함으로써 미디어 산업의 새로
운 패러다임을 창출할 획기적인 제품으로 기대를 모으고 있다.

미국 경제전문지 〈포천Fortune〉에 따르면 애플의 2007~08년에 걸친
이익률은 평균 34%였다. 이는 미국 내 주요기업들의 평균이익률
15~20%에 견줘볼 때 거의 두 배에 가까운 실적이다. 타의 추종을 불
허하는 애플의 높은 영업이익률은 널리 알려져 있다시피 아이튠스라는
콘텐츠 플랫폼과 아이팟, 아이폰으로 이어진 하드웨어와의 연계를 통

해 소비자들의 폭발적 호응을 얻었기 때문이다. 또한 하드웨어 자체도 고가전략을 유지, 프리미엄 시장을 확보함으로써 높은 이익을 창출하고 있다. 아이폰은 소비자 시장에서 99~299달러에 팔리고 있지만, 이는 이동통신사 보조금을 포함한 금액으로 실제로는 600달러가 넘는다. 그럼에도 불구하고 수많은 나라에서 앞다퉈 아이폰 서비스를 도입하고 있다.

스티브 잡스가 디지털 음악 콘텐츠 시장을 석권해 아이팟 신화를 쓸 수 있었던 비결은 음악 공유 사이트인 '냅스터Napster' 덕분이었다. 인터넷 사용자들이 MP3 음악 파일을 공유할 수 있게 만든 냅스터는 1999년 노스이스턴 대학에 재학 중이던 숀 패닝Shawn Fanning이 개발했다. 냅스터는 CD에 버금가는 음질의 음악을 무료로 다운로드할 수 있게 해줌으로써 커다란 인기를 끌었다. 그 결과 냅스터는 세계적으로 가장 빨리 성장한 회사가 되었지만, 다른 한편으로는 세계 모든 음반회사들의 공공의 적으로 떠올라 거센 비난을 면치 못하기도 했다.

잡스는 냅스터를 통해 촉발된 디지털 음악혁명에 주목했다. 그는 이를 사업에 적용하는 방법을 모색했다. 그리고 마침내 아이튠스를 개발했고, 이를 MP3 플레이어인 아이팟에 연계시켜 글로벌 히트 상품을 만들어내는 데 성공했다. 디지털 음악재생기기와 음악을 함께 판매하는 창의적 비즈니스 모델이 세계시장의 판도를 송두리째 바꿔놓은 것이다.

세계 최초로 휴대용 카세트 플레이어 '워크맨'을 만든 소니가 디지털 음원시장의 잠재성을 간과했다는 사실은 그들의 기업 역사상 가장 뼈아픈 일이 아닐 수 없을 것이다. 소니가 최고의 음악재생기기 제조에 주력하고 있을 때 애플은 음악 콘텐츠를 판매하는 디지털 온라인 음반스토어를 구상하고 있던 것이다.

음악 400만여 곡, TV 프로그램 350여 개, 영화 250여 편을 제공하는 아이튠스는 2008년 기준, 미국 내 디지털 음원시장에서 70%의 점유율을 확보하면서 독보적인 지위를 유지하고 있다. CD를 포함한 전체 음악시장에서도 아이튠스는 21%의 점유율로 1위를 기록했고, 그 뒤를 이어 월마트Wall Mart가 14%, 베스트바이Best Buy가 10.4%를 차지하고 있다.

아이튠스의 디지털 음원판매는 비단 미국 시장에만 국한되지 않는다. 일본에서 60%, 영국에서 80% 이상의 시장점유율을 기록함으로써 해외 디지털 음원시장도 석권하고 있다. 스타벅스 커피 한 잔을 테이블 위에 올려놓고, 손에는 닌텐도 게임기를, 귀에는 아이팟 이어폰을 꽂은 젊은이들의 모습은 이제 세계 어디에서나 쉽게 찾아볼 수 있다. 이는 하나의 문화이자 사회적 코드가 되었다. 한 걸음 더 나아가 아이팟을 판매하는 애플 매장은 예술적 디자인으로 또 하나의 명소가 되었다. 1998년 잡스는 일본의 유명 디자이너 우에키 간지와 손을 잡고 혁신적 디자인의 애플 스토어를 탄생시켰다. 애플 스토어는 기술과 예술이 환상적으로 결합된 매장 디자인의 혁명으로 일컬어진다.

그후 잡스는 아이팟으로 형성된 소비자들의 신뢰를 기반으로 아이폰을 출시, 또 다른 신화를 만들어냈다. 아이폰이 출시된 직후 인도와 중국에서는 아이폰 서비스를 위한 통신사업자가 결정되지 않아 사용할 수 없음에도 불구하고 암시장에서 글로벌 시장의 출시가격보다 높은 가격에 거래되는 기현상이 벌어지기도 했다. 한국에서의 아이폰 열기 또한 몹시 뜨거웠다. 2009년 11월 말 KT는 국내 처음 도입되는 아이폰의 개통행사를 가졌다. 온라인으로 예약한 가입자 중에서 1,000명을 추첨해 선착순으로 현장에서 아이폰을 개통해 주는 이벤트였다. 한 고객은 아이폰 1호 가입의 영예를 위해 행사장 앞마당에서 무려 27시간

동안 기다리기도 했고, 정식개통을 하지 않았음에도 수만 명이 사전예약을 신청했다. 아이팟 등 기존 제품에 바탕한 막강한 후광효과halo effect가 파급되면서 수많은 애플 마니아를 창출해 내고 있음을 잘 보여주는 대목이었다.

많은 전문가들은 앞으로 애플이 아이팟 터치와 아이폰으로 게임분야에서 닌텐도와 치열하게 격돌할 것으로 전망한다. 성공적인 앱스토어를 구축한 애플은 이들 제품을 손 안의 휴대용 게임기로도 포지셔닝하고 있기 때문이다.

아이팟의 성공비결을 한 마디로 요약하면 무엇일까? 그것은 곧 아날로그에서 디지털로 넘어가는 길목에 자리한 고객의 니즈를 정확히 파악했다는 점이다. 고객에 대한 통찰력을 바탕으로 '패셔놀로지fashionology(패션+테크놀로지)'라는 콘셉트를 만들어낸 잡스의 창조형 지식과 혁신이 있었기에 가능한 일이었다. 잡스는 성능 위주의 복잡한 MP3 제품을 창조적으로 파괴함으로써 젊은 감각의 디자인과 사용의 편리함, 음악서비스 제공의 혁신을 실현했다. 아이팟은 사용자가 원하는 음악을 듣기 위해 복잡하게 버튼을 누르는 대신 세 번 이내의 화면 접촉으로 원하는 서비스를 선택할 수 있는 놀라운 제품이었다. 1,000곡에 달하는 음악파일을 호주머니 안에 담을 수 있다는 사실에 젊은이들은 열광했고, 이는 새로운 비즈니스 모델의 지평을 활짝 열어젖혔다.

애플의 성공에는 창조와 혁신이란 키워드가 항상 따라다닌다. 2010년 4월 북미지역에서 처음 출시된 후 선풍적 인기를 끌고 있는 애플의 아이패드 역시 마찬가지다. 아이폰에서 구동되는 모든 애플리케이션을 사용할 수 있고, 전자책 기능과 업무용 프로그램을 탑재한 아이패드는 혁명적인 태블릿형 PC로 찬사를 받고 있다. 창조성이 결여된 혁신의 추구는 단순한 '개선'에 머무를 가능성이 높다. 기존의 경쟁법칙들을 좇는 '룰 추종rule following' 전략으로는 더 이상 경쟁 우위를 보장받을 수 없는 시대다. 과거의 히트 상품들은 기능이 탁월한 제품에서 탄생했다. 하지만 오늘날의 감성시대에는 소비자에게 감동을 줄 수 있어야 한다. 이를 위해 기업들은 평범한 것을 특별한 가치로 바꾸는 힘의 원천을 보유해야 한다. 잡스가 보여준 '아날로그적 창조', '창조적 파괴'가 바로 그것이다.

2009년 삼성그룹의 경영화두는 창조적 파괴였다. 꽉 막힌 경제위기를 창조적 파괴를 통해 돌파해 보자는 목표였다. 창조적 파괴란 경제학자 조지프 슘페터Joseph Schumpeter가 1912년에 발표한《경제발전의 이론 Theorie der Wirtschaftlichen Entwicklung》에서 처음 제시된 개념이다. 슘페터에 따르면, 기업의 이윤은 혁신적인 기업가의 '창조적 파괴행위'로 인한 생산요소의 새로운 결합에서 파생된다. 기술혁신을 통해 낡은 것을 파괴해 새로운 것을 창조하고 변혁을 일으키는 과정이 기업경제의 원동력이라는 것이다.

무료 음악파일 공유사이트인 넵스터 때문에 이익을 잠식당한 음반회사들은 넵스터의 신기술이나 기술혁신에 대해 심한 거부반응을 나타내며 법적 투쟁을 불사했다. 18개에 이르는 대형음반사에 이어 미국음반산업협회 또한 넵스터를 저작권 침해혐의로 제소함으로써 2001년 마침내 넵스터는 문을 닫고 말았다. 하지만 이는 음반업계의 몰락을 동반했다. 이미 소비자들은 매장에서 CD를 구매하기보다는 디지털 음원을 다운로드하는 것에 매료되어 있었기 때문이다. 오히려 음반업계가 넵스터의 신기술을 빨리 받아들였다면 지금처럼 음반시장이 초토화되지는 않았을 것이다. 산업혁명 당시 인간의 노동력을 대신한 기계들이 등장하자 많은 노동자들이 자신들의 일거리를 빼앗아가는 기계를 부수면서 신기술에 저항한 것과 유사하다.

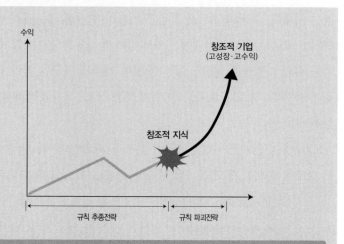

그림 2-2 창조적 지식을 찾기 위한 규칙파괴 전략

수익

창조적 기업
(고성장·고수익)

창조적 지식

규칙 추종전략　　　규칙 파괴전략

창조성이 결여된 혁신추구는 단순한 개선에 그칠 가능성이 높음

• 규칙 추종전략으로는 장기적인 경쟁우위를 확보할 수 없으며, 시장 선두기업의 경쟁방식을 모방해서도 결코 선두가 될 수 없음.

• 기업 내부의 지식과 외부의 지식을 적절하게 결합한 '창조적 지식'을 찾아낼 때 창조성이 발휘되어 혁신이 도출되며, 규칙 파괴의 원동력은 창조성과 창조적 지식에서 발현됨.

※ 출처 : CJ시스템즈 연구보고서, 2008

　　반면에 기술혁신의 전환기를 잘 포착한 애플은 기존 음악 유통시장의 오랜 규칙과는 차별화된 방식을 선택함으로써 업계의 정상에 올라섰다. 애플과 같이 규칙을 파괴하는 기업rule breaker은 규칙을 추종하는 기업rule follower보다 약 25배의 영업이익률을 실현한다고 한다. 규칙파괴자란 과거의 경쟁법칙을 혁신해 자신에게 유리한 새로운 경쟁방식을 창조하는 기업을 말한다. 이들 기업의 목표는 경쟁기업보다 좀더 나은 성과가 아니다. 그들은 경쟁기업과는 전혀 다른 기업을 지향한다.

워크맨 탄생 30년, 계속되는 소니의 실험정신

창조적 파괴를 통해 신제품 시장을 이끌었던 원조기업은 애플이 아니라 소니였다. 1979년 7월 1일 소니는 대형 카세트 플레이어를 축소한 워크맨을 탄생시켰다. 워크맨은 '소형화＋경량화＝새 음악 플레이어'란 공식에 바탕한 혁신적 제품이었다. 워크맨은 말 그대로 '길거리를 걸어 다니면서 음악을 듣는 사람'이란 의미로서 일정한 공간에서 조용히 음악을 듣는다는 고정관념을 단숨에 깨버렸고, 20대의 야외활동 시간 증가 등 라이프스타일에까지 지대한 영향을 끼쳤다. 2000년대 초반까지만 해도 청소년들의 대표적인 입학·졸업 선물이기도 했다. 워크맨은 출시 5년 만에 세계 판매량 1,000만 대를 돌파했고, 지난 30년간 3억 8,500만 대가 팔려나갔다. 워크맨의 선풍적 인기에 힘입어 소니는 세계 가전시장의 1위를 유지할 수 있었다.

워크맨은 소니의 창업자인 모리타 아키오(盛田昭夫)의 아이디어에서 나왔다. 출장길에 오른 직원들이 음악을 듣기 위해 큼지막한 카세트 플레이어를 챙기는 모습을 지켜본 그는 휴대용 카세트 플레이어의 개발에 매달렸다. 마침내 휴대용 녹음기에 재생기능을 추가, 손에 쥘 수 있는 무게 390g의 워크맨 1호 'TPS-L2'가 탄생되었다.

워크맨의 폭발적 인기에 힘입어 1986년에는 '문법에 맞지 않는 엉터리 영어'라는 조롱을 받아온 '워크맨'이 《옥스퍼드 영영사전》에 당당히 그 이름을 올리기에 이르렀다. 그 후에도 워크맨은 CD 플레이어인 '디스크맨'과 '미니 디스크 플레이어'를 연이어 시장에 내놓으면서 소니라는 브랜드를 중심으로 마케팅을 펼쳐나갔다. 이때까지만 해도 '축소제품＝경쟁력'이라는 새로운 지식이 소니를 이끌고 있었다. 어떻게 하면 보다 작은 디자인의 제품을 만들어 경쟁하느냐가 관심사였다.

2009년은 워크맨이 세상에 나온 지 30주년이 되는 해였지만 워크맨은 이미 세계시장에서 추억 속의 브랜드로 밀려난 지 오래다. 2001년 애플의 아이팟은 단숨에 워크맨의 아성을 무너뜨렸다. 음질이 떨어지는 테이프 방식의 워크맨은 디지털 시대에 설 자리를 잃어버렸다. 아이팟은 출시 8년 만에 2억 1,000만 대 이상 팔려나가면서 워크맨이 차지했던 휴대용 음악재생기기 시장을 빼앗았다. 2009년 기준으로 애플의 세계시장 점유율은 53.8%로 급성장한 반면 소니는 31.2%가 추락했고, 아이팟은 워크맨이 13년 걸려 기록한 '판매 1억대'를 출시 5년 만에 돌파했다.

사실 MP3 플레이어라는 창조적 지식을 찾아내 이를 상품으로 개발한 주인공은 바로 한국이었다. 하지만 한국 또한 애플에 자리를 내주고 말았다. MP3는 MPEG1에서 정한 고음질의 오디오 압축기술의 하나로서 CD에 가까운 음질을 유지하면서도 CD의 50배로 압축이 가능한 기술이다. 이렇게 뛰어난 음질과 높은 압축률을 이용해 한 번에 130~150곡까지 MP3로 압축시킨 다음 PC통신이나 인터넷을 통해 전송할 수 있다. 하지만 한국이 MP3 플레이어의 기술개발에만 매달리고 있을 때 애플은 MP3에 뛰어난 디자인과 콘텐츠 서비스를 결합해 혁신적 상품을 탄생시킨 것이다.

2001년 애플의 스티브 잡스와 소니의 안도 구니다케(安藤國威) 회장은 표현형식은 서로 달랐지만 궁극적으로는 서로 같은 개념의 미래전략을 선포한 적 있었다. 즉 잡스는 "모든 디지털 기기를 아우르는 디지털 중심축인 디지털 허브digital hub의 구축"을 선언했고 안도 회장은 "기기와 콘텐츠가 언제 어디서든 연결되는 유비쿼터스 사업모델"을 제시한 것이다. 여러 조건을 따져볼 때 소니가 애플을 앞지를 것으로 예상되었지만 결과는 애플의 압도적 승리로 끝났다. 2009년 애플의 매출은 365억 달러로서 2001년보다 6배나 증가했고 이익률은 40%를 넘었다. 하지만 같은 기간 동안 소니의 시가총액은 2001년과 비교할 때 무려 65%나 줄어들 정도로 기업가치가 크게 하락했다.

소니의 실패에 대한 또 다른 분석들도 존재한다. 소니는 역설적으로 모든 조건이 너무나 완벽하게 갖춰져 있었기에 실패했다는 분석이 바로 그것이다. 소니는 워크맨이라는 최고의 기술력과 소니뮤직 등 세계 1~2위 음반업체도 보유하고 있어 기술과 콘텐츠 분야에서 외관상 애플을 압도하고도 남았다. 그러나 디지털 전환기로 산업구조가 바뀔 때 소니의 이러한 보유 자산은 오히려 걸림돌이 되었다. 소니는 자신의 콘텐츠 사업 때문에 애플처럼 디지털 음원을 싸게 팔 수가 없었다. 그리고 최고의 음질을 추구해 온 사업 전통상 MP3의 지원에 소극적일 수밖에 없었다. 반면에 콘텐츠가 없는 애플은 음원 판매액의 90%를 음반사에게 되돌려주겠다는 제안을 통해 음반사들의 폭넓은 협조를 이끌어내면서 다양한 음원을 제공할 수 있는 기반을 마련하는 데 성공했다. 그리고 최고의 음질보다는 소비자들에게 편리한 방식으로 더 많은 음악을 제공하는 데 주력했다. 소니의 콘텐츠와 기기를 연계시킨 유비쿼터스 비즈니스 모델은 결과적으로 자사 제품 중심의 폐쇄성과 독자표준이라는 장벽을 쌓아 정작 소비자들에게는 편의성을 제공해 주지 못했다. 이러한 소니의 공급자와 기술 중심의 미래전략은 애플의 하드웨어가 아닌 사용자 중심의 소프트웨어 전략에 밀려나고 말았다.

워크맨 탄생 30주년에 즈음하여 소니는 사업전략을 바꿨다. 소니의 새로운 혁신을 이끌고 있는 하워드 스트링어 Harworld Stringer 회장은 "소니의 PS3는 놀라운 기술력으로 무장하고 있지만 그 방향을 틀어 웹서비스 플랫폼으로 전향해야 한다"고 주장했다. 또한 젊은 세대가 소셜 네트워크를 통해 친구들과 소통하고 있는 상황에서 TV는 더 이상 고해상도나 다양한 색상 등의 기술로는 소비자의 마음을 끌지 못한다고도 말했다. 인터넷과 연결해 콘텐츠 서비스를 제공하는 '새로운 TV 플랫폼의 출현'을 강조한 것이다.

비록 애플과의 싸움에서는 졌지만 끊임없이 신제품을 개발하고 있는 소니의 노력을 폄하해서는 안 될 것이다. 사실 소니만큼 독창적인 제품을 계속 출시해 온 기업도 드물다. 여전히 소니는 세계 최초, 세계 최소의 제품을 개발하기 위한 노력을 지속하고 있다. 소니의 이러한 시도를 빗대어 한 비평가는 "소니는 다른 회사들을 위한 모르모트(실험용 쥐)의 역할을 하고 있다"고 혹평하기도 했다. 실제로 소니의 이부카 전 회장은 자신의 책상 위에 모르모트 모형을 올려놓고는, 이를 바라보면서 새로운 지식의 창조와 변화개혁의 상징으로 생각했다고 한다. 소니의 저력이 다시 한번 세계시장에서 열풍을 일으킬 것인지 귀추가 주목되는 대목이 아닐 수 없다.

2009년 소니는 엔터테인먼트와 전자 분야를 아우르는 브랜드 메시지 '메이크 닷 빌리브make.believe'와 함께 새로운 로고를 발표했다. 'believe'는 소니의 아이디어이자 이상으로서, 생각하고 상상하며 꿈꾸는 능력을 의미한다. 'make'는 이러한 아이디어를 현실로 바꾸는 소니의 능력을 상징한다. 그리고 'dot'은 상상한 것을 현실로 바꾸기 위한 소니의 역할을 상징한다. 새롭게 혁신한 로고를 계기로 소니는 새로운 브랜드 전략의 도입을 통해 자신들이 추구해왔던 혁신정신에 다시 불을 지피고, 차별화를 구축하겠노라 선언하고 나섰다.

CHAPTER 02

콘텐츠의 완성자, CT 산업의 세계

가상 세계를 창조하는 CT 산업

찰스 다윈Charles Dawin 이전에는 하등동물이 시간이 흐르면서 점차 고등동물로 진화한다는 '사다리 모형'이 진화론의 중심이었다. 이 모형에 따르면, 원시밀림에서 살아가는 원숭이나 침팬지도 언젠가는 인간이 될 수 있다는 논리가 성립된다. 하지만 다윈은 나무가 가지를 치는 것과 같은 방식으로 진화가 이루어진다는 이른바 '나무 모형'을 주장했다. 비록 조상은 같을지 몰라도 원숭이는 결코 인간이 될 수 없다는 것이 그의 주장의 핵심이다. 이미 인간과 원숭이라는 종(種)은 서로 다른 나뭇가지로 갈라져서 독자적으로 진화하고 있기 때문이다. 디지털 콘텐츠의 세계에서는 가상의 세계를 창조하는 문화기술, 즉 CT cultural technology 를 이용해 인간 같은 원숭이를 만들기도 하고, 원숭이 같은 인간을 창조 해 내기도 한다. 아름다운 여인과 사랑을 나누다가 비극적인 최후를 맞 는 킹콩의 모습에 눈시울을 붉히기도 하고, 미녀의 지극한 사랑으로 야 수가 멋진 왕자로 변신해 뭉클한 감동을 주기도 한다.

　동물들이 말을 하고, 마법이 일상적이며, 선이 악과 대결을 벌이는 영화 〈나니아 연대기〉는 제2차 세계대전 하에서 영국 출신의 아이들이 벌이는 모험을 그리고 있다. 3D 영화의 혁명이란 평가를 받는 〈아바타〉 는 지구인들이 에너지 고갈 문제를 해결하기 위해 머나먼 행성 판도라 에 도착, 대체자원 채굴을 놓고 판도라의 토착민 나비족과 벌이는 전쟁 을 그리고 있다. 파란색 피부, 3m가 넘는 신장, 뾰족한 귀, 긴 꼬리를 가진 나비족은 모든 생명체와 끈끈한 유대관계를 맺으며 삶과 죽음을 비롯한 자연의 섭리에 순응해 살아간다. 판도라의 자원을 욕심낸 지구 인들은 인간과 나비족의 DNA를 결합해 만든 새로운 하이브리드 생명 체인 '아바타'를 탄생시켜 원격 조종한다. 이러한 판타지 영화가 가능 한 것은 날로 발전하고 있는 CT 덕분이다. 〈아바타〉에서는 기존의 3D 모션 캡처 3D motion capture 기술에서 한 걸음 더 나아가 3D 이모션 캡처 3D emotion capture 기술이 사용되었다. 3D 모션 캡처는 배우가 온몸에 센서를 붙이고 연기를 하던 방식으로, 움직임을 섬세하게 잡아낼 수는 있지만 배우의 표정 연기까지 포착해 실감나게 묘사하기에는 한계가 있었다. 반면에 3D 이모션 캡처는 얼굴의 주요 부위에 안면근육 센서를 부착하 고, 얼굴 바로 앞에 센서를 인식하는 적외선 카메라를 달아 배우의 속눈 썹의 미세한 떨림 하나하나까지 정교하게 잡아낸 뒤 이를 다른 사물에 투사해 CG 캐릭터를 완성시키는 기술이다. 특히 실사 배우와 CG 캐릭 터가 같은 인물이라는 설정의 〈아바타〉에서는 관객의 몰입을 유도하고,

두 캐릭터 간의 일체감을 표현하는 데 더할 나위 없이 유용했던 기술이다. 문화기술, 문화산업기술로 불리는 CT는 비단 영화뿐 아니라 방송, 음반, 애니메이션, 만화 등 문화 콘텐츠 전반에 접목할 수 있다. 따라서 문화 콘텐츠 창작기술, 예술표현기술, 생활문화기술, 문화원형기술, 디지털 디자인, 미디어공학 등의 범주를 망라한다. 더 넓게는 문화예술과 인문사회, 과학기술이 서로 융합해 인간 삶의 질을 향상시키고 더 나은 방향으로 변화를 이끄는 기술을 의미한다. 디지털 콘텐츠의 수요가 급증하고 있는 시대를 맞이해 CT는 앞으로 성장 가능성이 무궁무진한 고부가가치 산업으로 꼽힌다. 우리나라에서도 우주항공기술, 나노기술, 환경기술, 생명공학기술, 정보기술과 함께 CT를 6대 미래 유망기술로 선정해 중점 육성하고 있다. CT는 〈트랜스포머〉나 〈디워〉 등의 특수영상기술, IT 기기에서 음악을 듣는 기술, 테마파크의 첨단 놀이기구, 감성형 디자인과 기능을 지닌 전자제품, 문화재 보존·복원 기술, 미디어아트, 디지털 콘텐츠를 다매체에 유통하는 기술에 이르기까지 그 적용 범위가 폭넓다. 선진국들은 CT를 활용해 고대신화 속에 등장하는 캐릭터들을 현대인의 정서에 맞게 스펙터클한 영상과 스토리, 캐릭터로 부활시킨다. 그리고 이를 온·오프라인으로 유통해 엄청난 부가가치를 창출한다.

우리가 즐겨 읽었던 그리스 신화나 이집트 신화 등에는 수많은 영웅들과 괴물이 등장한다. 그리스 신화의 헤라클레스, 아킬레우스, 오딧세우스, 오이디푸스, 테세우스 등이 대표적인 영웅이며, 여자의 머리에 사자의 몸통을 가진 스핑크스, 백 개의 눈이 달린 아르고스, 사자의 몸뚱이와 독수리의 머리를 가진 그립스, 인도 신화의 사악한 용 브리트라, 이집트 신화의 뱀의 신 아펩 등이 전형적인 괴물이다. 신화에는 영웅들에 맞서 갈등을 불러일으키는 적대역(敵對役)들이 어김없이 등장한다. 적대역은 영웅이 과업을 완수하지 못하도록 교란하고 투쟁하는 역할을 담당하는 캐릭터로서 괴물들이나 거대한 몸체의 거인들이 그 역할을 담당하고 있다. 특히 다양한 형상의 거인들은 야만적이고 원초적인 힘을 가진 악의 대명사이자, 대자연의 힘을 상징하는 존재로 묘사되고 있다. 권력을 둘러싸고 신들과 전쟁을 벌이거나 자신의 권리를 침범한 자들에게 가차 없이 보복을 내리는 역할을 한다. 신들을 강력하게 위협하기도 하지만 종말에는 신들의 지혜로 인해 최후를 맞이한다.

이러한 거인 모티브를 새롭게 창조해 오늘날 영화에 등장시키곤 하는데, 대표적으로 〈킹콩〉, 〈미녀와 야수〉, 〈반지의 제왕〉 등을 들 수 있다. 〈반지의 제왕〉에 등장한 '트롤'은 덩치가 크고 난폭한 캐릭터로 그려진다. 〈킹콩〉에서는 엄청난 크기의 오랑우탄이 한 여인과의 사랑과 갈등의 감정을 느낀다.

온라인 게임 분야에서는 '워크래프트 3'가 있으며, 애니메이션에서는 〈바람계곡의 나우시카〉가 있다. 스포츠계에서도 강한 힘을 상징하는 개념으로 '자이언츠'라는 이름을 팀명에 적극 활용하기도 한다. 이 모두는 고대신화 속에 나오는 마법사, 괴물, 미녀, 주문 등 신비한 이야기와 캐릭터를 바탕으로 CT를 활용, 재창작해낸 판타지들이라고 할 수 있다. CT 산업은 IT와의 접목을 통해 새로운 첨단 문화산업으로 진화해 나가고 있는데, 2008년 베이징 올림픽 개막식을 대표적인 사례로 들 수 있다.

올림픽 주경기장 '나오차오' 한복판에 거대하게 펼쳐진 70m의 두루마리, 경기장 바닥에서 하늘로 떠오르는 오륜 마크, 소리를 시각화한 북의 대합주, 주경기장의 바닥이 열리면서 솟아오른 지구의 아름다운 모습 등은 전 세계 시청자들에게 깊은 인상을 심어주었다. 올림픽 개막식을 지휘한 장이머우(張藝謀) 감독은 IT와 CT를 결합한 퍼포먼

表 2-2 **IT와 CT 상관관계**

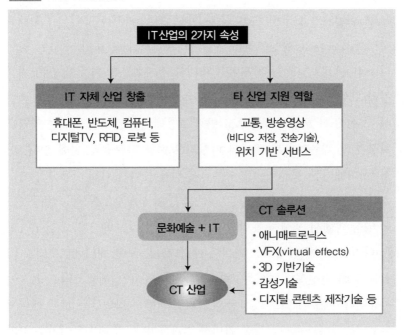

스를 통해 중국의 4대 발명품을 세계에 과시하고, 문화와 역사 전통을 부각하는 데 주력했다. 올림픽 개막식에 투여된 총 비용은 인건비를 제외하고도 1,000억 원에 달했다고 한다. 장이머우 감독이 만든 영화 〈황후화〉에는 중국 영화사상 최대 제작비인 450억 원이 소요됐는데, 올림픽 개막식 퍼포먼스에는 그 두 배가 넘는 비용을 지출한 것이다.

스타를 대체하는 애니매트로닉스 기술

한 통신회사의 TV 광고에서 탤런트 조인성과 함께 등장한 고릴라의 출연료는 얼마일까? 미국의 한 업체에서 빌려온 이 고릴라 모형의 대여료는 회당 1억 원에 육박한다고 한다. 정교한 생김새에 뛰어난 표정 연기로 진짜 고릴라와 너무나 흡사한 이 모형에는 '애니메트로닉스 animatronics'라는 CT가 사용됐다. 애니메트로닉스는 애니메이션과 일렉트로닉스electronics의 합성어인데, 여기에 메이크업make-up이 추가된 용어다. 애니메트로닉스는 기계적인 뼈대와 전자회로를 이용해 만든 기계 장치 모형으로 특수한 분장을 더해 실물과 똑같은 재질과 느낌을 표현해 준다. 또한 모형을 무선으로 원격 조종해 연기를 이끌어내는 영역을 관장하고, 컴퓨터 그래픽에서 다루지 못하는 부분을 표현해 준다. 영화, 애니메이션, 드라마, CF 등에 사실감을 높이기 위해 사용되는 특수효과 기법의 하나인 애니메트로닉스를 통해 상상으로만 가능했던 것들을 영상 속에서 생생히 표현해 내고 있는 것이다. 〈반지의 제왕〉과 〈황금 나침반〉 등에 등장하는 가상의 캐릭터들은 모두 애니메트로닉스 기술을 통해 탄생했다. 한국 영화 〈괴물〉에서도 애니메트로닉스 기술이 사용됐다. 괴물이 입으로 사람을 삼키거나 뱉는 장면들은 모두 애니메트로닉스에다가 특수분장을 가미한 결과들이다. 경주마와 여기수 간의 사랑을 그린 영화 〈각설탕〉에는 두 마리의 경주마 '천둥이'가 등장한다. 진짜 천둥이와 가짜 천둥이가 영화 속에서 번갈아 등장하지만 관객들은 어느 말이 진짜인지 구분해 내기가 매우 어렵다. 실제 천둥이와 똑같은 가짜 천둥이는 애니메트로닉스 기술로 탄생된 기계마(馬)다. 애니메트로닉스 기술은 산업과 문화의 접점에서 고부가가치를 창출하는 중요한 미래산업이다.

한편 애니메트로닉스, CG 등의 CT의 발전으로 스타급 연예인이 피해를 입고 있다는 색다른 주장도 나오고 있다. 전통적으로 영화는 출연하는 스타 배우가 어느 정도 흥행을 보장해 주는 산업이었다. 하지만 관객들이 배우들의 이름값에만 의존하지 않으면서 스타 파워의 거품이 점차 빠지게 되었다. 영화정보를 얻는 루트가 다양해진 관객들의 눈높이가 높아지면서 차별화된 내러티브 완성도, 독창성과 연출력 등이 영화 흥행을 좌우하는 경향이 보편화되고 있는 것이다. 여러 조사에 따르면, 스타 배우가 출연한 영화의 경우 1~2주일 동안은 관객이 몰리는 효과가 나타나지만 전체적인 시각에서 보면 관객을 동원하는 티켓 파워와 스타와의 사이에는 관련이 낮다는 분석이다. 대중의 관심과 선호가 특정 스타에게만 집중되는 이른바 '슈퍼스타 경제학'의 효과가 뚜렷하게 사라지고 있는 것이다. 스타 시스템을 만들어낸 할리우드에서는 슈퍼스타가 흥행 보증수표라는 인식이 여전히 강하게 남아 있기는 하다. 하지만 스타 파워가 반드시 티켓 파워로는 이어지지 않는다는 통계 결과들이 설득력을 얻어가면서 영화계에 지각변동이 일어나고 있다. 캘리포니아 주립대학의 경제학자 아서 드바니 교수는 설명한다. "스타가 출연한 영화가 성공하는 것은 스타 때문이 아니다. 스타가 사람들이 좋아할 만한 영화를 출연작으로 선택하기 때문이다. 스타가 영화를 만드는 것이 아니라 영화가 스타를 만든다."

월드 스타 브루스 스프링스턴Bruce Springsteen의 콘서트에는 수많은 팬들이 몰린다. 오직 그가 직접 노래하는 것을 보기 위한 티켓은 삽시간에 매진된다. 하지만 영화 〈매트릭스〉의 흥행 성공은 주연배우인 키아누 리브스Keanu Reeves 때문만이 아니라 그 밖의 많은 요소들이 작용한 결과라는 것이다.

이러한 상황에서 슈퍼스타들을 대신해 〈슈렉〉과 같은 디지털 캐릭터나 〈반지의 제왕〉 등에서 CT의 힘으로 태어난 디지털 배우들이 상대적으로 저렴한 비용으로 훌륭한 연기를 펼치고 있어 스타 배우들의 자리가 좁아졌다(?)는 이야기가 나오고 있는 것이다. 실제로 2006년 파라마운트는 14년간 독점계약을 해온 영화배우 톰 크루즈Tom Cruise와 결별을 선언한 바 있다. 디지털과 인터넷 영상시대에 특정 슈퍼스타에게 몇 백억 원씩 투자할 필요는 없다는 판단에서였다. 2009년 최고의 영화 〈아바타〉의 출연배우들은 정작 아카데미 영화상에서는 찬밥신세가 되었다. 〈아바타〉에서 연기한 남녀 주연 배우가 진짜였는지, 가짜였는지의 여부가 심사위원들 간에 논쟁거리가 되었기 때문이다. 영화 속에서 울고 웃고, 사랑하고 싸우면서 관객들에게 강렬한 인상을 심어주었던 주인공 제이크(샘 워딩턴 분)와 네이티리(조 샐다나 분)가 진짜 살과 피를 가진 사람이었는지, 아니면 컴퓨터가 창조한 디지털 캐릭터였는지를 두고 찬반이 크게 엇갈렸다. 결국 영화 속 주인공의 캐릭터가 배우들에 의한 예술적 창조물이라기보다는 컴퓨터에 의한 기술적 생산물이라는 쪽으로 의견이 기울어지면서 출연배우들은 수상 기회를 놓치고 말았다. 그 대신 〈아바타〉는 촬영상, 시각효과상, 미술상을 받음으로써 CT 기술로 재탄생된 디지털 캐릭터가 실제 인간 배우를 대신해 수상하는 결과를 불러왔다.

슈렉 역시 디지털 캐릭터다. 2010년 슈렉은 할리우드에 있는 명예의 거리에 2,408번째 스타로 이름을 올리는 영예를 안았다. 드림웍스의 CEO 제프리 카젠버그는 말한다. "늪지대의 녹색괴물에서 할리우드 거리의 스타가 되기까지 슈렉은 할리우드의 꿈을 상징한다. 이 거리의 모든 스타처럼 슈렉도 우리 문화의 일부가 되었다."

인간 배우를 대신한 〈아바타〉의 디지털 캐릭터처럼 애니메이션 스타 슈렉 또한 역사 속에 길이 남을 할리우드 배우로서 오랫동안 기억될 것이다.

3D, 오감의 4D 세계로 진화하다

최근 미디어와 영상업계의 가장 큰 이슈 중 하나가 바로 '2D 영상'

에서 '3D 영상'으로의 전환이다. 이미 지금으로부터 170여 년 전 개발된 3D 입체영상은 1890년대와 1950년대에 걸쳐 두 차례 붐을 일으켰던 기술이다. 2009년 〈아바타〉가 큰 성공을 거두면서 세 번째의 3D 붐 확산에 가속도가 붙었고, 애니메이션이나 영화뿐 아니라 TV 프로그램과 광고, 스포츠 중계, 휴대폰 화면과 웹사이트에 이르기까지 3D를 적용하기 위한 시도가 빠르게 증가하고 있다. 특히 3D TV의 경우 피로도 해결, 적정 가격, 안경 없이 시청할 수 있는 기술, 풍부한 콘텐츠, 3D 방송 표준화 등의 문제가 기술의 진화로 해소되면서 보급 확산에 밝은 전망을 보여주고 있다.

30초짜리 광고 한 편이 무려 41억 원에 팔렸던 2009년 미국의 최대 스포츠 이벤트인 슈퍼볼Super Bowl에도 3D 광고가 등장했다. 3D로 제작된 영화 〈Monsters vs Aliens〉의 예고편이었는데, 인텔은 약 1억 3,000만 개의 입체안경을 제작해 펩시 유통망을 통해 사전에 무료 배포했다.

그림 2-3 **3D 영상의 진화**

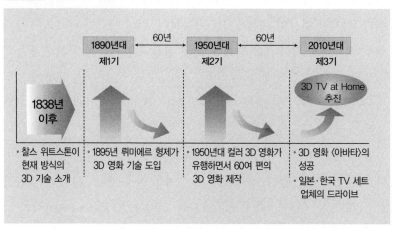

※ 출처: '3D 디스플레이 산업현화 및 전망', LG경제연구소 보고서, 2010

한편 2010년 남아프리카공화국에서 펼쳐진 월드컵 또한 3D로 중계되었고, 2012년 런던 올림픽의 개막식 역시 3D 중계를 할 예정이다. '슈퍼리얼리즘'을 구현하는 3D 영화에 대한 관객들 반응은 매우 우호적이다. 과거 조잡한 색안경를 끼고 관람했던 수준에서 첨단 디지털 기술에 힘입어 입체화질과 실체감이 크게 상승했기 때문이다. 영화사들이 3D 영화에 더욱 관심을 갖는 이유는 '홈 엔터테인먼트 시장과 차별화된 볼거리를 내놓지 않으면 생존이 어렵다'는 위기의식 때문이다. 앞으로 3D 화면을 시청하기 위해 입체안경을 착용하지 않아도 되는 TV가 본격적으로 상용화되면 드라마나 쇼 프로그램, 스포츠 경기 중계에도 3D 영상이 지배자로 떠오를 전망이다.

한 걸음 더 나아가 3D의 시청각 세계를 넘어서 후각과 촉각, 그리고 시간을 뛰어넘는 오감기술이 더해진 4D 분야 또한 각광받는 미래산업으로 떠오르고 있다. 물리학에서는 4D란 x, y, z로 이루어진 3D에 'w' 축이 더해진 것으로 '초입방체(하이퍼큐브)'라고 설명하고 있다. 우리가 살고 있는 3D의 세계로부터 4D를 구현하는 것이 실제적으로 가능한 일일까? 결론적으로 말하면 물리학에서 정의하는 4D의 구현은 불가능하다. 하지만 영상의 세계에서는 가능하며, 이미 영화와 테마파크 등에 일부 적용되고 있다. 3D 영화를 더욱 실감나게 표현하기 위해 진동과 각도를 느낄 수 있는 영화관 의자를 만들 수도 있고, 영화 내용에 맞춰 바람이나 비, 향기 등을 뿌려줄 수도 있다. 화면상 시간의 흐름을 관객들이 느낄 수 있도록 환경을 조성해 줄 수도 있다.

할리우드 영화는 과거 흥행했던 영화를 새로운 기술이 등장할 때마다 재탄생시키곤 한다. 변신로봇을 주제로 한 〈트랜스포머〉가 대표적인 사례다. 이 영화는 특수 시각효과를 의미하는 VFX visual effects 라는 컴퓨터 그래픽 기술을 활용해 지속적인 흥행몰이에 성공하고 있다.

1954년 리처드 매터슨Richard Matterson이 발표한 SF 소설《나는 전설이다 I am legend》역시 2007년 세 번째로 리메이크 개봉됐다. 이 영화는 지구 최후의 생존자와 바이러스에 감염되어 '변종 인류'가 되어버린 자들 간의 지구를 지키기 위한 전쟁을 배경으로 하고 있다. 최고의 VFX를 사용해 더욱 박진감 넘치고 실감나는 영화로 거듭날 수 있었다.

영화산업에서도 디지털 격차라는 용어를 사용하는데, 이는 디지털 합성에 관한 기술력의 차이를 말한다. 컴퓨터 그래픽 기술에 의해 만들어진 물체나 대상을 실사와 합성하는 데 얼마나 생생하고 자연스럽게 할 수 있는지가 중요한 기술요소들이다. 합성을 위해 이미지나 윤곽을 지우는 매팅matting 기술과 합성compositing 기술, 이모션 캡처, VFX 기술들은 할리우드가 가장 앞서 있는 분야다. 〈트랜스포머〉나 〈스파이더맨〉 등의 할리우드 영화의 경우 VFX 같은 특수효과 기술에 투자하는 비용이 전체 제작비의 50~60% 수준이라고 한다. 영화의 절반 이상이 CT로 채워지고 있는 셈이다.

CT가 크게 적용되고 있는 또 하나의 분야가 문화유산의 복원기술이다. 그 기술 분야를 세분해 보면 유·무형의 문화유산을 발굴·측정해 디지털화하는 기술, 디지털로 측정된 데이터를 기반으로 문화 원형을 복원하는 기술, 첨단 IT 기술 및 인문·사회·역사·예술 지식을 기반으로 문화유산을 재현·체험하는 기술, 유비쿼터스 네트워크 환경에서 사용자 중심의 편리한 문화유산 관람(체험)을 서비스하는 기술, 디지털 문화유산 전시를 위한 뉴미디어 기반 디지털 박물관 기술 등으로 나눌 수 있다.

석굴암과 같이 현존하는 문화유산은 직선형의 레이저를 복원하려는 문화유산에 쏘아 거기서 발생하는 레이저 파형을 카메라로 촬영, 3차원 데이터로 만드는 3D 스캔 기술을 이용해 문화유산을 그대로 가상공간으로 옮기고 있다. 현존하지 않는 문화유산인 신라 황룡사나 백제시대의 금산사 미륵전과 같은 경우는 원형을 찾아내기가 쉽지 않다. 따라서 문헌에 남아 있는 기록을 기초로 삼아 디지털로 복원하고, 실물로 제작해 보전하고 있다. 이러한 문화유산 복원기술을 활용해 과거의 소중한 우리 문화를 복원할 수 있다는 것은 역사적으로 매우 의미 있는 일이다.

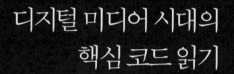

디지털 미디어 시대의
핵심 코드 읽기

컨버전스와 디버전스
카피라이트 vs 카피레프트
롱테일 법칙과 미디어 산업
불법 다운로드와 로빈 후드 효과
미디어 2.0시대, 집단지성과 크라우드소싱
좁은 세계를 만들어가는 소셜 네트워크 서비스

P
A
R
T
3

CHAPTER 01

컨버전스와
디버전스

세상을 변화시킨 컨버전스 혁명

오늘날 가장 핵심적인 패러다임으로 자리 잡고 있는 디지털 컨버전스는 '여러 분야의 정보통신 기술을 하나의 기기나 서비스에 묶어서 융합하는 것'을 말한다. 오늘날 고객의 니즈와 욕구는 점점 다양해지고 고도화되고 있다. 그런데 이를 충족시키기 위해서는 기존에 없었던 새로운 제품이나 서비스의 개발보다는 이미 시장에서 검증된 아이디어나 기술을 창조적으로 재결합해 새로운 가치를 창출하는 것이 더 확실하고 혁신적인 방법이 될 수 있다. 이것이 곧 컨버전스의 본령이다.

기술의 복제와 융합, 해체가 자유로워진 전자산업에서 디지털 컨버전스는 산업의 성장과 진화를 견인하는 동인이 되고 있다. 카메라, MP3, 신용카드, DMB, 전자수첩 등 다양한 기능이 결합된 휴대폰이나 운전자의 필수품인 TV가 내장된 네비게이션은 대표적인 컨버전스 전자제품이다. 영상, 음성, 데이터 등 서로 다른 종류의 미디어가 컨버전스에 의해 단말기, 서비스, 네트워크의 제약 없이 자유롭게 융합·통용되면서 산업, 기술, 서비스의 구분이 모호해지는 등 미디어 산업에 미친 영향도 가히 혁명적이다.

컨버전스는 비단 IT 분야나 미디어 산업에서만 발생하고 있는 현상이 아니다. 컨버전스는 기술경제의 법칙에서 점점 사회적·문화적 가치로 일상화되고 있기 때문이다. 정치와 경제, 사회, 문화 등 우리가 살고 있는 세상 전반에 걸쳐 컨버전스 또는 퓨전fusion, 하이브리드hybrid, 크로스오버cross over 라는 이름으로 커다란 변화를 일으키고 있다. 팝페라, 퓨전 레스토랑, 방카슈랑스, 디지테리아, 키즈카페, 하이브리드 골프클럽 등의 새로운 융합 서비스나 제품은 단순히 A와 B의 기능이나 기술을 '결합'한 콤비네이션combination 의 수준을 훨씬 뛰어넘고 있다. 융합상품들은 컨버전스의 어원인 컨버전conversion 이 의미하듯이 전환과 변환을 통해 혁신적인 효용가치를 제공해 주고 있기 때문이다. 기존 자동차의 내연기관 엔진에 전기모터를 결합해 만든 하이브리드 카는 에너지 손실을 줄여줌으로써 '자동차 운행의 효율성 극대화'란 가치를 창출하고 있다. 하이브리드 골프클럽은 방향성과 정확성에 중점을 둔 아이언과 거리감에 무게를 둔 우드를 합해 만든 우드 아이언으로 '보다 멀리, 보다 정확하게, 보다 쉽게' 스윙할 수 있는 퓨전 가치를 실현시켜 주고 있다.

표 3-1 우리 주변의 생활 컨버전스 비즈니스 모델

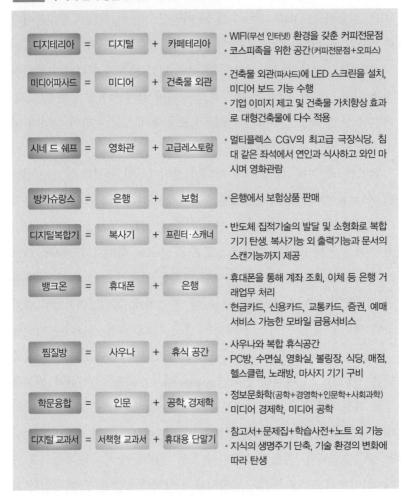

디지테리아	= 디지털	+ 카페테리아	• WIFI(무선 인터넷) 환경을 갖춘 커피전문점 • 코스피족을 위한 공간(커피전문점+오피스)
미디어파사드	= 미디어	+ 건축물 외관	• 건축물 외관(파사드)에 LED 스크린을 설치, 미디어 보드 기능 수행 • 기업 이미지 제고 및 건축물 가치향상 효과로 대형건축물에 다수 적용
시네 드 쉐프	= 영화관	+ 고급레스토랑	• 멀티플렉스 CGV의 최고급 극장식당. 침대 같은 좌석에서 연인과 식사하고 와인 마시며 영화관람
방카슈랑스	= 은행	+ 보험	• 은행에서 보험상품 판매
디지털복합기	= 복사기	+ 프린터·스캐너	• 반도체 집적기술의 발달 및 소형화로 복합기기 탄생. 복사기능 외 출력기능과 문서의 스캔기능까지 제공
뱅크온	= 휴대폰	+ 은행	• 휴대폰을 통해 계좌 조회, 이체 등 은행 거래업무 처리 • 현금카드, 신용카드, 교통카드, 증권, 예매 서비스 가능한 모바일 금융서비스
찜질방	= 사우나	+ 휴식 공간	• 사우나와 복합 휴식공간 • PC방, 수면실, 영화실, 볼링장, 식당, 매점, 헬스클럽, 노래방, 마사지 기기 구비
학문융합	= 인문	+ 공학, 경제학	• 정보문화학(공학+경영학+인문학+사회과학) • 미디어 경제학, 미디어 공학
디지털 교과서	= 서책형 교과서	+ 휴대용 단말기	• 참고서+문제집+학습사전+노트 외 기능 • 지식의 생명주기 단축, 기술 환경의 변화에 따라 탄생

하이콘셉트와 하이터치의 감성융합

'하이퍼 컨버전스'가 우리 사회를 관통하는 중요한 메가트렌드로 떠오르면서 서로 다른 목적과 감성, 기술이 융합되어 수많은 히트 상품과 서비스가 등장해 새로운 수요를 창출하고 있다. 《하이컨셉의 시대가 온다 *All Business is Show Business*》의 저자 스콧 매케인Scott McKain은 다음과 같이 말한다. "소비자들이 경험, 디자인, 스타일, 스토리 등 감성적·무형적 가치를 중시함에 따라 창의적·독창적 전뇌적 사고를 통해 새로운 가치를 만들어내는 하이콘셉트high concept의 시대가 열리고 있다."

여기에 미묘한 인간의 감정을 이해하고 공감을 이끌어내는 하이터치가 더해져 감성융합이 되면서 더욱 풍성한 가치를 만들어주고 있다. 하이테크의 산물인 MP3 플레이어에 음악을 결합시키고, 세련된 디자인과 편리함을 제공해 주고 있는 아이팟은 창의성과 독창성에 기반한 하이콘셉트와 누구나 소유하고 싶어하는 하이터치의 혼합물이다.

문화 콘텐츠 분야도 마찬가지다. 이질적인 장르가 교차하면서 새로운 가치를 생성해 내는 크로스오버는 이미 문화예술계에 익숙한 표현 양식으로 자리 잡았다. 세계적 예술가 백남준은 정보통신 기술과 예술을 접목시켜 누구나 쉽게 이해할 수 있는 '비디오 아트'라는 새로운 장르를 개척했으며, 어려운 오페라를 팝처럼 부르거나 팝과 오페라를 넘나드는 음악 스타일인 팝페라가 대중의 사랑을 받고 있다. 마음의 공감을 이끌어내는 능력인 하이터치가 궁극적으로 예술적·감성적 아름다움을 창조하는 능력인 하이콘셉트를 구현해 주고 있다.

로봇 영화인 〈아이언맨〉에 어린이도 아닌 20~30대, 더 나아가 40대의 성인남성들까지 열광하는 이유는 무엇일까? 그들은 누구나 어린 시절에 공상소설 속 주인공이 되고자 했던 꿈이 있었고, 〈지구방위대 후뢰시맨〉이나 〈프레시맨〉 등의 만화영화를 보면서 로봇 장난감을 갖고 놀았던 추억과 향수를 간직하고 있기 때문이다. 〈아이언맨〉은 이러한 남성들의 로망과 미묘한 감성에 소구하는 '하이터치'를 입힘으로써 뜨거운 반응을 일으켰던 것이다. 한류 드라마 〈겨울연가〉나 〈대장금〉의 인기가 오랫동안 유지되는 것 또한 마찬가지 현상으로 볼 수 있다. 〈겨울연가〉에서는 배용준이 불러일으키는 향수와 동경, 〈대장금〉에서는 이영애가 보여주는 신의와 열정, 영화 〈왕의 남자〉에서는 이준기가 보여주는 금기와 풍자가 하이콘셉트, 하이터치의 감성융합을 만들어내고 있다.

컨버전스의 패러독스, 디버전스

스티브 잡스는 TV는 '머리를 식히기 위한turn brain off 미디어'이고, PC는 '머리를 쓰기 위한turn brain on 미디어'라고 설명한 바 있다. 따라서 TV 미디어에 너무 머리를 쓰게 만드는 기능을 집어넣는다면 시장에서 실패할 것이라고 지적했다. 하지만 이제 PC와 셋톱박스 업체들은 TV와 통하는 서비스를 제공해야 생존할 수 있다고 판단, 다양한 융합제품들을 내놓고 있다.

가전업체들도 TV에 인터넷을 연결해 콘텐츠를 제공하는 컨버전스 제품을 출시하고 있다. 현대인들의 컨버전스에 대한 니즈는 단순한 편의성을 넘어 짧은 시간에 여러 욕구를 동시에 해결하고자 하는 '시간정복'이라는 목표가 내재되어 있다. 그러나 컨버전스의 패러독스인 '디버전스' 또한 같은 시대의 트렌드로 자리 잡고 있다. 디버전스란 '사용이 어려운 복합제품이나 서비스보다 핵심기능에 충실하여 간편화·단순화되는 현상'을 말한다. 복잡한 기능을 배제하고 특정 기술과 기능 중심으로 전문화되어 출시된 '넷북'이나 애플의 아이패드, 복합기능을 갖춘 대중적인 휴대폰 카메라의 보급에도 불구하고 여전히 독자적 시장을 갖고 있는 DSLR과 같은 전문가용 디지털 카메라 등이 그것이다.

한때 전자제품을 생산하는 기업들은 디버전스 현상에 대해 높은 가격이 형성된 컨버전스 시장을 깎아내리는 '카니발라이제이션cannibalization (자기시장잠식)'을 일으킨다고 생각했다. 단순 기능 위주의 디버전스 제품은 기술적 혁신과 거리가 멀기 때문에 부가가치와 사업가치가 낮은 시장이라고 평가한 것이다. 이러한 분위기 탓에 대부분의 전자제품들이 컨버전스의 영향권에 들어가면서 본연의 기능보다 부가기능이 더 발전하고 있는 현상을 보여주고 있다. 백색가전인 냉장고에 LCD 모니터를 부착해 TV 시청과 인터넷 접속을 가능케 함으로써 주부들이 요리 레시피를 불러내 저녁식단에 이용할 수 있도록 했다. 휴대폰에도 TV, 라디오, 카메라, 인터넷, 동영상, MP3 등의 기능이 추가되었음에도 오히려 크기는 작아지고 성능은 좋아지는 기술적 진보를 이루어냈다. 그러나 너무 많은 기능에 불편함을 느끼거나 싫증난 소비자들에 의해 디버전스 수요가 늘면서 기업들도 다시 디버전스 트렌드에 주목하며 사용하기 쉬운 '이지easy'를 좇는 동향을 나타내고 있다. 통화를 중심으로 한 2~3가지 기능만 제공되는 휴대폰, 별도의 학습과정 없이도 쉽게 사용할 수 있는 간편 UI, 쉽게 조작할 수 있는 콤팩트한 디지털 카메라 등이 그 생산을 확대하고 있다.

컨버전스 제품들과 함께 특정 기능과 사용자 감성을 중시하는 디버전스 제품들도 늘고 있어 아날로그를 향한 디지털의 구애와도 같은 '디지로그' 현상들을 엿볼 수 있게 되었다. 미디어 사업자 입장에서 볼 때 컨버전스의 미래가 반드시 장밋빛은 아니라는 점을 간과해서는 안 될 것 같다. 컨버전스가 진행되면서 미디어 사업자들의 서비스들이 여러 곳으로 분파되는 디버전스 현상이 함께 나타나고 있기 때문이다. 종합 편성을 제공하는 지상파TV 방송은 영화, 오락, 드라마, 스포츠, 뉴스 등 전문 콘텐츠를 제공하는 채널들로 인해 시청률이 하락하고 있다.

디버전스 현상의 피해자가 되고 있는 것이다. 수백 개 채널을 다양한 상품으로 묶어 가정에 판매함으로써 거의 독점적 지위를 누렸던 케이블TV도 수용자들이 원하는 채널들을 유연하게 묶어 제공해주고 있는 IPTV와 개인형 매체, 즉 DMB, 인터넷TV, TV포털 등이 성장함에 따라 자신들의 시장이 분화되는 디버전스 현상을 경험하고 있다. 케이블TV와 IPTV 플랫폼 사업자들은 방송과 인터넷, 유무선 전화가 결합된 '쿼더러플 플레이 서비스QPS'까지 제공할 수 있는 단계에 이르렀다. 결합상품은 사용자들에게 개별상품을 제각각 따로 구매할 때와 비교해 저렴한 요금혜택을 제공한다. 하지만 독점적 컨버전스 사업자가 지배력과 독점력을 남용해 소비자들에게 불리한 서비스와 요금체계를 강요할수도 있다. 대표적 사례로 케이블TV와 위성방송 등에서 시행하고 있는 '채널 티어링제(채널 묶음제)'를 들 수 있는데, 인기 있는 채널을 상위에 포진시킴으로써 시청자의 선택권을 제한하고 고가의 요금을 지불토록 유도한다.

그렇다고 해서 이 같은 미디어 사업자들이 컨버전스의 혜택을 온전히 누리고 있는 것만은 아니다. 오랫동안 높은 진입장벽을 형성해 왔던 방송과 통신사업자들은 상호 서비스에 대한 컨버전스가 이루어지면서 점차 자신들의 강점이 이탈되는 탈중개 현상과 플랫폼 간의 경계가 모호해지는 스크램블 현상이 발생, 경쟁이 가중되고 있다. 그리고 티어링제와 같은 복합상품보다는 시청자들 스스로 채널이나 서비스를 선택해이에 해당하는 만큼의 요금을 지불하는 일종의 디버전스 상품인 '알라카르테 요금제'에 대한 요구가 거세지고 있고, 단계적으로 이 방식이 도입되고 있다.

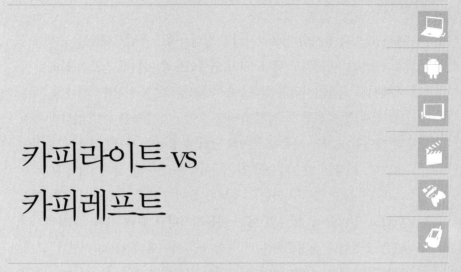

CHAPTER 02

카피라이트 vs 카피레프트

급증하고 있는 퍼블리시티권 침해 소송

2004년 개그맨 정준하는 K콘텐츠 회사가 자신의 얼굴을 이용해 만든 캐릭터를 이동통신사에 제공, 휴대폰을 통해 고객들에게 유료로 판매하자 손해배상소송을 냈다. 자신의 허락 없이 자신의 이름과 자신이 만든 유행어인 "…를 두 번 죽이는 짓이에요", "…라는 편견을 버려" 등의 문구와 함께 캐릭터를 다운로드하도록 했기 때문이다. 소송 결과는 정준하의 승리였다.

법원은 K사가 정준하의 초상을 상업적으로 이용하는 등 퍼블리시티권the right of publicity을 침해했으므로 500만 원을 배상하라고 판결했다. 그후에도 이와 유사한 퍼블리시티권 침해사례들이 발생해 곧장 손해배상 소송으로 이어지기도 했다. 인기 연예인들뿐 아니라 스포츠 선수들 사이에서도 퍼블리시티권 침해소송이 확산되었다. 이상훈, 마해영, 박정태, 진필중, 임선동 등 전직 유명 프로야구 선수들은 일부 인터넷 게임의 캐릭터 초상권 사용을 금지해 달라며 법원에 가처분신청을 낸 적이 있었다. 이상훈 선수의 변호인은 "이상훈 선수의 갈기머리나 LG트윈스의 유니폼을 연상시키는 줄무늬가 들어가 많은 사람들이 그의 캐릭터라고 인지할 수 있다면 이는 퍼블리시티권 침해"라며 "퍼블리시티권은 초상이나 성명뿐 아니라 종합적인 아이덴티티를 고려한다"고 주장하기도 했다. 그렇다면 저작권법이 강화되고 있는 추세에 한층 부각되고 있는 퍼블리시티권의 개념은 무엇인가?

퍼블리시티권은 남의 특징을 허락 없이 사용하는 행위의 제한을 뜻한다. 즉 자신의 용모, 복장, 헤어스타일, 몸짓, 이름, 음성, 연기 스타일 등 총체적 인성을 상업적으로 이용해 얻어진 이익을 보호받을 수 있는 배타적 권리로서 개인의 상품성 보호에 주안점을 두고 있다. 퍼블리시티권은 특정인에 대한 동일성이 본인의 허락 없이 상업적으로 이용되어 일반 대중이 특정인을 인식할 수 있는 경우 그 침해가 인정되고 있다.

우리나라의 경우에는 법원에서 퍼블리시티권 보호에 대한 판결은 나와 있지만 법률상 아직 확립된 개념은 아니다. 따라서 퍼블리시티권이 온전하게 보호되고 있지는 못하다. 방송인 주병진은 1991년경부터 속옷 브랜드로 '제임스 딘'의 이름을 차용해 오다가 제임스 딘의 유족측으로부터 제소를 당했다. 많은 논란 끝에 서울 고등법원은 우리나라 법제상 아직까지는 퍼블리시티권을 인정할 수 없다고 기각했다. 1995년 김진명의 소설《무궁화꽃이 피었습니다》에 주인공으로 등장한 이휘소

씨를 놓고 유족들이 인격권과 프라이버시 침해를 이유로 서울지방법원에 소송을 제기했지만 역시 이휘소 씨의 퍼블리시티권은 인정되지 않았다.

국내 프로야구 선수들이 제기한 퍼블리시티권 역시 많은 논란을 빚었다. 창작에 대한 표현의 자유, 게임 및 캐릭터 산업의 발전이라는 대의명분, 권리자의 권리보호 측면이 뒤섞이면서 새로운 문화쟁점으로 떠올랐기 때문이다. 하지만 디지털 콘텐츠에 대한 손쉬운 불법복제와 남용이 심각한 문제로 대두되고 있는 요즈음, 지적소유권과 같은 '무체재산권(無體財産權)'의 보호에 대한 법적 제재가 강화되면서 퍼블리시티권 역시 제재의 수위가 높아지고 있다.

카피라이트 vs 카피레프트

저작권copyright 보호진영에 맞서 카피레프트copyleft는 저작권 공유를 주장한다. 독창적 지식의 소유에 대한 배타적 권리를 옹호하는 저작권 보호진영은 사이버 세상에서도 당연히 '법과 질서가 지켜지는 사회'를 그대로 준용해야 한다는 논리를 펼친다. 예를 들어 인터넷의 경우 극소수 사람들만이 이용한다면 모르겠지만 이제 대중적 매체가 되었으므로 그 안에서 이익을 창출할 수 있는 지적자본들 역시 보호받아야 한다는 주장이다. 그러나 카피레프트로 불리는 저작권 공유론자들이 꿈꾸는 이상과 세계관은 사뭇 다르다. 그들은 '지식과 부가 독점되지 않는 보다 평등한 세상'을 추구한다. 비록 자본주의의 시장논리를 거부할 수는 없겠지만, 최소한 특정 지식의 독점에 따른 폐해를 최소화하자는 것이 그들의 세계관이다.

카피레프트 진영이 가장 오해를 많이 받고 있는 부분은 그들의 주장

표 3-2 카피라이트 VS 카피레프트

카피라이트		카피레프트
• 우파 • 보수 • 독점 • 마이크로소프트 • 빌 게이츠 • 상업적 • 소유 • 독점, 상업 소프트웨어	VS	• 좌파 • 혁신 • 자유, 공공의 이익 • GNU · 리눅스 • 리처드 스톨먼 • 비상업적 • 무소유, 공유 • 자유 소프트웨어

이 '창작자의 권리를 인정하지 않고, 불법 소프트웨어의 유통을 부추기는 것이 아닌가'라는 것이다. 하지만 카피레프트 진영은 원작자의 권리를 분명히 인정하고 있다. 아울러 불법적으로 복제한 저작물의 상업적 이용에 반대한다. 소프트웨어를 사적인 재산권의 대상으로 삼는 대신 누구에게나 이용과 복제, 배포가 자유로워야 한다. 특히 소스코드에 대한 접근을 통해 수정과 재배포가 자유로워야 한다는 것이다. 카피레프트의 사상들이 급진적으로 확산되기 시작한 것은 인터넷 발전에 따른 수많은 P2P 사이트들이 등장하면서부터다. 인터넷은 기본적으로 정보의 무한복제가 가능하고 네트워크에 의한 무한소통이 가능한 미디어이기 때문이다. 수많은 카피레프트 옹호론자들은 냅스터나 소리바다와 같은 개인파일 공유 프로그램들을 인터넷의 탈중심화를 실현시켜주는, 그리하여 궁극적으로 지식의 독점을 막는 수단으로 인식하면서 크게 환호했다. 이러한 관점에서 볼 때 냅스터나 소리바다

는 단지 파일을 서로 공유할 수 있는 프로그램을 제공했을 뿐이며, 사용자들이 이를 통해 음악 프로그램을 교환하는 것은 저작권 침해와는 다른 문제로서 정당한 이용행위라는 주장이다. 그들에게 자유로운 소프트웨어란 금전적인 측면에서 '무료'라는 의미가 아니라 '구속되지 않는다'는 뜻을 지니고 있다. 카피레프트 옹호론자들은 공유 프로그램을 통해 다양한 창작물에 대한 문화 소비욕구가 촉진되고, 이는 곧 산업을 키우는 순기능으로 작용한다고 믿는다. 그 사례로 냅스터와 소리바다가 한창 인기를 끌던 1999~2000년 사이에 오히려 음반 판매량은 증가했다고 주장한다.

마이크로소프트의 웹브라우저인 인터넷 익스플로러는 IT의 절대적 독점을 구현하는 소프트웨어의 대명사다. 국내 익스플로러 사용자는 2008년 기준으로 99%에 달한다. 우리나라와 전 세계의 익스플로러 이용률 격차는 26.3%에 이르고 있다. 정부의 대국민 웹사이트들은 익스플로러에 맞도록 구축되어 있는 탓에 다른 웹브라우저로 접근하는 데는 장애가 발생하고 있다. 특히 재외국민들의 경우 문제가 심각하다. 외교통상부가 조사한 결과에 따르면, 익스플로러를 사용한다는 재외국민이 67.4%로 가장 많지만, 파이어폭스(21.7%), 사파리(8%), 기타(2.9%) 웹브라우저를 사용한다는 응답율 또한 무려 32.6%에 달했다. 재외국민 10명 중 3명은 정부가 제공하는 정보 이용에 제한을 받고 있는 것이다.

이에 따라 2011년부터 정부의 대국민 웹사이트는 최소 3종 이상의 웹브라우저에서 서비스가 정상 작동할 수 있도록 웹 표준 준수가 의무화된다. 바야흐로 국내에서도 '오픈 웹브라우저' 시대가 열린 것이다.

마이크로소프트에 반기를 들고 '다수의 공유'를 주장하는 대표적 오픈 소프트웨어로는 리눅스Linux를 들 수 있다. 리눅스는 핀란드 헬싱키 대학의 대학원생이던 리누스 토발즈Linus Torvalds가 1991년에 만든 운영체계로 대표적인 공개 소프트웨어이며, 누구나 설계도(소스코드)를 사용하거나 고칠 수 있게 한 프로그램이다. 최근 무료로 내려받을 수 있는 모질라 재단의 오픈소스 브라우저인 파이어폭스 역시 네티즌들의 주목을 받고 있다. 아직까지는 전 세계적으로 이용되는 익스플로러에 비해 크게 열세이지만 사상 처음으로 독일 웹브라우저 시장에서 점유율 45.6%를 기록함으로써 44.4%에 머문 익스플로러를 간발의 차이로 앞서기도 했다.

중재자 카피센터의 역할

오늘날의 디지털 환경은 저작물을 이용하고, 상호 소통하고, 창작하는 환경과 방식을 완전히 바꿔놓았다. 따라서 저작권의 보호범위를 어디까지로 제한할 것인지에 대한 모호함이 존재한다. 점차 강경해지는 카피라이트 옹호진영과 공유를 주장하는 카피레프트 진영 사이에 절충형 모델인 카피센터Copycenter의 개념이 주목받고 있다. 당초 카피센터란 오픈소스를 복사기에 복사하듯 마음대로 가져다 쓴다는 의미였다. 소스를 마음대로 수정하고, 수정한 소스를 공개하지 않아도 되는 개념이었다. 하지만 궁극적으로 카피센터란 모든 권리를 보유하는 저작권all rights reserved과 완전한 정보공유no rights reserved인 카피레프트 사이에 위치하여 부분적으로 저작권을 인정some rights reserved하는 중간적 개념을 말한다. 이를 통해 저작물의 자유로운 이용을 장려함과 동시에 저작권자의 권리 보호를 목표로 한다.

카피센터의 일환으로 전파되고 있는 것이 CCLcreative commons license이다. CCL은 저작권 공유를 통해 새로운 창작에 이바지하자는 취지로 도입되었다. 자신의 창작물에 대해 일정한 조건 하에 모든 사람의 자유로운 이

표 3-3 CCL 규정 내용

CCL(Creative Commons License)

- CCL은 자신의 창작물에 대해 일정한 조건 하에 모든 이의 자유이용을 허락하는 내용의 라이선스
- 저작권법 제46조에 의하면, 저작재산권자는 다른 사람에게 그 저작물의 이용을 허락할 수 있고, 이용허락을 받은 자는 '허락받은 이용방법 및 조건의 범위 안에서' 저작물을 이용할 수 있음
- CCL은 이와 달리 원칙적으로 모든 이의 자유이용을 허용하되 몇 가지 이용방법 및 조건을 부가하는 개방적인 이용 허락이며, 자유 이용을 위한 최소한의 요건인 4가지 '이용방법 및 조건'을 추출한 다음 이를 조합해서 6가지 유형의 표준 라이선스를 마련
- 저작권자는 그 중 원하는 라이선스를 선택하여 저작물에 첨부하고 이용자는 첨부된 라이선스를 확인 후 저작물을 이용함으로써 당사자 사이에 개별적인 접촉 없이도 그 라이선스 내용대로 이용허락의 법률관계가 발생

용을 허락하는 라이선스다. 국내 저작권법 제46조에 따르면, 저작재산권자는 다른 사람에게 그 저작물의 이용을 허락할 수 있고, 이용 허락을 받은 자는 '허락받은 이용방법 및 조건의 범위 안에서' 저작물을 이용할 수 있다. 자신의 블로그에 많은 창작물이나 게시물을 올리는 사람들은 이러한 CCL을 표시함으로써 자유로운 사용을 허용하고 있다. CCL은 창조와 나눔을 중시하는 저작권 보호 시스템이다. 이제 CCL은 온라인을 넘어 학술, 공공의 영역까지 확대될 움직임을 보이고 있다.

지적재산권의 특징은 동전의 양면성을 띠고 있다. 과도한 저작권 보호는 효과적인 정보의 활용을 제한한다. 반대로 저작권 보호를 소홀히 할 경우에는 지식의 창조적인 생산활동을 막을 것이다. 따라서 지식정보화 사회에서는 효과적인 저작권 보호를 위한 노력과 동시에 저작권의 이용 촉진을 위한 노력도 병행해야 한다. 가치 있는 자원을 잘 사용할 줄 아는 사회만이 창조적 미래를 열어갈 수 있기 때문이다.

CHAPTER 03

롱테일 법칙과
미디어 산업

'파레토 법칙Pareto Principle'으로 불리는 '80/20의 법칙'은 비즈니스 세계의 황금률로 해석되어 왔다. 이는 전체 매출의 80%가 20%의 충성고객 또는 핵심제품에 의해 이루어진다는 법칙이다. 이러한 유통환경에서 오랫동안 지배해 온 경영방식은 '쇼트헤드short head 경제'였다. 백화점이나 신용카드사들이 상위 20%의 VIP 고객을 특별 관리하는 이유도 바로 쇼트헤드 경제 논리에 기인한다. 이들 핵심고객이 전체 매출의 80%를 올려준다는 판단 때문이다. 예를 들어 백화점의 층별 상품구성에서 '화장품 1층 법칙'은 깨지지 않는 불문율처럼 여겨진다. 이는 화장품 구매고객이 상위 20%의 고객으로 분석되기 때문이다. 현대백화점은 2009년 1월~11월 말까지 자사 카드회원을 대상으로 '주요 상품 이용고객의 백화점 매출 기여도'를 조사한 결과, 화장품 구매고객의 기여도가 78.5%로 나타났다. 그러므로 백화점에서는 매출 기여도가 가장 높은 화장품 구매고객들이 출입하기에 가장 편리한 1층에 매장을 배치함으로써 집객효과를 거두고 있다. 쇼트헤드 경제에서는 특정상품에 의해 창출되는 규모의 경제가 무엇보다 우선된다. 쇼트헤드에 위치한 1위 상품들은 비록 소수이지만 나머지 전체를 합친 것보다 더 큰 이익을 올릴 수 있다는 계산이다. 이 같은 논리가 가능할 수 있도록 뒷받침한 것은 기존의 물리적 유통 시스템이다. 제한된 진열공간에 모든 상품을 진열할 수는 없으므로 가장 많이 팔리는 인기 상품을 최대한 많이 진열하고 있다. 그 결과 분화된 특화상품들은 백화점에서 제대로 팔릴 수 있는 기회조차 잡을 수 없었다.

잭 웰치Jack Welch는 GE 회장에 취임하면서 각 부문 1위가 아닌 사업은 과감히 정리하도록 지시했고, 삼성 역시 1위가 아닌 사업은 포기한다고 선언한 바 있다. 시장 지배자가 아니라면 어차피 큰 이익을 창출하기 어려운 탓에 거기에 사용할 자원을 다른 곳으로 돌리는 편이 낫다는 판단 때문이었다. 그만큼 제품이 쇼트헤드 부분 안에 들어가야 안정적으로 사업을 운영할 수 있었다.

그러다가 인터넷과 전자상거래e-commerce가 도입되면서 쇼트헤드가 아닌 '긴 꼬리'에 머물렀던 80%의 주목받지 못한 상품들도 아연 활기를 띠면서 혁신적이고 성공적인 비즈니스 모델을 만들어내기에 이르렀다. 인터넷은 기존 물리적 유통 시스템의 제약과 장애들을 걷어내면서 무한한 진열공간을 제공해 주었고, 소비자들에게 무한 선택의 기회를 주었다. 이로써 수요곡선의 꼬리 부분이 짧은 머리 부분보다 더 길어지게 되었고, 그동안 소외되어 왔던 틈새시장과 상품들이 중요해지는

표 3-4 파레토 법칙과 롱테일 법칙 비교

쇼트테일	롱테일
파레토 법칙(20:80)	롱테일 법칙
오프라인 매장(백화점·소매점)	인터넷 매장
20%의 소수 인기제품이 전체 매출의 80%를 점유	비인기 제품들이 인터넷과 새로운 물류기술로 틈새시장을 발생시켜 전체 매출의 20~50%, 이익 면에서는 50% 가까운 경제현상을 창출

쇼트테일 (머리, 몸통, 꼬리) / 롱테일 (머리, 몸통, 꼬리)

'롱테일long tail 현상'이 나타났다. 틈새상품에서 발생하는 각각의 매출은 비록 작지만 이들의 총합은 히트 상품과 대등하거나 오히려 더 큰 현상이 벌어지면서 막강한 지위를 유지해 왔던 파레토 법칙이 무너지기에 이르렀다.

롱테일이란 용어는 온라인 DVD 대여점인 미국의 넷플릭스Netflix나 아마존amazon.com 등의 특정 비즈니스 모델을 설명하기 위해 IT 잡지 〈와이어드Wired〉의 편집장인 크리스 앤더슨Chris Anderson이 명명한 경제현상이다. 2006년 그는 《롱테일 경제학 *The Long Tail*》을 통해 이 같은 새로운 경제 모델을 제시함으로써 세계적인 주목을 받았다.

대중매체 산업을 변화시키는 롱테일 현상

새로운 경제 패러다임인 롱테일 시장은 물리적 시장과는 완전히 다르다. 물리적 시장에서는 매장과 유통에 드는 비용을 차감하기 위해 제품을 많이 팔아야 한다. 따라서 매장 소유주들은 잘 팔리는 히트 상품에 집착할 수밖에 없다. 그리고 지속적으로 팔 수 있는 재고를 확보해야 하며, 고객들의 눈길을 끌 수 있도록 매장을 꾸미고 진열을 해야 하는 비용도 크게 발생한다. 하지만 이러한 유통원리는 롱테일 영역에서는 나타나지 않는다. 적절하게 형성된 틈새시장을 통해 상품을 판매하면 개별 상품이 적게 판매되어도 아무런 문제가 없으며, 오히려 수많은 틈새 창출을 통해 전체 매출액을 크게 높일 수 있다.

아마존, 이베이, 아이튠스, 넷플릭스 등 롱테일 법칙을 통해 성공한 기업들의 특징을 살펴보면 인터넷을 활용해 중간유통 단계를 줄임으로써 비용을 대폭 절감하고 있다. 또한 이 같은 유통구조에 의해 보다 많은 고객들이 접근할 수 있도록 해주고 있는데, 그 결과 꼬리부분의 유동성이 확장되고 있다. 롱테일을 지향하는 이들 기업은 수요와 공급을 직접 연결시켜줌으로써 상품에 대한 꼬리부분의 수요를 높일 수 있었다. 그리고 고객들이 틈새상품을 쉽게 찾을 수 있도록 구글 검색이나 랩소디의 추천기능, 블로그, 베스트셀러 목록 등을 제공해 줌으로써 히트 상품 위주의 사업구조에서 틈새상품들로 이동할 수 있도록 지원을 아끼지 않는다.

롱테일 현상은 대중문화 산업에서 가장 두드러지게 나타난다. 예를 들어 특정 영화나 희귀한 일본 만화, 외국 도서를 구하고자 하는 고객들은 과거에는 많은 어려움을 겪었다. 하지만 지금은 인터넷으로 다운로드하거나 이베이나 아마존에서 쉽게 주문할 수 있다. 소수 취향이라 할지라도 주류문화에 얽매임 없이 자신이 좋아하는 문화상품을 누릴 수 있는 시대가 온 것이다. 이러한 틈새주문을 모아 사업을 영위하고 있는 세계 최대 온라인서점인 아마존닷컴은 주요 수익원이 상위 20%의 베스트셀러가 아니라 오프라인에서 구하기 힘든 단행본이나 회귀본에서 창출되고 있다. 넷플릭스는 우편으로 DVD를 배달해 주는 오프라인 대여점으로 시작했다. 하지만 DVD 사업의 매출감소를 타개하기 위해 '온라인 스트리밍 서비스'를 제공하면서 회원 수가 1,200만 명으로 대폭 증가했다. 넷플릭스 회원들은 '팬사이트hacking netflix'를 통해 열성적으로 자신이 선택한 프로그램에 대한 평가와 추천을 하고, 영화의 순위를 매기고, 비슷한 취향의 기호를 공유함으로써 매우 영향력이 큰 커뮤니티를 이끌어가고 있다. 이곳에는 회원들에 의해 작성된 영화 리뷰와 전문지식들이 잘 정리되어 쌓여 있으며, 오히려 전문가들의 리뷰보다도 더 많은 신뢰를 얻고 있다. 넷플릭스는 수많은 취향들의 회원들이 쏟아낸 엄청난 정보와 시간, 그리고 그들의 에너지가 축적한 일종의 '크라우드소싱crowdsourcing' 마케팅을 실현하면서 성장한 기업이라고 할 수 있다. 넷플릭스의 소비자들이 스스로 참여한 네트워크의 힘은 기업에서 채용한 마케팅 전문가들보다 훨씬 더 뛰어난 성과를 내고 있기 때문이다. 여기에서 주목할 점은 넷플릭스 회원들은 할리우드 블록버스터 영화보다는 소수 취향의 영화들을 더 많이 주문한다는 사실이다. 넷플릭스는 극장에서 쉽게 볼 수 없는 B급 영화, 고전영화, 예술영화, 외국영화, 다큐멘터리 등 다양한 영상문화를 고객 커뮤니티를 통해 전파함으로써 롱테일의 수요를 극대화한다.

2007년 열린 서울 디지털 포럼에 참석한 크리스 앤더슨은 다음과 같은 요지의 강연을 했다. "TV와 라디오 등 대중매체는 모두에게 해당되는 공통된 취향을 제공해 주는 매스 컬처, 커먼 컬처common culture 시대를 이끌어왔다. 이들에 의해 소수의 제품(콘텐츠)이 많은 사람들에게 제공되었고, 우리는 이를 공유해 왔다. 그러나 마이크로 미디어 시대에서는 시청자들의 관심이 재분배되며, 이에 따른 롱테일 현상이 미디어 시장을 지배할 것이다."

크리스 앤더슨의 지적대로 TV, 라디오, 신문 등의 대중매체 시장은 정체되거나 줄어들고 있는 반면 틈새시장을 타깃으로 하는 군소 미디어들은 뚜렷한 성장세를 나타내고 있다. 영화, 골프, 요리, 전문 뉴스, 스포츠, 패션, 여성채널, 증권방송 등과 같이 타깃이 명확한 틈새 미디어 시장이 각광을 받고 있는 것이다. 또한 우리는 80%의 긴 꼬리에 위치해 별다른 주목을 받지 못했던 포털, UCC, 온라인 영화, 게임, 음악, 웹 광고 등의 개인형 미디어가 급성장하는 롱테일 현상을 생생하게 경험하고 있다. 이들 콘텐츠는 개별적으로는 매스 미디어의 콘텐츠보다 상대적으로 대중적 가치가 떨어지는 틈새 콘텐츠들이다. 하지만 하나의 커다란 덩어리를 이루면서 가치 있는 시장을 실현해 나간다.

유튜브에 하루에 올라오는 UCC 숫자는 주요 TV 방송국에서 제작하는 모든 프로그램 수를 훨씬 웃돌고, 더 빠르고 생생하게 전 세계 소비자들의 주목을 받는다. 2009년 말 기준으로 매 1분마다 20시간 분량의 동영상이 올라오고 있다. 2009년 4월, 캐나다 군함이 노르웨이 유조선을 노리던 소말리아 해적들을 7시간 동안 추격해 무장해제시킨 소탕 장면은 UCC를 통해 전 세계로 동시에 전달되면서 폭발적인 접속이 이루어졌다. 또한 영국 ITV의 〈브리튼즈 갓 탤런트〉에서 우승해 일약 오페라 가수로 스타덤에 오른 전직 휴대폰 판매원인 폴 포츠나 촌스러운 시골 아줌마 수전 보일의 감동적인 노래는 UCC를 통해 전 세계에 큰 감동을 전파했다. 수전 보일의 앨범은 발매 1주일 만에 200만 장이 팔리면서 단숨에 미국, 영국, 호주, 아일랜드, 한국의 앨범 차트 1위에 오르는 기염을 토하기도 했다.

유튜브가 음악인들에게 새로운 기회를 창출해 주는 통로 역할을 하면서 세계 음악시장에 거대한 쓰나미로 등장했다. 유튜브에는 약 4만 4,000개의 음악관련 채널이 존재하며 매일 수백만 건의 음악 동영상이 올라오고 있다. 세계적인 스타들의 공연도 있고, 혼자 연주하고 노래하는 아마추어 가수들의 공연도 있다. 그리고 유튜브를 통해 수많은 음악인들이 데뷔의 꿈을 실현하고 있다. 2005년 한국인 무명 기타리스트 임정현 씨는 요한 파헬벨의 〈캐논 변주곡〉을 기타로 편곡 연주한 동영상을 유튜브에 올렸다. 그런데 그의 동영상이 무려 4,000만이 넘는 조회 수를 기록하면서 그는 일약 스타로 떠올랐다. 한국 가수 최초로 빌보드 공식차트 100위 안에 진입한 원더걸스는 미국 진출시 유튜브를 적극 활용해 지명도를 높였다.

이제는 전체 프로그램이 아닌 낱개의 에피소드나 장면이 더 인기가 있는 시대가 되었고, 이러한 UCC 또한 하나의 롱테일 현상으로 볼 수 있다. 전 세계 시청자들은 〈브리튼즈 갓 탤런트〉의 전체 프로그램보다 인터넷 사이트에 올라오는 UCC를 훨씬 더 선호하고 있는 것이다.

유튜브뿐 아니라 아이폰, 페이스북, 트위터 등 디지털 시대의 뉴 아이콘들도 음악 생태계 변화에 큰 바람을 일으키고 있다. 무려 4억 명이 사용하고 있는 세계 최대의 SNS인 페이스북을 통해 유명 아티스트들의 연주가 생중계되기도 한다. 또한 아티스트들은 트위터를 통해 수많은 팔로어follower들과 교감하면서 앨범 작업을 하고, 앨범 출시도 트위터를 통해 알리고 있다. 음악 제작에서 유통, 소비에 이르기까지 새로운 유형의 틀이 만들어지고 있는 것이다.

국내외 네티즌 사이에서 '아이폰녀'로 큰 화제를 모았던 김여희 씨는 2010년에 디지털 싱글 음반 '나의 노래'를 출시하여 정식 가수로 데뷔했다. 그녀는 비욘세와 레이디 가가의 히트곡을 아이폰으로 연주하면서 노래하는 영상을 유튜브에 올려 무려 1,000만 건이 넘는 조회수를 기록했고, CNN 등 해외 유명 언론에도 소개되었다. 여느 뮤지션들과는 달리 기타나 드럼, CD보다 아이폰이 그녀에게는 더 적합한 음악 활동 수단이었다.

아직 뚜렷한 수익원이 없는 UCC와 같은 개인 미디어들은 롱테일에서 수익을 창출하기 위해 다양한 도전을 시도한다. 유튜브는 2009년 상반기부터 하버드와 예일 등 100여 개의 명문대 강의를 무료로 제공하는 '유튜브 에듀'를 오픈했다. 이 동영상 강의에 유튜브는 광고를 붙여 수익모델을 기대하고 있다. 유튜브 에듀는 서비스를 시작한 지 한 달도 안 돼 사용자들의 폭발적 반응을 끌어냈다. 글로벌 베스트셀러 《마지막 강의 *The Last Lecture*》의 저자인 카네기멜론 대학의 랜디 포시Randy Pausch 교수의 강의는 무려 967만 건의 조회 수를, 조 무셀라 버클리 음대 교수의 록 기타 강의는 200만 건 이상의 조회를 기록했다. 이제 유튜브를 통해 스탠퍼드 대학의 지리학 교수가 강의하는 '미국 대통령 선거의 지리학'이라든지, UC버클리 대학 교수의 해부학 강의인 '신체의 구조' 등을 안방에서 직접 들을 수 있게 되었다.

사실 명문대 강의를 온라인 사이트에 제공하기 시작한 원조는 애플이다. 애플은 2004년부터 미국 내 170여 개 대학과 함께 강의 동영상을 제작, 아이튠스를 통해 학생들에게 제공해 왔다. 학생들은 아이팟으로 이를 다운로드해 언제 어디서나 명강의를 접할 수 있게 되었고, 이는 아이튠스와 아이팟을 그들의 필수품으로 만들었다. 이처럼 개인 미디어가 롱테일 경제와 만나면서 새로운 비즈니스 모델로의 진화가 이루어지고 있다.

베스트셀러 출판사는 롱테일의 희생양

출판미디어 산업 역시 롱테일 경제 현상에서 예외는 아니다. 오랫동안 출판산업은 공룡의 머리인 '베스트셀러'와 등에 해당하는 '스테디셀러'를 통해 이익을 창출하고, 잘 팔리지 않는 '배드셀러'에 해당하는 꼬리는 신속히 잘라버림으로써 전체적 채산을 맞추는 경영전략을 취해왔다. 잘 팔리지 않는 책은 출판사에서 즉각 회수해 파기하는 정책 때문에 독자들은 꼬리 부분에 있는 책들을 볼 수 있는 기회가 원천적으로 차단되어 왔다. 실제로 교보문고 데이터베이스에 등록된 전체 서적 130만 종 가운데 약 42%에 해당하는 54만 종이 품절되어 구입할 수 없다고 한다. 국내에 출간된 책 10권 중 4권은 구입이 불가능하다는 의미다. 출판사들의 베스트셀러 위주의 사업구조로 인해 애써 만든 다양한 콘텐츠들이 소리소문 없이 사장되는 현실은 실로 안타깝기 짝이 없다.

하지만 이제는 온라인 서점을 통해 출판의 롱테일 현상을 만끽할 수 있게 되었다. 오프라인 서점에서는 최신간의 따끈따끈한 향기를 맡을 수 있고, 소량 출판되는 특정 주제의 전문서적들은 온라인 서점을 통해 쉽게 구입할 수 있게 된 것이다. 도서 검색서비스 시장에 뛰어든 구글은 시중에서 구입하기 어려운 500만 권 이상의 구간(舊刊)들을 확보했는데, 이 가운데 저작권 만료 도서가 무려 100만 권을 웃돈다고 한다. 국내의 경우 알라딘, 예스24, 북스포유 등의 온라인 서점이 새로운 시장을 열어가고 있다. 복잡한 사업구조를 가진 낡은 출판 유통의 새로운 대안으로 떠오르고 있는 블로그와 오픈마켓 역시 출판의 다양성을 도모하는 데 큰 기여를 하고 있다. 예를 들어 2009년에 출간된《그런 사람 또 없습니다. 노무현》이란 책은 서점이 아니라 저자의 블로그와 오픈마켓 옥션을 통해 판매되고 있다.

2007년 6월 26일 〈조선일보〉의 보도에 따르면, 이처럼 출판업계에도 롱테일 현상이 적용되면서 새로운 경제방정식이 나타나고 있다. 무조건 베스트셀러를 지향하던 풍토가 점점 사라지고 있다. 오히려 베스트셀러를 만들기 위해 수단과 방법을 가리지 않았던 과거의 성향을 지속하면 망할 수밖에 없다는 얘기들이 나올 정도다. 대형 베스트셀러가 터지면 출판사에서는 이를 관리하기 위한 인건비와 마케팅 비용 등 운영비가 대폭 증가한다. 그런데 베스트셀러 거품이 빠지고 나도 증가한 비용은 갑자기 줄일 수 없는 탓에 경영적 어려움이 가중된다는 것이다. 지속적인 베스트셀러로 이어지지 않는 반짝 베스트셀러는 오히려 외화내빈이 될 수 있다. 대신 출판사 운영에는 1년에 100만 부가 팔리는 단 하나의 베스트셀러보다는 1년에 1,000부씩 팔리는 책 1,000종이 더 큰 힘을 발휘한다. 이른바 '백 리스트back list'가 튼튼해야 실속이 있다. 백리스트란 연간 1,000부 이상 팔리는 책을 가리키는 표현으로, 판매량은 크지 않지만 오랫동안 꾸준하게 팔리는 책들이 뒤를 받쳐준다면 베스트셀러가 터질 경우 고스란히 알짜수익이 된다. 주요 출판사들이 해마다 대형 베스트셀러를 내지 않고도 안정된 매출을 거두고 있는 이유는 이 같은 백 리스트의 위력 때문이다. 국내의 대표적 출판사인 민음사는 1년에 1,000부 이상 팔리는 책 1,300종을 가지고 있으며, 권당 평균판매가격을 1만 원으로 가정할 경우 연간 최소한 130억 원의 고정 매출을 확보하는 셈이 된다. 롱테일 효과를 톡톡히 누리고 있는 것이다.

젊은 독자들 사이에서 인기가 높은 인터넷 소설 역시 또 다른 롱테일 현상을 생산하고 있다. 인터넷 소설이란 넓은 의미로는 온라인상에 올려진 소설을 의미한다. 좁은 의미로는 온라인 커뮤니티나 인터넷 소설 사이트, 포털, 블로그에 등단 작가가 아닌 아마추어 작가들이 게시한 소설을 뜻한다. 국내에서는 1990년대 중반부터 인터넷 소설이 나타나기 시작했고 2000년 이후 획기적으로 증가했다. 인터넷 소설이 다루는 주제들도 공상과학, 판타지, 무협, 전쟁, 로맨스, 추리 등 실로 다양하다. 인터넷 소설이 사회의 한 트렌드로 자리 잡으면서 대중에게 사랑받는 유명 인터넷 작가들도 속속 등장하고 있다. 미국과 유럽 지역에서는 1990년대 초부터 '하이퍼픽션hyper fiction'의 형식으로 인터넷 소설이 본격 유통되기 시작했다. 하이퍼픽션이란 그래픽, 사진, 애니메이션, 음향, 음악을 동시에 활용하는 컴퓨터 소설을 의미한다.

또한 '팬픽션fan fiction'도 하나의 뚜렷한 흐름으로 떠올랐다. 팬픽션이란 만화, 소설, 영화 등 장르를 구분하지 않고 대중적으로 인기를 모은 작품을 대상으로 팬들이 마음대로 재창작한 작품을 뜻한다. 이러한 인터넷 소설들은 각기 다른 취향의 수많은 독자층을 만족시킴으로써 콘텐츠의 롱테일 현상을 보여주고 있다. 작가와 소비자 간의 활발한 쌍방향 커뮤니케이션을 통한 새로운 문화소비 형태가 나타나고 있는 것이다. 더 나아가 인터넷 소설의 참여형 독자들이 빠르게 늘어나면서 오프라인에서의 대량판매 방식과 베스트셀러 작가로서 군림하던 지식인들의 권력이 서서히 해체될 수 있음을 시사해 주고 있기도 하다.

CHAPTER 04

불법 다운로드와
로빈 후드 효과

2007년 미국의 경제전문지 〈포브스Forbes〉는 유명인사들의 사망 후 연간수입을 조사한 바 있다. 그 결과 1위는 엘비스 프레슬리(약 490억 원)가 차지했고 존 레논(440억 원), 〈스누피〉의 만화가 찰스 슐츠(350억 원)가 그 뒤를 이었다. 이들 모두 저작권 수입이 대부분이었다. '욘사마'로 유명한 배우 배용준도 2006년 총수입 1,360억 원의 대부분을 저작권 수입으로 벌어들였다고 한다. 빠르게 늘어나고 있는 지적재산권에 대한 경제적 가치의 비중에 정녕 놀라지 않을 수 없다.

과거 방송사들은 자신들이 제공하는 프로그램을 허락 없이 패러디한 UCC를 게시한 포털이나 동영상 사이트들을 상대로 끊임없이 법정소송을 제기해 왔었다. 그러다가 마침내 방송사들과 주요 인터넷 포털업체들은 상호간 오랜 갈등을 청산하는 데 성공했다. KBS, MBC, SBS와 NHN, 다음커뮤니케이션은 방송 콘텐츠의 저작권 보호와 건전한 콘텐츠 유통질서 확립을 위해 불법 저작물을 즉시 삭제하기로 합의한 것이다. 방송사가 저작권을 포기하거나 허용한 동영상이 아니라면 무단 복제된 부분은 단 1초의 분량이라도 불법이란 사실을 포털업체들이 받아들인 것이다.

예를 들어 월드컵 경기에서 우리나라가 멋지게 골을 넣은 장면이나 감명 깊은 드라마의 장면들을 UCC로 편집해 포털에 올려 공유하고자 한다면, 이는 게시자의 의지와 상관없이 즉각 강제삭제의 대상이 된다. 최근 개정된 저작권법에 따르면 개인 홈페이지에 올려진 음악파일들도 무단 사용을 금지하고 있다. 저작권 보호 차원에서는 당연한 조치다. 하지만 비영리적으로 사용하고 있는 수많은 네티즌들의 불만을 초래하고 있는 것도 사실이다.

'웹 2.0'의 가치가 중심을 이루는 새로운 미디어 환경에서는 저작권의 강화와 수익의 독점보다는 개방과 수익의 공유가 더 바람직한 트렌드가 될 수 있다는 주장 또한 제기되고 있다. 구글은 구글맵이나 애드센서 서비스를 공개해 누구나 활용할 수 있도록 한다. 구글은 온라인 플랫폼으로 콘텐츠가 원활히 유통될 수 있는 장을 마련해 주고 있지만, 그에 따른 저작권과 수익의 보장 등에서는 앞장서지 않는다. 많은 소비자들은 그러한 점에 열광하고 적극 참여를 통해 호응한다.[1]

부산국제영화제에 참가한 영화사들은 2007년 이후 불법 다운로드 서비스 방지를 위한 '클린 마인드clean mind' 캠페인을 벌이고 있다. 불법 다운로드나 불법 복제된 영상물의 피해가 어느덧 한계수준을 넘어서고 있기 때문이다. 2006년 한 통계에 따르면, 영상산업 불법 다운로드 시장 규모는 2조 7,249억 원으로 추정된다. 합법적인 영화산업의 규모가 6,091억 원임을 감안하면 불법 다운로드 시장 규모는 그 4배에 달한다. 2006년에 발표된 《한국영화연감》에 따르면 불법 다운로드의 확대가 2차 판권시장을 소멸시키고 있다. 비디오와 DVD 시장은 1997년 1조 5,000억 원대 규모에서 2004년 7,000억 원대로 반토막이 났고 급기야 2006년에는 4,860억 원(VHS 비디오 4,060억 원, DVD 800억 원)으로 해마다 대폭 줄어들고 있다.

과거에는 P2P 서비스 사이트가 불법 복제의 온상이었다. 그런데 지금은 '웹하드'가 문화 콘텐츠 산업을 좀먹는 주범으로 떠오르고 있다. 다운로드 문화에 친숙한 젊은 사용자들이 웹하드의 불법 서비스를 통해 최신 영화나 음악, TV 드라마 등을 아무 죄책감 없이 받아본다. 저작권보호센터에 따르면, 2008년 웹하드를 통한 영상물의 불법 복제 적발건수가 전년 대비 4배 이상 증가했다. 출판물과 음악의 불법 복제도 각각 3배와 1.5배 이상 늘었다.

미처 개봉되지 않은 최신 외국영화들이 자막과 함께 유통되고 TV 프로그램 역시 방송이 끝나자마자 동영상 파일이 올라온다. 신작 프로그램을 불법 복제하기 위해 수백만 건의 다운로드가 한 시간 안에 이루어진다. 2009년 여름, 1,000만 관객을 돌파하면서 3년 만에 한국 영화계의 부활을 이끌었던 〈해운대〉의 동영상 파일이 인터넷상에 불법 유출되어 사회적으로 큰 파장을 몰고 온 적 있었다. 경찰의 수사결과, 시각장애인용 화면해설 영화를 제작하는 과정에서 시각장애인단체 소속의 30대 남자가 디지털 파일을 빼돌린 것으로 밝혀졌다. 시각장애인용 화면해설 영화는 영화의 원본파일에 상황이나 장면을 설명하는 성우의 음성을 녹음하는 방식으로 제작된다. 범인의 친구에게 넘어간 파일은 다시 그가 운영하는 헤어숍 고객인 중국 유학생 손에 전달됐고, 그후 중국에서 업로드되면서 영화관련 P2P 사이트에 본격 유포되기 시작했다. 영화 제작사측은 불법 유포의 결과, 약 100억 원의 손실을 보았다고 주장하고 있다. 130억 원을 들여 만든 영화가 중국의 길거리에서는 단돈 700원에 불법 DVD로 팔리고 있었으니, 참으로 개탄스러운 일이 아닐 수 없다. 300만 관객을 불러 모은 독립영화사상 최고의 흥행작 〈워낭소리〉 또한 2008년 극장 개봉과 동시에 파일이 불법 유출되어 큰 피해를 입었고, 급기야 예정되었던 북미지역 수출 또한 무산되는 일이 발생하기도 했다.

로빈 후드가 할리우드를 털고 있다

불법 다운로드 현상과 맞물려 떠오른 키워드가 바로 '로빈 후드Robin Hood 효과'다. 12세기 영국 잉글랜드 지방의 셔우드 숲을 무대로 활동한 전설의 의적 로빈 후드는 숲을 지나는 부자들의 재물을 털어 빈민들에게 나눠주었다. 그러나 소문이 퍼지면서 부자들은 더 이상 셔우드 숲을 지나가지 않았고, 시간이 흐를수록 숲에는 굶주린 의적들과 빈민들만 남게 되었다. 이처럼 로빈 후드 효과란 '가진 자'의 것을 빼앗아 '없는 자'에게 나눠주면 일하는 사람이 갈수록 줄어들어 결국 없는 자만 남는다는 뜻이다.

불법 다운로드를 자행하는 사람들은 할리우드 배우들과 스튜디오들은 이미 충분히 부유한 탓에 그깟 영화 몇 개쯤 다운로드한다고 해서 그들에게 큰 손실을 입히지는 않을 것이란 심리를 갖고 있다. 하지만 불법 다운로드와 파일 공유 행위가 범람하면 결국 제작자들은 수익이 감소해 재투자를 할 수가 없다. 즉 좋은 콘텐츠를 생산할 수 없게 되고, 그 피해는 고스란히 소비자에게 돌아갈 수밖에 없다는 것이 로빈 후드 효과의 교훈이다.

로빈 후드 효과는 다른 경제분야에도 널리 파급되고 있다. 미국의 버락 오바마Barack Obama 대통령은 취임 초기에 그가 공약으로 내건 부유층 대상의 증세정책으로 말미암아 '오바마＝로빈 후드'라는 우려 섞인 별명이 붙기도 했다. 또한 세계적인 금융위기시 정부의 자본투입과 저금리정책 등의 지원을 통해 흑자로 돌아선 금융회사들이 주변의 시선에 아랑곳하지 않고 다시 보너스 잔치를 벌이자 영국 정부는 단호한 대처를 하고 나선 적도 있었다. 2009년 영국 정부는 금융회사들이 임직원들에게 1인당 2만 5,000파운드(약 4,750만 원) 이상의 보너스를 지급하면 이를 초과하는 금액의 50%를 세금으로 거둬들이겠다는 정책을 발표했다. 이를 두고 금융회사들은 '로빈 후드세(稅)'로 부르며 크게 반발했다.

온라인에서도 수많은 로빈 후드들이 출현하고 있다. 그들은 불법 다운로드에 대해 약간의 죄책감을 가지기도 하지만 거대 미디어 기업이 지배하는 문화공간을 나눠갖는다는 행위 자체를 즐기는 현상이 지배적이다. 국내의 한 조사에 따르면, 불법 다운로드의 사유로 많은 사람들이 '내가 편할 때 볼 수 있어서(61.9%)', '혼자 보기 편해서(11.9%)'라고 응답한 반면에 '무료 혹은 저렴해서'라고 응답한 사람은 19.2%에 불과했다. 즉 시공간적 자유를 누리려는 욕망이 경제적 이유를 압도하고 있는 것이다.

또한 대체로 사람들은 온라인 다운로드가 중대한 불법이거나 범죄라고 생각지 않는다. 미국의 여러 조사결과를 종합해 보면, 이러한 점에 있어 한국과 별반 다르지 않다. 매장에서 DVD를 가격을 지불하지 않고 가지고 나오는 것은 범죄라고 생각한 사람들은 78%에 이르렀지만, 영화파일을 불법 다운로드하는 것을 범죄라고 생각한 사람은 겨우

40%에 불과한 것으로 나타났다. 한국의 영화시장은 세계 9위 수준으로 할리우드에서도 주목하는 거대시장이다. 2008년 한국에서 극장을 찾은 전체 관객 수는 1억 6,000만 명 수준으로 집계된다. 1인당 연간 관람 편수는 3.3회에 달한다. 최근 5년간 연평균 18%의 성장률을 기록하고 있는데, 이러한 성장세가 지속될 경우 2010년 중반에는 시장 규모가 약 2조 1,500억 원에 이를 것으로 추정된다. 이처럼 국내 영화시장의 외형적 성장은 눈부시다. 하지만 그 안을 들여다보면 홈비디오 시장의 붕괴, 해외시장 진출의 한계, 멀티플렉스 극장사업의 성숙기 진입, 다양한 디지털 경쟁매체의 도입, 그리고 불법 유통의 피해에 따른 위기상황에 노출되어 있다.

2007년 한국 영화는 124편이 제작되어 112편이 상영되었다. 이 가운데 손익분기점을 넘긴 영화는 11%인 13편에 불과했다. 영화산업 자체가 원래 '고위험·고수익'의 특징을 갖고 있기는 하다. 10편의 영화를 만들어 그 가운데 두세 편만 성공해도 전체적인 손실을 보전하고 이익을 낼 수 있다. 하지만 점차 영화에 대한 투자수익률이 낮아져 이익 확보가 어려워짐에 따라 영화산업에 대한 투자매력이 급격히 떨어지고 있는 추세다. 통상 벤처캐피털 업계는 투자의 낮은 성공확률을 감안해 투자 성공의 기준으로 최소 3~4배의 수익률을 보고 있다. 하지만 한국 영화의 경우 이 같은 수익 도달이 매우 어렵다는 평가다. 불법 다운로드는 영화산업을 위축시키는 가장 큰 위험요인이며, 로빈 후드 효과처럼 산업 자체에 큰 타격을 줄 수도 있다.

불법 유통에 따른 피해는 음악시장에서도 마찬가지다. 〈2007년 저작권 침해방지 연차보고서〉에 따르면, 국내 음악시장은 합법적인 시장 (3,700억 원)보다 불법시장(4,500억 원)의 규모가 더 큰 것으로 나타나고 있다. 이는 지적재산권 침해의 수준이 얼마나 심각한지 잘 보여준다.

금기훈 엠넷미디어 본부장은 설명한다. "원더걸스의 〈노바디〉는 전 국민이 다 들었지만 실제 음반 판매량은 1만 5,000장에 불과하다. 가수 하나 키워서 먹고사는 작은 제작사는 웹하드에 한 곡만 불법 유포되면 생존 그 자체를 위협받는다."

해커와 해적들이 콘텐츠 산업을 발전시켰다?

1950년대 말부터 1970년대에 걸쳐 미국의 각 대학에는 자유분방하고 창의적 발상의 수많은 해커들이 생겨났다. 특히 해커의 발원지라고 일컬어지는 학교가 MIT다. MIT 학생들은 학교 소유의 IBM 컴퓨터에 몰래 침투해 사용하곤 했다. 이 과정에서 그들은 해크hack라는 은어를 사용하기 시작했다. 해크란 작업과정 그 자체에서 느껴지는 순수한 즐거움 외에는 어떤 건설적 목표도 갖지 않는 프로젝트나 그에 따른 결과물이란 뜻을 갖고 있다. 여기에 사람을 의미하는 '-er'이 붙어 해커hacker라는 단어가 탄생한 것이다.

해커들은 수많은 컴퓨터 프로그램을 개발해 냈다. 또한 소프트웨어의 공유의식 형성에 앞장서면서 오늘날의 인터넷 문화를 이룩해 낸 사람들이 곧 해커다. 애플을 창업한 스티브 워즈니악과 스티브 잡스, 그리고 마이크로소프트를 창업한 빌 게이츠도 처음에는 내로라하는 해커들이었다.

해커는 해적행위piracy와는 전혀 다른 의미다. 해적행위란 '콘텐츠나 저작권 사용에 따른 대가를 지불하지 않거나, 허락을 구하지 않고 타인의 창의적 재산을 임의로 복사하거나 방송하는 것'을 말하며, 이 같은 행위를 저지르는 사람은 해적pirate이라 부른다. 일부 전문가들은 냅스터의 사례를 들어 역설적으로 콘텐츠를 훔치는 해적들에 의해 오히려 디지털 비즈니스가 발전했다는 주장을 펴기도 한다. 해적들의 끊임없는 도전과 상상력에 자극받은 사업자들은 유통방식에 혁신적 변화를 일으키고, 사업적 창의력을 발휘하기 때문이다. 냅스터 때문에 음악시장이 사양길에 접어들었다고 아우성치지만 다운로드 방식의 사업모델로 전환해 MP3, 휴대폰, 웹 등 디지털 기기를 대상으로 음악을 판매하여 과거 어느 때보다 엄청난 부가가치를 창출하고 있다는 것이다. 이는 에디슨이 축음기를 발명했을 때 음악가들이 자신들의 노래와 음악을 대중에게 직접 팔 수 없게 되었다며 크게 반발했던 사례와 흡사하다. 하지만 결과적으로는 축음기의 발명에 힘입어 새로운 음반시장이 열려 음악가들은 커다란 부를 거머쥐었다.

사실 해적의 원조는 미국이다. 19세기 산업혁명 직후 미국 이민자들은 유럽인들이 만든 발명들을 가져다가 미국의 산업화를 이뤄냈다. 자신들의 발명을 빼돌린 미국인을 가리켜 유럽인들은 네덜란드어로 해적을 뜻하는 '얀케janke'라고 불렀다. 이것이 오늘날 미국인들을 지칭하는 양키yankee의 어원이다.

오늘날 세계에서 가장 막강한 콘텐츠 대국인 미국 또한 해적들에 의해 불법 복제·유통되는 영화 때문에 큰 손실을 입고 있다. 따라서 해적을 퇴치하기 위한 다각적인 대책 마련에 부심하고 있다. 양키의 어원을 돌이켜보면 정녕 역설적이지 않을 수 없다. 또 하나의 놀라운 현상은 미국의 영화산업이 타인의 특허를 무료로 사용해 일궈낸 결과라는 사실이다.

에디슨에 의해 영화제작기술이 발명되면서 1893년 뉴욕 인근의 뉴저지 주에 처음으로 영화 스튜디오가 설립되었고, 뉴욕은 영화산업의 메카로 떠올랐다. 그리고 에디슨은 1909년에 다른 10여 개 회사와 함께 영화특허회사 'MPP Motion Picture Parents'를 설립했다. 이 회사는 특허료

산정 및 징수, 영화 물량 조정, 극장 입장료 결정 등 독점적 권한을 행사한다. 횡포에 가까운 MMP의 지나친 요구에 영화제작자들은 뉴욕을 떠나 머나먼 서부로 건너갔고, 에디슨의 특허가 소멸될 때까지 마음껏 영화를 만들어냄으로써 영화산업을 부흥시켰다. 그곳이 곧 오늘날의 할리우드이며, 서부로 건너간 영화제작집단의 우두머리가 20세기폭스의 창업주 윌리엄 폭스William Fox였다.

오늘날의 합법적인 해적(?)들은 리믹스 방식으로 콘텐츠를 생산함으로써 영상이나 음악저작권의 경계를 무너뜨리고, UCC라는 새로운 코드를 만들어내고 있다. 비디오 게임회사를 비롯한 일부 소프트웨어 회사들은 오히려 창의적인 해커나 해적들과의 협력적 관계를 유지, 자신들의 소프트웨어를 수정·발전시킬 수 있도록 유도하면서 사업을 키워나가고 있다. 이들 기업은 신규 소프트웨어나 하드웨어 제품을 소비자들에게 선보이기에 앞서 무료 배포한다. 이를 통해 제품의 테스트와 오류를 수정하는 베타버전 방식을 유통전략에 반영한다. 애플이 앱스토어를 열게 된 배경에는 해커들의 집요한 공격과 보수적인 애플의 플랫폼 운영정책에 불만을 품은 외부 개발자들의 공격에 대한 우려가 숨어 있었다. 개방형 사업모델의 대표적인 사례인 앱스토어는 시장에서 엄청난 반응을 불러일으키며 강력한 새로운 비즈니스 모델로 떠올랐다.

CHAPTER 05

미디어 2.0시대,
집단지성과 크라우드소싱

미디어 1.0과 미디어 2.0의 속성

미디어 1.0은 생산자와 수용자가 분리된 채 일방향의 메시지를 전송하는 기존의 매스 미디어를 말한다. 특정한 소수가 다수를 대신해 사회현상을 알려주고 해석해 주는 것이 미디어 1.0의 역할이었다. 따라서 그들은 종합적이고 범용적이며, '객관성'을 가장 중시하면서도 실제로는 권위적일 수밖에 없었다. 매스 미디어는 그 특성상 정보와 권력이 집중된 형태이기 때문이다. 아울러 매스 미디어의 속성상 독자와 시청자들의 점점 다양해지는 관심사를 심도 있게 받쳐주지 못했다.

웹 2.0을 기반으로 태동한 미디어 2.0은 생산자와 수용자의 구분이

중첩되고, 쌍방향 커뮤니케이션이 전제되며, 정보의 공유가 쉽게 이루어지는 특성의 미디어를 말한다. 디지털 케이블TV와 IPTV가 지향하고 있는 쌍방향 미디어 서비스가 미디어 2.0을 발전시켜 나가고 있으며, 블로그와 인터넷 방송국, 팟캐스트 등의 마이크로 미디어들이 미디어 2.0의 환경에 부응하는 대표적 매체들이다.

불과 10년 전만 해도 인터넷 포털의 뉴스가 종이신문의 그것을 압도할 것이라고 전망한 사람들은 많지 않았다. 이와 마찬가지로 미디어 2.0의 개인 미디어들이 저널리즘의 한 축을 담당하리라고 예측한 사람들 또한 드물었다. 미디어 2.0은 정보가 대중에게 전달되는 과정에서 '게이트 키퍼gate keeper' 역할을 해왔던 기존 언론들이 그 힘을 상실하고 만 것에서부터 출발한다. 인터넷과 웹이라는 무한한 잠재력을 가진 네트워크를 중심으로 사람들은 기존의 정보전달 체계가 아닌 새로운 정보습득 수단을 갖게 되었기 때문이다. 미국의 '디그닷컴'이나 우리나라의 '오마이뉴스 2.0', '미디어 다음'과 같은 사이트들은 이제 정보의 흐름을 관리할 능력, 게이트 키핑의 권한을 대중에게 돌려주려는 시도까지 하고 있다. 이러한 변화가 미디어 1.0을 붕괴시키고 미디어 2.0을 부각시키는 주요 원인이다.[2]

미디어 1.0 시대에는 하나의 콘텐츠가 여러 매체와 언어로 변환되어 많은 사람들에게 제공되는 '원 소스 멀티 유즈'의 성격이 강했다. 그러나 미디어 2.0 시대에는 사회적 교류를 통한 다양한 형태의 미디어 콘텐츠가 '매시업mashup'을 통해 '멀티 소스 원 유즈'의 형태를 취한다. 매시업이란 웹에 제공되는 정보와 서비스를 융합해 새로운 소프트웨어나 서비스, 데이터베이스를 만드는 작업을 의미한다. 구글 지도에 부동산 매물정보를 결합한 서비스인 구글의 '하우징 맵스'가 좋은 예다.

미디어 2.0은 독립적인 미디어 콘텐츠의 생산과 공유를 통해 상업적

표 3-5 **미디어 1.0과 미디어 2.0의 비교**

	미디어 1.0	미디어 2.0
생산·소비 주체	생산자 → 수용자	생산자 ↔ 수용자
정보유통	일방향 커뮤니케이션	양방향 커뮤니케이션
미디어 브랜드	권위형 브랜드	개인형 브랜드
정보흐름	정보 집중 → 권력 집중	정보 분배·공유 → 권력 분산
콘텐츠 특징	범용적·종합적·객관적	주관적·단편적·전문적
광고 형태	규격화·정형화·일방향 메시지	맞춤형·양방향·성과지향적 광고

미디어 환경을 견제하고 변화시킬 수 있는 대안이기도 하다. 아마추어 비디오 프로듀서들은 자신들의 창작물을 인터넷상의 UCC 사이트에 업로드해 공유하고, 이를 통해 다음 작품의 제작과 생산, 배포를 위한 수입도 얻는 것이 대표적인 사례다.

집단지성은 미디어 2.0의 출발점

크리스 앤더슨은 말한다. "블로그는 불완전한 것이 미학이다." 블로그는 전문가 못지않은 콘텐츠를 생산해 내기도 하지만, 개인 미디어의 한계에 따라 많은 허점을 노출하기도 한다. 대신 그 불완전한 자리를 진정성이 차지하고 있기 때문에 사람들에게 더 많은 감동을 준다. 우리가 주목해야 할 것은 블로그의 불완전한 내용들을 외부의 수많은 사람들이 참여해 이를 수정·보완해 완성시키는 집단지성의 힘이다. 집단지성에서는 '나 자신'이 아니라 '우리'와 '우리의 평가'가 중요하다.

2001년 처음 개설된 온라인 백과사전 위키피디아Wikipedia는 전 세계 250여 개 언어로 제공되고 있다. 영어판 위키피디아는 무려 260만 개가 넘는 항목을 보유하고 있고 한국어판 위키피디아는 8만여 개의 항

표 3-6 웹 2.0의 대표적 사례_ 위키피디아

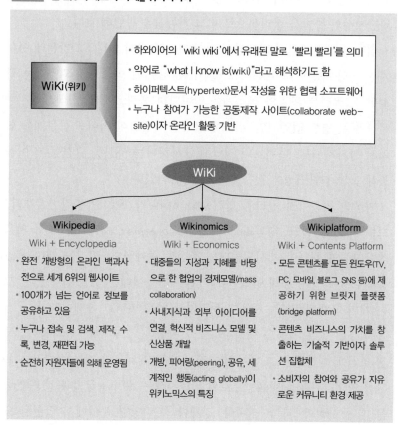

목을 갖고 있다. 위키피디아 사이트는 오픈소스를 기반으로 운영된다.
따라서 누구나 자유롭게 글을 올리고 추가하거나 수정할 수 있다. 일반
사용자들이 올린 수많은 불완전한 정보들 위에 또 다른 사용자들의 의
견과 동의, 심사과정 등을 거쳐 신뢰성 있는 백과사전을 완성해 나가는
것이다. 그러므로 지식과 정보의 생산자나 수혜자가 따로 없으며 서로
공유하면서 계속 진보하는 집단지성의 특성을 잘 보여준다.

집단지성은 다수의 개체들이 서로 협력과 경쟁을 통해 얻게 된 지적

인 능력이다. 그렇다면 집단지성이 개인지성보다 항상 우월할까? 먼저 집단지성의 출발을 살펴봄으로써 그 가능성을 판단해 보자.

집단지성의 기원에 대해서는 여러 가지 학설이 있다. 그 가운데 하나가 영국의 유전학자 프랜시스 골턴Francis Galton에 의해 정립되었다는 학설이다. 골턴은 황소의 몸무게를 알아맞히는 퀴즈에서 정답을 제시한 사람은 한 명도 없었지만, 퀴즈에 참가한 사람들이 적어낸 몸무게를 합쳐서 참가자 수로 나눠보니 정답에 근사하다는 사실을 발견했다. 이를 통해 그는 집단지성에 깊은 관심을 갖게 되었다.

미국의 곤충학자 윌리엄 휠러William Wheeler가 1910년 출간한《개미: 그들의 구조·발달·행동Ants : Their Structure, Development, and Behavior》에서 처음 집단지성의 개념이 제시되었다는 학설도 존재한다. 휠러는 개미가 공동체로서 협업을 통해 엄청난 개미집을 만들어내는 것을 관찰했다. 그는 개미가 개체로서는 지능이 형편없이 낮은 미미한 존재이지만, 군집을 이루면 높은 지능을 형성한다고 설명했다. 그후 많은 학자들이 '특정 조건에서 집단은 그 내부의 가장 우수한 개체보다 지능적'이라는 유사한 연구결과들을 발표함으로써 집단지성은 개미나 꿀벌과 같은 곤충을 떠나 사회학·과학·정치학·경제학 등 다양한 분야에서 발현될 수 있었다.

2000년 이후 인터넷이 우리 생활의 한 부분으로 정착되면서 집단지성에 기반한 위키피디아, 블로그, 웹 2.0 등 새로운 커뮤니케이션 방식이 성장가도를 달리고 있다. 우리는 집단지성의 의미와 가치를 어떻게 바라보아야 할까? 협업과 공유의 새 물결을 일으킨 집단지성은 대체로 개인보다 분명 똑똑한 결과를 창출해 내며 경제와 비즈니스, 과학, 민주주의에 커다란 변화를 일으키고 있다. 집단지성의 작업에 참여하는 개인들은 '나는 생각한다, 고로 존재한다'는 명제 대신 '우리는 공유한다, 고로 창조한다'는 명제를 슬로건으로 삼고 있다.

찰스 리드비터Charles Leadbeater는 《집단지성이란 무엇인가We-Think》에서 다음과 같이 설명한다. "집단지성은 똑똑한 지성이란 관점에서보다는 함께 하는 따뜻함에서 그 의미를 찾아야 한다. 현재 살아가고 있는 문화와 사고방식이 다른데도 불구하고 '함께'는 웹에서 왜 자연스럽게 그 공유가 이루어질 수 있는 것일까? 그것은 웹에서는 사람들과 수평적인 관계를 이루고 이를 통해 자유롭게 의견을 나누는 혁신이 이루어지기 때문이다. 혁신의 성공은 어떤 문제를 탐구하기 위해 자신만의 기술과 통찰력, 지식을 결합하는 사람들 사이의 창조적인 대화에서만 가능하다."

15세기 유럽에서 발명된 인쇄술이 지식권력층을 붕괴시키고 사회 대중의 출현을 가능케 했던 것처럼, 웹과 집단지성의 힘에 기반한 미디어 2.0은 사회적 협동과 참여의 건축물이 되면서 미디어 1.0의 권력을 해체하고 있다. 미디어 1.0의 시대는 정보 밀어내기push가 주요 속성이었던 반면에 미디어 2.0 시대는 정보 끌어당기기pull가 핵심 현상으로 나타난다. 개개인이 보유한 정보가 인터넷 공간에 공개되고, 정보끼리 서로 보완하면서 끌어당긴다. 이를 통해 정보와 콘텐츠의 공급 및 수요가 폭발적으로 증가한다. 개인은 한 가지를 말했을 뿐이지만 네트워크 상에서 결국 눈덩이처럼 불어난다. 이 같은 눈덩이 효과가 개인의 정보를 개인 미디어, 마이크로 미디어로 성장시켜 나간다.

미디어 2.0의 중심은 채널이 아니라 광장이다. 광장에서 사회 구성원들은 다양한 형태의 쌍방향 커뮤니케이션을 실현한다. 따라서 미래에는 광장을 잘 만들고, 매체 접근성을 높인 미디어가 성공한다.[3]

미디어 2.0을 선도하는 웹 2.0은 어느새 웹 3.0으로 진화하고 있다. 웹 2.0의 핵심 키워드는 '사용자의 참여, 협업, 정보의 공유, 프로슈머' 등으로 요약된다. 웹 3.0은 '언제 어디서나 자신이 원하는 정보를 입수할 수 있는 상태'를 의미한다. 그러므로 웹 3.0은 오프라인과 온라인 간의 실시간 연결, 개인화, 지능화가 주요 키워드이며, 이를 통해 미디어 3.0을 추동한다.

바야흐로 미디어 환경은 TV와 같은 수동적 엔터테인먼트 플랫폼인 미디어 1.0, 사용자 생산의 콘텐츠로 채워지고 공유되는 미디어 2.0, 세컨드 라이프와 같은 가상세계의 콘텐츠가 풍부해지는 미디어 3.0의 단계로 발전해 나가고 있다. 그렇다면 앞으로 다가올 미디어 4.0의 세계는 어떤 모습일까? 아마도 가상세계의 확대, 3차원 기술, RFID 기술(주파수를 이용해 물체와 정보를 인식하는 기술), 차세대 지능형의 '시맨틱웹 semantic web'이 결합된 형태로 진화할 것이다. 검색을 통해 콘텐츠가 제공되는 형태의 플랫폼을 넘어서 수많은 콘텐츠들이 사용자의 목적을 스스로 인식해 그에 걸맞게 정리, 제공되는 수준으로 발전할 것이다.

포스트 미디어를 지향하는 커런트TV

기존 매스 미디어는 산업 내 미디어 기업들 간에 매우 폐쇄적인 관계를 유지해 왔다. 하나의 소스에서 도출된 정보나 콘텐츠는 특정 소비자에게 미디어 자신들이 제공하는 제한된 채널을 통해서만 전달되는 '원소스, 원 유즈 one source, one use'의 체계를 갖고 있었다. 그러나 수많은 다매체, 다채널 시대의 도래와 쌍방향의 웹 2.0이 미디어에 접목되면서 개인화된 마이크로 미디어가 등장했고, 이에 따라 매스 미디어 산업에도 큰 변화가 일어났다. 대표적인 사례로 외부와의 협동을 통해 정보와 콘텐츠를 생성·공유하는 차세대 방송모델 중 하나인 미국의 '커런트 TV CurrentTV'를 들 수 있다. 커런트TV는 미국과 유럽 일부 지역에서 케이블TV와 위성방송, 인터넷으로 24시간 방송을 제공한다. 2009년 3월 17일 커런트TV 소속 여기자인 한국계 유나 리Euna Lee와 중국계 로라 링Laura Ling이 북한과 중국의 접경지역에서 북한 당국에 체포된 사건이 일어났다. 이로써 커런트TV는 우리에게 더 유명해졌다. 커런트TV는 2005년 8월 전직 미국 부통령이자 환경운동 다큐멘터리를 제작하기도 한 앨 고어Albert Gore와 사업가 조엘 하얏트Joel Hyatt에 의해 만들어졌는데, 창립 자체가 참으로 흥미롭다. 2000년 미국은 '40년 만의 대접전'이라 불린 대통령 선거를 치렀다. 당시 민주당 후보였던 앨 고어 부통령의 당선이 유력하게 점쳐졌는데, 실제 그는 전국 득표에서 공화당의 조지 부시George Bush 후보를 54만 표 이상 앞서고 있었다. 그러나 고어는 각 주(州)별로 배정된 선거인단 확보에 실패해 낙선하고 말았다. 당시 플로리다 주에서는 재검표까지 실시하는 등 치열한 선거였다. 이 과정에서 고어와 하얏트는 기존 방송, 특히 CNN의 편파보도에 절망감을 느꼈다. 두 사람은 특정 정치색에 좌우되지 않는 민주주의를 구현할 미디어를 설립하자고 의기를 투합했다. 마침내 2004년 INdTV를 설립했고, 2005년에 현재의 '커런트TV'로 그 이름을 바꿨다.[6]

커런트TV는 여느 방송국들과는 확연히 다른 독특한 색깔을 갖고 있다. 왜 포스트 네트워크의 기수로 불리는지를 잘 보여주고 있다. 우선 커런트TV는 인터넷에 친숙한 18~34세 사이의 목표 수용자들을 대상으로 '수용자에 의한, 수용자와 더불어, 그리고 수용자를 위한 TV 네트워크'라는 슬로건을 내걸고 있다. 즉 커런트TV는 시청자들이 만드는 TV 네트워크를 지향한다. 실제로 편성 프로그램의 3분의 1은 일반 시청자들이 만든 것들이다. 이를 위해 커런트TV는 웹사이트를 통해 방송할 프로그램을 공개 공모하고, 시청자가 직접 추천해 그 결과를 방송 편성 여부에 일부 반영시킴으로써 쌍방향 소통에 주력한다. 커런트TV

는 시청자에게 단순 이용자를 넘어 제작자, 그리고 더 나아가 편성자의 역할까지 부여하고 있는 것이다. 이러한 방식은 유례를 찾아보기 힘든 독특한 방송구조로서 2007년에는 에미상 '인터렉티브 TV 부문'을 수상하기도 했다. 당시 약 900여 편의 아마추어 다큐멘터리가 커런트TV에 올라왔고, 그 가운데 140여 편이 방송되었다. 방송 프로그램으로 선정된 작품들 가운데 첫 두 편은 각각 500달러씩, 세 번째 것은 750달러, 그리고 네 번째 작품은 1,000달러의 채택료를 받는다. 또한 전통적 편성 포맷에서 탈피, 3~10분 분량의 '팟캐스팅'이 편성의 주류를 이루고 있다. 커런트TV는 새로운 아마추어 영화 및 다큐멘터리 제작을 위한 실무 온라인 교육과 더불어 제작된 작품에 관해서 커뮤니티 피드백을 받을 수 있는 채널도 운영하고 있다.

커런트TV는 자체 제작 프로그램에도 디지털 시대의 젊은 시청자들과의 상호작용을 도모하는 방식을 도입하고 있다. 예를 들어 '커런트 : 뉴스Current : News'라는 자체 제작 프로그램은 웹사이트에 게시된 뉴스에 대해 매 시간마다 이용자들의 추천을 받고 그 결과에 따라 보도한다. 또한 구글과 손을 잡고, 뉴스의 토대가 되는 인기 검색어들로 이루어진 30초에서 3분짜리 분량의 특집기사를 내보내는 구글 커런트Google Current 라는 프로그램을 편성하고 있다. 2006년에는 야후의 비디오 사이트에 커런트TV를 제공함으로써 당시 야후에서 가장 인기 있는 프로그램으로 떠오르기도 했다. 커런트TV는 웹서비스와의 다양한 연계를 통해 그들만의 채널을 넘어서 외부의 디지털 공간으로 시청자의 참여를 확대시키고, 대중성을 확보하고자 노력하고 있다. 2008년 대선에서는 마이크로 블로깅 서비스의 대표주자인 트위터와 함께 독보적인 쌍방향 서비스를 제공한 바 있다. 트위터 이용자들이 단문 메시지를 남기면 커런트TV 방송화면에 실시간으로 전달되어 생생한 현장의 민의를 전달하는 역할을 수행한 것이다.

커런트TV는 또한 시청자가 제작하는 광고viewer created advertising 를 선보이기도 했다. 소니, 도요타, 로레알 등의 기업들에 의해 선정된 시청자들이 해당 브랜드의 광고를 직접 제작하고 있는데, 시청자들의 높은 인기를 끌고 있다. 앨 고어는 이에 대해 다음과 같이 설명한다. "소니의 광고는 커런트TV가 19세 소년에게 1,000달러를 지불해 제작했으며, 소니는 이 광고를 편성하는 데 5만 달러를 지불했다."

기존 방송의 입장에서 볼 때 'TV 매체의 민주화'를 역설하는 커런트TV는 파격적 행보임에 틀림없다. 커런트TV의 편성표를 들여다보면 알리고 싶은 메시지가 너무 많아 쉴 새 없이 프로그램을 쏟아내어 오히려 배포 공간이 부족할 정도다. 그런 만큼 콘텐츠의 질적 하락 문제와 함께 전통적인 방송형식을 파괴하고 있다는 우려도 제기되고 있다. 한편 차세대 시청자들을 사로잡기 위해 커런트TV와 같은 형식의 편성을 도입하고 있는 방송사들도 점점 늘고 있다.

음악방송 MTV는 시청자들의 투표로 결정하는 프로그램 편성과 함께 온라인에 시청자들이 올리는 동영상들을 상영하는 채널, 플럭스Flux 를 제공하고 있다. 영국의 위성방송 플랫폼인 BSkyB는 아예 커런트TV 를 정규 편성해 시청자들에게 제공하고 있다. BSkyB의 제임스 머독 James Murdoch 사장은 다음과 같이 말하며 큰 기대감을 나타낸다. "커런트 TV는 텔레비전의 권력에 웹적인 생각을 주입시켜 주고 있으며, 뛰어난 시청자 프로듀서들과 함께 작업하는 독특한 협력적 접근방식을 갖고 있다." 국내의 기존 TV 매체들도 시청자들이 만든 뉴스나 UCC를 적극 프로그램에 반영하고 있으며, 라디오 매체들도 FM방송과 인터넷을 결합한 '보이는 라디오' 서비스를 제공하는 등 청취자들의 활발한 참여를 유도하고 있다.

CHAPTER 06

좁은 세계를 만들어가는
소셜 네트워크 서비스

가상세계는 혁신적인 커뮤니케이션 공간

가상세계virtual world 혹은 가상현실virtual reality 이란 3차원 컴퓨터 그래픽 기반의 인터랙티브 환경을 뜻한다. 즉 어떤 특정 환경이나 상황을 컴퓨터로 제작해 사용자들에게 실제 주변상황이나 환경과 마치 상호작용을 하고 있는 것처럼 만들어주는 인간과 컴퓨터 사이의 인터페이스다. 인공 현실artficial reality, 사이버 공간cyberspace, 가상환경virtual environment, 합성환경synthetic environment 등으로 표현하기도 한다.

가상현실은 사람들이 직접 경험하기 어려운 환경들 속에 실제로 들어와 있는 것처럼 보여주고 또 조작할 수 있게 해준다. 이를 통해 오락,

교육, 원격 조작, 원격 탐사, 과학적 시각화scientific visualization 등을 구현할 수 있도록 지원한다. 항공기나 탱크 등의 조종 훈련에 가상현실이 응용되는 건 이제 필수다. 가상현실에 바탕한 3D 기술과 전통산업이 만나 부가가치를 창출하는 '3D 컨버전스 기술'은 세간의 관심을 집중시키고 있다. 이는 실내 가구의 설계, 병원 수술, 의류 패션, 보석 가공, 역사유적 복원, 토목 건설 등 다양한 산업분야에 활용된다.

요즈음 종로 금은방 거리를 나가보면 과거의 귀금속 세공하던 모습과 사뭇 다른 광경을 발견할 수 있다. 이들 금은방은 3D 쾌속 조형기를 이용해 고난도의 세공이 필요한 귀금속 장신구 주물제작을 불과 몇 시간 만에 처리해 낸다. 그리고 유리 진열대를 대신해 3D 입체 모니터를 설치, 실제와 똑같은 귀금속 디자인을 3D 영상으로 고르기도 하고, 이를 변형시켜 자신만의 디자인을 주문하기도 한다. 바야흐로 보통사람들도 부자들처럼 세상에 하나밖에 없는 자신만의 보석을 가질 수 있게 된 것이다.

2008년에 일어난 숭례문 전소사건은 우리나라 국민에게 엄청난 충격을 던져주었다. 그리고 전소 이후 가장 우려스러웠던 점은 보관자료의 부실로 국보 1호인 숭례문의 복원이 가능할지의 여부였다. 이러한 우려는 3D 기술이 말끔하게 해결해준다. 석굴암 등 주요 문화재들은 모두 3D로 스캔해 보관하고 있기 때문이다. 숭례문 역시 국내의 한 3D 전문업체가 화재 이전인 2002년에 숭례문의 내외부 모두를 3D로 복제해 놓았다. 이 귀중한 자료로 인해 디지털 공간에서 본래의 숭례문을 완벽하게 재현할 수 있었다. 물론 수작업으로 실측한 2D 숭례문 복원 자료도 있지만, 3D 스캔으로 측량한 디지털 자료가 훨씬 정교하다. 이를 통해 숭례문을 최대한 원형에 가깝도록 복원할 수 있는 기틀이 마련되었던 것이다.

아울러 3D 기술을 이용, 박물관에 체험형 가상현실 시스템을 도입하는 사례가 증가하고 있다. 3D 융합을 통해 단순히 유물만을 감상하는 것이 아니라 과거 역사 속의 인물로 들어가 그들의 삶을 체험해 볼수 있도록 해준다. 영국 스코틀랜드의 글래스고 시정부는 도시 전체를 3D로 스캔해 완벽한 가상도시를 만들어놓았다. 이 가상도시에 시민 누구나 쉽게 접근해 도시 재개발과 디자인에 참여할 수 있도록 지원한다.

가상현실 시스템에서는 가상환경에서 일어나는 일을 참여자가 주로 시각으로 느끼게 유도하며, 보조적으로 청각과 촉각 등을 활용한다. 만화나 영화 속에서 상상하던 가상현실이 눈앞에 펼쳐지고, 이를 통해 보다 다양한 경험을 얻고 즐기는 것은 이제 더 이상 꿈이 아니다.

다양한 가상현실 중 하나가 요즈음 한창 유행하고 있는 스크린골프, 즉 '골프 시뮬레이터'일 것이다. 필드에 나가지 않고도 실제 골프장을 그대로 실내에 옮겨 골프를 즐기는 또 하나의 방법으로 각광받고 있는 것이다. 처음에는 시시하다며 스크린골프를 단순한 게임 정도로 여기던 골퍼들도 그 뛰어난 현장감에 매료되어 흠뻑 빠져들고 있다. 승용차 시장에서도 가상현실은 중요한 판매수단이 되고 있다.

다음과 같은 경우를 생각해 보라.

맹준석 부장은 주말이면 가족과 함께 쾌적한 시골로 여행을 떠나고자 한창 인기를 모으고 있는 SUV 차량을 구입하기로 결정했다. 하지만 바쁜 회사일로 자동차 판매대리점에 들러 꼼꼼히 살펴볼 시간이 없었다. 그는 자신의 분신인 아바타를 만들어 자동차회사의 가상영업소에 보냈다. 영업소의 아바타 영업사원은 맹준석 부장의 아바타에게 신차인 베라크루즈, 모하비, 렉서스 등에 대해 상세한 설명을 해준다. 맹 부장의 아바타는 사이버상에서 견적 상담과 자동차 시승을 해본다. 그리고 고민 끝에 베라크루즈를 구매하기로 결정한 뒤 짙은 갈색 색상을 선택했다. 1주일 후 점심시간 무렵에 실제 자동차 영업소 직원이 자동차를 양재동에 있는 회사 앞까지 가져다주고, 자동차 관련서류를 인수받는다.

이 같은 사례는 SF 영화에서나 나옴직한 이야기가 아니라 실제로 인터넷 가상세계에서 이루어지는 거래방식이다. 전통적 커뮤니케이션 방식인 '면 대 면 방식face to face communication'에서 컴퓨터를 매개로 한 간접적인 의사소통computer-mediated communication 단계로 발전했고, 이제 다시 아바타 매개 커뮤니케이션avatar-mediated communication 방식으로까지 확장되고 있는 것이다.

박영묵 부장은 2008년 12월 가상세계에서 남해안의 섬 하나를 통째로 구입해 평소 관심이 많았던 카페와 온천 등을 직접 짓고 이를 운영하고 있다. 이곳에는 취향이 비슷한 회원(아바타)들이 들어와 커피를 마시며 담소를 나누는 장소로 인기가 높아 사이버 머니 수입이 꽤 짭짤하다. 이제 가상현실 속에서 집, 자동차 등을 소유하고 상가를 분양받거나 건물을 매입해 사업을 할 수 있는 꿈 같은 이야기가 현실이 되었다. 최근 미국뿐 아니라 우리나라에서도 군사훈련 때 시뮬레이션 게임을 활용하고 있다. 벽면에 설치된 3~4개의 스크린에는 디지털화된 군사지도가 비쳐지고, 그 위에 아군의 이동현황과 적군의 동향이 실시간 그래픽으로 선명하게 나타난다. 각자의 진영에 설치된 지휘관 텐트 안에서 커다란 군사지도를 탁자 위에 펼쳐놓고, 아군과 적군을 표시하는 상징물을 움직이면서 작전을 지휘하던 수백 년간의 전통은 사라지고 있다. 전투 모의훈련시 컴퓨터로 아군과 적군의 전력과 전투 위치, 전투전략 등을 지휘본부로 보내면 이를 종합적으로 시뮬레이션함으로써 총한 방 쏘지 않고서도 승자와 패자를 판정해 줄 수 있게 되었다. 영화 속에 나오는 이야기가 가상공간 속에서 현실화되고 있는 것이다. 2010년부터 축구, 야구 등 스포츠 중계방송시 가상광고 도입이 허용되었다. 이에 지상파TV는 적극적으로 가상광고를 선보이고 있다. 가상광고는 실제 현장에는 없는 가상의 이미지를 컴퓨터 그래픽으로 제작해 TV 프로그램 속에 삽입, 상품을 광고하는 기법을 말한다. 축구 경기장에 앉아 있는 관중들의 눈에는 보이지 않지만, 시청자의 눈에는 펜스나 축구장 바닥 일부에 비쳐지는 가상광고가 선명하게 보인다.

오늘날 가상세계를 통한 시공간의 변화는 인류로 하여금 지금껏 경험해 보지 못한 다양한 정체성을 지닌 새로운 인간상, '호모 로보티쿠스homo roboticus'의 출현을 예고하고 있다. 호모 로보티쿠스는 기계적인 로봇인간이 아니라 로봇 미디어나 다른 사람의 분신 역할에 익숙한 로봇형 인간을 의미한다.[5] 사이버 공간에서 사용자의 역할을 대신하는 애니메이션 캐릭터인 아바타도 호모 로보티쿠스가 될 수 있다. 사용자는 아바타라는 자유로운 신체의 복사를 통해 노동의 가상적 확대를 도모할 수 있다. 사용자를 대신한 아바타는 다양한 장소에서 동시에 여러 역할을 수행할 수 있어 미래 사회의 시스템 유지와 생산활동에 큰 변화를 불러일으킬 수도 있다.

온라인 게임업체 린든랩이 개발하여 2003년도에 문을 연 세컨드 라이프www.secondlife.com는 현실세계의 일상을 3D 가상현실로 옮긴 웹사이트다. 한마디로 '커뮤니케이션 플랫폼을 가진 가상현실'이라고 할 수 있다. 2009년 기준, 세계적으로 약 1,300만 명의 회원을 보유하고 있다. 회원들은 거주자라고 불리는 제2의 자아(自我)인 '아바타'를 만들어 세컨드 라이프에서 꿈 속 같은 가상세계를 살아가고 있다. 또한 결혼을 해서 가정을 꾸밀 수도 있는데 놀랍게도 이곳에서 결혼을 한 사이버 부부가 약 20만 쌍이나 된다고 한다. 세컨드 라이프의 한국 커뮤니티인 '세라 코리아'에도 약 4만 6,000여 명의 회원이 가입해 사이버 생활을 즐기고 있다.

운영사인 린든랩은 가입자에게 월 사용료를 받는 게 아니라 사이버 공간 속에서 땅을 팔아 돈을 번다. 온라인 커뮤니티와 UCC가 커다란 영향력을 발휘하고 있는 디지털 세상에서 미디어 산업이 어떻게 수익 모델을 만들어 나가야 하는지를 잘 보여 주고 있는 사례이기도 하다.

위키피디아 백과사전은 온라인 인맥구축 서비스인 소셜 네트워크 서비스SNS에 대해 "1인 미디어, 1인 커뮤니티, 정보 공유 등을 포괄하는 개념이며 참가자가 서로에게 친구를 소개해 대인관계를 넓힐 것을 목적으로 개설된 커뮤니티형 웹사이트"라고 정의하고 있다. 오늘날 매일 수백만 명이 소셜 네트워킹 웹사이트를 통해 서로 의사를 소통하거나 정보를 공유하는 창구로 이용하고 있다. 하나의 거대한 미디어로 성장하고 있는 것이다. SNS의 가장 큰 장점은 바로 네트워크다. 온라인으로 연결된 사람들 사이의 관계에서 SNS의 힘이 발휘된다. SNS는 개인을 소개하는 미니 홈페이지 기능에 머물지 않고, 점차 다양한 커뮤니케이션 수단과 부가서비스를 갖추면서 인터넷 시장의 주류를 형성해 나가고 있다. 장기적으로 포털의 지위를 빼앗을 것이란 전망도 나오고 있다.

국내 SNS의 선구자는 싸이월드다. 싸이월드에서는 친한 사용자끼리 일촌관계를 맺는다. 싸이월드의 소셜 네트워크 기반인 일촌끼리는 다른 사람에게는 공개하지 않는 미니홈피 게시물을 볼 수 있고, 서로 연락처 등의 개인정보를 주고받을 수 있다. 싸이월드를 통해 맺은 일촌의 수는 평균 23명에 불과하다. 하지만 3.2 다리만 건너면 무려 800만 명에 도달한다고 한다. '약한 연결의 강함'으로 일컬어지는 SNS의 엄청난 네트워크 파워를 살펴볼 수 있는 대목이다.

또한 국내 네티즌들의 블로그, 미니홈피의 버디(친구) 수는 평균 50.1명으로 중국(17.5명), 독일(9.1명), 일본(11.7명), 미국(14.7명)에 견줄 때 몇 배나 많다. 특히 60.7%가 하루에 한 번 이상 블로그, 미니홈피에서 활동하는 등 해외 인터넷 이용자들에 비해 정보습득 및 공유, 소셜 네트워크에 매우 적극적인 성향을 나타내고 있다.

정치인들도 트위터나 싸이월드와 같은 SNS를 자신들의 홍보를 위해 널리 활용하고 있다. 한나라당 박근혜 전 대표는 2009년 초 자신의 싸이월드 미니홈피를 통해 무려 1만 6,500명과 일촌을 맺었다. 지난 몇 년간 쇄도한 일촌 신청을 시간부족으로 제때 처리하지 못해왔는데, 싸이월드측의 협조를 얻어 한꺼번에 처리함으로써 일촌가족이 가장 많은 인물이 되었다는 것이다. 싸이월드에서는 화폐기능을 가진 사이버 머니인 도토리를 사용해 자신만의 공간을 꾸밀 수 있도록 지원한다. 이는 싸이월드의 확산을 크게 촉진했다.

한국 여자 골프계를 평정하고 미국 LPGA로 건너가 브리티시 오픈에서 우승한 신지애 선수는 단연 2008년 골프계의 신데렐라였다. 그녀는 우승상금과 각종 인센티브를 포함해 한햇동안 40억 원 이상을 벌어들였다. 한 국내 언론과의 인터뷰에서 그녀는 "연말에 가장 받고 싶은 선물이 무엇인가?"라는 질문에 "싸이월드에서 쓸 수 있는 도토리"라고 답변하기도 했다. 도토리와 같은 사이버 머니는 실제로 오프라인에서 물건을 살 수 있는 현금이 아님에도 불구하고, 기성세대들이 생각할 수 없을 만큼의 깊은 가치를 젊은 세대들은 느끼고 있는 것이다.

우리는 이제 어떤 경우에도 '나'라는 존재가 가장 중요한 '미me 소사이티'에 살고 있다. 지구촌에는 삶의 목적, 취향, 라이프스타일이 서로 다른 60억 명이 살아간다. 따라서 그만큼의 개성들도 함께 존재한다. SNS를 추동하는 힘은 수없이 많은 개성들이 서로 콘텐츠와 정보를 교환·공유하고 싶은 속성, 대화를 하고 싶은 커뮤니케이션의 속성, 본인의 소식을 널리 알리고 싶은 속성, 스스로의 명성을 전파해 자신을 브랜드화하고 싶은 속성, 집단이란 커뮤니티에 속하고 싶은 속성 등에서 기인한다.

그 결과 SNS를 통해 이질적인 집단에 폭넓게 관계선을 뻗어나감으로써 이용자 모두 세상과 연결된 마당발이 되고 있다.

웹 3.0 소통으로 진화하고 있는 소셜 네트워킹족

전 세계적으로 4억 명을 웃도는 가입자를 둔 세계 최대의 소셜 네트워크 사이트 페이스북은 하버드 대학에 다니던 마크 주커버그Mark Zuckerberg가 룸메이트와 함께 하버드 학생들의 정보 교류와 친목 도모를 위해 만든 커뮤니티 사이트였다. 처음에는 하버드 재학생에 한정되었던 가입 조건이 보스턴 거주자, 대학생, 13세 이상 등으로 차츰 그 범위가 확장되면서 오늘날의 페이스북으로 성장하기에 이르렀다. 마크 주커버그는 한 언론과의 인터뷰를 통해 "전 세계인을 연결하겠다는 목표에 한 발짝 다가섰다"고 자평하면서 페이스북이 드디어 손익분기점을 넘어 수익을 내기 시작했다고 밝힌 바 있다. 페이스북의 급성장에 대해 그는 "처음에는 대학생을 위한 포털로 시작했지만 35세 이상의 중년층과 베이비부머들이 예상 밖으로 호응해 준 결과"로 해석한다. CNN은 페이스북의 성장이 기술발전으로 방대한 양의 데이터를 운용하는 서버 비용을 절감했기 때문이라고 분석했다.

140자 혁명을 일으킨 단문 메시지 전송서비스 트위터의 성장세도 눈부시다. 피겨 여왕 김연아, 오바마 대통령, 할리우드 스타 데미 무어, 오프라 윈프리 등 수많은 유명인사들이 가입하면서 트위터는 세계적인 유명세를 탔다.

2006년 미국의 에반 윌리엄스Evan Williams와 잭 도시Jack Dorsey 등이 공동 개발한 트위터는 계정을 등록한 친구들에게 블로그나 휴대폰으로 단문 메시지를 전달해 주는 일종의 '관계 맺기 서비스'를 제공한다. 스마트폰이나 인스턴트 메신저, 홈페이지 접속 등을 통해 알파벳 144자 미만의 짧은 글을 올리거나 받아볼 수 있다. 싸이월드의 일촌과도 같은 특정인의 '팔로어'로 등록하면 실시간으로 그가 트위터에 올리는 글을 계속 받아볼 수 있다. 오바마 대통령이 트위터를 쓰자마자, 그의 팔로어로 115만 명이 등록했고, 김연아가 가입했을 때도 6,800여 명의 팔로어가 순식간에 몰려들었다고 한다.

2010년 3월 100년 만에 추진된 미국의 의료보험 개혁안이 하원의원을 통과함으로써 기존 의료보험제도의 그늘에서 혜택을 받지 못했던 3,200만 명의 미국인들이 의료보험의 혜택을 누릴 수 있게 되었다. 이를 강력히 추진해 온 오바마 대통령은 본인의 트위터@BarackObama에 의료보험 개혁안 지지를 당부하는 글을 올렸다. 이는 순식간에 240만 명에 달하는 팔로어에게 전달되었고, 다시 수천만 명에게 전파되면서 역사적인 개혁에 큰 힘으로 작용했다.

트위터는 세상에 선보인 지 3년 만에 페이스북, 마이스페이스에 이어 세계 3대 소셜 네트워크로 떠올랐다. 현재 수익을 내고 있지는 않지만 오픈된 콘텐츠와 연계한 검색광고, 온라인 마케팅들의 수익 창출 가능성이 높다고 전문가들은 예상한다. 소셜 미디어의 급성장을 발판으로 '소셜 인플루언스 마케팅Social Influence Marketing, SIM'의 영향력이 급속히 커지고 있기 때문이다. 이 같은 배경에 힘입어 트위터의 공동 CEO 에반 윌리엄스는 투자자들이 트위터의 가치를 10억 달러로 평가했다고 밝혔다.

트위터의 가장 큰 장점은 빠른 소통에 있다. 따라서 트위터는 언제 어디서나 정보를 실시간으로 공유하는 웹 3.0 시대를 열어가는 기수로 평가받는다. 웹 2.0의 키워드가 쌍방향 소통과 공유라면 웹 3.0은 실시간 소통, 모바일 활용, 의미검색(시멘틱웹)의 특징을 담은 서비스를 지칭한다. 특히 무선 인터넷을 제공하는 휴대폰에 SNS가 결합되면서 큰 성장을 실현하고 있다.

미투데이, 싸이월드, 플레이톡, 토시와 같은 국내 SNS 역시 휴대폰을 통해 소통의 통로를 제공한다. 지난 몇 년간 음성매출 규모의 하락을 상쇄할 만한 신규 데이터 서비스를 찾기 위해 많은 노력을 경주해온 이동통신사들은 음성통화, 문자메시지의 뒤를 이을 킬러 애플리케이션으로서 SNS에 큰 기대를 걸고 있다. 예전에는 문자나 사진으로 친구에게 보내던 소식들을 이제는 휴대폰을 통해 자신의 SNS 계정으로 전송함으로써 친구 외에도 낯선 사람들까지 함께 공유하도록 하고 있다. 많은 기업들이 트위터나 페이스북과 같은 소셜 미디어를 마케팅에 활용하고자 하는 이유는 무엇이고, 어떻게 활용해야 하는 것인가? 인간은 항상 다른 사람과 관계를 맺고, 소통하며, 늘 타인과 연결되고 싶어하는 욕구always in touch를 갖고 있다. 심리학자 볼빅은 이를 '애착본능attachment instinct'이라고 설명한다. 이 애착본능을 충족시켜 주는 서비스가 바로 소셜 미디어다. 애착의 정도는 필요에 따라 얼마나 잘 응해 주느냐의 '민감한 반응성sensitive responsiveness' 수준에 따라 결정된다. 소셜 미디어 마케팅을 통해 기업이 고객과의 애착관계를 형성하려면 개별고객이 처한 상황과 장소, 시간에 적절한 서비스를 제공해야 한다.[6]

정치 분야에서도 트위터가 후보와 정책을 알릴 수 있는 매체로 주목받으면서 뜨거운 감자로 떠올랐다. 국내에서는 2010년 지방선거를 앞두고 트위터를 활용하는 정치인이 늘어남에 따라, 트위터를 이용한 선거운동을 규제해야 하는지의 문제를 둘러싸고 많은 논란을 빚기도 했다. 게임분야 역시 SNS와 만나면서 진화를 거듭하고 있다. 페이스북이나 싸이월드 같은 SNS 플랫폼에서 함께 즐기는 소셜 게임이 인기를 끌고 있는 것이다. 소셜 게임은 온라인상 친구들과의 게임 내역이 소셜 서비스에 기록되면서 웹의 실시간화가 이루어지고 있고, 게임을 통해 참여자들 간의 관계망이 넓어지고 있다. 정보, 놀이, 관계라는 인간의 기본적 욕구들이 이제 소셜 게임을 매개체로 연결되고 있는 것이다.

온라인에서 쓸데없는 시간만 허비하고 있다고 우려하는 대다수 부모들의 생각과는 달리 청소년들은 SNS 사이트를 통해 다양한 지식을 습득하고 있는 것으로 나타났다. 2008년 1월 영국의 일간지 〈텔레그래프 Telegraph〉는 18~24세 남녀 1,000명을 대상으로 인맥관리 사이트 이용방식을 조사해 다음과 같은 6가지 유형을 발표했다.

1. 네트러프러너 netrepreneur

인터넷internet과 기업가entrepreneur의 합성어로서 돈을 벌기 위한 경제적 목적으로 인터넷을 이용하는 인터넷 창업가를 말한다. 이들은 보통 사람들의 사고와는 다른 창의적이고 몽상적인 생각으로 디지털 세계에서 크게 성공한 기업인들이 많다.

2. 커넥터 connector

인터넷에서 유용한 정보를 발견할 때마다 스스로 '퍼나르기'를 하거나 자신의 사이트와 연결해 다른 이용자들에게 정보를 전달하는 사람을 말한다. 이들에 의해 구석구석의 작은 목소리도 순식간에 거대여론으로 발전될 수 있다. 커넥터들에 의해 정보의 최신성이 비약적으로 발전한다. 이들은 채팅 혹은 블로그나 홈페이지를 통해 즉각적이고 폭넓은 정보를 수집하여 끊임없이 정보를 수정·가공하고 있다.

3. 트랜슈머transumer

트랜슈머는 교통transportation과 소비자consumer의 합성어다. 처음에는 이동 중에도 모바일 미디어 등을 통해 상품이나 서비스를 구입하는 사람들을 의미했다. 그러나 현재는 그 의미가 확장되어 한정된 시간을 활용하여 새로운 취미 등을 추구하는 소비자를 지칭한다.

4. 주최자collaborator

SNS와 같은 인맥구축 사이트를 통해 각종 이벤트나 행사를 조직하고 추진하는 사람을 의미한다. 이들 주최자들에 의해 정보의 소통범위가 넓어지고 있다.

5. 신(新)분야 마니아scene breaker

신상품을 빨리 접하는 얼리 어댑터early adopter의 일종으로 새로운 분야를 발견하고 체험하기 위해 인터넷을 이용하는 사람을 말한다. 이들은 최신 콘텐츠가 나오는 즉시 자신의 블로그에서 받아볼 수 있도록 자동연동기능을 설치해 정보 업데이트 속도를 배가시키고 있다.

6. 본질주의자essentialist

인맥구축 사이트 본연의 목적인 '친구나 가족과의 연락'에 충실한 일반이용자를 의미한다.

SNS로 더욱 좁아지는 디지털 네트워크 사회

한국에서는 모르는 사람도 4.5단계만 거치면 아는 사람이라고 한다. 이처럼 우리는 참 좁은 세상에 살고 있다. 미국에도 우리처럼 "세상 참

좁다It's a small world"는 말을 자주 한다. 미국에는 5.5명을 거치면 지인을 만난다는 '6단계 분리이론six degrees of separation'이 있다. 1967년 하버드 대학의 심리학 교수인 스탠리 밀그램Stanley Milgram은 불특정 다수에게 편지를 주고는 이를 특정인에게 전달하게 하는 실험을 실시했다. 특정인에게 직접 편지를 전달하는 방법도 있고, 다른 사람을 통해 전달받도록 하는 방법도 있었는데, 그 사이에 전달된 사람의 수가 5.5명이었다고 한다. 그래서 붙여진 이름이 6단계 분리이론이었다.

좁은 세상을 규명하는 다양한 이론들 가운데 '케빈 베이컨의 6단계 법칙the six degrees of Kevin Bacon'이 있다. 할리우드 영화계에서 통용되는 인맥의 6단계를 건너면 케빈 베이컨으로 연결된다는 법칙이다. 1994년 1월 인기 프로그램인 '존 스튜어트 쇼'에 출연한 케빈 베이컨은 청중들이 지명하는 수많은 영화배우들과 그 자신이 어떻게 연결되는지를 밝혔다. 그 결과 할리우드의 모든 배우들이 6단계 이내로 케빈 베이컨과 연결되자 청중들은 열광했다.

로널드 레이건Ronald Reagan 미국 전 대통령은 케빈 베이컨과 영화에 함께 출연한 적이 없다. 하지만 에디 앨버트라는 배우가 1961년에 〈젊은 의사들〉이란 영화에서 레이건과 같이 출연했고, 그는 1989년 〈할리우드의 출세기〉에서 베이컨과 공연함으로써 간접적으로 '레이건'과 '베이컨'을 두 다리 만에 연결시키고 있다. 더 나아가 전 세계의 영화배우도 6단계를 거치면 케빈 베이컨과 연결된다.

케빈 베이컨과 우리나라 배우 엄앵란이 연결되는 과정을 추적해 보자. 엄앵란은 〈남과 북〉에서 남궁원과 함께 출연했고, 남궁원은 〈인천〉에서 로렌스 올리비에와 공연했다. 로렌스 올리비에는 〈리틀 로맨스〉에서 다이안 레인과 연기했는데, 그녀는 〈마이 독 스킵〉에서 케빈 베이컨과 공연했다. 불과 4단계 만에 연결된 것이다.[7]

마이크로소프트가 자사의 인터넷 메신저 사용자를 대상으로 조사한 결과에 따르면, 케빈 베이컨의 6단계 법칙이 실제로 근거를 갖고 있음을 잘 뒷받침해준다. 2006년 마이크로소프트는 1억 8,000만 명이 6월 한 달 동안 주고받은 대화 기록 300억 건을 대상으로 상호 연결관계를 조사했다. 그 결과 무작위로 추출한 한 쌍의 사람들은 평균 6.6명을 거치면 서로 연결되었다. 어떤 경우에는 무려 29단계를 거쳐야만 서로 연결되었지만 전체 가운데 78%가 7단계 이내에서 연결되었다. 스탠리 밀그램 교수의 6단계 분리이론이나 케빈 베이컨의 6단계 법칙은 개별적인 만남을 전제로 인과관계가 형성된 좁은 사회의 법칙이다. 이제 디지털과 인터넷으로 연결된 정보화사회에 들어서면서 소통방식이 획기적으로 바뀌었고, 이로 인해 우리는 또 다른 좁은 세계의 경험을 하고 있다.

특히 소셜 미디어의 확장에 의해 처음과 끝을 연결해 주는 중간 사람들의 유대관계는 약하지만 거미줄 같은 네트워크 연결로 인해 약한 유대관계는 더욱 큰 힘을 발휘하고 있다. 한 번도 만난 적은 없지만 개개

그림 3-1 **네트워크 사회의 변화**

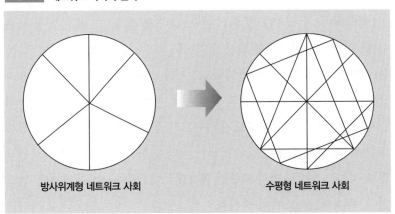

방사위계형 네트워크 사회   수평형 네트워크 사회

인의 네트워크는 사면팔방 확장되어 나가고 있어 이제 누구와도 연결할 수 있는 가상의 세계로 들어섰다. 이에 따라 정보가 집중된 중앙에서 각 변방들을 연결하는 방사위계형 네트워크 사회에서 수평형 네트워크 사회로 빠르게 변화하고 있다. 사회 구성원들이 소셜 네트워크를 통해 변방에서 변방으로 연결되면서 중앙집중형의 정보권력이 외곽으로 이동하는 현상이 나타나고 있는 것이다.

2009년 10월 29일은 인류의 소통방식을 획기적으로 바꾼 인터넷이 탄생한 지 40년이 되는 날이다. 인터넷의 원형으로 볼 수 있는 미 국방부가 개발한 아파넷ARPANET에 연결된 노드는 UCLA, 캘리포니아 대학교 산타바버라, 유타대, 스탠퍼드 연구소 등 4곳이었다. 1969년 10월 29일, UCLA와 스탠퍼드 연구소의 두 컴퓨터가 통신케이블을 통해 연결되었고, 이때 주고받은 단어는 '1'과 '0'이란 단 두 글자뿐이었다. 'login'이란 단어를 쓰려다 컴퓨터가 통신장애로 멈춰서버렸기 때문이다. 그후 인터넷은 비약적 발전을 거쳐 세상을 확 바꿔놓았다. 그리고 인터넷의 정보량은 해마다 큰 폭으로 증가했는데, 기가바이트GB에서 테라바이트TB의 시대를 거쳐 이제 페타바이트(PB, 약 100만 GB)의 시대에 접어들었다.

1페타바이트는 DVD 영화 17만 4,000편을 담을 수 있는 엄청난 용량에 해당한다. 인터넷의 탄생 초기에는 일반인들이 쉽게 이해하지 못한 복잡하고 어려운 기술이 키워드였지만, 40년이 흐른 오늘날 사용자들의 관심사는 기술이 아니라 인터넷을 통한 정보교환과 참여자들의 관계형성이다. 학문적으로도 웹사이트의 콘텐츠와 하이퍼링크를 통해 추출된 '관계정보'를 통계로 만들어 다양한 사회현상과 관계 네트워크를 분석하는 사회과학의 일종인 웨보메트릭스webometrics가 주목을 받고 있다. 웨보메트릭스에서 중시하고 있는 정보가 바로 트위터나 싸이월드, 페이스북, 블로그와 같이 실시간 정보가 교환되는 SNS 사이트들이다. 이를 통해 사용자들의 사회적 네트워크 정보, 시간별 관심사의 변화, 사회적 관계에 따른 영향력, 위치정보에 따른 변화를 분석할 수 있다. 이는 다양한 마케팅 분야에 유용하게 활용될 수 있다.

스탠리 밀그램 교수의 6단계 분리이론이 SNS와 연결되면서 3단계로 줄어들었다는 분석결과도 제시되고 있다. 영국의 이동통신사 O2는 사회학을 연구하는 제프 로드리게스Jeff Rodrigues에 의뢰해 사람들이 서로 연결되는 방식에 기술이 어떤 영향을 미쳤는지 조사했다. 조사결과, 같은 관심사를 공유하고 있는 네트워크 내에서 평균 한 사람당 3단계로 연결되어 있었다. 보통사람들은 가족과 친구, 직장이라는 3가지 주요 네트워크에 연결되어 있었고 취미와 종교, 스포츠, 거주지역, 정치 등 개인적 관심사를 기반으로 하는 5가지 공유 관심사의 네트워크와 연결되어 있었다. 이메일과 휴대폰, SNS와 같은 새로운 커뮤니케이션 기술에 의해 네트워크 간 활발한 상호작용이 일어나면서 사람들의 연결방식을 3단계로 축소하는 데 커다란 역할을 하고 있다. 우리나라에서도 평균적으로 3.6명을 거치면 모두 연결된다는 연구결과가 발표된 바 있다.

일본에서 공부하고 있는 필자의 여조카가 며칠 동안 연락이 안 돼 집에서 노심초사하고 있다는 사실을 미국에 공부하고 있는 필자의 딸에게 전한 적 있었다. 딸아이는 즉시 조카와 자신이 가입해 있는 페이스북에 국내외에 거주하고 있는 조카의 몇몇 친구들을 검색, 일본에 있는 조카와 가장 최근에 접촉한 사람을 급히 찾는다는 메시지를 띄웠다. 메시지를 남기자마자 조카를 찾는 네트워크가 사면팔방 가동되었고, 마침내 일본의 한 지방을 여행 중이던 조카에게 연결되었다. 조카는 부랴부랴 한국의 부모님에게 연락을 취했다. 이처럼 우리는 SNS를 통해 좁아진 세상을 너무나 실감나게 경험하고 살아간다.

가상 이미지에 더 익숙해진 문화 코드의 문제점

가상세계의 발달은 가상과 현실의 경계, 실체와 이미지, 사실과 허구의 경계를 무너뜨렸다. 이 가상세계에 사이버 캐릭터라고 하는 아바타(가상인간)가 살고 있다. 아담, 사이다, 류시아 등이 그 대표적인 예다. 가상세계에서는 주로 아바타를 통해 이동하고 소통한다. 게임 속 가상녀와 사귀다가 사이버 결혼식까지 올린 기혼남성이 부인에게 발각되어 이혼에 직면했다는 믿기지 않는 해프닝도 심심찮게 발생한다. 2008년 10월 가상현실에서 아바타로 사이버 결혼식을 올린 J군과 C양은 약 두 달 후 실제 만남을 통해 현실에서 진짜 부부가 된 사례도 있다.

청소년들이 심취해 있는 미국과 러시아의 핵전쟁을 다룬 게임을 살펴보면 뛰어난 화질과 그래픽 처리, 섬세하게 묘사된 군인들의 복장과 전투 장면 등에 감탄하지 않을 수 없다. 오늘날 N세대들은 대부분 가상의 이미지로 만들어진 문화 코드 속에 살고 있다고 해도 과언은 아니다. 가상현실은 현실 속에서 실현할 수 없는 것을 할 수 있도록 해주는 장점을 갖고 있다. 하지만 가상세계에 대한 지나친 탐닉은 종종 폐혜를 불러일으킨다. 사이버 세계에 몰두한 나머지 자신의 방 밖으로 한 발자국도 나가지 못하는 광장공포증 환자들도 늘어나고 있는 추세다. 중국의 경우 가상연애 게임에 따른 청소년들의 잘못된 윤리관이 커다란 사회문제로 떠오르고 있다. 아바타를 자신과 동일시해 거기에 지나친 관심을 쏟아 붓고, 많은 비용을 투자하고 있는 것도 심각한 문제들 중 하나다. 이들은 문자 콘텐츠보다는 영상을 더 선호하며, 대중음악에서도 노래보다 비주얼에 더 관심이 많다. 현실보다 더 현실 같은 가상세계의 체험으로 실제 삶과의 간격이 점점 벌어지면서 스스로의 정체성에 혼돈을 가져오고 있다. 인터넷으로 만난 가상경험들은 누군가에 의해 만들어진 프레임이며, 단지 현실의 한계를 보완해 주는 한 부분에 지나지 않는다는 인식이 절대적으로 필요하다.

또 하나의 문제점으로 대두되고 있는 것은 SNS 사이트들이 해커들의 놀이터가 되고 있다는 사실이다. 해커들은 페이스북 프로필 창에 가짜 링크를 올려놓아 사용자들이 이를 클릭하도록 유도하기도 한다. 그리고 사용자의 친구를 가장해 메시지를 보낸 뒤 현금을 송금하라고 요청하는 사기수법을 이용하거나, 페이스북을 통해 얻은 기본정보를 다른 개인 계정을 해킹하는 데 사용하기도 한다. 우리나라 국민들 역시 정보화의 역기능 가운데 가장 심각한 문제로 개인정보 유출, 사이버 테러, 유해사이트 등을 디지털 위험digital risk으로 느끼고 있다. SNS를 이용하는 수천 명의 사용자가 동시에 해킹당했을 경우 이들과 연결된 수많은 사람들이 가상세계에서 기하급수적으로 늘어난다. 따라서 문제 해결에 더 많은 시간이 소요된다. 싸이월드 역시 미니홈페이지의 방문자 접속정보가 이용자들에게 노출되는 해킹 사고가 발생해 경찰이 수사에 나서는 사건이 2009년 6월에 발생한 적 있다. 당시 경찰청 사이버테러 대응센터는 해킹 프로그램을 배포한 6명을 불구속 기소했다. 그들은 200만 명의 싸이월드 미니홈피 방문자 접속정보를 빼내 미니홈피 이용자들에게 제공한 혐의를 받고 있다.

개인의 모든 신상이 털리는 팬옵티콘 사회

1998년에 개봉된 영화 〈트루먼 쇼〉에 등장하는 트루먼 버뱅크는 보험회사 직원으로 평범하게 살아가는 30대 남자다. 그는 하루 24시간

생방송되는 리얼리티 프로그램 '트루먼 쇼'의 주인공이다. 전 세계 시청자들은 트루먼의 탄생에서부터 30세가 다 된 현재까지 일거수일투족을 TV를 통해 엿보고 있다. 트루먼은 만인의 스타이지만 정작 자신은 이 같은 사실을 짐작도 못하고 있다. 그의 주변인물들은 모두 배우이며, 그가 사는 곳 또한 스튜디오이지만 오직 자신만 모르고 있는 것이다. 대학시절 이상형의 여인 실비아와 만난 트루먼은 그녀로부터 모든 게 쇼를 위해 만들어진 가짜란 얘기를 듣고서야 뒤늦게 진실을 알아차린다. 트루먼은 관찰당하는 삶에서 벗어나고자 시도한 끝에 마침내 진정한 자유를 찾아 바깥세상으로 망설임 없이 빠져나간다.

인터넷으로 사회 구성원들이 상호 연결되면서 이제 〈트루먼 쇼〉의 영화 속 이야기는 실제로 너무나 쉽게 재현될 수 있는 환경이 되었다. 2009년 말 한 여대생이 KBS의 〈미녀들의 수다〉라는 토크쇼에 출연해 "키 작은 남자는 싫어요. 키가 경쟁력인 시대에 키 작은 남자는 '루저 loser(패배자)'라고 생각합니다. 남자 키가 180cm는 돼야 한다고 생각합니다"라고 한 발언이 네티즌들 사이에 일파만파 퍼져나가면서 이른바 '루저녀 사태'를 불러일으켰다. 방송이 나간 직후 온라인에는 문제가 된 동영상과 화면 캡처 사진이 순식간에 퍼져나갔고, 온갖 비난글들이 쏟아졌다. 네티즌들이 동원한 그녀에 대한 '응징수단'은 '신상 털기'였다. 신상 털기란 네티즌들이 합심해 표적인물의 개인정보를 찾아서 인터넷으로 퍼뜨리는 행위를 의미하는 신조어다. 신상 털기를 위해 주로 구글이 이용된다. 구글에서는 인터넷 ID나 전화번호 등 개인정보가 여과 없이 검색되기 때문이다. 네티즌들에 의해 순식간에 그녀의 인적사항은 물론 미니홈피와 고등학교 졸업사진, 용모의 변화, 취미, 관심사, 가정환경과 관련된 자료들이 고스란히 인터넷에 적나라하게 노출되었고, 한 걸음 더 나아가 그녀의 사생활이 왜곡 유포되기에 이르렀다. 한 개인을 너무나 쉽게 트루먼 버뱅크로 만들어버린 것이다. 아니, 오히려 트루먼을 투명하게 들여다보고 있었던 세상사람들의 시선보다 더 무섭다고 하지 않을 수 없다. 이러한 현상은 '넷 반달리즘Net-Vandalism'과 일맥상통한다.

넷 반달리즘은 '디지털상에서의 이유 없는 일탈·파괴 행위'로 정의할 수 있다. 문화, 종교, 예술에 대한 무자비한 파괴행위를 가리키는 반달리즘에서 비롯된 용어로 온라인상에서 벌어지고 있는 비슷한 행위들을 의미한다.

무고한 한 남성이 '미성년 성폭행범'이란 제목으로 사진과 함께 유포되는 황당한 사건도 있었다. 2005년 우리 사회를 뜨겁게 달궈놓았던 이른바 '개똥녀' 사건 역시 당시의 정황 여부를 제대로 확인할 겨를도 없이 그녀의 얼굴이 인터넷에 삽시간에 노출되었고, 이로써 그녀의 인격은 철저히 파괴되었다. 이제 숨을 곳이라고는 어디에도 없는 '팬옵티콘panopticon 사회'가 되지 않을까 우려스럽다.

팬옵티콘은 모든 것이 투명하게 비쳐지고 있는 현대의 무서운 정보 네트워크 사회를 비유하는 말이다. 옵티콘은 '모두'를 뜻하는 'pan'과 '본다'를 뜻하는 'opticon'의 합성어로 '다 들여다본다'라는 의미를 지니고 있다.

계몽시대 공리주의 사상가인 제러미 벤담Jeremy Bentham은 중앙의 감시탑과 이를 둘러싼 개인감방들로 구성된 원형감옥 팬옵티콘을 착안했다. 감시탑 내부는 수감자들의 일거수일투족을 낱낱이 들여다볼 수 있게 설계되어 있다. 개인의 프라이버시가 투명하게 노출되는 인터넷 사회에서의 감시와 통제 메커니즘이 이 같은 팬옵티콘이란 원형감옥과 다를 바가 무엇이겠는가?

조지 오웰George Orwell의 《1984》라는 소설에서는 정보독점을 통한 새로운 사회지배 권력이나 그러한 사회체제를 '빅 브라더Big Brother'라고 표현하고 있다. 인터넷을 통한 여론 독점과 조작 등이 수월하게 이루어질 수 있게 됨에 따라 이제 어디서나 빅 브라더의 실체들을 쉽게 발견할 수 있을지 모른다. 우리 사회를 편리하고 윤택하게 진화시켜 주고 있는 인터넷과 정보 네트워크 사회에 나타나고 있는 병폐와 부작용에 대해 진지한 성찰이 필요한 시점이다.

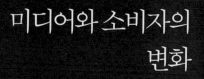

미디어와 소비자의 변화

기술의 변화가 새로운 문화를 창출한다
미디어에 생로병사가 있는가
진화하고 있는 미디어 비즈니스의 유형
콘텐츠 에브리웨어 도래에 따른 미디어의 성공전략

PART 4

CHAPTER 01

기술의 변화가
새로운 문화를 창출한다

디지털 시대를 반영하는 새로운 풍습들이 우리 사회 전반에 속속 등장하고 있다. 예전에 SK텔레콤은 '현대생활백서'라는 TV 광고 시리즈를 통해 이동통신 기술이 우리의 생활과 문화를 어떻게 변화시키는지에 대해 흥미롭게 구성해 큰 인기를 모은 적 있었다. 이 광고 시리즈의 핵심 메시지는 새로운 기술이 새로운 서비스를 창출하고, 새로운 서비스는 새로운 라이프스타일을 만들어내며, 새로운 라이프스타일은 새로운 사고방식을 창출한다는 것이다.

이 밖에도 이동통신 기술을 우리의 전통속담에 접목시켜 재구성한 TV 광고들도 눈에 띈다. '아는 길도 네비게이션에 물어봐라', '불났는

데 폰카질 하기' 등이 그것이다. 이들 광고는 기술의 변화가 새로운 문화를 창출한다는 '기술 결정론'을 시사하고 있다.

20세기 미디어 기술의 발전은 사람들의 생활방식과 사회를 완전히 바꿔놓았다. 요하네스 구텐베르크Johannes Gutenberg의 금속활자가 대중의 눈을 뜨게 하고 중세의 종교권력을 무너뜨렸듯이 위성방송 시스템과 디지털, 인터넷 등의 미디어 기술은 전 세계를 삽시간에 하나의 마을global village로 만들어놓았다. 21세기 최고의 미디어 이론가인 마셜 맥루한은 커뮤니케이션 기술의 변화가 역사 발전의 원동력이라고 주장한다. 20세기에 들어 전신(電信), 라디오, TV, 영화, 전화, 컴퓨터 등의 기술이 새로운 문명과 인간의 감수성을 재형성했다는 것이다. 또한 미래학자 앨빈 토플러Alvin Toffler와 다니엘 벨Daniel Bell은 기술 결정론을 통해 사회변동이 일어난다고 주장한다. 이 두 사람의 견해에 따르면, 인류는 말을 탈 때 사용하는 등자(鐙子)가 봉건제를 출범시켰고, 인쇄술은 르네상스를 낳았으며, 기계는 자본주의를 태동시켰다. 등자란 기수가 말 위에 올라타거나 말을 타고 달릴 때 신체의 균형을 잡고, 안정을 유지하기 위한 도구다. 안장에 달아서 말의 양쪽 옆구리에 늘어뜨려 놓아 그 위에 기수가 발을 올려놓을 수 있도록 만든 것이 곧 등자다.

이 등자가 어떻게 인류의 역사를 바꿔놓았을까? 등자의 원리는 굳이 설명이 필요 없을 정도로 매우 간단하다. 하지만 등자의 발명은 단순한 도구 이상의 중요한 의미를 지니고 있다. 말을 타고 싸우는 기병이 등자에 발을 딛고 달리면 더욱 안정된 자세로 활을 쏘고, 칼과 창을 휘두를 수 있다. 또한 무거운 갑옷을 착용하고도 무기를 자유롭게 휘두를 수 있어 중세기 대륙정복의 새로운 전기를 마련했다. 막강 기병의 위용을 자랑하던 로마군이 고트족과의 전투에서 대패를 당한 역사도 등자 때문이었다. 고트족 기병은 고삐를 잡지 않고도 등자만으로 몸을 말에

단단히 고정한 채 양 손을 자유롭게 사용하며 로마군과 싸울 수 있었다. 이 간단한 원리의 등자로 인해 로마군은 카르타고의 한니발 장군에게 참패한 이래 또 한 번의 쓰라린 패배를 맛보았다.

제1의 물결인 농업사회, 제2의 물결인 산업사회, 제3의 물결인 정보화사회로의 이동은 등자와 같은 기술 결정론의 산물 때문이었다. 정보화사회는 통신기술과 전자매체에 의해 창출된 환경으로서 마치 공기와도 같아 그 속에 파묻혀 있으면서도 그 사실을 쉽게 깨닫지 못하는 특징을 지니고 있다. 오늘날 대표적인 커뮤니케이션 수단인 휴대폰은 우리가 인지하든 못하든 간에, 개개인의 소통능력을 엄청나게 확장시켜 거대한 네트워크 사회로 이동시켜주었으며, 새로운 행동양식과 라이프스타일을 만들어냈다.

엄지족과 검지족이 창출하는 새로운 디지털 문화

우리나라는 디지털이라는 매개체를 중심으로 세계에 그 유례가 없을 정도로 빠르게 변화하는 국가다. 휴대폰 활용의 진화가 그 대표적 예다. 우리는 휴대폰으로 통화는 물론 문자와 영상을 보내고 e뱅킹과 교육과 쇼핑까지 해결한다. 휴대폰 통신은 단순한 통신의 개념을 훌쩍 넘어 종합 문화서비스 플랫폼으로 발전했다. 그만큼 우리나라의 가구당 통신비용도 매우 높은 편이다. 2008년 평균 가구당 월 13만 4,000원을 통신비용으로 지출했다.

이제 우리에게 휴대폰과 인터넷이 없는 생활은 상상도 할 수 없다. 특히 휴대폰이나 PDA 등 모바일 기기에 익숙한 엄지족들은 새로운 사이버 문화를 창출해 가고 있다. 그들은 싸이월드나 트위터 등 소셜 네트워크를 통해 스스로 정보를 생산·유통·소비하면서 자신들만의 가상세계를 구축해 나간다. 점심시간까지 포기하며 블로그나 SNS를 통한 커뮤니케이션에 몰두하고 있는 신세대 직장인들의 새로운 풍속도가 점점 보편화되는 추세다. 이에 기업들은 회사 컴퓨터에서 싸이월드 접속을 원천 차단하는 고육지책을 내놓을 정도다.

엄지족들에게 이른바 '싸이질'은 자신을 표출하는 동시에 세상과 소통하는 창구다. 나아가 궁금한 것이 생기면 그들은 자연스럽게 지식검색창을 두드린다. '네이버 지식in에 물어봐'라는 것이 그들의 지적 호기심 충족의 풍속도다. 또한 짧은 시간과 작은 공간에 더 많은 내용을 담기 위해 단어를 압축한 네티즌어로 소통하며 이모티콘의 사용도 필수다. 이모티콘은 감정emotion과 아이콘icon의 합성어로 컴퓨터 자판의 문자와 기호, 숫자 등을 조합해 만든 '사이버 언어'다.

과거 직장인들은 삼겹살에 소주를 마시며 스트레스를 해소했지만 이제 메신저나 채팅을 통해 업무 스트레스를 풀기도 한다. 그들은 메신저를 통해 24시간 주변 인물들과 연결되어 있다. 과거 그 어느 때보다 커뮤니케이션이 활발한 시대인 것이다.

휴대폰 문자판을 활용해 '러시아, 스페인, 브라질, 멕시코, 아르헨티나, 미국, 남아프리카공화국, 캐나다, 인도네시아, 포르투갈'을 입력하는 데 시간이 얼마나 걸릴까? 2009년 11월 LG전자는 서울 어린이대공원에서 'LG 모바일 월드컵 2009'를 개최, 문자왕을 선발했다. 여기에 참가한 한 여고생은 10개국 이름 39자를 두 엄지손가락만으로 1초에 무려 7.3타를 입력, 불과 18.74초 만에 전송을 끝냄으로써 '엄지 퀸'으로 선발되었다.

빠른 속도로 휴대폰 문자판이나 PC 자판을 두드리면서 대화하는 엄지족들이 이제 화면을 찍어 전화를 걸거나 이메일을 보내는 검지족으로 변화하고 있다. 촉각을 자극하는 터치스크린, 터치폰 시대가 도래했기 때문이다. 젊은 소비자들은 청각과 시각에서 나오는 '손맛'에서 바탕화면의 아이콘을 손가락으로 누르는 촉감에 점점 매료되고 있다. 최신 휴대폰들은 볼륨을 키울 때는 실제 라디오 볼륨을 올리는 기분을 느끼도록 하고, 사진을 검색할 때는 사진첩을 실제로 넘기는 느낌을 제공하며, 주사위 게임을 할 때는 실제로 손 안에 주사위를 쥐고 흔드는 느낌을 제공해 주고 있다.

2009년 삼성전자는 '햅틱 아몰레드폰'과 '연아의 햅틱폰' 등 보고 느끼면서 사용자의 감성과 교감하는 풀터치폰을 출시, 엄지족의 계보를 잇는 검지족들 사이에서 선풍적 인기를 끌고 있다. 또한 터치폰은 '원 핑거 줌one finger zoom' 기능을 적용해 화면을 한 손가락으로 터치한 후 상하로 움직여 화면 크기를 확대하거나 축소할 수 있게 해준다. 이 기능을 통해 모바일 인터넷, 영화나 사진 감상 등 각종 멀티미디어 기능을 더욱 편리하게 사용할 수 있도록 지원한다.

2009년 9월 4일 삼성전자는 독일 베를린에서 열린 소비자 가전전시회인 'ITA 2009'에서 '디지털 휴머니즘digital humanism'을 삼성의 새로운 패러다임으로 선포했다. 삼성전자 윤부근 영상디스플레이 사업부 사장은 개막 기조연설을 통해 다음과 같이 강조했다. "최첨단 디지털 기술에 인간 본연의 가치와 감성을 불어넣는 디지털 휴머니즘을 통해 꿈을 현실로 만들 것이다." 디지털 휴머니즘이란 디지털 첨단기술과 인간 본연의 아날로그적 감성가치의 만남을 의미한다. 단순한 시각의 차원을 뛰어넘어 촉각을 통해 교감하도록 하는 것이 디지털 오감기술의 진화 방향이다.

촉각의 재현은 햅틱 기술을 적용한 모바일 기기에서부터 실현되고 있다. 햅틱은 그리스어로 '만지는'이라는 뜻의 형용사 'haptesthai'에서 유래했으며 컴퓨터 촉각기술을 뜻한다. 컴퓨터의 기능 가운데 사용자의 입력장치인 키보드와 마우스, 조이스틱, 터치스크린 등을 통해 촉각과 힘, 운동감 등을 느끼게 하는 기술이다. 삼성전자의 햅틱폰이 선풍적 인기를 끌면서 이제 햅틱은 휴대폰이나 터치스크린 등에 모두 쓰이는 보통명사화되고 있다. 햅틱 기술은 가상현실로 발전하면서 더욱 구체적이고 실감나게 인간의 오감을 확장해 주고 있다.

디지털 신조어가 새로운 세상을 만든다

오늘날 인터넷 문화를 주도하고 있는 N세대는 태어날 때부터 컴퓨터 마우스와 휴대폰을 손에 쥐고 놀았고, 인쇄매체보다 디지털 매체를 더 친숙하게 접하면서 자라났다. 따라서 현실세계만큼이나 사이버 공간을 삶의 중요한 무대로 인식하고 있으며, 편지나 전화 대신 이메일을 주고받는다. 반면에 부모세대인 베이비부머들은 이메일을 주고받고 아이폰을 사용하지만 가슴이 아니라 머리로 받아들인다는 점에서 한계를 갖고 있다. 베이비부머들은 뉴스나 정보의 검색 등 인터넷을 소비에만 활용할 뿐 공동창작 등의 협업도구로는 활용하지 못한다.

돈 탭스콧은 N세대의 특징을 다음과 같이 정의한다. "선택의 자유를 최고의 가치로 여긴다. 협업에 익숙하며 사실 여부를 늘 검증하고자 한다. 또한 무엇보다 재미와 스피드를 추구한다. N세대는 정치·경제·문화·종교 등 일방향시대에 형성된 모든 제도를 바꿔놓고 있다. 이제 세계는 N세대의 관점에서 새롭게 건설되어야 한다."

N세대가 사용하는 신조어들은 디지털 시대의 새로운 현상이나 트렌드를 반영함으로써 사회의 변화와 혁신을 일으키는 상징과 원동력으로 작용한다. 기술결정론이 새로운 문화를 창출하고 사회변동을 추동하는 것과 마찬가지다. 이 같은 N세대의 최신 버전은 '디지털 네이티

브족'이다. 선배인 N세대가 랜LAN선에 연결된 컴퓨터를 통해 인터넷을 사용했다면 디지털 네이티브족은 언제 어디서나 '접속'의 경계가 없다. 그들은 스마트폰, 넷북, 디지털 카메라, MP3 등의 디지털 신제품을 자유자재로 연계해 사용한다. 버스나 지하철 안에서 스마트폰으로 웹서핑을 하고 영화를 즐긴다. 인터넷에서 찾아낸 재미있는 사진과 뉴스를 이메일로 주고받는다. 거리를 걸으며 맛집이나 처음 가는 곳을 곧바로 검색하기도 한다. 학생들은 넷북으로 강의내용을 필기하고 파워포인트로 발표 과제를 준비하며, 전자책으로 된 참고서적을 다운로드한다. 또한 궁금하면 뭐든 바로 접속해 해결하는 디지털 신인류를 '찰나족'이라고 한다. 그들은 트위터를 즐기고 수시로 웹서핑과 이메일을 체크하며 자신의 위치와 상황을 문자메시지로 주변에 알리고 싶은 욕구를 갖고 있다.[1]

새로운 변화를 통해 낡은 규칙과 습관들이 소멸되면서 새로운 규칙들이 등장했고, 그때마다 신조어들이 태동해 변화된 새로운 규칙과 방향을 잘 설명해 준다.

예를 들어 18세기에는 일반인들에게 생소했던 '자유, 평등, 박애'라는 단어가 대중에게 회자되면서 세계사를 바꾸는 원동력이 되었다. 지금은 너무나 평범한 단어들에 불과하지만 당시에는 이들 단어가 이념으로까지 승화되면서 시민혁명의 도화선이 되었다. 그 결과 시민계급이 권력을 장악해 절대왕정이 타도되었고, 경제적으로는 봉건제를 타파해 토지개혁과 농노제도의 철폐를 가져왔다. 또한 사회적으로는 자유, 평등, 박애라는 개념에 의해 민주주의의 발전 모델이 제시되었고, 동시에 법적인 불평등과 특권을 제거함으로써 근대 시민사회로의 발전을 가능케 했다.

디지털 경제를 구체화한 '비즈니스웹b-web'이란 신개념은 경제활동의 규칙과 기반을 획기적인 수준으로 바꿔놓았다. 이베이나 아마존 등 같은 비즈니스웹의 사례는 우리의 경제활동 기반을 경이롭게 변화시켰다. 비즈니스웹 플랫폼을 통한 e비즈니스는 시간적·공간적 제약을 극복하고 정보 불균형을 해소해 거래비용을 대폭 절감시켰으며, 경제주체 간의 관계connectivity와 협력collaboration을 뚜렷하게 개선시켰다. 그 결과 고객들이 협력 네트워크로 연결되면서 힘의 균형이 공급자에서 고객으로 이동하는 전기가 마련되었다. 비즈니스웹이 새로운 부의 창출방식으로 떠오르면서 지금까지의 산업 경쟁의 규칙들을 재편한 것이다.

또한 디지털 문화의 확산과 함께 나타나고 있는 크고 작은 신조어들은 새로운 사회 현상이나 생활 형태들을 창출해 내고 있다. 휴대폰이나 인터넷을 통한 문자 메시지 사용이 보편화되면서 '문자족texter'이라는 신조어가 《옥스퍼드 영영사전》에 정식 등록되기도 했다. 그리고 온라인상에서 메신저나 채팅룸을 통해 대화하는 방식을 '즉석 메시지 주고받기'라는 의미의 'IMinstant messaging'으로 표현하고 있다. IM은 '인터넷을 통해 실시간으로 문자를 보내다'라는 동사로도 사용된다. 문자족들은 문자와 언어, 영상에 기반한 기존 커뮤니케이션 방식을 크게 바꿔놓고 있다.

옥스퍼드 대학출판부는 해마다 '올해의 단어'를 선정한다. 2007년에는 '로커보어locavore', 2008년에는 '하이퍼마일링hypermiling', 그리고 2009년에는 '언프렌드unfriend'를 선정했다. 언프렌드란 소셜 네트워크 사이트에서 친구목록 삭제를 의미하는 표현이다. 트위터에서는 '언팔로unfollow'란 단어를 사용한다.

하이퍼마일링이란 공인연비 이상의 효율을 위한 운전습관 또는 기술을 뜻한다. 자동차 연비가 최고의 덕목으로 꼽히고 있는 세태를 잘 반영하고 있다. 하이퍼마일링을 잘 실천하기 위해 적정 타이어 기압 유지, 불필요한 짐 덜어내기, 공회전 금지 등을 들고 있다. 로커보어는 자신의 거주 지역에서 재배한 제철음식local food을 그때 그때 소비하는 트렌드나 사람을 가리키는 신조어다. 우리말로 표현하자면 '신토불이' 정도가 될 수 있겠다. 자신의 거주 지역에서 재배한 채소는 다른 원거리 지역에서 생산된 채소보다 신선도와 맛과 영양이 훨씬 뛰어나다. 아울러 농산물 운송과정에서 발생하는 자동차 배기가스를 줄일 수 있어 친환경적이기도 하다.

《메리엄웹스터 대학생용 사전Merriam-Webster Collegiate Dictionary》 2006년판에는 컴퓨터 앞에 앉아 쓸데없이 오랜 시간을 보내는 사람을 지칭하는 '마우스 포테이토mouse potato'와 휴대폰 벨소리를 뜻하는 '링톤ringtone', 인터넷에서 검색하다는 뜻의 '구글링googling', 구글을 이용해 호텔을 검색한다는 의미의 '구글링 호텔스googling hotels' 등의 단어들이 신규 등록되었다. 우리가 일상생활에서 흔히 사용하는 '네이버 찾아봐!', '너 싸이 하니?', '싸이질'과 같은 표현도 세태를 반영한 동일한 현상으로 볼 수 있다. 구글링이나 싸이질 등은 온라인상에서 특정기업의 이름, 인지도, 이미지와 결합되어 구축된 '인브랜드inbrand' 현상의 하나이기도 하다.

한 걸음 더 나아가 디지털이란 단어와 합성된 신조어들을 살펴보면 우리가 어떤 사회에 노출되어 있는지 잘 알 수 있다.

전자개인정보digital fingerprint, 디지털 도청digital wiretap, 디지털 잡지digizine, 전자화폐digicash, 디지털 건망증digital amnesia, 디지털 다이어팅digital dieting, 정보통신사회digitocracy, 디지털 솔저digital soldier, 디지테리아digiteria, 디지털 블러드digital blood 등이 대표적인 신조어다.

디지털 다이어팅이란 디지털로 촬영한 사진을 포토샵을 이용해 날씬한 모습으로 수정하는 것을 의미한다. 디지털 블러드란 SNS 등을 통해 맺은 네트워크를 뜻한다. 디지테리아는 무선 인터넷을 접속할 수 있는 카페를 뜻한다. 미국의 일부 스타벅스 매장에서는 무선 인터넷을 통해 음악 등 콘텐츠를 다운로드할 수 있도록 지원한다. 게임이나 영화에 자주 등장하는 디지털 솔저는 2007년 이라크 전에 투입된 미군의 모습으로 현실화되었다. 디지털 솔저는 군모 앞에 부착된 투시경을 통해 전방에 보이는 적군의 동태가 실시간으로 지휘본부에 전송되는 첨단 하이테크로 무장하고 있다. 나아가 2009년 후반에 아프가니스탄에 파견된 뉴질랜드 군은 자국 병사들에게 무려 1인당 1,200만 달러 상당의 최첨단 개인군장을 지급하기도 했다. 위성 위치 파악장치GPS가 내장된 디지털 장비, 파편을 막아주는 선글라스와 보안경, 장갑 등으로 무장한 모습은 2008년에 개봉한 영화 〈아이언맨〉의 모습과 흡사하다.

양산되는 디지털 소외자들

오늘날 블로그나 짧은 댓글 달기, 게시판 등에서 또래들끼리 주고받는 단어들을 살펴보면 정말 생소하기 짝이 없다. 즈모니(주머니, 욕망을 숨겨두는 마음속 장소), 열폭(열등감의 폭발), 닥빙(어떤 대상과 영혼의 교감을 나누다), 까방권(한 번의 활약으로 다른 잘못에 대한 비난을 면제받는 권리), 능무리(눈물이 흐르고 있는 상황의 축약적 표현, 마음에 슬픔이 가득한 상태를 의미), 엄마미소(엄마 또래의 주부들이 나이에 걸맞게 소리 없이 웃는 모습으로 애정을 가진 대상을 흐뭇하고 뿌듯하게 바라보는 표정), 올레(감탄사로 매우 기쁜 상태의 외마디 소리, KT 광고에서 비롯된 단어) 등이 인터넷을 가득 채우고 있다. 과연 기성세대는 얼마나 이 단어들을 이해하고 있을까?

이러한 추세는 미국도 마찬가지다. 'OMB, BIL, GBTW'라는 문자 메시지를 휴대폰으로 받았다면 기성세대는 그 의미를 도무지 알 수 없을 것이다. 'OMB, BIL, GBTW'는 젊은 층이 사무실에서 휴대폰으로 친구와 잡담하다가 이를 지켜보고 있는 상사를 발견하고는 부리나케 친구에게 보낸 문자 메시지 내용이다. '이런! 상사가 듣고 있었네. 일하자Oh my god, Boss is listening! Get back to work'라는 뜻을 담은 축약어다. 10대의 전유물인 축약어들이 일상적인 언어로 광범위하게 자리 잡으면서 이를 해석해 주는 전문 사이트까지 등장하고 있다. 많은 사람들은 인터넷과 전자상거래, IT 산업으로 형성된 디지털 경제로의 급격한 진입에 따른 단절감에 불안과 피로를 느끼고 있지만 디지털 격차는 갈수록 심화될 전망이다.

2009년 11월 미국의 폭스 뉴스Fox News는 우리의 생활방식을 크게 변화시킬 신기술들 가운데 시장에 출시되었거나 곧 서비스가 제공될 예정인 8가지 기술을 소개한 바 있다. 그 중 하나가 웹사이트를 통해 이용자들이 장례식에 참석하지 않고서도 어디서든지 장례식 장면을 지켜보면서 고인에 대한 추모사를 남길 수 있는 '온라인 장례식Funeralrecording.com'이다. 그리고 휴대폰 카메라와 초고속 무선인터넷을 연결해 개인의 일상생활 모습을 그대로 보여주는 웹사이트인 '라이프 캐스팅 서비스Qik.com'도 선정되었다. 또한 네티즌들이 흥미를 느낀 이야기나 그림, 비디오, 자료, 웹사이트 등을 모아 가족이나 친구들과 공유할 수 있도록 해주는 '콘텐츠 집합체Toobla.com'가 뽑혔고, 무선기지국이 닿지 않는 오지에서도 휴대폰을 사용할 수 있도록 해주는 휴대전화 부스터, 그리고 온라인 명함과 무작위 채팅 사이트, 맞춤형 위성측량 시스템 등이 선정되었다. 이 같은 디지털 서비스들이 우리의 생활을 얼마나 편리하게 바꿔놓을 수 있을지는 아직 미지수다. 다만 분명한 것은 정보화를 통해 촉진되고 있는 편리함과 윤택함이 모든 사람에게 해당되는 것은 아니란 사실이다.

2005년 한국정보문화진흥원이 정보화에 따른 영향을 조사한 내용을 살펴보면 '생활이 편리해졌다'고 생각하는 사람이 83.8%, '국민의 알 권리가 신장되었다'고 응답한 사람이 60.4%나 되었다. 그러나 55.2% 는 '사생활 침해가 늘었다', 34.1%는 '소외감과 비인간화를 많이 느낀 다'고 응답했다.

디지털과 인터넷 발달의 뒤안길에는 디지털 소외자와 같은 사회적 문제들이 도사리고 있다. 2009년 하반기부터 삼성그룹은 미래의 신기 술에 초점을 맞춘 이미지 광고 '두근두근 투모로우tomorrow' 캠페인을 전개했다. 이 캠페인은 소비자가 어렵고 복잡하게 느낄 수 있는 발광다 이오LED, 태양광 충전 휴대폰, 리튬이온 2차전지 등의 신기술을 쉽고 친근하게 받아들일 수 있도록 구성했다. '스노우 캣'이라는 캐릭터로 잘 알려진 작가 권윤주와의 공동작업을 통해 '기술'이라는 이성적이고 차가운 요소를 꽃과 별에 비유한 따뜻하고 부드러운 일러스트로 표현 했다. 우리에게 깊은 인상을 남긴 광고 카피를 살펴보자. "별과 달, 그 리고 밤하늘 반딧불이를 닮은 빛이 또 있을까요? 친환경 LED는 전력 소모량이 적고 탄소 배출을 크게 줄일 수 있는 자연을 닮은 빛입니다."

삼성은 "디지털 제품의 기술적 측면은 비약적으로 발전하고 개선되 어 왔지만 아직 인간본연의 가치추구나 감성적 측면은 부족하다"고 전 제하면서 "복잡한 매뉴얼이 없다 하더라도 인간의 오감을 바탕으로 직 관적으로 사용할 수 있는 제품을 고객에게 제공하기 위해 많은 노력을 경주할 것"이라며, 캠페인의 취지를 설명하고 있다.

그 밖에 정치 신조어로 가차gotcha 라는 표현이 있다. 'I got you'의 연 음을 축약한 것으로서 '딱 걸렸어'라는 의미로 풀이된다. 즉 상대의 잘 못이나 나쁜 소문을 찾아내 폭로하는 정치행태를 일컫는다. 정치에 대 한 대중의 염증과 실망을 함축하고 있으며, 정치의 개혁을 갈망하는 욕 구가 반영되어 있다. 이와 함께 가차 저널리즘gotcha journalism 이라는 표현도 세간에 널리 회자되고 있다. '딱 걸렸어'라는 원뜻을 바탕으로 '꼬투리 잡기 저널리즘'이란 뜻으로 해석할 수 있다. 이 또한 특정인이나 특정 단체를 공격하기 위해 그 사람의 발언이나 단체의 활동을 입맛대로 거두절미해서 보도하는 행태를 가리킨다. 정파적 관점에 얽매인 보수와 진보 신문 진영 간에 벌이고 있는 보도행태에 대한 염증을 의미하기도 한다.

분명 젊은 네티즌들에 의해 범람하고 있는 신조어들에는 세대 간 공감적 커뮤니케이션의 단절을 초래하고 있는 측면이 존재한다. 한 TV 광고에서는 '마음을 이어주는 따뜻한 디지털 세상'이라는 문구를 발견할 수 있는데, 디지털 네트워크가 사람과 사람을 이어주는 가교역할을 하고 있음을 표현하고 있다. 하지만 유·무선 인터넷, 다기능 휴대폰, PDA, PMP 등의 활용이 보편화되면서 오히려 디지털 정보의 사용능력에 따른 격차가 심화되고 있는 것도 사실이다. 디지털 환경에 능동적으로 대처해 나가지 못하는 사람들의 소외감과 이에 따른 양극화 현상을 '디지털 격차digital divide'라고 한다.

디지털 위성방송, 케이블TV, IPTV에서 쏟아내는 부가서비스들의 번잡스러운 이용방식과 이를 제어하기 위한 리모컨의 복잡한 기능에 기가 질리는 소비자들이 많다. VOD, 다시보기 서비스, T-커머스, 예약녹화 서비스, 수많은 채널 리스트 등을 담고 있는 메뉴화면을 보노라면 마치 웹서핑을 하는 것 같고 정작 소비자들이 원하는 몇몇 방송채널에의 접근이 어려워 주객이 전도된 느낌이다. 제아무리 좋은 200만 원대의 디지털 TV일지라도 리모컨이 고장 나면 무용지물이 되고 만다. 아날로그 시대에는 리모컨이 없더라도 TV에 붙어 있는 채널 스위치를 돌려서 원하는 방송을 선택할 수 있었다. 하지만 디지털 시대에는 리모컨이 TV와 소통하는 거의 유일한 도구가 되었다. 케이블MSO 회사인 CJ

헬로비전은 별도의 학습 없이 고객들이 직관적으로 이용할 수 있도록 방송 프로그램 선택을 위한 메뉴화면을 개선하고 단순하며 최적화된 리모컨을 개발해 고객들의 좋은 반응을 얻기도 했다.

시대의 변화에 따라 디지털 라이프를 즐기는 정보화된 노인들인 '웹버(weber, web과 silver의 합성어)족'이 늘고 있다고는 하지만 연령층을 떠나 소비자들은 자신들이 원하는 서비스를 구매하는 것이지, 복잡한 기술을 구매하는 것이 아니다. 따라서 디지털과 아날로그가 공존하는 간결하고 단순한 'UI 디자인'이 소비자들의 공감을 얻고 있다.

결국 디지털 기술의 목표란 일상의 경험을 다른 사람과 공유하고, 자신만의 느낌과 스타일을 쉽게 표현할 수 있도록 하며, 학습 없이 쉽고 편하게 사용할 수 있도록 지원하는 것으로 요약될 수 있다. 이러한 감성이 담긴 노력들은 디지털 격차를 줄여나가는 데 유용한 도움이 될 것이다.

디지털 컨버전스형 신인류의 등장

'디지털 노마드digital nomad족'이란 디지털에 유목민을 뜻하는 노마드를 합성한 표현이다. 휴대폰과 노트북, 디지털카메라 등과 같은 첨단 디지털 장비를 통해 공간의 제약을 뛰어넘어 자신이 원하는 일을 하는 사람들을 의미한다.

유목민을 생각하면 쉽게 떠올릴 수 있는 이미지는 유랑민, 기마민족, 야만, 약탈자, 목축업 등이다. 하지만 몽골의 유목민들은 기병의 원형을 만들어냈고, 기병을 위한 온갖 장비와 무기와 정보체계를 구축해 세계를 지배했다. 유라시아 전역의 패권을 차지한 칭기즈칸은 후손들에게 다음의 유훈을 남겼다. "성을 쌓고 안주하면 멸망할 것이다. 부디

유목민의 전통을 잊지 말라."

원나라 황제로 등극한 쿠빌라이는 궁궐 안의 호화스러운 침실이 아
니라 궁궐 안에 만들어진 유목민 천막에서 잠을 자면서도 정보와 공간
을 관리하는 능력을 발휘해 광활한 지역을 통치했다. 오늘날의 디지털
유목민들은 스마트폰과 전자책, 넷북, 아이패드, 이동형 단말기를 인터
넷과 연결하는 와이브로 등의 무기를 갖고 있다. 이를 통해 사무실이 필
요 없는 가상조직을 만들고, 세상과 소통한다. 그들은 이동성과 진취적
인 도전정신, 모든 결핍을 극복하는 능력, 본질에 집중하는 힘, 풍부한
경험을 적극 활용하는 기술 등 과거 유목민의 기질을 계승하고 있다.

디지털 노마드족은 새로운 기술과 정보가 있는 곳이라면 언제든, 어
디든 떠날 수 있다. 가만히 앉아서 보고받고 결재하는 일을 좋아하지
않으며 한 곳에 머무르지 않고 끊임없이 옮겨 다니는 자유로운 삶을 추
구한다. 그들은 새롭게 직면하는 환경에도 잘 적응한다. 새로운 사람과
쉽게 친구가 되고 낯선 장소, 낯선 음식, 낯선 문화에 왕성한 호기심을
갖고 접근할 수 있으며 그 자체가 삶의 활력이 되기도 한다.

또한 자신의 가치를 확실하게 분석하고 상품화할 줄 안다. 그들은 주
로 IT 업계, 컨설팅 분야, 미디어기업이나 금융권에 포진하고 있다. 그
들은 무선 인터넷 환경이 갖춰진 미팅 장소를 선호하며 노트북과 PDA
를 이용해 즉석에서 업무협의를 진행하기도 한다. 언제 어디서든 이메
일을 수시로 체크한다. 조깅을 할 때도 늘 아이팟을 끼고 있으며 뭔가
신기한 것을 발견하면 즉시 디지털 카메라에 담는다. 현금이 없어도 어
디서나 결제가 가능한 신용카드의 보급과 패스트푸드, 테이크아웃 음
식점 등은 디지털 유목민의 생활을 풍요하게 뒷받침한다.

디지털 노마드족을 위한 의상도 눈길을 끌고 있다. 미국의 의류업체
인 스캇이베스트Scottevest는 디지털 노마드족을 위한 '스파이 재킷'이라

는 제품을 출시해 인기를 끌고 있다. 이 재킷에는 디지털 기기들은 물론 안경, 생수, 서류 등 온갖 종류의 잡다한 물품을 보관할 수 있는 52개의 주머니가 안팎으로 주렁주렁 달려 있다.

디지털 노마드족이 미디어를 소비하는 형태는 일반인들과 크게 다르다. 그들은 더 이상 수동적인 시청자가 아니라 미디어를 적극 사용하는 소비자들이며 활자로 된 콘텐츠보다는 영상 콘텐츠에 더 익숙하다. 그리고 인터넷 포털을 통해 필요한 기사를 검색하고 지식검색을 통한 콘텐츠 소비의 특징을 보여주고 있다. 20~30대의 그들에게 TV의 황금시간대인 오후 8~11시는 밖에서 활동하는 시간에 해당한다. 따라서 TV 매체의 주요 시청자 그룹은 아니다.

디지털 노마드족의 등장은 일찌감치 예견되어 왔다. 30여 년 전 마셜 맥루한은 다음과 같이 예언한 바 있다. "사람들은 빠르게 움직이면서 전자제품을 이용하는 유목민이 될 것이다. 세계 각 지역을 돌아다니지만 어디에도 집은 없을 것이다."

프랑스의 사회학자 자크 아탈리Jacques Attali는 "21세기는 디지털 장비로 무장하고 지구를 떠도는 '디지털 노마드'의 시대"라고 규정한 바 있다. 또한 프랑스의 철학자 질 들뢰즈Gilles Deleuze는 "아날로그 시대에서 디지털 시대로 전환하면서 불가피하게 삶의 방식과 경향이 노마드적 삶으로 변화했다"고 진단하면서 아날로그 시대가 토지·노동·자본이라는 유형의 자산시대였다면 디지털 시대는 지식·기술·정보라는 무형의 자산시대라고 정의했다.

미국의 실리콘밸리에서는 시간대를 나누어 여러 회사에서 근무하는 사람들도 늘어나고 있는 추세다. 이러한 부류를 가리켜 '잡job 노마드', '비즈니스 집시'라고 부르기도 한다.

원래 잡 노마드란 휴대폰과 노트북, 디지털 카메라 등을 비롯한 첨단

장비들을 갖추고 여러 나라를 옮겨 다니며 일하는 사람들을 일컫는 신조어다. 국가 간 이동이 수월한 유럽에서 잡 노마드 현상이 먼저 발생했는데, 이제 인터넷이 발달하면서 거리와 시간에 관계없이 일을 처리할 수 있기 때문에 잡 노마드는 21세기 새로운 사회현상으로 자리 잡을 전망이다.

앨빈 토플러가 《제3의 물결 The Third Wave》에서 처음 설명했던 프로슈머 prosumer 는 디지털 시대를 맞이하면서 생산형 소비기반에 디지털 코드가 결합된 디지털 프로슈머로 진화하고 있다. 디지털 노마드가 이를 대표한다. 디지털 프로슈머들은 공산품뿐 아니라 문화 · 정보 · 예술 · 오락 등을 생산하는 기업의 조언자가 되기도 하고 산업과 소비문화의 트렌드를 이끌어내는 세력이 되기도 한다. 디지털 기반은 그들에게 개개인의 생산욕구를 구현할 수 있도록 도와주며, 이로 인한 1인 매체의 영향력이 증대되고, 경제와 정보의 수평이동을 이루는 디지털 민주주의를 실현시켜준다.

자신들의 관심사에 따라 자유롭게 칼럼과 기사, 의견을 올리는 블로그는 디지털 노마드족이 가장 선호하는 커뮤니케이션 수단 중 하나다. 또한 특정 콘텐츠를 중심으로 강력한 네트워크를 형성해 미디어로서의 영향력을 발휘하기도 한다.

삼성전자는 대학생 프로슈머 그룹인 'IT 스프린터 SPrinter 그룹'을 운영하고 있다. 삼성전자의 넷북, 노트북, 프린터 등의 디지털 프로슈머들인 그들은 관련 제품과 브랜드를 보다 빨리, 보다 가까이에서 체험하면서 소비자로서의 경험을 회사에 제언한다. '스프린터'란 삼성전자 노트북 브랜드인 센스 SENS 와 프린터 printer 가 합성된 단어다. 반사신경이 날카롭고 순발력이 뛰어난 육상 '단거리 주자'를 의미한다. 이는 급변하는 IT 트렌드에 민첩하게 대응하며, 열정을 갖고 진취적으로 나아가는 '마케팅&트렌드 그룹'을 지향한다는 뜻인데, 오늘날의 디지털 프로슈머와 디지털 노마드족의 속성을 잘 나타내고 있다. 디지털 노마드족과 유사한 신인류 그룹으로, 유비쿼터스 기술에 적응해 가상공간과 현실공간을 동일한 생활영역으로 여기며 살아가는 유비쿼터스족 혹은 퓨전족을 들 수 있다. 그들의 강점은 교차와 융합, 서로의 영역을 넘나드는 데 익숙하다는 것이다. 다양한 문화와 학문, 기술 분야의 크로스오버를 통해 제3의 신생분야를 만들어내는 데 앞장선다.

디지털 컨버전스 시대가 기술적 통합과 함께 사회·경제·문화의 통합으로 확산되면서 우리가 살아갈 환경을 바꾸고 있고, 그 속에서 살아가는 인간 유형도 변화하고 있다. 점차 증가하고 있는 컨버전스형 신인류는 우리의 미래를 이끌 주류가 될 전망이며 컨버전스형 신인류가 되는 것은 선택이 아니라 필수가 된 상황이다. 아날로그 시대의 집시나 유목민들은 사회의 주변세력으로 홀대되었지만 디지털 노마드, 디지털 프로슈머, 유비쿼터스족, 퓨전족은 디지털 시대를 이끌어나갈 사이버 신인류로 각광받고 있다.

디지털 노마드족과는 대비되는 '정착 성향'의 코쿤Cocoon족 또한 신인류 그룹이다. 코쿤족은 안전한 공간에서 자신만의 생활을 즐기는 '칩거증후군'을 갖고 있는 사람들을 의미한다. 미국의 마케팅 전문가 페이스 팝콘Faith Popcorn은 '불확실한 사회에서 단절되어 보호받고 싶은 욕망을 해소하는 공간'이란 의미로 누에고치를 뜻하는 '코쿤'을 처음 사용했다. 흔히 말하는 나홀로족, 귀차니스트, 디지털 폐인, 싱글족 등의 의미가 혼합된 개념이다. 코쿤족은 자신만의 칩거공간에서 디지털 기기와 휴대폰, 인터넷 등을 통해 외부와 끊임없이 의사소통한다. 영화나 공연을 보는 일, 공부하거나 취미활동을 하는 일조차 대부분 집 안에서 해결한다. 인터넷 쇼핑몰 입장에서는 그들이 가장 중요한 VIP 고

표 4-1 디지털 컨버전스형 신인류

디지털 노마드족	디지털 프로슈머족
• 첨단기술의 디지털과 유목민을 뜻하는 노마드를 합성한 단어 • 스마트폰, 노트북, 넷북, e북 단말기, 디지털 카메라와 같은 첨단 디지털 장비를 갖추고, 시간과 장소에 구애받지 않은 채 일하는 사람들을 의미	• 프로덕트와 컨슈머의 합성어 • 정보·문화·예술·미디어·오락 등의 분야에서 생산자가 곧 소비자이고, 소비자가 곧 생산자가 되는 현상을 향유하고 있는 사람들을 말함
유비쿼터스족(Utizen)	퓨전족·크로스오버족
• 정보화가 현실공간과 결합하여 유비쿼터스라는 새로운 패러다임을 만들어냄 • 이러한 유비쿼터스 환경에 적응된 신인류를 유비쿼터스족 혹은 유비쿼터스와 시티즌을 합성한 유티즌(Utizen)으로 부름	• 퓨전 혹은 크로스오버는 교차와 융합을 의미하며, 서로의 영역을 넘나드는 것을 말함 • 디지털화에 의해 촉진되고 있는 컨버전스 현상을 통해 서로 다른 분야들이 서로 융합·교차하면서 새로운 문화를 창출
디지털 컨버전스형 신인류는 디지털 시대를 이끌어가는 주류로 성장	

객이다. 야외 자동차극장, 인터넷 게임방, 개인 미디어 등이 코쿤족의 또 다른 활동무대다. 디지털 코쿤족을 위해 창가에 배치한 대학가 카페의 1인석도 큰 인기를 끌고 있다.

미국의 코콘족과 우리나라의 코쿤족 사이에는 미묘한 차이가 존재한다. 미국의 코쿤족은 급격한 사회변화와 범죄증가에 대응해 안정적 삶을 지향한다. 따라서 그들은 가족, 인간에 대한 소중함을 중시한다. 반면에 우리나라 코쿤족은 불확실한 사회를 살아가는 데 필요한 에너지를 재충전하는 공간, 나홀로 문화를 즐기고 소비하는 공간이라는 의미가 더 크다. 특히 우리나라의 인터넷과 디지털 미디어 환경은 또 다른 신인류 코쿤족을 양산하기에 매우 적합한 조건을 갖추고 있다.

CHAPTER 02

미디어에
생로병사가 있는가

구텐베르크의 인쇄술은 미디어 기술의 혁명을 이끌었다. 〈라이프〉지는 지난 1,000년간의 인류사에서 가장 중요한 100가지 발명품 중 1위로 금속활자 인쇄술을 꼽았다. 군사기술의 일환이었다가 미디어로 변신한 라디오, 그리고 그 뒤를 이은 TV는 전파미디어로서 금속활자 못지않게 인류사에 획기적인 미디어 혁명을 불러일으켰다. 1876년 전화기의 발명이 이루어지면서 전화 통신시대의 막이 올랐다. AT&T는 수억 달러를 들여 집과 집, 기업과 기업, 도시와 도시, 대륙과 대륙을 유선으로 연결하기 시작했다. 1903년 이탈리아의 발명가 마르케스 마르코니 Guglielmo Marconi 는 무선통신 기술개발에 성공했다. 그때만 해도 오늘날의 전파세상을 미처 예견하지 못했을 것이다. 그가 발명한 전파를 기반으로 라디오, TV 방송이 등장했고, 이제 방송·통신의 융합으로 컨버전스 미디어가 널리 보급되고 있으며, RFID, 블루투스 같은 신기술이 발전을 거듭하면서 우리의 생활을 풍요롭게 만들어주고 있다. 당시 마르코니가 "더 이상 선은 필요 없어!"라고 외치자 화들짝 놀란 AT&T는 그 기술을 서둘러 사들였고, 아예 전화기 간의 무선통신을 차단해 버렸다. 막대한 돈을 유선에 투자한 AT&T로서는 어쩌면 당연한 일이 었는지도 모른다. AT&T는 단지 선박과 선박, 선박과 항구 간 등 한정된 분야에서의 무선통신업만을 마르코니에게 허락했다.

무선통신의 본질을 간파한 것은 1912년 뉴욕에서 마르코니의 발명품으로 무선신호를 수신하고 있던 젊은 인턴사원 데이비드 사노프David Sarnoff였다. 그는 무선통신으로 타이태닉호의 침몰소식을 세계 최초로 알린 인물이다. 타이태닉호의 침몰 순간까지 72시간 동안 구조 무선전파를 보내 일약 세계적인 명성을 얻었다. 그때만 해도 사노프를 제외하고는 그 누구도 이것이 무선전화가 아니라 방송의 시작이라는 점을 알아채지 못했다.

1912년 미국 의회는 '전파에 해당하는 라디오 사용을 원하는 사람은 누구나 통상·노동 장관의 허가를 얻어야 한다'는 내용의 라디오법Radio Act을 통과시켰다. 그리고 같은 시기에 미 해군에 의해 '방송'이란 단어의 개념정의가 되었는데, '명령을 한꺼번에 무선으로 여러 군함에 보낸다'는 의미였다. 제1차 세계대전까지만 해도 무선통신은 해군 간 통신을 위한 군사목적으로 사용되었다.

사노프는 일반대중을 대상으로 한 라디오 방송을 실현하기 위해 애쓴 결과 마침내 1922년에 이르러 최초의 정규 라디오 프로그램을 시작할 수 있었다. 그리고 권투경기 중계와 음악 송출, 라디오 기기 제작 판매를 통해 그가 속한 RCA는 엄청난 돈을 거머쥐었다. 1930년 RCA 사장에 취임한 사노프는 1939년 자회사 NBC를 통해 뉴욕에서 열린 세계만국박람회의 개막식을 중계하는 데 성공함으로써 역사적인 TV 방송 시대의 서막을 올렸다. 전파를 최초 발명한 마르코니와 라디오와 TV의 선구자로 인류사에 커뮤니케이션 혁명을 일으킨 사노프, 그들 또한 구텐베르크의 업적에 비견할 만하다. 그는 컬러TV 개발과 보급에도 잇달아 성공하면서 RCA를 글로벌 기업으로 키워냈다. '전파의 황제'로 불리는 사노프는 다음과 같이 말했다. "전파의 발달과 인간의 진보는 끝없이 이어질 것이다." 그의 예견처럼 최근 십수 년간의 미디어 테크놀로지 발전사를 살펴보노라면 과거 수백 년에 걸쳐 발전해 온 커뮤니케이션의 역사보다 훨씬 더 많은 변화가 일어나고 있다. 눈부신 발전의 중심에는 디지털 기술과 인터넷이 자리하고 있다.

1991년 이른바 '사막의 폭풍작전'으로 불린 걸프전 당시 사막 한가운데서 초소형 위성 안테나를 펼쳐놓고 실시간 전투 상황을 전달해 전세계의 주목을 받았던 CNN의 보도를 우리는 잘 기억하고 있다. 하지만 오늘날과 같은 첨단 인터넷 시대에는 당시의 이 경이로운 보도 장면 또한 구닥다리에 불과하다. 2000년도 이후 급격한 보급이 이루어진 UCC, 개인 방송국, 인터넷 방송, SNS와 블로그 등의 개인미디어 등은 세계 구석구석까지 생생한 현장을 전달하는 첨단 미디어의 역할을 하고 있다. 2005년 7월 7일 오전 8시 40분, 런던 중심부의 지하철과 버스에서 동시다발적으로 끔찍한 폭탄테러가 일어나 수많은 사상자가 발생했다. 세계를 충격에 빠뜨린 이 사건은 한 시민이 휴대폰으로 테러 현장을 촬영해 플리커Flicker라는 SNS 사이트에 올려 급속히 전파되었고, BBC도 그 촬영화면을 받아 긴급 보도했다.

2008년 국내에서 미국산 쇠고기 수입에 반대하는 촛불집회 현장과 이를 진압하는 경찰과의 대치현장을 실시간으로 전달해 사회적 관심을 증폭시킨 수단들은 방송국 카메라가 아니라 개개인의 손에 들려진 촬영기였고, 그들이 제작한 화면이 인터넷의 블로그를 통해 빠르게 퍼지면서 다양한 여론들이 분출되었다. 이는 방송사가 오랫동안 지배해 왔던 보도의 역할에 누수가 생겼음을 여실히 보여준 사건이었다.

2009년 6월 이란의 부정선거에 항의하는 시위현장이 생생하게 전 세계로 전파될 수 있었던 것도 역시 유튜브와 트위터 같은 1인 미디어들을 통해서였다. 특히 16세 소녀 '네다(나중에 27세의 여대생으로 밝혀짐)'가 민병대의 총에 맞아 숨지는 동영상이 유튜브에 올라오면서 전 세계인들은 슬픔과 분노에 빠졌다. '세계가 울면서 네 마지막을 지켜보았어'라는 제하의 동영상이 급속도로 SNS 사이트에 퍼지면서 '네다'는 이란 반정부시위의 상징이 되었다.

1990년 초 걸프전을 누볐던 CNN 또한 오늘날 트위터에 속속 올라오는 현장정보들을 토대로 보도를 내보내고 있는 만큼 실로 격세지감을 느끼게 한다. 현재 미디어 시장은 전통적 미디어와 뉴미디어, 그리고 그 경쟁 사이에서 태동된 보완적 형태의 미디어가 공존하고 격돌하는 과도기적 시기다. 전통적 미디어 기업들은 이러한 변화에 대해 초기에는 경계심을 나타내거나 스스로의 혁신에 거부감을 갖기도 했지만 점차 변화를 통해 생존을 모색하고 있다. 그리고 다양한 뉴미디어들은 전통적 미디어에 종속되어 온 소비자를 이탈시키기 위해 새로운 경험과 다양한 서비스를 제공하면서 그들의 소비행태를 재배치하고 있다.

뉴미디어가 새롭게 등장하면 인간의 생로병사와 같이 미디어에서도 생로병사 현상이 나타날 것인가? 뉴미디어의 탄생이 전통 미디어를 서서히 소멸시킬 것인지, 아니면 전통 미디어와 뉴미디어가 공존하거나 상호의 장점을 수용한 새로운 형태의 복제 미디어clone media로 진화할 것인지의 여부가 가장 궁금한 사항이 될 것이다.

신문산업의 최대 경쟁자, 인터넷 포털사이트

차세대 미디어의 패자는 구글이 될 것이라고 전망하는 전문가들이 많다. 구글이 주목받는 이유는 여느 미디어 기업들과는 달리 기술력에 바탕한 차별화된 비즈니스 모델을 갖고 있기 때문이다. 구글이나 네이버는 각종 정보를 편리하게 한 곳에 모아놓음으로써 고객을 끌어 모으고 있다.

디지털 시대의 소비자들은 한 번 고착된 브랜드에 집중적으로 몰리는 경향을 나타낸다. 따라서 일단 시장에서 우월적 지위를 확보한 구글이나 네이버 등의 인터넷 포털기업들은 점점 더 규모가 커지고 있다. 이러한 쏠림현상을 기반으로 뉴스 유통의 주도권은 신문에서 포털로 넘어가고 있다. 그런 만큼 뉴스의 생산자인 신문사와의 갈등도 갈수록 심화되고 있다. 구글은 언론사의 뉴스를 온라인으로 무료 공급해 미국의 신문산업을 곤경에 몰아넣은 주범으로 지목되고 있다. 이에 대해 구글은 자신들이 신문산업을 망친 것이 아니라, 오히려 자신들 때문에 신문사들의 트래픽이 높아졌다고 항변한다. 그러나 주요 신문사들이 구글의 무료 신문보기 서비스에 대한 압박수위를 높여나가자 구글은 그 타협안으로 신문보기 서비스를 일부 유료화하자고 제안했다. 구글은 신문사의 주요 수익원은 광고이지만 뉴스 콘텐츠의 유료화를 통해 중요한 부가수익을 창출할 수 있다고 설명한다. 애플이 아이튠스에서 판매한 콘텐츠 수익을 음반사와 나누는 것처럼 유료 서비스로 발생한 수익을 신문사와 나누겠다는 입장이다.

본래 '포털'이란 단어는 '정문' 또는 '입구'를 의미한다. 포털사이트

portal site 또는 웹 포털web portal은 월드 와이드 웹www에서 사용자들이 인터넷에 접속할 때 거쳐가도록 만들어진 사이트를 말한다. 포털사이트들은 사용자들이 필요한 정보 또는 관련된 메타 데이터를 종합적으로 제공하며, 초기에는 검색 서비스 위주로 제공했지만 점차적으로 뉴스, 이메일, 홈쇼핑, 블로그 등 다양한 공간을 제공하면서 급성장했다. 오늘날 포털사이트들은 사용자들에게 뉴스와 정보, 영화, 음악, 만화 등 다양한 콘텐츠들을 찾아 연결시켜주면서 막대한 수익을 창출하고 있다.

국내 포털들은 2002년 무렵부터 뉴스 서비스를 본격화했다. 출범 당시 중앙 일간지들이나 TV 매체들은 그 누구도 포털이 가장 큰 뉴스 소비접점으로 성장할 것이라 예측하지 못했다. 오히려 신문사들은 뉴스를 공급해 수익을 확장할 수 있는 곳이 늘어난다는 기대감이 더 컸다. 하지만 약 4~5년의 세월이 흐른 뒤 대부분의 사람들은 신문을 제치고 포털을 통해 뉴스를 접하고 있다.

2008년 한국언론재단의 조사에 따르면, 네이버와 다음 등 4대 포털의 점유율이 88.6%이고, 4대 일간지 온라인 뉴스서비스는 11.45%의 점유율에 그쳤다. 포털의 성장에 따라 가구당 신문구독률은 1998년 65%에서 2008년 36.6%로 급감했다. 포털사이트 네이버와 한게임을 운영하고 있는 NHN은 차별화된 검색광고 비즈니스 모델을 기반으로 2008년 매출 1조 2,081억 원을 기록했다. 당기순이익은 총 매출의 30%에 달하는 3,631억 원이었다.

한국의 온라인 뉴스 이용률은 경제협력개발기구OECD 회원국 가운데 가장 높은 것으로 분석되고 있다. OECD 산하 정보·컴퓨터·커뮤니케이션 정책위원회의 보고서에 따르면, 2008년 한국의 인터넷 뉴스 이용률은 77%로서 전체 회원국 가운데 1위를 차지하고 있다. 우리나라에 이어 노르웨이 73%, 아이슬란드 69%, 멕시코 61%, 미국 57%, 핀란드

57%, 덴마크 52%의 순으로 집계되었다. OECD 국가들의 평균 온라인 뉴스 이용률이 50%를 넘어섰다는 사실에서 우리는 인터넷이 전통 매체를 빠르게 대체하고 있음을 알 수 있다. 이 보고서는 "신문과 TV가 여전히 중요한 뉴스 공급원이지만, TV보다 신문이 더 빠르게 인터넷에 그 자리를 물려주고 있다"고 지적하면서 "한국에서 인터넷은 이미 다른 뉴스 양식을 압도했다"고 밝히고 있다.

눈부신 성장을 이룩한 인터넷 포털에 대한 규제와 견제 또한 만만치 않게 증가하고 있다. 신문사와 국회, 언론학자들은 뒤늦게 '막강한 언론 권력을 행사하고 있는 포털을 규제해야 한다'고 주장하기 시작했다. 포털에 의해 소비자들의 '보편적 접근권'이 제한될 수도 있다는 그들의 지적에 따라 포털들의 뉴스 편집권을 제한하는 방향으로 규제가 이루어지고 있다. 포털의 온라인 무료뉴스 서비스에 반기를 든 신문사들처럼 다른 콘텐츠 생산자들 역시 포털의 콘텐츠 무단활용을 더 이상 용납하지 않을 것임을 표명하며, 콘텐츠 제값 받기에 적극 나서고 있다. 아울러 포털기업들의 계속 불어나는 정보 데이터로 인해 발생하는 '데이터 콜레스토롤data cholesterol 현상'이나 '데이터 스모그data smog 현상'이 심각해지고 있다는 문제점도 제기되고 있다. 이로 인해 사용자들의 가치 있는 정보검색에 많은 혼란을 가져올 수도 있으므로 대책 마련이 시급하다는 것이다. 포털이 제공하는 미니홈피나 블로그 등 개인 미디어의 확산으로 개인이나 기업에게 불리하거나 부정확한 정보가 일반에게 제공될 수 있다는 우려도 커지고 있다. 이에 따라 익명의 컴퓨터에 장기적으로 축적되어 있는 부적절한 정보를 찾아내 제거해 주는 '디지털 클리닝'의 필요성이 거론되고 있다.

이 같은 견제와 규제에 따라 지난 10여 년간 한 해 50%씩 급성장했던 포털기업들의 성장날개가 한풀 꺾이는 현상이 나타나고 있다. 하지만 궁극적으로 포털의 지위는 쉽게 흔들리지 않을 전망이다. 막강한 검색엔진에 기반한 지능형 포털로 진화하는 등 여전히 사용자들에게 매력적인 사이트로 거듭나고 있기 때문이다. '세상과 연결해 주는 창'이라고 불리는 검색에 우리는 모든 정보를 의존한다. 사이버 세상에서 찾아야 할 것들이 너무나 많아졌기 때문이다. 어느덧 검색 비즈니스는 국가와 사회의 경쟁력을 한 차원 높여주는 지표로 자리 잡고 있다. 디지털 정보시대에는 양질의 정보를 빠르게 검색, 습득해서 실생활에 활용할 때 앞선 경쟁력을 가질 수 있다. 이제 검색 없는 포털이나 포털 없는 검색은 상상할 수가 없게 되었다. 검색과 포털은 세상과 '소통'하는 핵심 인프라다.

SK커뮤니케이션즈의 포털 '네이트'는 2009년 하반기에 '사전 시맨틱 검색' 시스템을 도입해 검색 점유율과 네이트 검색의 순방문자 수를 크게 늘렸다. 사전 시맨틱 검색이란 사용자의 검색의도와 의미들을 파악해 빠른 답변을 제공하는 기술이다. 이는 미리 만들어놓은 검색 데이터베이스가 아니라 문장과 문단의 분석 기술을 기반으로 사용자들이 원하는 답변을 주제에 맞춰 찾아주는 차세대 검색기술이다.

네이트는 시맨틱 검색을 통해 고객들에게 새로운 재미와 체험을 제공한다. 이를 통해 고객의 이탈을 방지하면서 자신들의 위상을 계속 유지해 나간다. 세계에서 가장 우수한 것으로 평가받고 있는 구글의 검색엔진은 웹 상의 콘텐츠 양이 급증함에 따라 단순 검색의 기술을 넘어서 보다 체계적이고 효과적이며 시각적으로 잘 정리해 보여주는 똑똑한 검색기술로 진화해 나가고 있다. 아울러 구글은 안드로이드폰을 통해 모바일 검색시장에까지 진출하고 있는데, 2009년 말 SF 영화에나 등장함직한 지능형 검색기술을 선보이기도 했다.

'구글 고글'이란 검색기술은 휴대폰 카메라로 샌프란시스코의 금문

교를 촬영하면 다리의 길이와 역사, 관련 이벤트나 뉴스 등이 함께 검색되어 화면에 제공되는 서비스다. 그리고 스마트폰을 통한 음성번역 서비스, 가고 싶은 스키장의 현재 적설 상태를 알 수 있는 실시간 검색, 사용자의 위치에서 가장 가까운 맛집을 네티즌들의 평가와 함께 보여주는 지역별 맞춤검색 등을 제공한다.

핵심역량을 재배치하는 신문기업의 변신

날로 발전하는 검색기술을 앞세워 성장가도를 달리는 포털의 위세에 비해 신문사의 매출과 이익은 크게 떨어지고 있다. 2008년 국내 굴지의 언론사인 〈중앙일보〉의 매출액은 3,056억 원, 당기순이익은 397억 원이었다. 같은 해 〈조선일보〉는 3,722억 원의 매출에 당기순이익은 188억 원으로 5.1%의 이익률을 기록했다. 그 밖에 주요 일간지의 평균 이익률은 1.9%에 불과했다.

전통적인 종이신문의 유통구조는 생산자인 신문사의 몫을 더욱 줄여 나가고 있다. 고비용 구조로 정착된 유통총판 격인 지국의 몫이 월등히 많기 때문이다. 특히 원자재인 펄프 가격은 최근 몇 년간 널뛰기를 거듭하고 있다. 언젠가부터 신문산업은 반환경적 사업이라는 평가를 받기에 이르렀다. 일반적으로 연 18만 원의 구독료 가운데 10만 원이 종이 가격으로 소요되는 등 신문을 찍으면 찍을수록 적자가 나는 비즈니스가 된 것이다. 신문산업은 출범 당시부터 유료 모델이었다. 고객은 돈을 지불하지 않으면 콘텐츠를 볼 수 없었다. 하지만 21세기 들어 포털이 뉴스 유통을 주도하면서 모든 것은 사실상 무료로 돌아갔다.[2]

현재의 위기를 극복하기 위한 국내외 미디어 기업들의 노력은 비장하다. 그 돌파구의 하나로 신문사들은 방송과 부가사업에 적극 진출하고 있다. 〈동아일보〉 김재호 사장은 2009년 신년사를 통해 다음과 같이 밝힌 바 있다. "2009년을 방송진출의 원년으로 삼겠다. 올해는 우리에게 종합미디어 그룹을 완성하는 한 해가 될 것이다. 미디어 빅뱅의 시대에 방송진출은 언론사로서의 시대적 사명이다. 방송역량을 확보하는 것은 독자가 원하는 유용한 정보와 콘텐츠를 다양한 형태로 전달하기 위해서다." 루퍼트 머독 역시 "이제 신문업계, 방송업계라는 테두리는 더 이상 없다. 중요한 것은 복합미디어 전략이다"라고 강조했다.

2007년 10월 말 100년 전통의 〈크리스천 사이언스 모니터The Christian Science Monitor〉는 종이신문 제작을 포기하고 아예 온라인 신문으로 전환했다. 〈워싱턴 포스트Washington Post〉는 신문사업 위주에서 탈피, 교육사업을 신규사업의 핵심으로 육성하고 나섰다. 2007년 〈워싱턴 포스트〉의 교육사업은 총 매출의 50%를 차지했다. 이는 미디어 사업의 경계를 넘어선 변신을 추구한 사례다. 한편 〈월 스트리트 저널〉은 1889년 창간한 이래 1면에 광고를 싣지 않는다는 전통을 깨고, 광고 게재를 시작했다. 독자의 감소로 고전하고 있는 〈뉴욕 타임스〉는 인쇄비용을 줄이기 위해 신문 지면의 너비를 대폭 줄이기도 했다. 그런가 하면 M&A와 내부역량의 재배치를 통해 위기 극복에 나선 신문사들도 있다. 대표적인 사례가 영국 지역신문들이다. 그들은 이미 소수의 신문재벌에 매각되었다. 여러 신문사를 인수해 몸집을 키운 대형 신문사들은 회계, IT, 인쇄 등의 부문을 중앙통합형으로 운영함으로써 비용절감을 통한 이익실현을 추구한다. 이제 신문사에게 중요한 것은 인쇄시설 등의 인프라가 아니라 가치 있는 콘텐츠의 생산이며, 콘텐츠를 잘 활용하는 것이 사업의 핵심으로 떠오르고 있다.

통신사업자들도 신문산업과 유사한 변화를 겪고 있다. 네트워크 인프라가 통신시장을 주도하던 시대는 막이 내리고 콘텐츠가 주도하고 있다. 2009년 김종훈 알카텔루슨트Alcatel-Lucent 벨연구소 사장은 기자들과의 간담회에서 다음과 같이 전망했다. "구글, 아마존, 페이스북, 애플 등과 같이 콘텐츠와 애플리케이션을 제공하는 기업이 미래 통신시장을 주도할 것이다."

2007년 세계 신문 편집인 포럼에 참가한 언론사 편집장들을 대상으로 신문의 미래에 대한 설문조사가 실시됐는데, 응답자의 85%가 신문산업의 미래에 대해 의외로 낙관적 전망을 하고 있었다. 많은 사람들이 신문을 사양산업으로 생각하고 있는데, 그들은 무슨 근거로 낙관적으로 보고 있을까?

급변하는 세상에서는 더욱 많은 뉴스가 쏟아지고 있으며, 더 많은 뉴스를 원하는 고객의 니즈에 신문사들은 대형화와 복합화를 통해 네크워크 및 콘텐츠를 확충하면서 신속하게 대응하고 있다는 점을 그 첫 번째 이유로 들고 있다. 그리고 쏟아지는 정보의 홍수 속에서 독자들은 보다 종합적이고 깊이 있는 고품질의 정보를 원하고 있는데, 신문사들이 이러한 고객 욕구에 적극 부응하고 있다는 설명이다. 마지막으로 신문사들이 휴대폰, DMB, 케이블TV, 온라인 등 새로운 기술과 유통채널에 대응해 멀티미디어 시대에 적합한 뉴스 생산 시스템을 확보함으로써 언제 어디서든 뉴스를 접하고 싶은 고객의 니즈를 충족시켜 주고 있기 때문이다.

많은 전문가들은 향후 5년간 일어날 미디어 산업의 변화가 지난 50년간의 변화보다 더 클 것으로 예상하고 있다. 하지만 그 변화의 끝이 어디인지는 쉽게 가늠하기 어렵다. 세계 최대의 인터넷 서점인 아마존닷컴은 2007년 전자책 단말기 킨들을 출시해 출판시장의 산업지도를 바꿔나가고 있다. 킨들은 디지털의 편리함에 아날로그의 감성을 더했다는 소비자들의 평가와 함께 선풍적 인기를 끌고 있다. 책을 구입하는 목적은 콘텐츠를 통해 정보와 지식을 얻기 위함이다. 따라서 특별한 소장 목적이 아니면 굳이 종이책을 구입할 필요가 없을 것이다. 킨들은 이러한 소비자들의 니즈에 잘 부합한다. 통신서비스나 뉴스를 원하는 소비자들에게 중요한 건 콘텐츠의 내용이다. 따라서 콘텐츠의 전달수단인 종이책이나 종이신문 등의 전통적 미디어의 힘은 점점 약화될 것이다. 지금까지는 수단 자체가 미디어였고 권력이었으며 사업의 본질이었다.

전통적 TV 산업 경제의 추락과 전망

2008년 1월 스위스 다보스에서 열린 세계경제포럼에서 빌 게이츠는 다음과 같이 말했다. "지금부터 5년 후가 되면 사람들은 우리가 오늘날과 같은 방식으로 TV를 봤다는 사실에 대해 웃을 것이다." 빌 게이츠의 이러한 예측이 적중할지는 미지수이지만 최근 TV 산업의 지각변동을 보면 충분히 공감이 가기도 한다. 지금의 TV 매체가 거실에서 사라지지는 않는다 할지라도 인터넷과 방송 간 결합이 가속화되면서 대량매체로서 현재의 기능과 시청패턴은 크게 변화할 것이라는 사실은 쉽게 예상할 수 있다. 한국언론재단의 조사에 따르면, 지상파TV 시청률은 1998년 47.9%에서 2007년 31.2%로 크게 떨어졌다. 과거 30%를 웃돌던 TV 뉴스 시청률은 이제 10% 중반대 이하에 머물고 있다. MBC 〈뉴스 데스크〉의 시청률은 2008년 1월 10.3%에서 출발해 계속 10%대에 머물다가 12월에는 7.9%까지 떨어지기도 했다.[3] TV 드라마 〈모래시계〉는 사람들을 일찍 귀가하게 만들어 귀가시계라고도 불린 적 있었다. 〈모래시계〉의 최고 시청률은 64.5%였고, 이는 TV 드라마 역사상 4위에 해당하는 기록이다. 1위는 〈첫사랑〉(65.8%, 1997년), 2위는

〈사랑이 뭐길래〉(64.9%, 1992년), 3위는 〈허준〉(64.8%, 2000년), 5위는 〈젊은이의 양지〉(62.7%, 1995년), 6위는 〈그대 그리고 나〉(62.4%, 1998년), 7위는 〈아들과 딸〉(61.1%, 1993년), 8위는 〈태조 왕건〉(60.5%, 2001년), 9위는 〈여명의 눈동자〉(58.4%, 1992년), 10위는 〈대장금〉(57.8%, 2004년)의 순이었다. 여기서 주목할 것은 이들 드라마의 대부분이 2000년대 이전에 방영되었다는 사실이다. 이제 60%를 넘는 시청률은 흘러간 전설일 뿐이다. 2009년 7월 주말 드라마 〈찬란한 유산〉이 종영되면서 45.2%의 시청률(AGB 닐슨 미디어 리서치 집계)을 기록해 화제가 된 바 있었다. 참으로 오랜만에 눈에 띄는 시청률 기록이 나온 것이다. 2009년 초에 종영된 〈너는 내 운명〉이 39.9%, 막장 드라마 논란을 일으켰던 〈아내의 유혹〉이 34.6%로 주목할 만한 시청률을 기록했지만 TV 시청률의 전성기에는 크게 못 미친다. 2009년 상반기의 최고 히트작 〈내조의 여왕〉의 평균 시청률은 21.5%였고, 꽃미남 4인조 친목그룹의 F4 열풍을 일으켰던 〈꽃보다 남자〉는 28.5%에 불과했다. 이처럼 안방극장으로서 TV의 영향력은 빠른 속도로 약화되고 있다. 언제 어디서나 자신이 원하는 방식으로 콘텐츠를 즐길 수 있는 컨버전스 미디어 시대가 열렸기 때문이다. 케이블TV와 IPTV, DMB, 인터넷 방송, 동영상 포털 등 다양한 뉴미디어가 등장하면서 제 시간에 드라마를 보기 위해 집까지 달려가야 하는 불편함이 사라지고 있다. 디지털 융합기술을 통해 태어난 컨버전스 미디어가 미디어의 진화를 추동하고 있는 것이다. 과거 아날로그 기술 하에서는 미디어와 통신 간 상호 경계가 유지되면서 '네트워크·단말기·콘텐츠' 부문이 수직 계열화되어 있었다. 하지만 이제 미디어, 통신, 인터넷의 고유영역이 무너지면서 네트워크·단말기·콘텐츠 부문이 수평적으로 융합되고 있다.

추락하는 시청률과 함께 지상파TV의 수익률도 급감하고 있다. 2007

년 지상파 방송3사의 평균 영업이익률은 2.3%에 불과했다. MBC의 경우 매출 7,541억 원에 당기순이익이 28억 원으로 이익률이 0.4%였다. 2009년 들어 MBC의 경영수지는 더욱 악화되어 상반기(1~6월)에만 394억 원의 적자를 기록했다. SBS는 114억 원의 적자를 냈고, KBS는 겨우 45억 원의 흑자를 기록했다.

　방송사들의 적자원인은 광고수입의 감소 때문이다. 그나마 KBS가 흑자를 낸 것은 안정된 수신료 수입이 존재했기 때문이다. 2008년 지상파의 광고수입은 2007년 대비, 8.7% 감소했다. 대중매체 가운데 수익률이 가장 좋아 황금알을 낳는 거위로 불리며 미디어 산업을 지배해 왔던 TV의 위상은 갈수록 추락하고 있는 실정이다. 국내 케이블TV 산업은 실적통계로만 보면 TV 매체보다 사정이 나은 편에 속한다. 케이블TV 방송국인 SO의 경우 2008년 매출은 전년 대비 13.3%가 늘어난

표 4-2 　**광고시장 규모 추이**(단위 : 억 원)

구분	2000	2001	2002	2003	2004	2005	2006	2007	2008
광고시장	58,534	54,096	68,442	69,868	68,401	70,539	76,339	79,897	77,936
전체 방송 TV	22,422	21,188	26,739	26,646	26,349	26,360	28,560	29,373	27,597
지상파	20,686	19,536	24,394	23,671	22,350	21,492	21,839	21,076	18,997
케이블	1,736	1,652	2,345	2,975	3,999	4,868	6,721	8,297	8,600
인터넷	1,360	1,281	1,850	2,700	3,927	5,669	7,790	10,200	11,900
증가율(%)									
광고시장	26.7	−7.6	26.5	2.1	−2.1	3.1	8.2	4.7	−4.0
전체 방송 TV	38.4	−5.5	26.2	−0.3	−1.	0.0	8.3	2.8	−6.0
지상파	38.6	−5.6	24.9	−3.0	−5.6	−3.8	1.6	−3.5	−9.9
케이블	35.5	−4.9	42.0	26.9	34.4	21.7	38.1	23.4	2.6
인터넷	67.5	−5.8	44.4	45.9	45.4	44.4	37.4	30.9	15.8

※ 출처: 제일기획, 2009

1조 6,795억 원이었다. 그리고 프로그램 공급사인 PP 역시 전년 대비 10.4% 증가한 3조 537억 원의 매출을 올렸으며, 이 가운데 홈쇼핑 채널을 제외한 180여 개에 이르는 PP사업자들의 방송매출은 1조 5,000억 원이었다.

지상파TV의 광고시장이 점차 줄어들고 있는 반면 케이블TV 광고는 2008년 8,600억 원을 기록했고, 2000년 이후 연평균 22.1%의 높은 성장률을 기록하고 있다는 점은 시사하는 바가 크다. 2008년 지상파의 총 광고매출이 약 1조 9,000억 원이었음을 감안하면 케이블이 지상파의 45% 선에 도달하고 있는 것이다.

2008년 PP사업자들의 전체 매출은 늘었지만 채산성은 여전히 개선되지 않고 있다. 전체적으로 광고수입은 크게 늘고 있으나 지상파방송 계열의 MPP와 CJ, 온미디어 계열 MPP 사업자들로의 광고 쏠림현상이 심화되고 있기 때문이다.

특히 지상파 방송사들은 2000년대 초반까지 방송광고시장의 90%가 넘는 점유율을 유지했지만 점차 하락해 2008년에는 68.8%를 기록했다. 그러나 지상파 방송계열 PP의 광고매출까지 합하면 78.9%로 여전히 높은 점유율을 확보하고 있다. 총 12개 채널을 운영하고 있는 지상파방송 계열 MPP의 2008년 광고매출은 2,790억 원으로서 전체 케이블 광고시장의 32%를 점유하고 있다.[4] 아울러 지상파 계열 MPP의 시청점유율은 총 30.7%로서 막강한 위상을 지니고 있다. 이러한 시장에서의 우월적 지위를 통해 2008년 그들은 전체 PP 방송매출액 1조 5,000억 원의 24.9%에 해당하는 3,733억 원의 매출(광고와 시청료 수입)을 확보했다.[5]

지상파 방송사들은 계속 줄어드는 광고 매출과 위상을 만회하기 위해 케이블TV와 뉴미디어 사업에 더욱 적극적인 행보를 보이고 있다.

케이블 SO는 2000년대 이후 가입자들이 급증하면서 고성장을 기록했다. 케이블 SO는 초기에 대규모 투자가 소요되는 장치산업의 속성을 갖고 있다. 장치산업은 대량생산에 따른 비용절감 효과가 매우 크다. 따라서 케이블 SO의 경우에도 가입자 수가 일정규모를 넘어서면서 수익이 급증한다. 이러한 산업의 특성에 따라 사업지역이 좋은 케이블 SO는 한동안 40%를 웃도는 EBITDAearnings before interest, tax, depreciation and amortization(이자, 세금, 감가상각비의 차감 전 이익)와 30%가 넘는 영업이익률을 기록하면서 호황을 누렸다. EBITDA는 기업이 영업활동을 통해 벌어들인 현금창출 능력을 나타내는 수익성 지표다. 따라서 케이블 SO는 현금창출 능력이 매우 뛰어난 기업군에 속했다. 하지만 케이블TV 가입자 수의 정체, 디지털 전환에 따른 막대한 자금소요, IPTV와의 경쟁 등으로 수익률이 점차 떨어지고 있는 것도 사실이다. 이제 영업이익률이 대형 MSO를 제외하고는 20% 이하로 추락하면서 군소 SO들의 경우 10% 미만에 그치는 곳들도 많다.

통신사업자들과의 치열한 경쟁으로 불투명한 미래에 위기감을 느끼는 SO 사업자들은 디지털 전환을 통해 ARPU(가입자당 수신료 수입)를 높이는 전략에 혼신의 힘을 쏟고 있다. 평균 약 6,000원의 현행 수신료 수준에서 SD·HD급 고화질 서비스와 고급형 패키지 상품으로 가입자를 유도해 1만~2만 원대로 ARPU를 끌어올리겠다는 전략이다. 또한 인터넷 서비스에 이어 인터넷 전화를 제공함으로써 가입자를 유지하고 부가수입을 확보하는 데 주력하고 있다.

미국의 지상파와 케이블 방송사들도 우리나라와 비슷한 상황이다. 주요 4대 방송 네트워크의 시청률은 계속 떨어지고 수익은 감소하고 있다. NBC TV의 2007년 네트워크 전체 수익은 전년 대비 6% 감소한 38억 달러였고, CBS는 TV 분야 사업에서 1억 700만 달러의 손실을 보았다. 폭스 TV 역시 같은 해 약 5,000억 달러의 손실을 보았을 것으로 전문가들은 추정한다.

TV 방송사들은 어려운 상황을 극복하기 위해 많은 아이디어를 쏟아내고 있다. 대표적인 사례로 2009년에 단행한 CBS의 뉴스 앵커 교체 건을 들 수 있다. 1927년에 라디오 방송을 개국하고 1939년에 TV 방송을 시작한 전통의 CBS가 사상 처음으로 저녁 뉴스 진행자를 남성 앵커에서 여성 앵커로 교체하면서 커다란 반향을 일으킨 것이다. 케이티 쿠릭Katherine Couric이라는 여성 앵커가 전설적인 앵커 월터 크롱카이트Walter Cronkite가 앉아 있던 데스크를 물려받아 단독으로 저녁 뉴스를 진행하기 시작했다. 더욱 놀라운 것은 CBS가 이 여성 앵커의 등장을 홍보하기 위해 브래지어 차림으로 포즈를 취하고 있는 모습을 뉴스 진행 시간에 내보낸 것이다. 이 같은 해프닝은 추락하는 뉴스 시청률을 올리기 위한 고육지책에서 비롯되었다.

컴캐스트Comcast나 타임워너 등의 케이블 MSO들 역시 위성방송과 IPTV, 기타 동영상 포털과의 경쟁에 따른 가입률 하락을 우려해 새로운 서비스를 강화하고 있는 추세다. 그들이 시장을 지키기 위해 가장 크게 기대하고 있는 콘텐츠 서비스는 VOD다. 타임워너의 경우 VOD 부문이 매년 25%씩 성장하고 있고 컴캐스트의 경우 가입자들이 월 평균 12회 정도 VOD를 다운로드하는 것으로 조사되고 있다. 채널별 시청률 조사에서도 VOD가 4위를 기록하는 등 높은 인기를 끌고 있다.

OECD가 30개 회원국의 방송통신 현황을 분석해 발간한 《2009 커뮤니케이션 아웃룩》에 따르면, 접속 가능한 미디어가 급증함에 따라 광고분야에서 경쟁이 심화되면서 유료방송사업자들의 수익원이 광고에서 수신료로 전환되는 추세가 나타나고 있다.

영국의 경우 케이블TV, 위성방송, IPTV 매체들은 2003년에 수신료 수익이 광고 수익을 추월한 이래 2007년에는 수신료 수익이 86억 달러, 광고 수익이 70억 달러로서 21%의 차이를 보이고 있다. 이 같은 현상은 캐나다에서도 동일하게 나타나는데, 2008년 기준으로 수신료 수익은 약 9% 증가한 반면 광고 수익은 약 9% 감소한 것으로 밝혀졌다.

유료방송 시장은 레드오션인가, 블루오션인가

1995년 방송을 시작한 국내 케이블TV는 2009년 기준으로 약 1,550만 세대의 가입자를 확보하고 있다. 국내 총 시청가구 수는 약 2,000만으로 추산됨에 따라 약 78% 정도가 케이블TV를 통해 방송 프로그램을 시청하고 있는 셈이다. 이미 포화상태인 유료방송 시장을 놓고 케이블TV, 위성방송, IPTV 등 3대 유료방송사업자들이 무한경쟁을 펼치고 있다.

후발주자인 KT, LG데이콤, SK브로드밴드 등 IPTV 3사는 방송·통신의 결합상품을 통한 요금 인하 등으로 케이블TV 시장을 잠식해 가고 있다. 그리고 위성방송사인 스카이라이프는 고화질 HD 채널로 승부수를 띄우고 있는데, 2010년까지 100여 개의 HD 채널을 제공함으로써 케이블TV에 이은 2위 자리를 고수하겠다는 전략이다. 그러나 케이블TV, 위성방송, IPTV의 경쟁은 치열하지만 정작 매체별 차별성은 미미하다는 데 문제가 있다. 영화나 드라마 등을 골라보는 주문형 비디오 서비스인 VOD나 게임, 증권시황, T-커머스와 같은 쌍방향 데이터방송들을 모든 매체에서 너나 할 것 없이 제공하고 있는 것이다.

IPTV 진영은 'IPTV는 방송·통신의 융합시장을 여는 뉴미디어'라고 주장한다. 하지만 케이블TV 업계에서는 '케이블TV와 다를 게 없는 또 하나의 유료방송이며, 포화상태에 들어선 유료시장을 잠식해 갈 뿐이다'라고 비판하고 있다. 그러므로 IPTV 등의 신규미디어가 새로운 시장을 열어가는 것이 아니라 기존 유료방송 시장의 쟁탈전이 확대되고 있을 뿐이다. 다만, 시청자들 입장에서는 보다 나은 조건으로 매체를 선택할 수 있으므로 싫어할 이유는 없을 것이다.

앞으로 유료방송사업자들의 시장점유율은 어떻게 변화할 것인가?

우리보다 한 발 앞서 3대 유료방송사업자 간 치열한 가입자 쟁탈전을 펼치고 있는 미국의 경우를 살펴보면 국내 유료방송 시장의 미래를 가늠해 볼 수 있다. 미국의 유료방송 시장은 이미 보급률이 90%를 상회하면서 포화상태에 도달하고 있다. 또한 기술의 발전으로 신규사업자인 IPTV가 시장에 진입함으로써 가입자 시장이 더욱 분화되고 있다. 그 결과 오랫동안 유료시장을 선도해 온 케이블TV의 위치가 조금씩 하락는 조짐이 나타나고 있다.

컨설팅업체인 인포마텔레콤즈&미디어Informa Telecoms&Media에 따르면, 미국 유료방송 시장의 매출은 2010년을 정점으로 점점 하락할 것이며 2010년에 692억 달러, 그리고 2014년에는 660억 달러가 될 것으로 전망하고 있다. 디지털 케이블TV, 위성방송, IPTV 등 3대 유료방송의 ARPU는 2009년 54.62달러에서 2014년 51.53달러로 감소할 것으로 예측하고 있다. 매체별로 살펴보면 2014년 위성방송 ARPU는 2009년 77.84달러에서 2014년 76.47달러가 될 것으로 전망되어 하락폭이 가장 적다. 디지털 케이블TV는 2009년 45.48달러에서 2014년 42.19달러로 하락하고, IPTV는 2009년 28.3달러에서 2014년 25.71달러로 줄어들 전망이다. 이처럼 가입자당 매출이 떨어지고 있는 원인은 사업자 간 치열하게 펼치고 있는 경합상품인 번들 서비스의 제공 경쟁에 따른 결과로 풀이된다. 고화질 디지털 방송과 부가서비스를 제공해 꾸준히 ARPU를 높이겠다는 유료방송사업자들의 전략이 번들 서비스로 인해

표 4-3 유료방송 매체 비교

구분	케이블TV	위성방송	IPTV
사업자	티브로드 등 5개 MSO 및 29개 독립 SO	스카이라이프	KT, LG텔레콤, SK브로드밴드
가입자(만 명)	1,526	242	37
월 요금(원)	4,000~25,000	12,000~17,000	8,800~16,000
채널 수	40~130	86~126	50~60
시작시기	1995. 3	2002. 3	2008. 11
장점	채널 수, 저렴한 요금 우위	고화질(HD) 채널 우위	초고속인터넷, 이동통신 등 통신서비스 우위
단점	이동통신 등 통신서비스 취약	통신서비스 없음	인기 방송채널 미확보

※ 출처: 〈한국경제〉 2009. 6. 15(2010년 4월 기준, IPTV 가입자 200만 명으로 집계),
자료: 각사, 2009년 5월 말 기준

먹혀들고 있지 않음을 보여준다. 2014년에 이르면 케이블TV 가입자의 36%와 IPTV 가입자의 91%가 방송과 인터넷, 전화서비스 등 트리플 서비스triple-play에 가입할 것으로 추정되고 있어 경쟁은 더욱 심화될 전망이다.

ARPU 못지않게 유료방송 가입자들의 이동 또한 뚜렷하게 감지되고 있다. 대체로 케이블TV 가입자는 점점 줄어드는 대신 위성방송과 IPTV는 지속 증가할 것으로 전망된다. 미국 최대 케이블사업자인 컴캐스트의 2014년 케이블TV 가입자 수는 2008년보다 5.5%가 감소된 2,290만 명으로 추정된다. 반면 위성방송인 디렉TV는 2014년의 가입자 수가 2008년보다 12.8% 증가할 것으로 전망되어 시장에서 확실한 자리를 잡을 것으로 분석된다. IPTV 사업자인 AT&T와 버라이즌커뮤니케이션스Verizon Communications도 가입자 수가 지속 증가해 2014년에는 각각 380만 명과 450만 명에 이를 것으로 예측된다.

미국 통신사업자와 케이블TV 사업 간에 유선통신, 초고속인터넷, 방송·비디오 부문에서 치열한 경쟁이 펼쳐지고 있는 가운데 최근 들어 통신사업자의 상대적 우세가 점쳐지는 결과들이 나타나고 있다. 통신사업자들은 막대한 자금력을 앞세워 FTTH와 콘텐츠, 쌍방향 서비스에 공격적인 투자를 진행, 시장점유율이 증가하고 있기 때문이다. 또한 케이블TV 진영이 도입을 추진 중인 초고속인터넷 서비스 기반의 'DOCSIS 3.0'이 통신사업자들이 추진 중인 FTTH보다 우월한 서비스를 제공하기 힘들다는 전문가들의 의견이 제기되고 있어 케이블 진영을 불안하게 하고 있다.[6]

미국 IPTV 사업자들의 핵심전략은 여전히 음성, 데이터, 동영상 서비스를 묶는 결합상품의 제공에 있다. 하지만 케이블TV, 위성방송과의

표 4-4 미국 유료방송 가입자 수 전망(단위 : 1,000명)

구분	플랫폼	2008	2009	2010	2011	2012	2013
컴캐스트	케이블	24,182	23,698	23,461	23,309	23,146	22,972
타임워너	케이블	13,069	12,938	12,867	12,803	12,745	12,694
콕스	케이블	5,200	5,151	5,112	5,075	5,039	5,003
차터	케이블	5,061	4,985	4,935	4,911	4,886	4,862
케이블비전	케이블	3,108	3,092	3,078	3,065	3,054	3,045
기타	케이블	18,405	18,125	17,516	16,802	16,271	15,848
AT&T	IPTV	1,045	2,017	2,582	2,995	3,369	3,638
버라이즌	IPTV	1,918	2,896	3,446	3,860	4,178	4,387
기타	IPTV	439	526	622	702	776	820
디렉TV	위성	17,621	18,282	18,785	19,113	19,400	19,652
에코스타	위성	13,678	13,643	13,619	13,615	13,622	13,634
유료방송 전체		103,726	105,353	106,024	106,250	106,486	106,557

※ 출처: 인포마텔레콤즈&미디어

차별화를 위해서 '멀티룸 DVR' 기능을 제공하는 데 많은 노력을 경주하기도 했다. 기존 DVR은 셋톱박스를 통해 한 대의 TV에서만 구현할 수 있는데 '멀티룸 DVR'은 한 대의 셋톱박스로 여러 개의 방에 있는 TV에 각자 원하는 프로그램을 보내주는 획기적인 기술이다. 그리고 IPTV 진영은 쌍방향 위젯 서비스를 통해 지역날씨나 스포츠, 교통정보, 주가 등 맞춤형 정보를 제공하고, 네트워크에 연결해 원격 에너지 관리 등의 부가서비스도 서비스하고 있다.

케이블과 통신사업자 진영의 비교우위를 살펴보면 실로 막상막하로 상호 장단점을 지니고 있다. 우선 케이블의 경우 지역기반의 강력한 브랜드를 보유하고 있어 지역밀착 서비스를 제공하고 있는 반면 통신서비스의 신뢰감에 있어서는 열세다. 또한 방송에 이은 인터넷, 유·무선 통신서비스 제공에 따른 초기비용이 막대하게 소요된다는 단점을 안고 있다. 반면에 통신사업자는 초고속 네트워크를 통한 전국적 서비스를 제공하는 것이 가장 큰 강점이며, 이에 따른 매스마케팅의 구사가 가능하다. 그리고 통신서비스에 대한 고객의 신뢰감이 높으며 TPS 서비스에 사실상 초기비용이 크게 들지 않는다는 장점을 갖고 있다. 하지만 방송분야의 경우 후발주자로서 케이블로부터 시장을 확보해야 하는 가장 큰 핸디캡을 안고 있다.

2009년 들어 국내 케이블TV 업계에서도 미국과 유사한 현상들이 나타나고 있다. 티브로드, 씨앤앰, CJ 헬로비전, CMB, HCN 등 5대 주요 MSO의 최근 방송가입자 동향을 분석한 결과, 가입자 감소세가 뚜렷하게 나타나고 있다. 2009년 11월 말 기준으로 티브로드는 아날로그와 디지털을 합한 전체 방송가입자 수가 343만 2,000명으로, 이는 2009년 6월 말 347만 1,000명에 비해 3만 9,000명이 줄어든 수치다. 다른 한 MSO 역시 같은 기간 대비, 2만 7,000명 정도 감소한 249만 2,000명이었다.

이와 같은 변화는 IPTV 업체들이 마케팅 활동을 강화하고 번들상품 경쟁을 본격화하면서 나타나고 있는 현상들이다. 특히 MSO보다는 단일 SO들의 가입자 감소현상이 심한데, 자금규모상 IPTV와 마케팅 경쟁을 벌이기가 어렵고 디지털 전환도 늦은 탓에 경쟁에서 밀리고 있기 때문이다. 하지만 당초 IPTV의 등장으로 케이블 가입자 수가 대폭 감소할 것이라는 우려는 아직까지 일어나지 않고 있다. 이 같은 배경에는 디지털 전환 과도기상 중복매체 가입자 수 증가, 독립세대 수 증가, 1가구 다매체 가입자 수 확대, 음숙식업 등의 가입자 수 증가 등이 주된 요인으로 작용하고 있다.[7]

다원적 유료방송 시장으로 전환되면서 케이블 SO의 시장가치에 대한 논란이 지속되고 있다. 2004~09년에 걸친 SO에 대한 M&A 거래에서 가입자당 가치는 평균 60만~70만 원선이었고, 가장 최근에 발생한 M&A에서는 101만 원 수준에 거래되었다. 반면에 상장된 SO의 가입자당 시가총액은 2009년 기준으로 20만 원 미만 수준에 머물고 있어 가입자당 금액으로 거래된 M&A 가치와는 큰 괴리를 보이고 있다. 이처럼 자본시장에서 SO의 가치가 저평가되고 있는 이유로서 재무전문가들은 IPTV의 시장진입에 따른 경쟁 리스크 심화, 디지털 전환에 따른 투자비용 부담, 불투명한 지배구조, 낮은 유료방송의 ARPU를 들고 있다. 무엇보다도 향후 SO의 가치는 선진국과 비교해 크게 낮은 ARPU가 얼마만큼 상승할 수 있는지의 여부에 좌우된다고 할 수 있다.

경쟁이 불러오고 있는 캐즘 현상

경쟁력 강화를 위해 무엇보다도 시급한 케이블 업계의 과제는 ARPU

를 늘려나가는 일이다. 국내 케이블 SO의 평균 ARPU 수준은 월 약 6,000원 수준이다. 이는 2007년 기준으로 필리핀(12달러), 타이완(16달러), 홍콩(26달러), 일본(42달러), 미국(38달러), 호주(55달러)보다 훨씬 낮은 수준이며,[8] 2008년 국내 극장료인 8,000~9,000원에도 못 미친다. 현재 케이블 업계에서는 고화질의 디지털 케이블 방송을 도입해 아날로그 방송 가입자의 디지털 전환을 유도해 월 1만~2만 원의 요금을 부과하고 있는데, 가입자들의 수신료 인상에 대한 거부감으로 ARPU 증가가 빠르게 이루어지지 않고 있다. 궁극적으로 케이블 방송의 저가 수신요금 구조를 개선하지 않고서는 막대한 자금이 소요되는 디지털 시스템 투자와 우수 콘텐츠 확보, IPTV와의 차별적 경쟁우위 유지의 선순환 체계를 만들기란 거의 불가능하다.

향후 디지털 지상파의 멀티 모드 서비스인 MMS multi mode service 가 허용될 경우 기존 유료방송사업자들을 위협하는 또 다른 경쟁자가 될 수 있다. MMS는 영상압축기술의 발달로 주어진 디지털 주파수 대역을 이용해 HD급 주채널과 SD급 부채널 등 여러 개의 다채널 무료 서비스의 제공이 가능한 탓에 기존 방송산업구조에 큰 지각변동을 가져올 수 있다. MMS가 도입되면 지상파TV도 독자적인 다채널 플랫폼을 가질 수 있다. 따라서 기존 유료방송 플랫폼들과 정면으로 배치될 수 있다. 케이블방송 사업자들은 MMS가 허용될 경우 지상파TV의 독과점 폐해를 심화시켜 매체 간 균형 발전이 저해된다는 점을 들어 강력 반대하고 있다. 그러므로 MMS 도입까지 가는 길은 결코 순탄치 않을 전망이다. 하지만 공공자산인 주파수 대역의 효율적 운영과 이용자들을 위한 편익 제공, 지상파TV의 수익개선이란 요구가 만만치 않아 MMS 허용 여부는 계속 논란의 중심에 자리할 전망이다.

2009년 11월 KBS의 김인규 사장은 취임사에서 "영국의 프리뷰

Freeview를 모델로 한 '무료지상파 디지털TV 플랫폼'을 구축하겠다"고 밝혀 주목을 받았다. 2002년 영국에서 처음 선보인 프리뷰는 BBC, B스카이B British Sky Broadcasting, 채널4, ITV, 내셔널 그리드 와이어리스National Grid Wireless 등 5대 사업자가 연합해 설립한 플랫폼 사업자인 'DTV 서비스'가 운영하고 있다. 프리뷰 서비스는 8Mhz의 대역폭을 갖는 6개의 멀티플렉스를 통해 2009년 말 현재, 50여 개의 TV 채널과 24개의 라디오 채널로 서비스되고 있다. 프리뷰 서비스 초기에는 BBC 등 기존 채널들 위주로 재배치되었으나 시간이 경과함에 따라 점점 전문화되고 세분화된 채널들이 증가, 영국의 성공적인 디지털TV 전환에 큰 역할을 담당하고 있다.

유료방송사업자들의 증가에 따라 상호간 경쟁이 치열해지면서 가입자 수 정체라는 '캐즘chasm' 상태에 빠질 수도 있다. 캐즘이란 혁신적 성향의 소수 소비자들이 점유하는 초기시장initiation market에서 실용주의적 소비자들이 점유하고 있는 주류시장mainstream market으로 옮겨가는 과정에서 일시적으로 수요가 정체하거나 퇴보하는 단절 현상을 말한다. 실리콘밸리의 컨설턴트인 제프리 무어Geoffrey Moore 박사가 1991년에 정립한 이론으로서 주로 신상품이나 새로운 서비스, 인터넷 비즈니스에 이 같은 현상이 많이 나타나고 있다.[9]

유료방송사업자들이 선택하고 있는 위기 극복을 위한 캐즘 마케팅은 번들과 선택형 요금제인 '알라카르테à la carte'의 도입이다. 알라카르테는 시청자들이 자신이 원하는 채널을 직접 선택하게 함으로써 합리적 소비가격을 유도할 수 있는 방법이다. 디지털방송 환경 하에서 현재 수많은 채널들이 쏟아져 나오고 있지만 정작 가입자들이 즐겨 보는 채널은 10개 내외에 불과하다. 2009년 정보통신정책연구원이 서울지역 케이블 가입자 500명을 대상으로 실시한 설문조사 결과, 전체 대상자 가운데 42%가량이 '케이블 채널 수가 과다하다'라고 응답했다. 응답자들은 적절한 채널 수로 평균 34개를 꼽았고, 전체 70여 개 채널 가운데 주로 이용하는 채널은 드라마, 홈쇼핑, 스포츠, 영화, 보도 등 평균 12.2개에 그쳤다. 또한 응답자들은 '원하는 채널을 선택해서 구성하는 상품'을 가장 선호하고 있는 것으로 나타났다.

케이블방송 사업자들은 가입자들이 선호하는 '선택형 묶음 서비스'보다는 '티어링tiering 서비스'를 제공함으로써 시청자의 채널선택을 제한하고 있다.

티어링 서비스란 기본형, 보급형 등 몇 개의 패키지로 묶어 각각에 대해 차등화된 수신료를 적용하는 요금제도를 말한다. 시청자 입장에서는 원치 않는 채널이 포함되어 있음에도 불구하고 어쩔 수 없이 비싼 요금을 지불하고 전체 패키지를 구입해야 하는 부담을 갖는다. 이미 스카이라이프에서는 알라카르테를 도입했고 KT, SK텔레콤즈, LG데이콤의 IPTV에서도 케이블과의 차별화를 위해 하나 둘씩 알라카르테를 도입하고 있다. 이들이 제공하고 있는 알라카르테는 시청자의 채널 선택방식에 있어 완전 개방형이 아니라 절충형이다. KT의 경우 지상파 방송을 포함한 기본형 채널에 스포츠, 영화, 다큐멘터리 등 원하는 패키지를 추가할 수 있는 알라카르테 방식을 선보였다. 하지만 케이블TV업계에서는 알라카르테 방식의 도입에 대해 여전히 찬반이 엇갈리고 있으며 전면 도입에는 부정적인 입장을 보이고 있다. 아무래도 티어링보다 수신료 수입이 줄어들 개연성이 높기 때문이다. 그럼에도 궁극적으로는 알라카르테의 도입은 불가피한 추세다. 유료방송사업자들이 다시 한번 알라카르테를 통한 요금경쟁 및 가입자 유치경쟁을 전개할 것이기 때문에 가입자 간 이동이 심화될 전망이다.

디지털 시대에 영화는 사양산업인가

디지털과 인터넷의 영향으로 영화산업은 점차 사양길로 접어들 것이라 예측하는 사람들이 많다. 소형 영화관 못지않은 고화질의 HDTV가 각 가정에 널리 보급되고 인터넷을 통한 다운로드, VOD 서비스 등이 보편화되면서 '굳이 시간을 들여 어두컴컴한 영화관을 찾겠는가' 라는 회의적 시각이 존재한다.

역사적으로 살펴보면 영화산업은 영화나 극장을 대체할 수 있는 경쟁매체의 출현에 매우 민감한 영향을 받아왔다. 1950년대 중반 이후 미국 가정에 TV가 널리 보급되기 시작하면서 6년 연속 영화산업은 마이너스 성장을 기록했다. 그리고 VCR이 각 가정에 본격 보급되면서 1985년에도 마이너스 7%의 역신장을 기록하기도 했다.

2000년 이후에는 DVD, 케이블TV, 비디오 게임, 인터넷 다운로드 등의 홈 엔터테인먼트가 영화의 대체재 역할을 하고 있다. 풍성한 볼거리와 영화를 대신할 수 있는 수단이 많아진 오늘날, 극장 서비스가 불만족스럽거나 볼 만한 영화가 적을 경우 소비자들은 언제든지 극장을 외면할 수 있어 영화산업은 쉽게 침체될 수 있는 환경을 갖고 있다. 하지만 디지털 시대에 하향곡선을 그리고 있는 여느 매스미디어 산업과는 달리 영화산업은 의외로 건재한 것도 사실이다. 강력한 대체수단이나 경쟁매체나 등장하면 영화산업은 일시적으로 성장이 후퇴하기는 했지만 아직까지는 그 어떤 것도 인류가 만들어낸 가장 재미있는 엔터테인먼트 수단인 영화산업을 축소시키지 못했다. 영화를 망하게 만들 것이라던 TV 매체는 영화를 성장시키는 또 다른 판매창구 역할을 하고 있고, DVD는 영화의 2차 판매처이자 가장 큰 수익원으로 떠오르기도 했다. 그러다가 2000년대 중반 이후 DVD의 판매율은 지속 하락세에 접어들었고 2009년 들어 영화 스튜디오별로 약 25%가량 감소한 것으로 집계되고 있다.

경기 불황과 영화산업 사이의 함수관계는 어떠할까? 불황기에는 모든 산업과 서비스가 위축되게 마련이다. 하지만 2000년대 이후 영화산업은 불황기에 오히려 더 성장했다는 뜻밖의 결과를 보여주고 있다. 영화산업은 경기흐름을 타는 문화산업이면서도 경기 침체기에 호황을 누리는 특성을 갖고 있다. 한때 미국에서는 이른바 닷컴 버블이 꺼지면서 여러 산업에 큰 영향을 미쳐 대규모 경제불황을 맞이한 바 있었다. 하지만 이 기간에 해당하는 2001년과 2002년, 영화산업은 전년 대비 각각 8.8%, 14.1% 성장했다. 또한 서브 프라임 사태로 글로벌 금융위기를 겪은 2007년에도 전년 대비 5.4% 성장했다.

우리나라에서도 이 같은 현상이 발생하고 있다. 2008년 후반부터 얼어붙기 시작한 체감경기가 아직 풀리지 않은 2009년 1~2월의 영화관객 수는 약 2,800만 명으로 전년 동기 대비 7.1% 성장했다. 불황에도 국내 영화 시장이 위축되지 않고 더 성장하고 있는 비결은 여러 가지 요인으로 분석된다.

첫째, 편리한 시설을 갖춘 멀티플렉스는 단순한 '관람'에 그치는 일회성 소비가 아니라 연인과 가족이 함께 '나들이'하는 여가공간으로서 관람객 확대에 결정적인 기여를 하고 있다. 특히 20대 중심의 관객층을 30~50대로 넓히는 데 크게 공헌하고 있다. 둘째, 한국은 인터넷 사용비중이 높은 나라인 탓에 인터넷을 통한 구전효과가 집객에 큰 위력을 발휘하고 있다. 영화 마니아들은 생생하고 냉철한 관람후기를 인터넷에 올려 고객층을 확산시키는 역할을 한다. 영화사 역시 인터넷 홍보와 입소문에 바탕한 경험 마케팅을 적극 활용한다. 바야흐로 인터넷이 빠진 영화 홍보는 상상도 할 수 없게 되었다. 인터넷을 통한 티켓 예매 서비스 역시 고객들에게 영화관 접근에 대한 편리성을 제공한다. 멀티플렉스 홈페이지를 통해 예매는 물론 좌석 지정까지 할 수 있어 극장 앞에 무작정 줄을 서서 표를 구하는 불편함이 완전히 사라지고 있다. 셋째, 한국영화에도 거대자본이 투자되면서 작품 규모가 갈수록 대형화되고 그 질적 수준이 크게 높아졌다. 엽기, 조폭, 멜로와 코믹, 애국, 향수 등 우리 사회의 독특한 대중문화 코드를 정확히 간파해 영화 소재에 시의적절하게 반영한 마케팅을 통해 고객의 공감을 끌어냄으로써 불황을 극복하고 있다.

예를 들어 영화 〈친구〉와 〈신라의 달밤〉, 〈두사부일체〉 등의 조폭 코드는 경기 불황에 따른 심리적 불안감, 고단한 일상사 등에서 탈출하고자 하는 관객들의 정서에 부합해 주류사회를 통쾌하게 비웃는 대리만족을 제공한다. 〈엽기적인 그녀〉, 〈여친소〉, 〈구미호 가족〉 등에 담긴 엽기 코드 또한 마찬가지다. '엽기'란 사실 부정적 단어이지만 기괴하고 독특한 사건에서 재미를 발견하는 탈규범적 문화 코드로서 우리 사회의 한 단면을 반영한다. 넷째, 영화산업이 불황의 여파를 적게 받는 이유로서 전문가들은 영화관람이 여행이나 다른 레저보다 저렴한 비용으로 간편하게 즐길 수 있기 때문이라고 지적한다. 1만 원이 채 안 되는 돈으로 두세 시간을 즐겁게 보낼 수 있는 엔터테인먼트로서 영화가 가장 적합한 수단인 것이다. 더욱이 불황기에는 복잡한 현실을 벗어나 영화라는 허구의 세계 속에서 스트레스를 풀고자 하는 심리적 요소도 크게 작용한다. 마지막으로 영화산업은 불황보다는 영화 자체의 작품성과 흥행성에 좌우되는 속성을 갖고 있다는 점을 들 수 있다. 할리우드의 경우 몇몇 블록버스터 영화의 흥행 여부가 영화산업 전체의 실적을 좌우한다. 2008년에 대히트한 〈다크 나이트〉, 〈아이언 맨〉, 〈인디아나 존스〉 등의 영화 세 편의 흥행수입이 미국 내에서 무려 10억 달러를 돌파하며 전체 흥행을 주도했다. 2009년에는 〈트랜스포머 2〉와 〈해리

표 4-5 역대 한국영화 관람객 수 Top 10

순위	영화명	개봉일	전국 관객 수(명)
1	괴물	2006	13,019,740
2	왕의 남자	2005	12,302,831
3	태극기 휘날리며	2004	11,746,135
4	해운대	2009	11,389,611
5	실미도	2003	11,081,000
6	디워	2007	8,426,973
7	국가대표	2009	8,392,953
8	과속 스캔들	2008	8,201,986
9	친구	2001	8,181,377
10	웰컴 투 동막골	2005	8,008,622

포터와 혼혈왕자〉, 〈아바타〉가 전체 흥행을 이끌었다. 1,000만 관객을 불러 모은 국내 영화 〈해운대〉와 〈국가대표〉 역시 불황의 여파가 채 가시지 않은 2009년 중반의 일이었다.

영화산업은 게임, 음악, 애니메이션, 캐릭터, 테마파크 산업 등 다양한 미디어 산업과 연계해 고부가가치의 경쟁력을 지속적으로 키워나가고 있다. 1895년 뤼미에르 형제가 최초의 영사기 시네마토그래프를 세상에 선보인 이래 무성영화 시대에서 토키영화 시대로, 흑백영화 시대에서 색채영화 시대로, 그리고 디지털영화와 3D영화 시대로 계속 진화하면서 영화는 여전히 가장 영향력 있는 오락 수단으로 대중의 사랑을 받고 있다. 영화산업은 높은 투자위험을 갖고 있지만 그만큼 성공하면 타의 추종을 불허하는 수익을 창출한다. 〈타이타닉〉은 부가수익을 포함해 17억 달러 이상을, 최고의 흥행기록을 갱신한 〈아바타〉는 27억 달러 이상을 벌어들였다. 〈해운대〉의 경우 약 350억 원 매출에 190억 원의 순이익을 낸 것으로 추정된다.

표 4-6 **전 세계 미국영화 박스오피스(흥행수입) Top 10**

순위	영화명	개봉연도	총수입(달러)
1	아바타	2009	1,839,741,499
2	타이타닉	2006	1,835,300,000
3	반지의 제왕: 왕의 귀환	2005	1,129,219,252
4	캐리비안의 해적: 망자의 함	2004	1,060,332,628
5	다크 나이트	2009	1,001,921,825
6	해리포터와 마법사의 돌	2003	968,657,891
7	캐리비안의 해적: 세상의 끝에서	2007	958,404,152
8	해리포터와 불사조 기사단	2009	937,000,866
9	해리포터와 혼혈왕자	2008	924,232,058
10	스타워즈 에피소드 1: 보이지 않는 위험	2001	922,379,000

※ 출처: All-Time Worldwide Box office, 2009. 9. 30

인터넷 파워가 강화되면 극장 이용층의 인터넷으로의 대거 이동과 불법 다운로드 및 불법 유통에 따라 영화산업은 크게 위축될 것으로 전망되었지만 그 결과는 반드시 그렇지만은 않은 것으로 나타나고 있다. 오히려 인터넷이 영화산업의 가장 중요한 2차 판매창구였던 홈비디오와 DVD 시장을 대체하면서 인터넷 포털은 영화 홍보와 유통의 가장 중요한 역할을 하기에 이르렀다.

영화 관객을 확대시키는 데 일등공신이었던 멀티플렉스 역시 고민이 없는 것은 아니다. 전국 스크린 수가 2,000개 이상 증가하면서 멀티플렉스 또한 포화상태에 이르렀고, 이에 따라 스크린당 평균 객석점유율이 30% 이하로 떨어지고 있기 때문이다. 이제 관객들을 지속적으로 유지하기 위해서는 멀티플렉스 또한 한 단계 도약을 해야 하는 시점이 도래하고 있다. 따라서 멀티플렉스는 항공기의 퍼스트클래스와 같이 우아하게 와인과 식사를 즐기면서 영화를 관람할 수 있는 공간을 적극 도입하고 있다. 또한 고화질의 디지털 영화 상영, 30m가 넘는 초대형 스크린의 설치, 3D 영화관의 증설, 바람과 습기와 냄새와 진동 등을 느낄 수 있는 오감 체험극장인 4D 플렉스를 통해 관객들에게 새로운 경험을 제공하는 노력을 경주한다. 이 같은 차별화된 서비스를 통해 관객을 지속 창출하겠다는 전략이다.

특히 '필름 없는 영화관'인 디지털 시네마는 멀티플렉스 사업에 새로운 전기를 마련해 주고 있다. 디지털 시네마는 필름 프린트 대신 디지털 파일을 제작, 네트워크망을 통해 영화관에 전송한 뒤 디지털 영사기로 상영하는 방식이다. 국내의 2,000개가 넘는 극장 스크린 하나당 연 평균 15~20편의 영화를 상영한다고 할 경우 총 3~4만 개의 필름 프린트가 필요하다. 필름 프린트 하나당 약 200만 원 정도 소요되므로 약 600억~800억 원의 비용이 들어간다. 하지만 디지털 시네마로 전환할 경우 이를 크게 절감할 수 있다. 그리고 2003년부터 미국은 필름 생산을 '공해산업'으로 분류하고 있다. 따라서 디지털 시네마는 이러한 심각한 환경오염 문제를 해결해 줄 것으로 기대된다. 궁극적으로 향후 모든 영화관이 디지털화된다면 필름을 영화관에 운송, 배급할 필요가 없이 위성 또는 네트워크망을 통해 전 세계 영화관에 전송할 수 있다. 즉 전 세계 동시개봉도 가능해진다는 의미다. 디지털 시네마 기술은 극장이 아닌 다른 장소나 홈시어터, 이동용 단말기 등 다양한 매체에도 영화를 실시간 전송할 수 있어 영화관에서의 집단시청에서 벗어나게 해줄 수 있다.

영화의 고화질 수준도 2K 방식에 이어 4,096×2,160 픽셀의 4K 방식까지 극장에 도입됨으로써 보다 선명한 영상과 고음질로 관람의 즐거움을 배가시키고 있다. 멀티플렉스에서의 스포츠 생중계 역시 새로운 도전이다. CGV는 해당팀 연고지역의 영화관에서 2009년 한국 프로야구 포스트시즌 경기를 풀HD 영상으로 생중계했다. 경기장을 직접 방문하기 힘든 야구팬들을 위해 초대형 스크린, 웅장한 사운드와 함께 현장의 열기를 직접 느끼며 응원할 수 있는 색다른 경험을 제공해 준 것이다. 또한 2010년 남아공월드컵의 한국 경기를 3D로 중계하여 관람객들의 큰 호응을 얻었다. 이처럼 멀티플렉스는 다양한 서비스 제공과 함께 디지털 영화관으로의 진화를 통해 불황에도 영화산업이 위축되지 않도록 하는 가장 큰 원동력을 제공해 주고 있다.

미디어의 생로병사와 미디어 모포시스

미디어 간의 빅뱅이 가속화되면서 '미디어 스크램블 현상'이 더욱 심화되고 있다. 오랫동안 구분된 시장을 지켜왔던 매체 간의 경계, 온라인과 오프라인의 경계, 국경의 경계가 무너지며 융합되는 현상이 가속화되고 있다. 이에 따라 시장에서 한창 잘나가던 미디어도 세월의 흐름에 따라 소리 없이 도태되고 마는 환경을 배제할 수 없는 시대가 왔다. 그렇다면 결국 도태되는 전통 미디어는 완전히 소멸되고 말 것인가?

이에 대한 결론은 '반드시 그렇지만은 않다'라는 것이다. 역사적으로 볼 때 영화나 TV, 라디오, 잡지, 케이블TV, 위성방송, 인터넷, DMB, IPTV 등의 미디어는 대체매체와의 경쟁에서 소멸되기보다는 시장에서 생존하기 위해 연관 미디어와 가치사슬을 형성, 시장을 넓히거나 적소시장을 찾아 끊임없이 진화하고 있기 때문이다. 적소시장이란 틈새시장을 의미한다. '남이 아직 모르는 좋은 낚시터'란 은유적 의미를 갖고 있다. '모든 생물체는 다른 종들과의 경쟁을 최소한으로 줄이기 위해 서로 다른 생활방식(먹이, 서식처 등)을 가진다'는 생태학적 적소이론은 미디어 생태계에도 동일하게 적용된다.

영화산업 역시 TV가 처음 등장했을 때 큰 타격을 입었지만 결국은 상생할 수 있는 콘텐츠 배포체계를 만들었으며, 한 걸음 더 나아가 미국 네트워크 TV들을 메이저 영화사들이 소유함으로써 상호 시너지를 창출하고 있다. 라디오 역시 TV가 널리 보급되면서 종합오락매체로서의 지위는 상실했지만 음악, 뉴스 등 전문매체로 탈바꿈해 진화하고 있다. 고음질에 바탕한 디지털 위성 라디오의 등장이 그 좋은 예다.

로저 피들러Roger Fiddler는《미디어 모포시스Mediamorphosis》에서 "올드미디어, 뉴미디어들은 복잡한 적응 시스템 안에서 공진과 공존을 한다"고 설명한 바 있다. 특히 뉴미디어는 자발적이고 독립적으로 태동하지 않고, 기존 미디어의 변형을 통해 점진적으로 나타난다. 미디어에 있어 새로운 형태가 나타나면 기존의 낡은 형태는 죽어 없어지기보다는 진화하거나 적응하려 한다는 것이다.

시장경쟁에서 새로운 적소를 찾지 못해 결국 경영 부진에 빠져 미디어 사업자는 망할 수 있어도 미디어 자체는 소멸되는 것이 아니라 '과거와 현재가 끊임없이 이어지는 이야기'가 되는 것이다. 그러므로 전통적 미디어의 소멸 여부에 관한 논쟁은 더 이상 의미가 없다.

미디어 산업의 패러다임 변화는 결국 소비자와의 커뮤니케이션 방식의 변화를 뜻한다. 따라서 디지털 시대에는 소비자가 원하는 콘텐츠를 소비자가 원하는 방식으로 제공해 줄 수 있는 기업이 살아남는다. 또한 다양한 플랫폼을 잘 활용하는 미디어 기업들이 미디어 스크램블 시대의 승자가 될 수 있다. 예전에는 대량 소비자들을 매체라는 물리적 공간에 가둬둘 수 있었다. 그리고 소비자들을 연령별·기호별로 분류해 일정 수준 소비의 흐름도 조정할 수 있었다. 하지만 이제는 그러한 통제가 사실상 불가능하다. 다양한 뉴미디어와 인터넷의 등장으로 TV 시청 형태에서 수용자 분화differentiation, 파편화fragmentation, 분극화polarization

현상이 일반화되고 있기 때문이다. 하지만 소비자들은 어딘가로 멀리 달아나는 것이 아니라 여전히 '확장된 그물' 안에 남아 있다. 따라서 그들을 어떻게 잘 확보하느냐가 미디어 기업들의 최우선 생존전략이 될 것이다.

시장이 새로운 신호를 보내는데, 미디어 기업들이 진로를 바꾸지 않는 이유는 신규사업 모델의 이윤이 당장은 기존 사업에 못 미치기 때문이다. 그렇지만 기존 전략의 고수가 현재와 같은 위기를 구해 주지는 못한다. 과거 하드웨어와 소프트웨어라는 전통적 이분법이 바야흐로 웹웨어webware로 통합되고 있으며, 한 걸음 더 나아가 하드웨어, 소프트웨어, 네트워크가 웹을 중심으로 융합되는 트라이버전스trivergence 현상이 보편화되고 있다. 디지털 컨버전스 시장을 장악한 인터넷의 포털, 복합 미디어기업, 모바일 플랫폼에 이어 삼성, 애플 등 하드웨어 기업들까지 디지털 플랫폼 시장에 뛰어들면서 트라이버전스 결합상품을 놓고 서로 경쟁하기에 이르렀고, 이로 인해 자칫 시장 전체가 레드오션으로 전락할 수도 있다. 결국 미디어의 생로병사는 미디어 자체의 문제가 아니라 사업의 성과를 책임지는 미디어 기업이 '경쟁상황을 어떻게 잘 극복해 나가느냐'의 문제로 귀결된다.

위기에서 블루오션을 찾는 미디어 산업

시장환경이 바뀌면 지속 성장을 위해 기존 사업 및 전략을 새롭게 일신하는 '재정의redefine'가 필요하다. 사업 재정의란 기존 사업의 성장한계를 극복하기 위해 기존 핵심역량을 활용해 인접영역으로 확장하거나 핵심사업을 이전하는 방법을 말한다.

120년의 역사를 자랑하는 코닥Kodak은 모든 기술 변화가 디지털 환경으로 바뀜에도 불구하고 이익의 60%를 안겨주고 있던 사진인화 부문에 주력하다가 시장에서 밀려난 기업이다. 1980년 이후 디지털 카메라의 보급이 급증하면서 코닥의 필름 시장 자체가 존폐의 위기에 몰렸다. 그럼에도 불구하고 코닥은 기존 필름 사업을 부흥시키기 위해 필름카메라에 대한 대규모 투자를 단행함으로써 디지털 시장으로의 진입기회를 놓쳤다. 그 결과 1997년 95달러였던 주가가 2006년 26달러로 추락하고 전체 직원 가운데 3분의 1이 감원되는 아픔을 겪었다. 2000년대 이후 코닥은 사진을 '추억을 간직해 주는 사업'으로 새롭게 정의하고 디지털 이미지 촬영 및 가공, 인화 등을 포함한 디지털 이미징 사업을 추진하고 있다. 하지만 사업의 지속 성장을 위한 적절한 타이밍을 놓쳐 여전히 고전 중이다. 아마존은 사업다각화를 위해 식료품에서 자동차 액세서리까지 모든 제품을 취급하는 온라인에서의 월마트로 포지셔닝하고 있다. IBM은 중심사업이었던 컴퓨터 제조부문을 과감히 중국 레노버에 매각하고는 컨설팅 회사로 변신했다.

2009년 〈타임〉은 지난 10년간 소비자들의 기대를 한몸에 모았으나 실패사례로 끝난 10가지 IT 상품을 선정했다. 이 가운데 미디어 상품으로는 블루레이에 밀려난 HD DVD와 위성라디오 시리우스, 유튜브가 포함되었다.

미국 전체를 한 권역으로 묶어 100개 이상의 채널을 제공하는 시리우스는 시장에 나오기 전부터 '가장 성공적인 소비자 기기'로 많은 사람들의 관심을 끌었다. 라디오 방송 청취의 80%가 자동차 내에서 이루어지고 있다는 통계에서 알 수 있듯이 초기 사용자들은 광고 없이 CD 음질에 버금가는 깨끗한 음악방송을 차 안에서 들을 수 있게 지원하는 시리우스에게 큰 호응을 보냈다. 한 달 청취료로 12달러 95센트를 기꺼이 지불하면서 말이다. 그후 시리우스는 같은 위성라디오 방송사업자인 XM 새틀라이트와 합병해 시리우스XM으로 확장되었다. 하지만 시리우스XM은 초창기의 폭발적인 인기와 달리 2009년 1분기에 가입자 수가 40만 명이나 줄어드는 등 고전을 면치 못하고 있다. 시리우스는 손익분기점인 가입자 1,000만 명 확보를 위해 엄청난 비용을 투자했다. 하지만 시간이 흐르면서 소비자들은 아이팟이나 스마트폰, PMP 등의 경쟁제품에 주목했고, 시리우스XM은 빠르게 밀려나고 말았다.

그런데 전 세계 1억 명 이상이 50억 건의 동영상을 접속하고 있는 거대한 유튜브를 〈타임〉은 왜 실패사례로 선정했을까? 〈타임〉은 사업적으로 볼 때 유튜브가 기대만큼 실망도 큰 '속 빈 강정'이라고 분석하고 있다. 유튜브가 손익분기점에 도달하려면 2008년에 기록한 총 매출 2억 달러를 최소한 3배로 끌어올려야 하는데, 그 실현이 만만치 않다는 것이다. 유튜브는 덩치는 커졌지만 여전히 안정적 수익 모델이 없다는 것이 가장 큰 문제이며, 설상가상으로 엄청난 스토리지, 네트워크 비용 등으로 매년 운영비는 대폭 증가하고 있다.

글로벌 미디어그룹들은 사업의 지속 성장을 유지하기 위해 어떻게 대응하고 있을까? 디즈니는 테마파크, 영화사, 방송국 등 다각화된 사업구조를 바탕으로 여전히 매출과 순이익에서 타임워너와 1~2위를 다투고 있다. 케이블TV 업계의 1위인 컴캐스트는 고화질의 디지털 서비스와 편리하고 풍성한 VOD를 제공하는 동시에 인터넷과 전화 서비스를 번들로 공급함으로써 지난 10여 년에 걸친 아날로그 방송기업에서 통신·방송 융합 서비스에 기반한 디지털 복합기업으로 변신했다. 그 결과 디즈니와 컴캐스트는 글로벌 미디어 10대기업으로서 여전히 그 굳건한 지위를 유지하고 있다.

한편 잡지 〈엘르Elle〉와 〈프리미어Premier〉 등을 발행하는 프랑스의 출판그룹 라가르데르Lagardere는 전 세계 미디어그룹들 중 1998년 매출액

순위 6위에 올랐으나 디지털 부문의 매출비중이 2%에 불과할 정도로 기존의 사업 모델만을 고수한 결과, 오늘날 글로벌 미디어그룹 목록에서 그 이름이 자취를 감췄다. 영국의 ITV 역시 10년 전만 하더라도 글로벌 미디어기업 순위 8위에 오르는 등 그 규모가 막강했다. 하지만 아날로그적 사업 모델에 안주해 디지털 미디어기업으로의 변신을 소홀히한 결과 이제 유럽의 한 지역방송으로 전락하고 말았다.

경기침체나 환경변화 등으로 경영위기에 봉착하면 기업은 원가절감이나 인력감축, 사업구조 변경 등의 구조조정을 단행한다. 하지만 경영위기가 단기적 처방에 의해 쉽게 개선될 수준이 아니라면 근본적인 새로운 전략과 접근이 필요하다.

인터넷 전화의 보급 확산으로 유선전화 수입이 급감하는 등 위기를 맞고 있는 KT는 2009년 7월 새로운 진화방향인 '올레olleh 경영'을 발표했다. 'Olleh'란 'Hello'의 알파벳을 거꾸로 쓴 것으로 역발상 경영을 의미한다. KT의 이석채 회장은 강조한다. "과거 100년의 역사를 써온 KT가 미래 100년의 역사를 써나가기 위해 '올레 경영'의 강력한 실천이 필요하다." 탄탄한 미래 생존을 위해 과거의 사업 모델을 과감히 청산하고 통신·방송 컨버전스 사업자라는 전혀 다른 기업으로 제2의 창업을 선언하고 나선 것이다.

또 다른 사례를 들어보자.

2008년 환율이 크게 오르면서 수많은 국내 온라인 쇼핑몰들은 큰 어려움에 봉착했었다. 하지만 달러와 엔화의 급등으로 외국인들은 자국이 아닌 우리나라 쇼핑몰에서 명품이나 IT 제품을 구매하는 사례가 크게 증가했다. 일부 앞서가는 쇼핑몰에서는 이러한 현상을 예측해 잠시 경기침체를 피해 가기 위한 구조조정이 아니라 아예 외국인들이 편리하게 쇼핑할 수 있는 새로운 쇼핑몰을 만들어 커다란 매출을 올렸다.

고환율 덕분에 세계에서 가장 싼 가전제품 시장이 된 상황을 역이용해 외국인들에게 카메라와 아이팟, 닌텐도의 위 등 IT 제품들을 적극 판매하는 시장으로 변신한 것이다.

이 같은 사례는 비록 환율 상승에 따른 한두 해 정도의 한시적 현상으로 볼 수도 있다. 하지만 미디어 사업의 경우는 다르다. 환율과 관계없이 지금껏 미디어를 지탱해 주었던 광고 매출의 감소는 일시적인 불황으로 그치지 않을 것이기 때문이다. 미국 신문기업의 주 수입원은 광고다. 평균적으로 광고 수입이 87%, 구독료 수입이 13%이다. 일본의 경우 광고 수입이 35%, 구독료 수입이 65%다. 이를 통해 미국의 신문이 얼마나 광고에 의존하고 있는지 알 수 있다. 최근의 경제 위기와 인터넷 등 뉴미디어의 급성장으로 광고 수입이 크게 감소함에 따라 신문 산업은 직격탄을 맞았다. 〈LA 타임스LA Times〉, 〈시카고 트리뷴Chicago Tribune〉은 직원을 2년에 거쳐 50% 가까이 줄이는 등 대대적인 구조조정에 나서고 있다. 그러나 현재의 어려움을 구조조정을 통해 해결하고자 하는 것은 미봉책에 불과할 것이며, 디지털 시대에 걸맞은 새로운 전략으로 서서히 사업 모델을 변화시켜 나가는 것이 바람직하다. 찰스 다윈은 "이 세상에 생존하는 것은 강한 종도 아니고 지적인 종도 아니며, 변화에 가장 잘 적응하는 종"이라고 말한 바 있다. 이는 미디어 산업에도 효과적으로 적용된다.

오늘날 삼성전자는 소니와 파나소닉 등 일본의 5대 가전기업 모두의 이익을 합친 것보다 더 큰 이익을 실현하고 있다. 이는 반도체와 휴대폰, 디지털 TV 등의 성공에 기인한다. 불과 10년 전인 1990년대까지만 해도 해외주재원이나 유학생들의 귀국 이삿짐에는 소니 TV나 GE 냉장고, 월풀 세탁기 등이 필수품으로 들어 있었다. 당시 이들 제품은 글로벌 가전 브랜드들이었다. 하지만 오늘날 이들 제품을 들여오는 사람들은 거의 없을 것이다.

삼성은 어떻게 소니를 추월할 수 있었을까? 아날로그 TV에서 소니와 경쟁하지 않고, 차세대 디지털 TV에서 소니를 추월하겠다는 전략이 적중했기 때문이다. 기존 시장에서 우위를 점하기 위해 치열한 싸움을 전개하기보다는 완전히 다른 범주에서 시장을 개척해 소비자에게 다가가는 전략이 더 바람직하다. 디지털 TV 분야에서 소니를 압도한 삼성은 LED와 차세대 아몰레드 TV, 3D TV 시장을 선점, 경쟁기업과의 격차를 더욱 벌여나가고 있다.

콘텐츠 기업이나 미디어 기업도 마찬가지다. 각 영역별로 형성된 시장지배적 기업들이 같은 시장이나 상품을 놓고 경쟁을 하면 결국 시장 전체가 레드오션이 된다. 이러한 레드오션을 피하기 위해 개별 소비자에게 맞춤형 융합 서비스를 제공해 동일한 콘텐츠를 소비하는 방법을 바꾸는 것도 새로운 블루오션 전략이 될 것이다. 또한 후발주자가 선발주자 대열에 합류하기란 여간 어려운 일이 아니다. 새로운 경쟁자의 등장에 기존 미디어 사업자들의 저항과 눈에 보이지 않는 진입장벽이 가로막고 있기 때문이다.

폭스 뉴스의 블루오션 전략

미국의 폭스 뉴스는 2002년 1월 월간시청률 1위에 오른 이래 100개월 연속 CNN을 누르고 케이블 뉴스의 선두주자로 자리를 잡았다. 아울러 미국의 여론조사기관인 PPP Public Policy Polling 의 조사결과, 미국인들의 49%가 폭스 뉴스를 신뢰한다고 대답했고, CNN(39%), NBC(35%), CBS(32%), ABC(31%) 등이 그 뒤를 이었다. 신뢰도 면에서도 폭스 뉴스는 CNN뿐 아니라 지상파TV 뉴스를 앞지르고 있다.

몇 년 전만 하더라도 막강한 브랜드 파워를 지닌 글로벌 뉴스채널 CNN을 폭스 뉴스가 추월한다는 것은 상상하기 어려운 일이었다. 1980년에 설립된 CNN은 방송 초기에는 지상파TV 방송의 뉴스 제작팀과는 비교할 수 없을 만큼 빈약한 전문인력과 조직, 방송장비로 싸구려라는 의미의 '치킨 누들 네트워크CNN, chicken noodle network'로 불리며 비웃음을 사는 등 많은 어려움을 겪기도 했다. 하지만 CNN은 우주왕복선 첼린 저호의 폭발, 베를린 장벽 붕괴, 걸프전, 텐안먼(天安門) 사태 등 격동의 현장을 생생하게 중계함으로써 그 진가를 전 세계인들에게 유감없이 보여주었다. 이를 통해 최고의 전문 뉴스채널로 우뚝 올라설 수 있었다. CNN보다 15년 이상 늦은 1996년에 개국해 골리앗 CNN을 누르고 시청률 1위를 기록하고 있는 폭스 뉴스의 인기비결과 성공요인은 무엇일까?

폭스 뉴스는 지나치게 보수세력을 지원하는 보도정책으로 '불공정하고, 불균형하며, 견제받지 않는 뉴스', '언론의 정체성을 잃어버린 뉴스'라고 비난을 받고 있기도 하다. 2000년 공화당의 조지 부시가 민주당 앨 고어 후보를 밀어내고 대통령에 당선된 것도 보수의 첨병을 자처한 폭스 뉴스 덕분이었다는 분석이 나올 정도다. 하지만 폭스 뉴스는 처음부터 보수층인 우파 시청자를 대변하는 틈새시장을 겨냥해 출범함으로써 CNN과의 차별화를 추구했다. 톰 딜레이Thomas DeLay 전 공화당 원내대표가 CNN에 대해 일정 수준 균형감각을 유지하고 있지만 진보적인 시각을 대변하는 '공산주의자 뉴스채널CNN, communist news network'이라고 혹평을 할 정도로 CNN은 보수주의자들의 커다란 불만을 사고 있었다. 폭스 뉴스의 틈새시장 공략으로 미국의 보수층은 자신들의 목소리를 대변해 줄 수 있는 방송에서 그 같은 갈증을 해소할 기회를 얻었던 것이다.

또한 폭스 뉴스는 미국인들의 미묘한 의식변화를 놓치지 않고 파고 들었다. '우리는 보도하고 선택은 당신이 한다We report, You decide'는 슬로건으로 출범한 폭스 뉴스는 케이블 뉴스가 CNN처럼 세계 전체를 커버해야 한다고는 판단하지 않았다. 폭스 뉴스는 우선적으로 미국인들의 관심이 높은 기사를 미국인의 시각과 미국의 입장에서 취재·보도하고 '화끈하게' 논평함으로써 미국 내 주류시청자들인 보수층의 가려운 곳을 시원하게 긁어주고 있다. 이러한 행보를 통해 뉴스의 정의가 변화하고 있다는 평가를 받을 정도였다. 그리고 뉴스를 보도할 때 영상이나 배경음악, 그래픽 등을 역동적인 편집과 화려한 디자인으로 처리해 제공함으로써 시청자들의 흥미를 배가시키는 데 성공했다. 이에 자극받은 CNN도 자신들의 단조로운 뉴스 진행방식과 편집, 배경음악을 폭스 뉴스처럼 활기차게 바꾸고자 노력하고 있지만, 폭스 뉴스의 감각에는 훨씬 미치지 못하고 있다. 폭스 뉴스의 밥 번스타인Bob Bernstein 부사장은 설명한다. "폭스 뉴스가 더 즐겁고, 더 해설을 잘해서 시청자들의 마음을 사로잡았다."

마지막으로 폭스 뉴스는 복잡한 배경의 뉴스를 흑백논리로 단순화시켜 보도함으로써 다른 뉴스 채널과의 차별화에 성공했다는 점을 들 수 있다. 그리고 뉴스 채널들이 사실보도와 중립적인 멘트에 충실한데 반해 폭스 뉴스는 보다 직설적이고 명확하게 의사를 전달하는 등 선정적이기까지 한 파격적인 보도방식으로 시청자들을 사로잡고 있다. 여기에는 폭스 뉴스의 오너인 루퍼트 머독 회장의 시청률 지상주의가 깔려 있다고 볼 수 있다. 후발업체인 폭스 뉴스는 '가장 영향력 있는 보수주의 대중매체'를 지향하는 포지셔닝 전략을 성공적으로 실현함으로써 마침내 블루오션을 찾아낸 것이다.

2009년 〈재미있는 TV 롤러코스터〉란 프로그램으로 케이블TV 평균 시청률 2.1%를 기록하면서 많은 화제를 뿌린 국내 tvN의 블루오션 전략도 유념할 만하다. 사실 2.1%란 시청률은 대량 소비의 속성을 갖고 있는 지상파TV의 시청률과 비교하면 아주 작은 수치이지만, 분화된 시청자를 대상으로 하는 케이블TV의 전문채널로서는 최고의 시청률에 해당한다. 오락채널인 tvN은 이 밖에도 시즌 드라마 〈막돼먹은 영애씨〉 등 차별화된 자체제작 프로그램으로 성공적인 포지셔닝을 실현했다. 사실 영화나 지상파TV에서 방영한 프로그램을 구입해 재방송 위주로 편성하는 유사채널과 달리 tvN처럼 자신들의 채널을 대표하는 킬러 콘텐츠들을 개발해 브랜드파워를 이끌어가고 있는 사례는 그리 흔치 않다.

〈재미있는 TV 롤러코스터〉는 소소한 일상사에 대한 남녀의 행동과 반응, 심리차이를 MRI 식의 디테일함과 예리함으로 묘사, 시청자들의 진한 공감대와 웃음을 유도해 내고 있다. tvN측은 이 프로그램의 성공 요소로 '독특한 새로움'을 꼽고 있다. 케이블TV에 적합한 새로운 소재의 내용, 독창적이고 새로운 프로그램 포맷, 새로운 스토리와 새로운 연기자들을 통해 지상파TV와의 차별화를 이끌어냈다는 분석이다. 특히 이 프로그램의 해설을 맡고 있는 여성 성우의 독특한 억양과 말투 역시 신선한 새로움으로 큰 인기를 끌면서 다른 프로그램들에게 널리 전파되기도 했다.

폭스 뉴스와 tvN의 사례처럼 변화하는 패러다임과 진화방향을 잘 읽어 다른 분야, 다른 방식으로 승부를 할 때 그 승산은 훨씬 커진다. 음악의 유통구조를 바꾼 애플의 스티브 잡스 역시 미국의 5대 음반사 관계자들에게 온라인 뮤직스토어를 열겠다고 설득한 역발상이 시장에 먹혀들어 오늘날의 아이튠스 신화를 만들었다. 아이튠스의 성공을 지켜본 마이크로소프트나 노키아Nokia 등의 회사들도 온라인 뮤직스토어를 열였지만 시장에서 고전하고 있다. 특히 노키아의 '컴스 위드 뮤직 Comes with music'은 영국 시장에서도 점유율 1위를 달리고 있는 아이튠스에 도전하기 위해 1년간 무제한 다운로드라는 공격적 마케팅을 전개했지만, 겨우 2만 3,000여 명의 가입자를 모으는 데 그쳤다. 이처럼 동일한 비즈니스 모델을 가지고 시장 선점자의 아성을 깨기란 참으로 어려운 과제다.

노키아와는 달리 아마존은 아이튠스와 차별화된 비즈니스 모델로 시장에 등장해 짧은 기간에 16%라는 놀라운 시장점유율을 확보, 애플에이은 2위 자리를 차지함으로써 애플을 긴장하게 만들고 있다. 아마존의 성공은 음원의 DRM(디지털 저작권관리 기술)을 해제하고 신곡 구입비용을 저렴하게 책정한 데 있었다. 한 번 다운로드한 음악을 소비자들이 여러 기기에 자유롭게 옮겨 들을 수 있게 하는 편리함을 제공한 것이다. 아마존은 DRM이 없는 파일을 판매하면 음악파일의 공유와 복제가 자유로워질 것이라는 우려를 가진 음원업체들을 설득해 새로운 비즈니스 모델을 만들어냈다. 아마존의 성공을 지켜본 애플도 DRM 없는 파일을 전송하고 있고, 국내 음원업체들도 이 같은 추세를 따르고 있다.

미국의 ABC TV는 간판 프로그램인 〈로스트〉, 〈위기의 주부들〉 등 최신 드라마를 방송 1주일 전에 독일의 동영상 사이트 '맥스돔maxdome'에 사전 제공한다. 이는 새로운 수익 창출을 위해 프로그램 유통의 전통적 질서를 깬 비즈니스 모델로서 긍정적 평가를 받고 있는 사례다.

NBC와 폭스가 합작 설립한 동영상 사이트 '홀루'는 드라마와 영화 등 수준 높은 콘텐츠를 제공해 인기를 끌고 있다. 이 두 방송사는 방송 시장에서는 치열한 경쟁을 벌이고 있지만 새로운 블루오션을 개척하는 데에는 의기투합하고 있다.

다채널 시대의 소비자들은 방송사의 브랜드 때문에 특정 프로그램을 선택하기보다는 콘텐츠 중심의 선택과 콘텐츠 자체에 대한 높은 충성도를 갖는 경향을 나타낸다. 특히 동영상 사이트는 젊은 소비자들에게 가장 적합한 소비창구다. 한국에서도 높은 인기를 구가했던 시즌 드라마 〈프리즌 브레이크〉가 폭스에서 방영한 콘텐츠라는 사실을 아는 사람은 별로 없을 것이다. 콘텐츠의 새로운 유통창구로 동영상 사이트와 MP3 같은 휴대용 기기가 탄탄하게 자리를 잡으면서 방송사들의 브랜드파워는 더욱 약화될 가능성이 높다. 미디어 기업들은 자신들의 콘텐츠와 다양한 미디어 기기들과의 연결을 통해 소비자의 접점을 확보, 유료 수익모델을 만들어내는 것이 더욱 중요한 시대가 되고 있다.

그렇다면 수많은 프로그램이 쏟아지는 다채널 시대에 방송사는 브랜드 가치를 제고하기 위한 노력을 포기해야 하는가? 물론 그렇지 않다. 일반기업들과 마찬가지로 오히려 브랜드 가치를 높이는 데 더 많은 노력을 경주해야 한다. 브랜드라는 단어는 옛날에 가축에게 주인이 있음을 알리는 불도장인 '낙인brand'에서 유래되었다. 대부분의 기업들은 제품 자체보다 고객의 인식에 낙인을 찍는 브랜드 전략에 주력하고 있다.

강력한 브랜드 경쟁력을 구축한 대표적인 사례로 인텔을 들 수 있다. 인텔은 1990년부터 '인텔인사이드Intel inside'라는 브랜드 제고를 위한 캠페인 광고를 대대적으로 내보냈다. 마이크로프로세서CPU를 생산하는 인텔은 소비자가 눈으로 직접 보기 힘든 제품이지만, 활발한 브랜드 마케팅 덕분에 기업과 제품의 가치가 동시에 올라갔다. 소비자가 PC를 구매할 때 인텔 CPU의 기능을 자세히 모르지만 PC 안에 인텔 제품이 들어가 있다는 각인된 인식 때문에 더 편하게 PC를 선택하게 되는 것이다.

방송사의 브랜드 전략 역시 인텔과 마찬가지다. 고객의 50%는 로열티(충성도)를 가지고 있는 브랜드에 비해 20~25%의 비용을 더 지불한다는 연구결과가 있다. 프로그램이란 상품 자체가 가장 중요하지만, 소비자들의 머릿속에 심어진 특정 방송사에 대한 로열티는 매일같이 쏟아지는 수많은 프로그램을 선택함에 있어 분명 큰 영향을 미치고 있다.

CHAPTER 03

진화하고 있는
미디어 비즈니스의 유형

클릭앤드모타르 유형의 온·오프라인 통합 플랫폼

국내에서 가장 영향력 있는 매체는 무엇일까? 2008년의 한 조사결과에 따르면, KBS(31.6%), MBC(21.8%), 네이버(17.3%), 다음(4.1%), 〈조선일보〉(4.0%)의 순으로 나타났다. 네이버와 다음 등의 인터넷 포털이 주요 콘텐츠의 유통채널로 굳건한 자리를 구축하고 있다는 증거다.

이제 전통적인 미디어 기업도 인터넷과의 결합을 통해 온·오프라인 통합 플랫폼으로 변신해야 하는데, 이는 선택이 아니라 필수다. 인터넷 보급이 활성화되면서 일반기업들이 일찍이 '클릭앤드모타르click and mortar' 모델을 받아들여 사업구조를 개선하고 있는 것과 같은 개념이다.

클릭앤드모타르란 오프라인에 기반한 기업이 오프라인과 온라인의 한계를 극복하고 상호 장점을 융합해 시너지를 제고하기 위한 비즈니스 모델을 의미한다. 클릭은 마우스를 누르는 소리로 온라인 소매점을, 모타르란 예전부터 존재해 온 전통적인 점포를 뜻한다. 세계적인 컨설팅회사인 맥킨지Mckinsey는 다음과 같이 권고한다. "앞으로 10년간 수익률을 두 자릿수로 유지하려면 클릭앤드모타르에 바탕한 비즈니스 모델을 구축해야 한다."

클릭앤드모타르 모델은 1996년 온라인 증권회사에서 근무하던 찰스 슈왑Charles Schwab에 의해 처음 소개되었다. 그는 여러 컴퓨터의 연산 및 기억장치까지 공유하는 그리드grid 기술을 활용해 오프라인 증권사에서 오랜 시간이 걸리던 고객정보 분석을 단 몇 초 만에 해결해 내는 방식을 도입했다. 찰스 슈왑은 상품판매를 위해 증권사들이 전통적으로 앞세워 왔던 애널리스트와 중개상을 고용하지 않는 대신 IT의 힘을 이용해 고객들에게 맞춤형 금융 추천과 조언, 각종 통계 서비스까지 제공해 줌으로써 온라인의 경쟁력을 충분히 활용했다.

비즈니스 웹을 통한 새로운 네트워크 효과 창출

영화나 방송 프로그램, 음악 등의 콘텐츠는 정보재로서 한계생산비용이 제로(0)에 가깝다. 첫 번째 상품을 만들기 위해서는 대규모 투자가 소요되지만, 두 번째부터의 복제비용은 거의 들지 않기 때문에 지적자본에 의한 이익에는 '수확체증의 법칙'이 적용된다.

또한 콘텐츠 산업은 네트워크 외부효과network externalities가 크게 발휘되는 분야다. 네트워크 외부효과란 1980년대 브라이언 아서Brian Arthur에 의해 처음 제안된 이론으로 많은 사람들이 상품을 사용하면 할수록 그 상품의 가치가 증가하는 현상을 말한다. 즉 타인의 소비가 내 소비의 효용을 더 높이는 편승효과인 '소비의 긍정적 외부성'을 불러온다는 것이다.

케이블TV 산업이 성장한 배경은 MPP, MSO와 같은 수평적 결합구조가 형성되면서 규모의 경제와 범위의 경제 효과가 크게 발휘되었으며, SO와 PP의 수직적 결합형태인 MSP 체계에 의해 시장지배력을 확보하고, 콘텐츠의 비경합성을 잘 활용했기 때문이었다. 할리우드의 메이저 영화사들은 지상파TV 방송사들을 인수해 콘텐츠 공급과 제작기반의 활용도를 크게 높임으로써 성공적인 시너지를 발휘했다. 이처럼 유통 네트워크와 콘텐츠가 내부적으로 긴밀히 연계됨으로써 네트워크의 외부효과가 크게 발휘되고 있다. 양자가 서로 영향을 주어 서로의 효과를 더욱 극대화하면서 소비량은 더욱 커지게 되고, 소비량이 커지면 생산량을 늘려야 하며, 생산량을 늘리면 규모의 경제 때문에 생산단가가 내려가서 더 낮은 가격에 공급할 수 있는 선순환이 이루어진다.

2000년대 후반으로 접어들면서 모든 매체는 인터넷을 중심으로 융합되는 현상이 뚜렷해지고 있다. 앞서가는 일반 온라인 기업들은 이미 전 세계인을 대상으로 24시간 마케팅하고 상품을 판매하는 단계로 넘어갔다. 오프라인 기업은 저녁에 문을 닫지만 아마존 같은 인터넷 기업은 무재고, 무직원, 무창고, 무공장의 '4무(無)' 비즈니스 모델을 통해 글로벌 기업의 반열에 올라섰다. 아울러 시스템을 통해 주문접수와 배송, 정보 제공은 물론 고객의 성향과 취향까지 파악해 맞춤형 서비스까지 제공하는 슈퍼 비즈니스 모델 시대를 선도하고 있다.

'온라인 활용을 통해 네트워크의 외부효과를 어떻게 최대화할 것인가'라는 것이 콘텐츠 사업자들의 핵심 추진과제로 떠오르고 있다. 돈 탭스콧은 《디지털 캐피털 Digital Capital》을 통해 '비즈니스 웹 b-web'의 개념을 제시했다. 산업자본을 구체화한 형태가 '기업'이었다면 '비즈니스 웹'이란 네트워크로 고객과 상호 연결된 유연한 협력사업 모델을 의미한다.

비즈니스 웹에 참여한 고객들은 다양한 방법으로 상호 소통할 수 있다. 더 이상 마케팅 담당자의 의도대로 쉽게 고객을 통제할 수 없다. 브랜드 이미지와 고객만족은 고객 간 의사소통을 통한 관계자본으로 형성된다. 기업은 인터넷상에서 고객을 위한 가치를 만들어내는 데 주력해야 하며, e비즈니스 기업으로 사업 모델을 혁신해 나가야 한다. 인터넷이 자연스러운 생활의 일부가 되어버린 N세대가 점차 소비의 주역으로 등장하면서 방송미디어 기업 역시 e비즈니스 기업으로의 진화를 추구해야 한다. 이를 통해 콘텐츠 소비의 시공간적 제약을 극복하고 복잡한 유통구조를 단순화시켜 거래비용을 줄임으로써 온라인 분야에서 새로운 사업기회를 찾을 수 있다.

e비즈니스를 활용하는 미디어 기업들은 궁극적으로 일방적인 콘텐츠 공급자에서 변화해 미디어 커뮤니티를 형성함으로써 소비자들의 참여와 모임을 이끌어내고, 고객의 충성도를 높이며, 콘텐츠 생산의 장을 만들어내는 사업 모델을 추구할 수 있다. 최근 〈뉴욕 타임스〉가 '가장 중요한 것은 대화다It's all about the conversation'라는 캐치프레이즈를 통해 e비즈니스 기업으로의 변신을 추구하고 있는 것도 같은 맥락에서 해석할 수 있다.

미디어 사업 성패, 온라인 소비자 소통방식에 달려

온라인을 통한 미디어와 소비자 간의 관계connectivity와 협력collaboration이 중요한 과제로 떠오르고 있다. e비즈니스 기업을 표방하는 미디어 기업들은 콘텐츠뿐 아니라 콘텍스트context(문맥, 맥락, 배경)를 생산해 소비자들이 스스로 조직을 만들어 콘텐츠를 공동 생산하고 토론하도록 이끄는 것이 이상적인 모델이다. 미디어 기업이 콘텍스트 공급자가 되면 다양한 수익원을 창출할 수 있다. N세대는 이 같은 시스템에 아주 익숙하기 때문에 상호작용을 통해 새로운 비즈니스 모델로 발전할 수 있다. 돈 탭스콧은 기존의 4P 마케팅 전략인 제품product, 장소place, 가격price, 판촉promotion을 대체할 새로운 마케팅 전략으로 장소 불문any-place, 브랜드brand, 소비자 체험consumer experience, 최저가격 찾아다니기discovery mechanism for price, 고객 참여engagement를 제시한다. 이러한 새로운 전략은 미디어 상품을 소비하는 신소비계층의 이용 패턴과 잘 부합한다.

2008년 전 세계 인터넷 이용 인구 수는 14억 명에 달한다. 2012년에는 19억 명을 넘어설 전망이다. 모든 길이 인터넷으로 통하는 시대에 미디어 기업들 역시 소비자와의 '인터넷 접속의 창'은 필수 불가결한 요소가 되고 있으며, 유연한 온·오프라인 통합 플랫폼 구축이 필요하다. 특히 기술발전이 급속도로 진행되면서 인터넷을 통한 영상전송비용은 향후 3~5년간 약 70%가 감소할 전망이다. 따라서 인터넷 접속을 통한 콘텐츠의 유통이 더욱 활발해질 것이다.

마이크로소프트의 소비자·온라인 부문을 담당하고 있는 애슐리 하이필드Ashley Highfield 이사는 향후 2~3년 내에 TV 산업이 획기적인 변신에 성공하지 못할 경우 온라인 시장에서의 주도권을 상실할 것이라고 지적한 바 있다. 2009년 8월 그는 한 국제 세미나에서 TV 산업이 이 기간 내 가시적 디지털 비즈니스를 만들어내지 못하면 광고시장의 주도권은 온라인으로 넘어갈 것이고, 이로 인해 TV 산업이 갖는 위력은 급속도로 약화될 것이라는 견해를 밝혔다. 그는 다음과 같이 강조했다. "가까운 시일 내에 광고주들이 TV 매체 대신에 페이스북 같은 인터넷 사이트에 광고하는 것은 아무런 이슈도 되지 않을 것이다. 따라서 TV 산업은 향후 2년 내에 디지털 사업을 창조해야 한다." 아울러 그는 '아이튠스 현상'을 예로 들었다. 아이튠스가 시장에 등장하면서 음반시장의 온라인 비즈니스가 애플로 넘어갔으며, 이와 같은 현상이 TV 산업에서도 일어날 수 있다는 설명이다.[10]

하이필드 이사가 강조하는 디지털 사업으로의 획기적인 변환이란 무엇일까? 이는 전통적인 TV 산업이 온·오프라인 통합 플랫폼으로 전환하는 것을 의미한다. 온·오프라인 통합 플랫폼을 통해 풍부한 콘텐츠를 온라인에 적극적으로 공급함으로써 기존의 TV 광고주들을 계속 유지해야 살아남을 수 있다는 것이다.

TV 산업이 온라인과 결합해 클릭앤드모타르 형태의 플랫폼으로 바뀐다 해도 온라인을 통해 안정적 매출을 올리기까지는 약 2~3년가량 소요될 것으로 전문가들은 예측하고 있다. 또한 웹 콘텐츠를 통해 매출을 올리기 위해서는 기존의 TV 광고 마케팅과는 다른 개념의 접근이 필요하다. 즉 온라인 이용자들의 웹서핑 습성을 연구해, 이에 기반한 타깃광고 기술이 요구된다.

창의적 아이디어나 차별화된 사업계획이 결여된 미디어 사업의 온·오프라인 사업 모델 구축은 성공을 보장하지 않는다. 델Dell 컴퓨터의 마이클 델Michael Dell 회장은 지적한다. "오프라인에서 경쟁력이 없는 사업이 온라인화한다고 해서 없던 경쟁력이 생기지는 않는다. 이 경우에는 온라인을 활용한 경쟁력 없는 사업으로 변할 뿐이다."

전형적인 모타르 기업이었던 타임워너가 1999년에 온라인 기업인 AOLAmerica Online과 합병해 클릭앤드모타르 사업 모델을 구현한 것이 미디어 업계에서 효시가 되었다. 이 두 회사의 메머드급 합병으로 AOL타임워너의 시가총액은 3,300억 달러가 되어 미국 증권시장에서 기업순위 4위로 올라섰고, 매출액도 합병 첫 해 300억 달러에 이르러 세계 98위의 기업으로 도약하는 계기가 되었다.

AOL과 타임워너의 합병은 단순히 기업의 외형적 규모 확대라는 차원보다 오프라인 기업과 온라인 기업의 통합이 주는 의미가 더 크다. 오프라인은 막강한 콘텐츠와 실물 유통 인프라를 갖고 있다. 온라인은 실시간 양방향 커뮤니케이션과 마케팅, 커뮤니티에 강점을 지니고 있다. 빠른 속도로 변화하고 있는 미디어, IT 산업에서 AOL과 타임워너는 스스로 상대방 업계에 뛰어들어 새로운 시장을 개척하기보다는 합병을 통해 신속하게 시너지를 창출하는 방안을 선택했다.

일각에서는 AOL과 타임워너의 합병이 사상 최대의 실수라는 비판도 제기되고 있다. 합병 이후 지속 하락한 주가가 이를 뒷받침해 준다. 마침내 타임워너는 AOL을 2009년 내에 분사하기로 결정했다. 그러나 양 사는 오프라인과 온라인 미디어의 결합을 통해 유형적 시너지 창출은 물론 무형적 브랜드 이미지 제고 측면에서도 커다란 가치 상승을 실현했다. 당시 이러한 변신을 시도하지 않았더라면 AOL은 지금쯤 경영위기에 빠진 인터넷 버블기업으로 회자되고 있을 것이다.

현재 클릭앤드모타르 사업 모델을 가장 잘 실천하고 있는 미디어 기업은 뉴스코퍼레이션이다. 뉴스코퍼레이션은 핵심역량인 콘텐츠와 인터넷이라는 개인적 선택의 창구를 결합하기 위해 스카우트(스포츠), 인터믹스(커뮤니티), 블링스(비디오 검색), 마이스페이스 등 인터넷 기업들을 인수했다. 또한 온·오프라인 간 콘텐츠가 호환될 수 있는 유통의 허브를 구축해 콘텐츠의 고비용 유통구조를 개선하고 지리적 한계를 타파하는 등 다양한 고객층을 확보하는 전략을 추구하고 있다.

특히 현재의 경쟁력을 지속 유지해 나가고자 한다면 온라인 매체를 선호하는 젊은 고객층의 확보가 필수적이다. 앤 스위니Anne Sweeney 디즈니-ABC TV 사장은 2007년 서울디지털포럼에서 다음과 같이 강조했다. "신세대는 신기술이 없는 세상을 살아본 적 없는 인류 최초의 세대다. 디지털 언어를 모국어로 구사하는 이 디지털 원주민들의 요구를 신속하게 충족시켜주지 못하면 미디어 기업들은 즉시 버림받을 것이다.”

굴지의 글로벌 기업인 구글이 한국에서는 토종기업인 네이버에 힘을 쓰지 못하고 있듯이, 엠넷Mnet은 세계 대중음악의 변화를 선도해 온 MTV를 누르고 젊은 층의 인기를 끌고 있는 채널이다. 매년 엠넷은 부문별 최고의 가수를 선정하는 초대형 콘서트를 열고 있는데, 그 시청범위를 아시아권으로 넓히고 있다. 2009년 '엠넷 아시아 뮤직 어워드 콘서트'는 중국·일본·태국·말레이시아 등 아시아 10개국에 인터넷을 통해 생중계되었다. 인터넷 생중계시 메인 화면과 함께 하단에 4~5개의 추가 화면을 제공, 시청자들 자신이 좋아하는 가수를 선택해 볼 수 있는 멀티앵글 서비스를 도입했고, 화면의 한 부분에 시청자들의 의견들을 올릴 수 있도록 했다. 엠넷의 인터넷 생중계 프로그램에는 2008년 베이징 올림픽 생중계 이후 최고 수치인 동시접속자 1만 명이 몰려들어 콘서트를 즐겼고, 실시간 댓글도 최단 시간 내에 5만여 건을 넘어서는 성과를 거뒀다.

비즈니스 세계에서 군림하는 그 어떤 가문도 스웨덴의 발렌베리Wallenberg 가문만큼 자국 경제에 영향을 끼치지는 못한다. 발렌베리 가문이 보유한 스웨덴 상장기업의 지분은 스톨홀름 주식시장의 전체 시가총액의 3분의 1에 해당한다. 한 세대에서 다음 세대로 경영권이 넘어가면 많은 가족기업들이 무너지게 마련이다. 하지만 발렌베리 가문은 5세대에 걸쳐 지속 성장해 오고 있다. 그들은 '변화야말로 보존할 가치가 있는 유일한 전통'이라는 원칙을 흔들림 없이 지켜왔다. 미디어 산업은 온·오프라인 영역의 파괴로 큰 변화를 맞이하면서 혼란을 겪고 있다. 지상파, 케이블, 위성, 인터넷 등 전송방식으로 미디어를 구분하던 전통적인 칸막이가 걷히면서 융합 미디어의 시대로 들어섰기 때문이다. 발렌베리 가문처럼 변화를 적극 수용하는 미디어 기업은 온라인을 통해 지리적·산업적 장벽을 뛰어넘어 성장을 구가할 수 있다. 오프라인 미디어에서 성공한 콘텐츠는 온라인에서도 인기를 끌 수 있다. 따라서 성장하는 미디어기업은 이제 본격적으로 온라인을 통해 미래고객을 확보해 나간다.

콘텐츠 경쟁력 기반의 크로스 미디어 플랫폼

'크로스 미디어 플랫폼cross media platform'이란 다양한 형태의 플랫폼과 기기에 콘텐츠를 제공하는 통합 플랫폼을 말한다. 방송과 통신의 네트워크 구분이 없어지면서 동일한 콘텐츠를 손쉽게 제공할 수 있는 크로스 미디어 환경이 성숙되고 있다. 이에 따라 크로스 미디어 플랫폼은 차세대 플랫폼으로 주목받게 되었으며, 미디어의 3차혁명을 예고하고 있다.

크로스 미디어 플랫폼은 풍부한 콘텐츠를 생산·보유하고 있는 지상파TV들이 주로 추진하고 있는 진화 모델이다. 오랫동안 광고라는 안정된 수익구조를 통해 한 시대를 풍미했던 지상파TV들은 점차 하락하는 수익구조의 개선방안으로 통합 플랫폼을 검토하거나 도입하고 있다. 지상파TV의 가장 큰 강점과 자산은 규모의 경제에 기반한 다양한 콘텐츠의 생산능력과 수십 년간 축적해 온 콘텐츠의 양에 있다. 지상파 방송사들은 축적한 콘텐츠를 디지털화한 다음 이를 보관·배포하는 아카이빙과 CMScontent management system를 구축해 케이블TV, 위성방송, 모바일, IPTV, 인터넷 포털, VOD, 기타 개인 미디어 기기 등 다양한 소비자 접점에 다양한 형태로 콘텐츠를 뿌리는 멀티 플랫폼 전략을 수행함으로써 경제성을 확보하는 것이 가장 중요한 미래전략이다. 이를 통해 지상파가 아닌 새로운 콘텐츠 시장에서도 현재의 브랜드 로열티를 유지한 채 유료수익원을 확보할 수 있고 여러 매체에 걸쳐 광고를 집행함으로써 광고의 가치를 더욱 높이는 계기를 마련할 수 있다.

디즈니 그룹의 ABC TV는 미디어 기업들 가운데 가장 빨리 디지털 체제로 전환, 이를 통해 크로스 미디어 플랫폼을 실현하고 있는 방송사다. 그들은 아직까지 가장 수입이 확실한 주력매체인 TV 플랫폼을 중심으로 다양한 플랫폼에 콘텐츠를 제공하고 있다. ABC 스튜디오는 ABC의 풍부하고 강력한 자체제작 콘텐츠의 생산기지다. 〈로스트〉, 〈위기의 주부들〉, 〈그레이 아나토미〉, 〈어글리 베티〉 등 다양한 인기 드라마 시리즈를 만들어내고 있으며, 이를 전 세계 시청자들에게 다양한 플랫폼을 통해 제공하고 있다. 시청자들은 ABC의 프로그램들이 방영되는 화면 어디에서나 'ABC는 여기서부터 ABC start here'라는 통합 네비게이션 표식을 발견할 수 있다. 이 네비게이션에는 TV, PC, 휴대폰, 아이튠스, VOD, DVD 등을 표현하는 아이콘이 있어 시청자들이 해당 프로그램을 다른 플랫폼으로도 즐길 수 있다는 사실을 알려준다. ABC는 TV의 정의가 이처럼 크게 확장되면서 질적으로 우수한 콘텐츠의 수요도 확대되었다고 설명한다. 다양한 시청의 자유를 얻게 된 소비자들은 온라인 커뮤니티를 형성, 예전보다 더 적극적으로 TV 프로그램을 챙겨보고 있는 것으로 나타났다. ABC의 크로스 미디어 플랫폼 정책에 대해 앤 스위니 디즈니-ABC TV 사장은 말한다. "사람마다 콘텐츠를 원하는 방식이 제각각이므로 어떤 한 가지 비즈니스 모델만 고수할 수가 없다. 어떤 소비자는 프로그램에 광고가 붙어 있더라도 TV로 빨리 보기를 희망하고, 어떤 소비자는 콘텐츠를 다운로드해 PC에 담아놓기를 원한다. 또 어떤 소비자들은 뛰어난 화질과 음질, 멋진 케이스에 담긴 DVD로 소장해야만 비로소 만족해한다."

아울러 스위니 사장은 ABC의 광고 패키지 모델이 매우 튼튼하다고 강조한다. "프라임타임대의 ABC TV 네트워크 시청자의 평균연령은 47세다. 하지만 abc.com을 통해 온라인으로 프로그램을 보는 이용자의 평균연령은 28세다. 이 같은 분포는 광고주들에게 큰 의미를 던져준다. ABC는 다양한 플랫폼에 걸쳐 있으므로 광고주도 여러 세대에 걸쳐 광고 메시지를 성공적으로 전달할 수 있다."

미국의 24시간 뉴스채널 CNN은 대표적인 크로스 미디어 플랫폼이다. CNN의 시청률은 경쟁매체로 인해 해마다 떨어지는 부진을 보이고 있지만, 크로스 미디어 플랫폼의 실현 덕택에 수익은 크게 늘어나 2009년도의 경우 30년 역사상 가장 높은 수익률을 실현했다. CNN은 케이블TV를 근간으로 위성, IPTV, 글로벌 미디어, 온라인 매체에 뉴스를 제공하여 수익을 높이고 있는데, 특히 디지털 온라인 분야의 수익이 가장 많이 성장했다. 디지털 수익 중 광고 판매의 80%는 여러 상품을 묶어 판매하는 '크로스 플랫폼 패키지'로부터 나오고 있다. 지난 6년여간 케이블TV에서 어려움을 겪었지만 '크로스 플랫폼 패키지' 광고 판매로 인해 매년 10%의 이익성장을 달성하는 데 주요한 원인이 되었다. CNN은 "저널리즘 산업이 매우 어려운 시기를 겪고 있다"라고 지적하면서도 역설적으로 사업적 성과는 "기록할 만한 성장을 경험 중"이라고 밝히고 있다. CNN 뉴스 콘텐츠의 확장창구인 글로벌 네트워크의 영업이익 역시 해마다 성장하고 있다. 2003년 이후 영업이익이 20% 이상 증가해 2009년 말 기준으로 5억 달러의 영업이익을 실현함으로써 창립 이래 최고의 성과를 나타냈다.

이제 BBC는 방송사가 아닌 종합 콘텐츠 기업

거대공룡 BBC가 생존을 위해 선택한 것이 크로스 미디어 플랫폼 전략이다. 2006년 4월 BBC는 2012년까지 BBC를 이끌어갈 미래전략으로 '창조적 미래Creative Future'를 만들어 발표했다. '창조적 미래'의 슬로건은 '방송을 넘어서Beyond Broadcast'였다. 톰슨 사장은 설명한다. "BBC는 더 이상 스스로를 TV, 라디오, 그리고 특정 뉴미디어의 관점에서 방송사로 생각해서는 안 된다. 우리는 콘텐츠를 모든 미디어와 모든 기기를 통해 소비자들이 집에 있든, 이동 중이든 제공할 수 있어야 한다."

BBC의 크로스 미디어 플랫폼 전략은 '세상에 존재하는 모든 매체를 통해 소비자들이 BBC의 콘텐츠를 접할 수 있도록 하겠다'는 '전방위 콘텐츠 제공 전략'이다. 이를 실행하기 위해 BBC는 인터넷을 디지털화된 미디어 콘텐츠의 중심 배포수단으로 설정, 2007년 기존의 방송에서볼 수 없었던 'BBC 아이플레이어iPlayer'라는 사용자환경을 세상에 선보였다. 아이플레이어를 통해 BBC의 모든 프로그램을 다운로드할 수 있게 된 것이다. BBC는 이 새로운 방식을 통해 찾기find, 시청하기play, 공유하기share라는 3가지의 주문형 온 디맨드 서비스를 제공한다. 이 서비스는 영국 내에서는 무료로, 해외에서는 유료로 제공된다.

아이플레이어는 BBC에서 방송이 끝난 7일간의 콘텐츠를 모아 인터넷뿐 아니라 닌텐도의 위Wii나 소니의 PS3에서 다운로드 또는 스트리밍 방식으로 제공한다. 나아가 애플의 아이폰에서도 BBC 프로그램을 시청할 수 있는 서비스를 개시했고, 영국의 버진Virgin 케이블TV의 셋톱박스에도 아이플레이어를 제공하고 있다. 또한 이용자들은 파일로 저장한 프로그램을 다른 기기로 배포할 수도 있게 함으로써 웹 2.0의 공유개념을 실현하고 있다.

지금은 국내에서도 KT가 제공하는 'IPTV 쿡'을 PS3를 통해 받아볼 수 있고, 방송사마다 유료 온라인 동영상 서비스를 제공하기 때문에 아이플레이어 서비스가 더 이상 생소한 개념은 아니지만, 당시만 해도 실로 획기적인 서비스였다. 그리고 아직까지도 아이플레이어는 다른 방송사와 비교할 때 가장 성공적인 서비스로 평가받고 있다. 아이플레이어 서비스가 시작된 이후 약 1년 남짓한 기간 동안 이용자들은 무려 2억 5,000편의 동영상을 시청했으며 평균 2,022분을 소비한 것으로 분석된다. 2008년 베이징 올림픽 기간 동안 아이플레이어는 전체 영국 인터넷 트래픽의 20%를 점유하는 엄청난 이용률을 기록했다. 이에 따라 영국의 통신회사들은 아이플레이어의 트래픽을 제한하겠다는 엄포를 놓기도 했다.

한 마디로 BBC의 '창조적 미래'는 멀티 플랫폼에 아이플레이어를 배포, BBC의 접점을 확장시키려는 전략이 핵심이다. 특히 과감한 투자를 통해 젊은 층이 선호하는 매체를 확보, 미래 이용자들을 선점하겠다는 의지가 매우 강하다. 최근에 BBC는 아이플레이어 서비스에 채팅, 공유 등 소셜 네트워킹 기능을 추가하는 계획을 추진하고 있어 향후 젊은 미래고객들과의 소통의 속도가 더욱 빨라질 전망이다.

1937년 세계 최초로 TV 방송국을 개국, 인류 역사상 가장 막강한 대중매체의 지위를 유지해 왔던 BBC의 변신을 통해 우리는 TV의 미래와 융합을 잘 엿볼 수 있다. 개국 이후 축적한 방대한 양의 영상 콘텐츠를 디지털화해 순차적으로 다양한 플랫폼을 통해 공개하고 있는 BBC의 크로스 미디어 플랫폼 전략은 풍부한 콘텐츠를 보유한 지상파TV만이 가능한 미래전략일 것이다.

국내 방송기업들의 크로스 미디어 플랫폼 전략

'비선형 서비스 방송모델non-linear broadcast model'은 위기 극복을 위해 지상파TV가 도입해야 할 최적의 대안이다. 하지만 지상파 방송사들은 자신들의 콘텐츠를 완전히 개방하는 데 주저하고 있다. 지상파TV가 전파의 희소성에 의한 독점적 사업형태라는 현재의 지위를 최대한 유지하면서 가장 영향력이 큰 매체로 계속 남기를 원하고 있기 때문이다. 사실 지상파 방송사들은 자신들의 콘텐츠를 여러 매체에 뿌려주는 콘텐츠 공급자program provider의 지위로의 하락을 가장 염려하고 있다. 시청자들이 지상파TV가 아닌 다른 매체나 디지털 기기들을 통해 비선형 방식으로 시청하는 양이 증가하면 할수록 지상파TV의 영향력은 감소할 수 있기 때문이다. 또한 콘텐츠를 당장 개방한다 하더라도 단기적으로는 큰 수익이 보장되지 않기 때문에 소극적인 자세를 견지하고 있다.

KBS 등 지상파 방송3사는 통신사들의 IPTV에 VOD 콘텐츠를 제공하면서, IPTV상에서의 TV 포털 운영권을 놓고 오랫동안 주도권 다툼을 벌여왔다. IPTV 방송사들은 지상파의 콘텐츠를 공급받아 자신들이 포털을 직접 구성하고, 운영하는 방식을 원했다. 이에 대해 지상파 방송국들은 IPTV 방송사에 단순히 콘텐츠만 공급하는 업체로 전락할 것을 우려해 VOD 업데이트를 중단하는 등 강경책을 들고 나왔다. 결국 지상파 방송사가 TV 포털을 직접 운영하는 쪽으로 합의를 이루면서 그동안의 첨예한 갈등을 풀었다.

또한 지상파 방송3사는 IPTV에 프로그램을 실시간 재송신하면서 가입자당 일정 수신료를 받기로 오랜 줄다리기 협상 끝에 합의했다. 그리고 이들 지상파 방송사는 케이블TV에도 디지털 방송의 실시간 재전송에 따른 유료화를 강력히 요청함으로써 법적 다툼 등 큰 충돌을 빚고 있다. 이 같은 현상들은 지상파 방송사들이 크로스 미디어 플랫폼으로 가기 위한 갈등의 시작으로 볼 수 있다.

국내에서 크로스 미디어 플랫폼 형태를 가장 빨리 적용하고 있는 미디어 기업은 SBS다. SBS는 기존에 콘텐츠 유통을 담당하던 SBSi를 2009년 8월부터 'SBS 콘텐츠허브'로 바꿔 유비쿼터스 환경에서 이용자가 원하는 모든 곳에, 플랫폼에 상관없이 콘텐츠를 제공하는 크로스 플랫폼 전략을 강화했다. SBS 콘텐츠허브는 사명(社名) 그대로 SBS의 모든 콘텐츠를 통합 관리하는 조직이다. 그리고 온·오프라인 구분 없이 방송 프로그램, 음악, 게임, 영화 등 모든 장르의 콘텐츠 유통사업을 담당하고 있다. SBS 콘텐츠허브는 2009년에만 약 1,113억 원의 매출을 올리는 등 향후 커다란 내적 성장을 이뤄나갈 전망이다. 이는 미디어 플랫폼의 증가로 지상파 콘텐츠의 영향력이 날로 강해지면서 콘텐츠 가격이 가파르게 상승하고 있기 때문이다. 따라서 SBS 콘텐츠허브는 모그룹이 소유한 지상파TV와 케이블TV, 인터넷 매체의 중심축이 될 것으로 예상된다.

과거 백과사전 판매사업에서 가장 중요한 유통망은 세일즈맨 조직이었다. 3,000달러짜리 백과사전에서 무려 1,700달러가 세일즈맨의 몫이었다. 인터넷이 등장하면서 세일즈맨들의 첫 반응은 "우리의 판매조직을 어떻게 보호하지?"라는 것이었다. 결국 자신들의 이익보호와 유통에 대한 고정관념으로 인터넷에 적절히 대응하지 못한 백과사전 업체들은 대부분 집단지성에 기반한 위키피디아와 검색 사이트에 밀려나고 말았다.

백과사전의 예에서와 같이 방송 유통구조에서도 이와 유사한 변화가 예고되고 있다. 우리가 콘텐츠를 접하는 지상파TV, 케이블SO, 위성방송, IPTV 방송국 플랫폼들은 2차 유통사업자들이다. 지상파TV의 경우 아직도 많은 콘텐츠를 직접 제작하지만 이들 방송국에 콘텐츠를 제공하는 1차 유통사업자인 콘텐츠 공급자들도 다수 존재한다. 방송분야의 2차 유통사업은 정부의 허가권을 획득해야 하는 구조와 막대한 투자가 지속 소요되는 특성 탓에 진입장벽이 높다. 비단 방송사뿐 아니라 극장, 통신망, 도매 점포 등 2차 유통사업에는 초기에 대규모 투자가 수

반되기 때문에 자금력이 열세한 기업들이 쉽게 진입할 수 없는 특성을 갖고 있다.

디지털과 인터넷 시대로 넘어오면서 2차 방송유통 구조에도 변화가 일고 있다. 2차 유통은 소비자 접점에 위치해 있다. 따라서 소비자의 확보가 사업의 요체이며, 분산되는 가입자 확보를 위해 인터넷 등 다양한 창구와의 연계가 필수적이다. 그리고 일정 가입자를 확보하고 있다 하더라도 이들의 지속 유지를 위한 마케팅 전략이 중요하다. 지상파 방송사가 다양하게 출현하고 있는 경쟁매체들에 밀려나지 않고, 미래에도 현재와 같은 2차 유통사업자로서의 우월적 지위를 유지하기 위해서는 자신의 브랜드와 강력한 콘텐츠 경쟁력에 기반한 크로스 미디어 플랫폼 전략을 적극 실행하는 것이 가장 이상적이다.

지상파 방송사들은 크로스 미디어 플랫폼 전략의 실행을 위해 자신들이 보유한 개별 영상 콘텐츠에 주제, 내용, 출연자, 제작자, 상영시간 등의 정보를 담은 메타데이터meta data를 붙여 이를 동영상 검색엔진과 함께 다양한 소비자 접점에 제공할 수 있어야 한다. 바야흐로 TV 프로그램을 지상파 방송으로만 시청하던 시대는 지났다. 하나의 방송 프로그램이 지상파TV를 비롯해 케이블TV, DMB, IPTV, 방송사 홈페이지, P2P 사이트 등 최소한 5~6개 통로로 유통된다.

TNS미디어코리아에 따르면, 2009년 10월 14일 KBS2 TV에서 방영한 수목 드라마 〈아이리스〉의 첫 회 개인시청률은 10.706%였다. 이를 전국 시청자 수로 환산하면 약 484만 400명에 이른다. 같은 방식으로 집계한 재방송 시청자 수는 약 100만 1,000명으로 도합 584만 1,400여 명이 지상파TV로 첫 회를 시청한 셈이다. 지상파 외의 매체로 시청한 사람은 350만여 명으로 추산된다. 10명 중 4명이 지상파가 아닌 매체를 통해 〈아이리스〉를 시청한 것이다. 이러한 현상은 갈수록 심화될 것이다. 특히 뉴미디어에 익숙한 젊은 세대는 지상파 외의 다른 경로로 프로그램을 시청하는 '다매체 시청족'이다. 케이블방송 채널인 OCN 을 통한 재방송(1주일간 8회 방송) 시청자가 97만 6,100여 명, KBS드라 마(케이블 방송채널)의 재방송(1주일 3회 방송) 시청자가 49만 4,200여 명, IPTV의 VOD 다시보기 시청이 57만 5,600여 건, 지상파 DMB 본방송 및 재방송 시청자 수가 13만 8,500여 명, P2P와 웹하드의 합법 다운로 드가 약 25만 건, 그리고 KBS의 홈페이지를 통한 무료 다시보기와 불 법 다운로드를 통한 시청자 수는 총 116만여 건으로 추산된다.

표 4-7 KBS의 크로스 플랫폼 전략

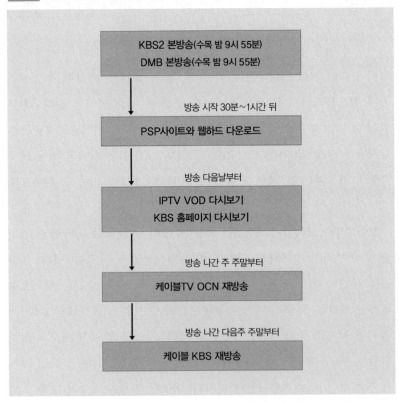

미래 TV 사업 모델로 떠오르는 훌루

2008년 3월 NBC와 폭스가 설립한 동영상 사이트 '훌루'는 인기 드라마와 영화 등 전문가가 제작한 콘텐츠를 풀타임 버전과 5분 이내 편집 버전 등으로 제공해 높은 인기를 끌고 있다. 온라인 시장에서의 패권을 위해 오프라인 TV 방송시장에서 경쟁자인 NBC와 폭스가 손을 잡은 것이다. 그후 디즈니가 투자자로 새롭게 합류하면서 NBC와 폭스의 콘텐츠 외에 디즈니-ABC 방송의 콘텐츠를 사용할 수 있기에 이르렀다. 이로써 훌루는 자타가 공인하는 최고의 오리지널 프로그램을 제공하는 동영상 사이트로 떠올랐다. 훌루의 인기순위는 유튜브, 마이스페이스에 이은 3위로서 가파른 상승세를 타고 있다.

훌루는 현재 동영상 사이트에서 업계 최고의 유튜브와 '양과 질의 전쟁'을 펼치고 있다. 유튜브가 UCC 콘텐츠로 엄청난 트래픽과 브랜드 인지도를 갖고 있는 반면, 방송 드라마와 할리우드 영화 등 고품질의 콘텐츠를 제공하는 훌루는 비즈니스 측면에서 한 발 앞서고 있다. 최초의 동영상 사이트로서 시장을 지배해 온 유튜브는 2009년 3월 59억 건의 동영상 조회 수를 기록, 같은 기간 훌루의 20배를 웃돈다. 17억 달러를 투자해 유튜브를 인수한 구글은 유튜브의 엄청난 트래픽을 수익으로 전환하기 위해 많은 노력을 경주해 왔다. 하지만 2006년 2억 7,600만 달러의 적자를 기록한 이래 현재까지 뚜렷한 실적 개선은 이루어지지 않고 있다.

반면에 훌루의 수익원은 광고다. 일반 사용자들이 동영상을 올리는 유튜브와 달리 훌루의 타깃은 케이블TV 가입자와 동일한 기존 TV 시청자들이다. 그 결과 훌루 때문에 기존 케이블TV 가입자들이 이탈하는 사례까지 발생하고 있다.

2008년 12월 2,400만 명이 훌루의 콘텐츠들을 시청한 것으로 집계되고 있다. 훌루의 핵심 고객집단은 TV의 주요 시청자그룹인 55세 이상의 장년층으로 전체 방문자의 47%를 점유하고 있다(18~24세 그룹은 17%를 차지하고 있다). 훌루의 성공에 자극받은 TV 방송사들 역시 동영상 사이트의 오픈을 서둘렀다. 2008년 훌루는 마침내 〈타임〉이 선정한 '올해 최고의 50개 발명품'에 포함되는 영광을 누렸다. 이에 앞선 2006년 〈타임〉은 유튜브를 최고의 발명품으로 선정했는데, 그 이유는 다음과 같았다. "2006년은 기술적으로 매우 흥미로운 한 해였다. 닌텐도는 마법봉으로 조정하는 게임 '위'를 만들어냈고 1갤런의 연료로 무려 3,145마일이나 달릴 수 있는 신형 자동차도 출현했다. 자전거를 탈 줄 아는 로봇도 있었고, 비에 젖지 않는 나노 패브릭 소재의 우산도 발명되었다. 그 중에서도 유튜브는 수백만 명이 함께 즐기고 배우며 흥분하는 새로운 세계를 창조해 냈으며, 이는 과거에 볼 수 없었던 거대한 현상이었다."

또한 〈타임〉은 훌루의 선정이유에 대해서는 다음과 같이 밝혔다. "이제 훌루를 통해 원하는 영화, 방송 프로그램을 마음껏 무료로 볼 수 있다. 그것도 아마추어의 동영상이 아니라 전문 제작자들의 수준 높은 영상물이므로 더욱 매력적이다. 이제 분주한 일상사에 쫓겨 좋아하는 프로그램을 놓쳐왔던 시청자들의 꿈이 훌루를 통해 실현되었다."

보고 싶은 TV 프로그램과 영화를 자신들이 원하는 시간에, 고해상도 풀 스크린으로, 그것도 무료로 볼 수 있도록 서비스하는 훌루는 유튜브의 또 다른 진화 모델이라고 할 수 있다. 그리고 훌루는 SNS 요소를 가미해 자신이 선택한 프로그램을 클립을 통해 블로그에 첨부할 수 있도록 지원함으로써 젊은 층의 큰 호응을 얻고 있다.

2008년 유튜브는 훌루보다 두 배 이상의 매출을 올렸음에도 불구하고 정작 수익 측면에서는 훨씬 뒤진 이유는 무엇일까? UCC가 대부분인 유튜브는 전체 동영상 중 약 3%에서 광고수익이 발생한 반면, 전문 프로그램을 편성하는 훌루는 약 70%의 동영상에서 수익을 창출하고 있기 때문이다. 또한 훌루의 경우 실제 구매력이 있는 사람들을 타깃으로 한정함으로써 광고주들의 신뢰를 확보했다.

이에 유튜브는 불법성이 강한 오리지널 콘텐츠의 편집판인 UCC만으로는 수익 창출이 어렵다는 사실을 절감했다. 아울러 저작권 시비가 끊이지 않는 UCC 때문에 대형 미디어 기업들이 제기한 소송의 타격을 우려하기 시작했다. 따라서 유튜브는 방송사 및 영화사와의 우호적 관계설정에 심혈을 기울이면서 오리지널 콘텐츠 확보를 위한 노력에 박차를 가했다. 그 결과 2008년 10월 CBS를 필두로 소니, BBC, 라이온스게이트, MGM 등과 콘텐츠 공급계약을 체결하는 데 성공했다. 또한 2009년 초에는 디즈니-ABC 미디어그룹으로부터 5분 분량의 웹비소드 webisode 콘텐츠를 제공받는 데 합의했다. 유튜브는 오리지널 콘텐츠 상영관을 만들어 훌루를 통해 검증된 무료 광고 시청 모델을 도입했다. 그리고 미리 정해진 광고료를 받는 방식에서 탈피, 오리지널 콘텐츠의 조회 수에 따라 광고료를 정산하는 방식으로의 전환을 검토하는 등 광고 형태의 고도화에도 각고의 노력을 기울이고 있다.

일부 전문가들은 유튜브의 이러한 노력이 결실을 거둘 경우 차세대 방송산업의 최후 승자는 통신사업자들이 아니라 막강한 검색엔진 기술을 보유한 구글이 될 것으로 전망한다. 한편으로는 훌루와 같은 사업모델에 대해 우려를 표명하고 있는 전문가들도 많다. 막강한 콘텐츠 기업인 방송사와 영화사들이 연합전선을 펼쳐 다른 매체들에게 '신디케이터syncicator(콘텐츠 공급자와 수요자들을 연결해 주는 중개상)'로서 그 영향력을 미칠 수 있기 때문이다. 이 같은 콘텐츠 독점현상이 심화될 경우 훌루는 시장질서의 파괴자가 되어 군소 콘텐츠 플랫폼들에게 직접적인 피해를 입힐 수 있다.

이와는 반대로 콘텐츠 기업 간의 이해관계에 따라 훌루와 같은 사업모델은 언제든지 깨질 수 있다는 지적도 제기되고 있다. 콘텐츠 기업들은 자신들의 콘텐츠 자산 수익을 극대화하기 위해 폐쇄적으로 유통시키고자 하는 태생적 한계를 안고 있다. 따라서 언제든지 훌루와 같은 연합사업구조에서 이탈해 독립을 추구할 수 있기 때문이다. 실제로 일부 프로그램을 제공하는 업체들의 이탈도 있었다.

2007년 서비스를 시작한 훌루는 광고 수입의 한계에 직면해 적자가누적되자 3년 만에 수익개선을 위해 일부 프로그램을 유료화하는 프리미엄 사업 모델로 전략을 바꾸고 있어 그 성공 여부가 주목되고 있다. 훌루의 하이브리드 플랫폼 전환에 따른 소비자들의 저항과 콘텐츠를제공하는 방송사와의 광고수익 분배문제, 유료시장 차별화 등 풀어야할 숙제들이 많이 남아 있다. 하지만 여전히 시청자들의 관심과 인기를끌고 있는 훌루의 실험은 지속되고 있다.

국내의 경우 KBS와 MBC 등 지상파 방송사들이 통합 온라인 사이트를 만들기 위한 시도를 했지만 시청자들에게 효과적으로 어필할 수 있는 동영상 사이트를 만드는 데는 실패했다. 이를 대신해 각 방송사별로온라인 사이트를 만들어 온라인 시장을 공략하고 나섰지만 아직 괄목할 만한 성과는 거두지 못하고 있다. 이들 사이트의 주력상품이 방송프로그램의 '다시보기' 수준에 머물러 있기 때문이다.

미디어 사업에 있어 온라인과의 결합은 이와 같은 단순한 결합을 의미하지 않는다. 기존 오프라인에서의 기업문화, 기술력, 마케팅, 유통, 브랜드와 고객경험 등을 잘 활용해 새로운 온라인 시청문화를 창출할수 있어야 한다.

개방형 위젯 서비스로 진화하는 인터넷TV

인터넷TV란 한 마디로 TV에 인터넷 접속 기능을 가진 셋톱박스를 결합시켜 TV 수상기를 통해 웹서핑이나 이메일링 등의 서비스를 이용할 수 있는 장치를 말한다. 인터넷에 익숙하지 않은 주부와 노년층, 그리고 어린이들이 원하는 인터넷 콘텐츠를 손쉽게 제공하기 위해 만들어진 사업 모델이다. 특정사업자가 가입자를 모아 편성된 채널과 다양한 콘텐츠를 초고속 인터넷망을 통해 제공하는 IPTV와는 다른 개념이다. 그리고 PC에 기반한 콘텐츠 포털을 제공하는 웹TV와도 차별화된 사업형태다.

1996년 미국의 '웹TV'가 인터넷 검색이 가능한 TV를 선보인 것이 인터넷TV의 시초였다. 2000년에 들어서면서 국내 시장에는 홈TV 인터넷, 클릭TV, 티컴넷 등의 인터넷TV 업체들이 시장에 등장했다. 한국통신과 하나로통신에서도 이 사업에 가세하면서 TV로 인터넷 정보를 검색하는 기능과 이메일, 홈쇼핑, 주식 및 은행거래, 주문형 비디오 등의 서비스를 제공했다. 소니, 필립스, 삼성전자, 대우전자, 삼성전자, LG전자 등의 가전업체들도 인터넷TV를 출시했다. 하지만 서비스 초기에는 인터넷TV가 소비자의 호응을 얻지 못했다. 제한된 멀티미디어 콘텐츠, TV 화면의 낮은 해상도에 따른 열악한 텍스트 가독성, 초고속 인터넷의 낮은 보급률 등이 서비스 확산의 걸림돌이었다. 하지만 최근 들어 인터넷TV가 급속도로 진화하면서 새로운 비즈니스 모델로 각광받고 있다. 초고속 인터넷이 대중화되었고 대형 HD 화면의 출현은 온라인 주식거래, 인터넷 쇼핑몰, 동영상 서비스 등 다양한 멀티미디어 콘텐츠를 충분히 수용하고도 남았다.

삼성전자와 야후는 미국 라스베이거스에서 열린 '2009년 CES(가전제품 전시회)'에서 새로운 비즈니스 모델의 인터넷TV를 선보이면서 크게 주목 받았다. 삼성전자와 야후가 손잡고 선보인 인터넷TV는 위젯서비스를 탑재하고 있는데, 삼성이 하드웨어 분야를, 야후는 콘텐츠를 제공하는 역할을 맡고 있다. 삼성전자는 2009년부터 미주시장에 출시하는 평판TV 2,600만 대 가운데 우선 200만 대에 야후의 위젯 서비스와 인터넷 기능을 탑재하겠다고 발표했다. 콘텐츠 서비스는 구매자에게 무료로 제공되지만 이를 통한 광고수익은 양사가 배분한다. 이러한 새로운 비즈니스 모델에 따라 삼성전자는 단지 TV를 판매하는 데 그치지 않고 지속적인 광고수익을 확보할 수 있게 되었다. 인터넷 시장에서 어려움을 겪던 야후 또한 위젯TV를 통해 수익 확보의 기반을 마련할 수 있게 되었다. 삼성전자에 이어 LG전자, 소니, 도시바 등도 야후의 위젯 서비스를 탑재한 TV를 출시하겠다고 밝히면서 새삼 야후는 시장의 주목을 다시 받기 시작했다.

그렇다면 야후의 위젯TV 전략은 무엇일까? 야후는 애플의 앱스토어처럼 콘텐츠 제공자들이 야후 위젯에 자신들의 콘텐츠를 쉽게 등록할 수 있는 소프트웨어를 배포해 콘텐츠를 강화하는 야심찬 계획을 진행하고 있다. 콘텐츠 제공자들은 WDK widget development kit 란 소프트웨어를 사용해 번거로운 절차나 변환과정 없이 자신이 만든 서비스를 TV에서 쉽게 구현할 수 있도록 해주고 있다. 전문가들은 2009년부터 본격 출시된 새로운 인터넷TV가 앞으로 1억 대 이상의 시장을 형성할 것으로 전망한다.

미국의 방송시장은 케이블TV와 위성방송이 주도해 왔다. 하지만 2008년부터 통신사업자들이 주도하는 IPTV로 전환 또는 신규 가입하는 시청자가 늘고 있어 인터넷TV에 대한 잠재적 성장성이 크다는 것이 전문가들의 평가다. IPTV는 인터넷 기반을 이용해 다양한 맞춤형 서비스를 제공해 주는 등 기술적 유연성이 뛰어난 매체다. 디지털TV 제조업체들은 TV 수상기와 인터넷을 연결한 콘텐츠 서비스인 '인터넷TV'의 제공에 심혈을 기울이고 있어 또 다른 형태의 IPTV를 탄생시키고 있다. 삼성전자는 유튜브, 트위터 등과의 라인업을 확대해 위젯 서비스를 갖춘 '인터넷TV'를 선보이고 있다. 또한 미국 최대의 영화 비디오 대여 체인업체인 '블록버스터'와 손을 잡고 고화질 HD TV를 통해 블록버스터의 콘텐츠를 즐길 수 있는 온라인 서비스를 제공하면서 시장에서 주목받고 있다.

LG전자 역시 2009년 9월 베를린에서 열린 가전 전시회 'IFA 2009'에서 독일 최대 온라인 영화 대여업체인 맥스돔과 전략적 제휴를 맺고 유럽 시장에서 최초로 브로드밴드TV를 통한 프리미엄 주문형 비디오 VOD 서비스를 선보였다. 맥스돔은 HD급 고화질 영화를 비롯해 TV 드라마 시리즈, 스포츠, 음악, 애니메이션 등 2만 편 이상의 최신작을 온라인으로 제공하는 VOD 서비스 사업자다. LG전자는 맥스돔과 VOD 서비스 전용 솔루션을 공동 개발했고, TV에 인터넷 선을 연결하면 별도의 셋톱박스 구매나 가입비 부담 없이 맥스돔에서 제공하는 고화질의 유·무료 콘텐츠를 시청할 수 있다. 또한 유튜브의 UCC를 실시간 전송받아 시청할 수도 있다. LG전자는 2010년부터 독일 시장을 시작으로 유럽 전역에 7개 시리즈의 제품을 출시, 2010년 한햇동안 300만 대의 브로드밴드TV를 판매하겠다는 야심찬 목표를 발표했다.

2009년 하반기 SBS 콘텐츠허브는 삼성전자와의 제휴를 통해 삼성전자의 신형 LCD TV에 기반한 방송프로그램 다시보기 서비스를 시작할 예정이라고 밝혔다. SBS 콘텐츠허브는 2010년 말까지 40만 가구 이상이 인터넷TV를 이용할 것으로 전망하고 있어 개방형 TV 서비스의 활성화 여부가 업계의 큰 관심으로 떠올랐다.

방송권역을 넘나드는 케이블 사업자들의 웹TV 사업 모델

"1980년대가 질(質)의 시대였고, 1990년대가 리엔지니어링의 시대였다면, 2000년대는 속도의 시대가 될 것이다"라고 전망한 빌 게이츠의 예측대로 우리의 생활은 '속도' 자체를 통해 변화하고 있다. 과거에는 상상도 할 수 없는 수많은 정보들이 디지털 신경망을 기반으로 시공간을 뛰어넘어 서로 소통할 수 있는 시대가 도래했다.

기가급 초고속 인터넷 인프라가 미디어 산업계에 미칠 영향도 엄청날 전망이다. 대용량의 트래픽을 초고속 전송할 수 있는 더욱 발전된 정보고속도로가 구현됨으로써 3차원 입체영상을 통해 생생한 현장감을 제공하는 3D TV와 홀로그램, HD TV보다도 4~5배나 선명한 UDTV(울트라 디지털 TV) 등 꿈의 멀티미디어가 실현될 수 있기 때문이다. 이러한 인프라 환경의 변화에 따라 IPTV뿐 아니라 웹TV가 다시 각광을 받고 있다.

웹TV의 개념을 사전에서 찾아보면 "TV 수상기를 통해 인터넷에 접속할 수 있게 만든 인터넷TV의 한 종류"로 넓게 정의하고 있다. 하지만 콘텐츠를 시청하는 방식을 통해 웹TV와 인터넷TV, 그리고 IPTV는 서로 구분된다. 웹TV는 PC를 통해, 인터넷TV와 IPTV는 TV 수상기를 통해 콘텐츠가 제공된다. 하지만 PC로 전송되는 웹TV를 TV 화면에 연결해 시청할 수도 있기 때문에 점점 그 개념은 모호해지고 있다.

국내 웹TV 시장을 이끌고 있는 업체 중 하나인 '아프리카'는 UCC를 공유하는 동영상 사이트의 수준을 넘어 사용자가 직접 프로그램의 진행자가 되는 서비스를 제공한다. 아울러 스포츠, 게임, 음악 등 다양한 전문 콘텐츠 또한 서비스한다. 박지성 선수가 뛰고 있는 프리미어리그 EPL의 인터넷 중계권을 확보해 많은 인기를 끌기도 했다. 향후 아프리카는 다양한 스포츠 중계권을 확보해 '스포츠 전문 인터넷TV'로 경쟁력을 키워나간다는 목표를 갖고 있다.

아프리카 외에도 케이블TV 등이 웹TV 서비스에 열을 올리고 있다. 상대적으로 저렴한 동영상 서비스와 IPTV 등으로 유료방송 가입자들이 이탈하는 경향을 보이자, 미국 최대의 MSO인 컴캐스트나 콕스 커뮤니케이션스, 그리고 위성TV 회사인 디렉TV 등이 고객유지 차원에서 웹 플랫폼 기반의 유·무료 서비스를 제공하기 시작한 것이다. 미국의 시청자들 사이에서는 월 평균 55달러에 이르는 유료 케이블TV를 해지하는 대신 HD급 채널을 제공하는 무료 지상파TV와 X박스360, PS3 등 비디오게임 콘솔을 구매하는 경향이 확산되고 있다. 또한 초고속 인터넷 사용료만 내면 이용할 수 있는 콘텐츠 서비스로 가입자들이 조금씩 이동하고 있다. 초고속 인터넷에 연결된 넷플릭스 셋톱박스 등을 통해 인터넷과 TV를 연결할 수 있고, PC에서 TV 콘텐츠를 볼 수 있도록 해주는 웹TV 브라우저를 무료로 다운로드할 수 있다.

컴캐스트는 오프라인 시장을 넘어 동영상 사이트, 웹TV, 모바일, VOD 등 급성장하고 있는 온라인 시장으로 본격 진출을 시작했다. 컴캐스트가 설립한 팬캐스트fancast.com에서는 영화 1,600여 편, TV 프로그램 1,500여 편을 유료로 제공하고 있다. 팬캐스트는 자신들의 경쟁자로 훌루와 아이튠스를 꼽고 있다. 국내 케이블TV 사업자들도 고객유지와 향후 새로운 수익원으로서의 가능성에 주목해 웹TV 서비스를 속속 오픈하고 있다. 미국에서 열린 'NCTA 케이블쇼 2009'에서는 케이블TV의 온라인 사업진출이 가장 큰 이슈로 떠올랐다. 당시 컴캐스트는 현재 제공하는 VOD의 확장개념인 '온 디맨드 온라인On Demand Online' 서비스를 준비 중이라고 발표했다. 그리고 제2의 케이블 사업자MSO인 타임워너 케이블 역시 계열사인 HBO와 함께 'TV 에브리웨어Everywhere'라는 온라인 서비스를 곧 선보인다고 밝혔다. TV 에브리웨어는 자사 케이블 가입자들에게는 타임워너 케이블에서 제공하는 채널들을 웹TV를 통해 무료로 제공하며, 비가입자는 따로 콘텐츠 사용료를 내는 방식이다. 그리고 타임워너는 다음 단계로 모바일 단말기에까지 서비스를 확대하겠다는 계획을 추진하고 있다. 케이블 사업자들은 자신들이 제공할 온라인 프로그램이 속도와 화질 면에서 매우 우수해 동영상 사이트와 차별화된다고 강조했다. 미치 보울링Mitch Bowling 컴캐스트 온라인서비스 수석부사장은 "신규 온라인 서비스로 비디오를 다운로드하면 화질은 물론 버퍼링 속도 등이 한층 향상되었음을 느낄 수 있을 것이다"라고 자신했다.

케이블 업체들의 온라인 분야 진출에 대해 우려의 목소리를 높이는 전문가들도 많다. 클리어와이어Clearwire의 크레이그 맥카우Craig Maekkawoo 사장은 말한다. "케이블TV 업체들은 신문사들이 저지른 실수를 되풀이해선 안 된다. 신문사들은 자사의 콘텐츠를 무료로 인터넷에 제공하는 바람에 수많은 오프라인 구독자들을 포기한 꼴이 됐다." 프로그램 공급 업체들도 '디지털 해적 행위'가 확산될까 경계하고 있다.[11] 'NCTA 케이블쇼 2009'에서 발제에 나선 디즈니의 로버트 아이거 회장은 "유료가입자들에게 제한적으로 온라인에서 TV 프로그램을 제공하는 것은 오히려 가입자 불만으로 이어져 이탈을 부추길 것"이라고 경고하기도 했다. 특히 아이거 회장은 "이미 케이블에서 개별 프로그램을 유료로 구매한 시청자가 이 프로그램을 온라인에서 시청할 경우 이를 구분해 내는 것도 관건"이라고 지적했다. 또한 오프라인 TV 광고로 벌어들인 매출을 온라인 광고가 어느 정도 대신할 수 있을지도 미지수라고 덧붙였다.[12]

그럼에도 방송권역을 넘나드는 케이블 사업자들의 웹TV 사업 모델은 피할 수 없는 대세를 형성하고 있다. CJ헬로비전의 경우 2010년 상반기부터 웹TV '티빙'을 상용화하고 있다. 티빙은 CJ 헬로비전에서 방영 중인 케이블 채널을 선별해 40여 개로 묶어 온라인에서도 실시간으로 볼 수 있도록 서비스한다. CJ헬로비전 고객은 무료로 볼 수 있지만 자사의 케이블TV 서비스 구역에 거주하지 않는 고객의 경우 월 3,000원 정도의 수신료를 받는 사업 모델이다. 아울로 콘텐츠를 제공하고 있는 프로그램 공급사PP들과는 수입을 분배하는 사업모델이다. 케이블 사업자들의 웹TV 진출은 지금 당장 수익을 창출한다기보다는 온라인 진출을 통한 진성고객의 유지와 통신사업자들의 IPTV에 대응하기 위한 것이 일차적 목적이다.

TV의 미래, IPTV의 도전

미국은 물론 우리나라에서도 2000년대 후반에 들어서면서 케이블 TV 방송과 통신업계의 IPTV가 치열한 경쟁을 펼치고 있다. 후발매체인 IPTV에 대해 각국 정부에서는 신성장 동력의 하나로 정책적 지원을 아끼지 않고 있어 케이블TV 진영의 반발이 거센 것도 사실이다. 국내 방송통신위원회 역시 IPTV를 통해 방송과 통신 융합산업의 국제 경쟁력을 제고하기 위한 정책적 지원을 다하고 있다.

IPTV는 국내법상으로 '인터넷 멀티미디어 방송'으로 정의된다. 즉 "광대역 통합정보통신망 등을 이용하여 양방향성을 가진 인터넷 프로토콜 방식으로 일정한 서비스 품질이 보장되는 가운데 TV 수상기 등을 통하여 이용자에게 실시간 방송프로그램을 포함하여 데이터, 영상, 음성, 음향 및 전자상거래 등의 콘텐츠를 복합적으로 제공하는 방송"이라고 규정하고 있다. IPTV가 타 매체에 비해 유연하고 다양한 기능을 제공할 수 있는 것은 인터넷 프로토콜을 사용한 전송기술에 기인한다.

그림 4-1 **IPTV 서비스 구분**

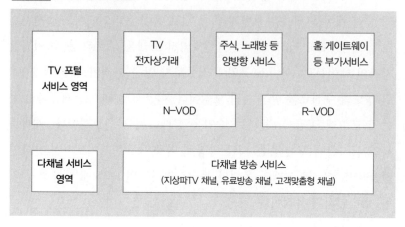

TV 포털 서비스 영역	TV 전자상거래	주식, 노래방 등 양방향 서비스	홈 게이트웨이 등 부가서비스
	N-VOD		R-VOD
다채널 서비스 영역	다채널 방송 서비스 (지상파TV 채널, 유료방송 채널, 고객맞춤형 채널)		

IPTV는 실시간 다채널 방송영역과 다양한 양방향의 TV 포털 영역 서
비스를 제공하고 있다.

AT&T의 마크 시겔Mark Siegel 전무는 다음과 같이 말한 바 있다. "소비
자들은 이제 서비스의 뿌리가 뭔지 따지지 않는다. 원하는 서비스를 값
싸고 편리하게 제공할 수 있는지만 따질 뿐이다." 사실 유료방송 시장
에서 펼쳐지는 케이블TV와 위성방송, IPTV의 경쟁으로 사업자들은 힘
겹겠지만 고객의 입장에서는 즐거운 비명이 아닐 수 없다. 통신사업자
가 주도하는 IPTV가 시장에 진입하면서 결합상품 경쟁이 펼쳐지고 있
어 방송과 통신 이용료가 크게 내려가고 있기 때문이다. KT나 SK텔레
콤, LG텔레콤에서는 집전화, 휴대폰, 인터넷, IPTV를 결합상품으로 묶
어 대폭 할인된 가격으로 제공한다. 고객은 결합상품을 이용하면 할인
폭이 커지고, 사업자들 역시 고객을 유지할 수 있어 서로 윈윈win-win 할
수 있는 전략이다.

KT는 인터넷, 집전화, KTF 휴대폰 5대를 쓰는 가정이 IPTV와 묶은
결합상품을 일정 약정기간으로 선택할 경우 연간 60만 원이 절약된다

는 '온가족 결합상품'을 광고하고 있다. 또한 자신들이 대주주인 스카이라이프와 제휴해 위성방송과 IPTV를 결합한 방송을 시청할 수 있는 하이브리드 셋톱박스를 선보이고 있다. 기술적으로 통신과 IPTV의 장점을 잘 융합한 이 모델은 180여 개의 채널을 스카이라이프가, VOD와 양방향 서비스는 KT의 IPTV인 쿡TV에서 하이브리드 셋톱박스를 통해 제공하는 방식이다. 미국이나 유럽에서도 경쟁 플랫폼과의 제휴를 실행하는 사업 모델이 구현되고 있다. AT&T는 자신들의 IPTV 서비스를 위성방송 디렉TV와 결합해 제공하고 있으며 유럽에서도 이와 유사한 제휴 모델들이 제공되고 있다.

2008년 4분기 미국의 3대 케이블 사업자MSO의 가입자 수는 전년 대비 42만 7,000명 줄어들었으나 AT&T, 버라이즌 등의 통신사업자가 제공하는 IPTV 가입자 수는 56만 7,000명이 순증해 대조를 이루고 있다. 이전에는 신규 가입자 확보 경쟁에서 케이블TV 사업자들이 통신사업자들을 압도하고 있었는데, 이제 정체 내지 감소되고 있는 추세다. 케이블TV 진영은 '모든 길은 케이블로 통한다Cable takes me there'라는 구호를 내세워 통신업계에 대응하고 있다. 콕스 커뮤니케이션스는 독자적인 3세대3G 이동통신망 구축에 나섰고, 컴캐스트와 타임워너는 와이브로망을 통한 이동통신 진출을 추진하고 있다. IPTV의 장점은 실시간 방송 외에도 편리한 시간에 프로그램을 골라볼 수 있는 편리한 VOD 환경과 인터넷과 연동한 홈쇼핑, 온라인 게임, 음악 서비스 등의 양방향 서비스를 잘 갖춰놓았다는 것이다. 그리고 기술적으로 케이블이나 위성방송과 같이 한정된 주파수를 이용하는 것이 아니므로 채널 수용도에 있어 다른 경쟁매체보다 훨씬 많고, 유연하다는 장점을 갖고 있다. 아날로그 방송수신자 보호를 위해 아날로그와 디지털 방송을 동시에 전송해야 하는 케이블TV의 경우 제한된 주파수 대역으로 인해 해마다 낮은 대역의 좋은 채널번호를 확보하기 위한 PP들과의 갈등이 되풀이되고 있다.

원래 IPTV란 명칭은 미국에서 유래되었으며 유럽은 ADSL TV, 일본은 브로드밴드 방송이란 용어를 사용했다. 2001년 영국의 '킹스턴 커뮤니케이션스Kingston Communications'에서 상용화를 시작했고, 2003년에는 이탈리아의 패스트웹Fastweb, 홍콩의 PCCW에서 개국되었다. 자신의 시간에 맞추어 프로그램을 마음대로 옮겨 볼 수 있고, 골라 볼 수 있어 '맞춤형 TV', '내 맘대로 TV'로 불리는 IPTV는 국내의 경우 2007년부터 하나로통신에서 '하나TV'라는 스트리밍 방식의 IPTV 방송을 선보였다. 2008년 SK그룹에서 하나로통신을 인수해 'SK 브로드&TV'로 명칭을 바꿔 실시간 방송을 제공했다.

개국 초기에 하나TV는 사내의 열혈 마니아들을 대상으로 IPTV 서비스가 기존의 TV와 무엇이 다른지에 대해 묻는 인터뷰와 설문조사를 시행했다. 조사에서는 IPTV를 이용하는 응답자들에게 "나의 TV는 OO이다"라고 구체적으로 표현해 줄 것을 요구했다. 그 결과는 당시 소유주인 하나로통신을 통해 언론에 홍보기사로 아래와 같이 배포되었는데, 마케팅 목적으로 활용하기 위해 다소 포장되어 있기는 하지만 IPTV 서비스의 특성이 무엇인지를 잘 나타내주고 있다.

응답자 1 "나의 TV는 '누렁이'다."
· IPTV는 밤늦은 시간에 퇴근해도 반갑게 맞아주는 강아지 '누렁이'와 같다고 응답자는 표현하고 있다. 이는 IPTV를 통해 저장돼 있는 영화나 드라마 등의 프로그램을 본인이 원하는 시간에 내려받아 즐기는 서비스이기 때문이다. 방송사에서 제공하는 편성표 순서에 맞춰 일방적으로 프로그램을 방영하는 기존의 TV와는 달리 시청시간이 자유롭

다는 것이 큰 변화라고 응답자는 지적하고 있다.

응답자 2 "나의 TV는 '뷔페'다."

IPTV는 "골라먹는 재미가 있는 뷔페와 같다"고 응답자는 정의했다. 지상파 방송뿐 아니라 새롭고 다양한 콘텐츠 중에서 자신이 원하는 프로그램을 골라 볼 수 있기 때문이다. 하나로텔레콤이 IPTV의 서비스 이용 빈도를 분석한 결과, 드라마 등 시리즈물의 첫 번째 방송 프로그램의 시청빈도가 가장 높았다. 시리즈물이 화제가 되면 뒤늦게 첫 회분 방송을 찾아 시청하는 사람이 많았기 때문이다. 회사측은 이를 놓고 'TV를 즐기는 방식의 변화를 의미하는 것'이라고 풀이했다. 방송사가 틀어주는 방송을 수동적으로 시청하기보다는 능동적으로 자신이 원하는 콘텐츠를 찾아 시청하는 적극적 이용자 개념으로 TV 이용 행태가 변화한다는 것이다. 하나로텔레콤 관계자는 "이 같은 차이로 인해 불특정 다수를 대상으로 한 기존 TV 광고를 더욱 개인화한 타깃형 광고로 바꿀 수 있다"고 설명하고 있다.

응답자 3 "나의 TV는 '구급약'이다."

이 응답자는 IPTV를 아플 때 낫게 해주는 구급약에 비유했다. 상황에 맞게 해결책을 찾아주는 만병통치약이랄까, IPTV는 방송만을 보여주는 것이 아니다. 다양한 정보를 찾아 TV로 시청할 수 있다. 수만 편의 영화는 물론 날씨 정보나 교육 콘텐츠, 네트워크 게임도 TV로 내려받을 수 있다. 준비 중인 서비스가 모두 현실화되면 TV로 신문을 읽고, TV로 은행 거래를 할 수 있는 세상이 된다는 것이다.

응답자 4 "나의 TV는 '미니홈피'다."

이 응답자는 IPTV를 "취향대로 꾸밀 수 있는 인터넷 미니홈페이지와 같다"고 표현했다. IPTV는 보고 싶은 영화나 드라마 등을 미리 선택해 예약 채널에 담아둘 수 있다. 취향에 맞는 것들만 모아놓은 뒤 이 중에서 골라 볼 수 있는 기능이다. 다른 사람이 선호하는 채널을 참고할 수도 있다. IPTV 홈페이지에서는 시청자들이 각자 자신이 즐기는 콘텐츠 목록을 공개하는 서비스를 제공한다. 응답자는 "아예 직접 TV 편성표를 만들어 즐기기도 한다. 전도연이 칸 영화제에서 상을 타면 그녀가 출연한 영화나 드라마를 찾아서 모아놓고 보는 식"이라고 설명했다.

응답자 5 "나의 TV는 '여유'다."

이 응답자는 "TV가 달라지니 여유가 생겨났다"고 설명했다. TV 시청방식이 시간의 구애를 벗어나면서 큰 변화를 가져온다는 것이다. 드라마를 좋아하는 응답자는 "밖에 나왔다가 드라마 시간에 맞춰 일찍 집에 들어가는 친구들에게 항상 큰소리를 친다"고 했다. 늦은 시간에도 여유 있게 들어가 IPTV로 챙겨 볼 수 있기 때문에 다음과 같이 당당하게 말한다. "요즘 누가 시간표대로 맞춰서 TV를 보니?"

TV 환경이 디지털화되면서 IPTV나 케이블 업체에서 큰 기대를 걸고 있는 분야가 VOD 시장이다. VOD 시장은 향후 방송시장의 큰 성장동력이 될 것으로 판단하고 있기 때문이다. 시청자들이 주로 이용하는 VOD 콘텐츠는 지상파TV의 드라마와 예능, 교육, 영화 프로그램들이다. 각 플랫폼에서는 콘텐츠당 몇백 원씩 받는 기존 수신료 방식 외에 완전 무료 혹은 일정액을 지불하면 콘텐츠를 제한 없이 이용할 수 있는 FOD Free On Demand 서비스를 제공하고 있다.

유연한 기술환경에 기반한 IPTV는 이제 위젯 서비스를 제공하고, SNS 기능을 추가해 소셜 네트워크 TV를 지향하는 단계로 발전하고 있다. 이를 통해 IPTV는 케이블TV와의 차별화를 추구하고 있다. 미국의 통신회사 버라이즌은 자신들이 제공하는 IPTV 서비스 'FiOS'에 위젯 서비스를 제공하고 있으며, 페이스북과 트위터 등의 SNS 기능을 접목했다. 국내의 '쿡TV' 역시 정보제공형의 위젯 서비스를 도입하고 있다. 'FiOS'는 SNS 서비스를 위해 화면의 절반은 TV 화면으로, 나머지 절반은 SNS 페이지로 구성했다. 페이스북 위젯은 개인 계정을 설정할 수 있어 개인 SNS의 업데이트 사항을 TV를 통해 바로 바로 확인할 수 있다. 시청자들은 TV를 시청하면서 의견을 나누고, 음성대화나 텍스트 기반의 채팅을 즐길 수 있다. '소셜 인터랙티브 텔레비전social interactive television'이라는 새로운 개념을 전파하고 있는 FiOS는 향후 TV의 또 다른 진화 모델을 시사해 주고 있다.

IPTV의 새로운 경쟁자 OTT와 커넥티드 서비스

IPTV의 밝은 기술적 미래에도 불구하고, IPTV 성장에 제동을 걸 수 있는 경쟁 서비스로 OTT over-the top와 커넥티드 서비스connected service가 급부상하고 있다. OTT는 광대역 인터넷망과 셋톱박스를 통해 TV 화면으로 영상 콘텐츠가 바로 제공되는 서비스를 의미한다. OTT를 적극 활용하는 사업자로서 NBC, ABC 등의 방송사업자와 AOL, 야후 등 인터넷 포털, 유튜브와 같은 동영상 사이트, 시네마나우Cinema Now, 넷플릭스, 러브필름LoveFilm 등의 온라인 동영상 사이트, 그리고 게임 제조사 등 다양한 업체들을 들 수 있다. 미국 NBC의 대표적인 심야방송 프로그램인 〈새터데이 나이트 라이브Saturday Night Live〉의 경우 시청자의 절반 이상이 케이블TV 방송 대신 OTT 서비스를 활용한 것으로 나타났다.

OTT 서비스는 소비자가 일정 가입비를 납부하는 형태, 시청한 만큼 요금을 지불하는 PPV 형태, 무료로 콘텐츠를 제공하고 광고로 수익을 확보하는 형태, 그리고 TV 포털의 형태 등으로 구분될 수 있다. OTT 의 가장 큰 장점은 IPTV보다 훨씬 저렴하게 서비스를 제공할 수 있어 IPTV 진영을 긴장하게 만들고 있다. OTT는 IPTV나 위성방송 플랫폼과 달리 독자적으로 '헤드엔드 시스템' 구축과 같은 대규모 투자를 할 필요가 없어 비용 측면에서 훨씬 효율적이다.

그러나 OTT 서비스의 확산에도 걸림돌은 존재한다. 우선 인터넷망을 통해 영상을 제공할 때 겪고 있는 대역폭 부족 문제, 메이저급 콘텐츠 보유업체들과의 협상을 통해 수준급의 콘텐츠를 확보하는 문제, 인터넷이나 디지털 매체에 비해 상대적으로 취약한 검색 가이드, OTT 서비스를 시청하기 위해 별도의 셋톱박스나 게임 콘솔을 구입해야 하는 문제 등이 바로 그것이다.

분명한 것은 OTT 서비스가 미래의 주시청자 그룹인 C세대(1980년대에 태어난 세대)에게 매우 적합한 미디어 서비스라는 점이다. 따라서 향후에도 IP 접속과 결합된 OTT 형태의 서비스가 증가할 것이며, 2010년 이후로는 그 추세가 뚜렷하게 나타날 것으로 전망된다.

OTT 서비스에 이어 커넥티드 TVConnected TV가 등장하면서 TV의 스마트화가 급속도로 진행되고 있다. 스마트 TV로 불리기도 하는 커넥티드 TV란 제조사들이 자체적인 독자 플랫폼을 탑재, 인터넷에 연결할 수 있도록 만든 일체형 제품으로 '인터넷 임베디드 TVinternet-embedded TV'를 의미한다.

커넥티드 TV는 소비자들에게 TV와 모바일, PC 등 3개 스크린을 자유자재로 넘나들면서 끊임없이 동영상을 볼 수 있도록 지원한다. 이 분야의 선두주자는 구글이다. 구글은 우선 소니와의 협력을 통해 2010년 하반기 구글TV를 출시한 이후 다른 TV 가전업체들에게도 자신들의 플랫폼을 적용할 계획이다. 애플TV 역시 모바일, 인터넷, TV를 하나로 묶어 새로운 가치를 창출하겠다는 전략이다. 삼성전자는 독자적인 커넥티드 플랫폼인 바다bada를 모바일에 이어 TV에 확장 적용할 계획이다. 인터넷 임베디드의 일체형 커넥티드 서비스는 셋톱박스가 필요한 OTT 서비스보다 투자비용이 상대적으로 낮다는 장점을 갖고 있다. TV 수상기에 인터넷 연결기능을 추가해 탑재할 경우 제조원가 상승 수준은 10~20달러에 불과하고, 보통의 TV 수상기와의 가격 차이도 불과 10만 원 안팎인 탓에 그 보급이 빠른 속도로 이루어질 전망이다. KT경제경영연구소는 "2013년에 전 세계적으로는 평면TV 판매의 3분의 1을, 국내에서는 절반가량을 커넥티드 TV가 차지할 것"이라는 분석을 내놓았다. 또한 웹과 모바일에서 독보적인 플랫폼 경쟁력을 갖고 있는 애플과 구글이 전통적 제조사들의 영역이었던 TV 사업으로 진입하여 향후 치열한 서비스 경쟁이 예상된다고 전망하고 있다. 구글 TV는 TV 프로그램 및 온라인 콘텐츠, 트위터 등의 애플리케이션과 함께 유튜브, 구글어스 등 구글의 독자적 서비스를 제공할 예정이다. 아울러 KT경제경영연구소는 인터넷 접속을 통한 다양한 콘텐츠 이용이 활성화되면서 스마트폰 시장에서 촉발된 앱스토어 경쟁이 TV로 확대되는 현상이 나타날 것이라고 전망하고 있다.[13]

OTT 서비스와 OTT의 진화 모델이라 할 수 있는 커넥티드 TV 시장이 활성화되면 기존의 수동적 TV 이용환경을 능동적 시청형태로 바꿔놓을 것이며, 콘텐츠 유통질서를 변화시키는 역할을 할 것이다. 또한 소비자가 미디어 사업자를 통하지 않고 인터넷을 통해 직접 콘텐츠를 소비할 수 있는 사업 모델이 성장하면 IPTV 경쟁력은 떨어질 수 있다.

2007년 8월 인터넷의 대부로 불리는 빈튼 서프Vinton Cerf는 영국의 한 일간지와의 인터뷰에서 "전통적인 개념의 TV 시대는 끝났다"라고 선언했다. 음악산업이 MP3 플레이어의 등장으로 붕괴한 것과 유사하게 TV 역시 아이팟 형태로 가고 있다는 것이다. 빈튼 서프는 생방송으로 시청할 필요가 없는 뉴스, 스포츠, 비상사태를 알리는 특별방송 등을 제외한 대부분의 프로그램을 아이팟처럼 녹화를 통해 나중에 시청하는 형태가 일반화될 것으로 예상했다. 그는 실제로 우리가 시청하고 있는 방송 프로그램의 85%가 생방송이 아닌 녹화물이라는 점에 주목하고 있다.

OTT 서비스와 커넥티드 TV의 확산은 IPTV뿐 아니라 케이블TV 진영에도 분명 위협요인으로 작용한다. 하지만 IPTV와의 협력 모델을 통한 돌파구 또한 동시에 기대된다. 미국의 IPTV 사업자들과 일부 케이블TV 사업자들은 이미 전략적 제휴를 통해 OTT 서비스를 자신의 플랫폼에 수용하면서 더욱 경쟁력 있는 사업 모델을 만들기 위한 시도를 하고 있다.

고객과의 관계를 강화시키는 디바이스-콘텐츠 서비스 결합모델

스마트폰과 모바일 인터넷이 널리 보급되면서 디바이스-콘텐츠 서비스를 연계한 플랫폼 서비스가 각광받고 있다. 디바이스 업체들은 경쟁사와의 차별화 폭을 넓히고, 새로운 수익원을 기대할 수 있어 콘텐츠 서비스에 적극적으로 참여한다. 2009년 제조업 중심의 삼성전자 영업이익률은 8%였다. 이에 반해 서비스를 제공하고 있는 애플은 27%, 그리고 구글은 35%에 이르렀다. 왜 제조업체들이 서비스로 사업의 무게중심을 옮기려는지 알 수 있는 대목이다. 노키아 역시 휴대폰 제조를 아웃소싱으로 돌리고, 애플과 같이 서비스 중심의 회사로 전환하겠다고 선언했다. 이는 다른 산업분야에도 나타나고 있는 트렌드다. 프랑스의 알스톰 Alstom과 미국의 GE는 각각 열차와 비행기 엔진을 생산·판매해서도 일정 수익을 올리지만, 지속적인 알짜 수익은 유지·보수 서비스 제공에 있다. 디지털 신경제시대에는 인재와 브랜드, 지적재산, 네트워크와 같은 무형자산이 새로운 부가가치를 창출하는 원천이 되고 있어 제조 비즈니스 모델을 서비스형으로 바꿔야 높은 부가가치를 창출할 수 있다.

삼성전자는 휴대폰에 아예 음악 서비스를 결합시켜 출시하고 있다. MP3 기능이 내장된 '멜론폰' 시리즈는 SK텔레콤에서 제공하는 멜론 음악 서비스를 무료로 다운로드해 즐길 수 있는 프리미엄 모델이다. 그간 휴대폰에서 음악을 듣거나 다운로드하기 위해서는 약 5,000원 정도의 월정액을 지불해야 했지만 멜론폰은 별도의 비용을 지불할 필요가 없어 소비자들의 인기를 끌고 있다. 디바이스를 통한 콘텐츠 서비스는 제조업체들이 좀처럼 갖기 힘든 고객과의 '관계'를 형성시켜주는 작용을 한다. 하드웨어 사업은 제품이 구매되는 순간을 제외하면 제조사와 구매자 사이의 유대가 매우 느슨하다. 더구나 재구매의 순간은 매우 짧고 즉흥적이기 때문에 기기업체가 지속적인 재구매를 보장받기가 쉽지 않다. 반면에 서비스는 고객과의 지속적인 상호작용이 핵심이다. 따라서 콘텐츠를 통해 고객을 잡아둘 수 있다면lock in, 그 콘텐츠와 연계된 단말기 역시 재구매로 이어질 가능성이 높아진다.[14]

음원을 제공하는 뮤직 포털 등 뮤직스토어 사업자들에게도 디바이스와의 결합은 절실한 과제다. 뮤직스토어 사업자들은 음악독점권을 소유하지 않는 이상 다른 사업자들과 상품 차별화를 도모하기가 어렵다. 따라서 그들에게는 고객들이 가장 쉽고 편리하게 음악을 소비할 수 있는 창구를 확보하는 것이 관건이므로 디바이스-콘텐츠 서비스의 결합

모델에 적극적이다.

한 걸음 더 나아가 낱개의 음악이 아닌 CD 전곡을 비디오클립과 함께 구매할 수 있는 패키지 상품도 개발되고 있다. 애플은 EMI, 소니뮤직, 워너뮤직, 유니버설뮤직 등의 음반회사들과 공동 진행하는 칵테일 프로젝트를 통해 이 같은 신개념의 디지털 음반이자 인터랙티브 앨범의 출시를 진행하고 있다.

스마트폰 등의 모바일 기기에서 콘텐츠 결합 서비스를 제공하는 방식과 달리 PC 업체나 TV 가전업체들도 홈네트워크 플랫폼의 주도권을 확보하기 위해 '3스크린' 전략을 적극 추진하고 있다. 마이크로소프트는 최신 컴퓨터 운영체제인 '윈도7'을 중심으로 휴대폰, PC, TV 등 집안의 디지털 기기를 하나로 묶어 연결하는 서비스 전략을 추진하고 있다. 애플은 아이튠스를 통해 하나의 콘텐츠를 아이팟MP3, 아이폰(스마트폰), 아이패드(태블릿 PC)에서 동시에 즐길 수 있도록 하고 있다. KT와 SK텔레콤 역시 휴대폰과 PC, IPTV를 통해 방송·영화·게임·음악 콘텐츠를 이용할 수 있도록 하는 '3스크린' 전략을 진행하고 있다. 또한 디지털 TV를 생산하는 글로벌 가전업체들 역시 '3스크린 전략'을 적극 추진, 이종(異種) 디스플레이 기기의 화면 간 콘텐츠 호환성을 확보하고, AV와 디지털 기기 간 장벽을 허물어 궁극적으로 홈네트워크 플랫폼의 주도권을 확보하겠다는 전략이다.

사실 가전제품과 콘텐츠의 연계 시너지를 창출하기 위한 시도는 일본의 가전회사들이 단연 원조다. 자신들의 가전제품을 통해 다양한 멀티미디어 콘텐츠를 언제 어디서나 즐기는 홈 엔터테인먼트 서비스를 주도하기 위해서 일본 가전업체들은 지금껏 많은 노력을 경주해 왔다. 그만큼 그들은 시행착오도 많았고, 무모할 만큼의 지속적인 도전으로 나름대로의 성과도 거두고 있다.

일본 가전회사들의 할리우드 집착증

과거의 홈 엔터테인먼트는 TV, DVD, 음악, 게임과 같은 서비스를 의미했다. 그러다가 방송·통신의 융합환경에 따라 디지털화된 엔터테인먼트 콘텐츠를 TV, PC, 기타 단말기를 통해 즐기는 서비스로 발전했다. 화면 또한 2D에서 3D의 실감 영상까지 제공 가능한 수준으로 발전하고 있다. 아울러 홈 네트워크 기술이 유·무선을 통틀어 대용량 멀티미디어 파일을 가정으로 전송할 수 있는 수준에까지 올랐기 때문에 거실혁명의 주역 자리를 놓고 TV 단말기 중심과 인터넷 중심, 그리고 기타 통신기기 중심 등의 다양한 방법이 등장하고 있다. 분명한 것은 TV로 모든 홈 엔터테인먼트 서비스가 가능해지고 있다는 사실이다. 이러한 미래시장을 예측한 가전회사들, 특히 일본 기업들은 일찌감치 디바이스-콘텐츠 연계 서비스 사업을 지속적으로 시도해 왔다. 그러나 이 같은 노력들이 반드시 성공을 보장해 주지는 않았다.

대표적으로 소니와 파나소닉의 사례를 들 수 있다. 1989년 소니는 34억 달러를 들여 콜롬비아 영화사를 인수했다. 그 이듬해에는 파나소닉이 영화 엔터테인먼트 회사인 MCA/유니버설을 무려 61억 달러에 인수했다. 결과적으로 소니는 성공했고 파나소닉은 실패를 맛보았다. 당시 일본을 대표하는 두 기업이 연이어 미국의 메이저 영화사를 사들이자 미국인들은 '일본이 미국의 영혼을 빼앗는다', '제2의 진주만 공격' 등으로 표현하며 몹시 흥분했다. 영화산업은 자동차산업과 함께 미국의 경쟁력이자 그들의 자존심이었기 때문이다. 당시 소니와 파나소닉이 영화사를 인수한 것은 자신들이 생산하는 하드웨어 제품에서의 기술표준을 확보하기 위해서였고, 이를 통해 하드웨어-콘텐츠 산업 간의 시너지를 창출하고자 했기 때문이다. 과거 소니는 가정용 홈비디오 포맷으로 베타맥스를 내놓았으나 JVC가 발명하고 파나소닉이 개발한

VHS에 참패를 당한 뼈아픈 경험을 갖고 있었다. VHS보다 1년 앞선 1975년에 개발된 베타맥스는 화질도 더 좋았고 녹화시간도 더 길었지만 시장에서 철저히 외면당했다. 미국의 주요 콘텐츠 기업들이 VHS의 손을 들어주었고, 이로 인한 콘텐츠 부족이 결정타였던 것이다.

IT 업계에서 '기술보다 더 중요한 것은 시장의 선택'이라는 시장경제 원칙을 논의할 때 가장 많이 인용되고 있는 사례가 바로 베타맥스다. 하드웨어와 콘텐츠 서비스의 시너지를 위해 MCA/유니버설을 인수한 파나소닉은 일본식 경영방식을 고수함으로써 할리우드식 경영방식에 적응하지 못한 끝에 영화사를 매각하고 말았다. 소니 역시 초창기에 할리우드 산업의 속성을 이해하지 못해 고전을 면치 못하며 커다란 경제적 손실을 입었다. 그후 소니는 할리우드 사람들을 일본식으로 바꾸려는 노력 대신 자신들 스스로가 미국식으로 탈바꿈했다. 그리고 〈에어포스 원〉, 〈대통령의 연인〉, 〈아메리카 스위트하트〉, 〈패트리어트〉, 〈스파이더맨〉 등의 가장 미국적인 영화를 만들어 대성공을 거두면서 할리우드 영화산업의 역사를 다시 쓰고 있다. 이제 소니는 전자회사가 아니라 '소니픽처스'라는 영화사로 더 유명하다.

2008년 디지털 시대의 차세대 DVD 기술표준 전쟁에서 소니의 대용량 광디스크 블루레이가 경쟁제품인 도시바의 HD DVD를 누르고 승리했다. 워너브라더스와 워너홈엔터테인먼트, 타임워너 등 할리우드 영화사들이 블루레이를 독점 지원하겠다고 선언하면서 HD DVD는 하루아침에 시장에서 사라졌다. 여기에는 할리우드의 맹주 중 하나인 소니픽처스가 큰 역할을 했음은 물론이다. 베타맥스와 VHS 간 치열했던 표준 전쟁의 재연으로까지 비유되었던 차세대 DVD 포맷 경쟁에서 이번에는 소니가 웃은 것이다.

소니와 소니픽처스의 시너지는 오늘날에도 지속 창출되고 있다. 소니픽처스의 영화 제작에 소니의 HD TV 장비, 소니뮤직의 사운드 트랙과 서라운드 음향 시스템이 활용되고 있으며 다양한 소니의 신제품을 영화 속에 등장시켰다. 이러한 과정을 통해 소니는 글로벌 표준 포맷을 만들어나가고 있다.[15]

2009년 말에 개봉된 소니픽처스의 〈2012〉는 고대 마야문명에서부터 전해 내려온 인류의 멸망을 그린 블록버스터 재난영화다. 고대인들의 예언에 따라 지진, 화산 폭발, 거대한 해일 등 각종 자연재해들이 지구상에 발생하면서 그 누구도 막을 수 없는 최후의 순간이 다가온다. 각국 정상들은 첨단 화상회의를 통해 이 엄청난 재난에 대처하기 위해 협의를 하는데, 이때 등장하는 화상회의 모니터에는 소니의 로고가 선명하게 찍혀 있다. 또한 영화에 등장하는 주요 인물들의 노트북에도 소니의 바이오 브랜드가 자연스럽게 노출되어 있다.

2009년 초부터 소니가 적극 추진하고 있는 '미디어 고Media Go' 계획은 소니TV와 워크맨으로 상징되었던 하드웨어 중심 사업들이 삼성이나 애플에게 글로벌 1위 자리를 내준 것을 만회하기 위한 혁신적인 변화로 선택한 전략이다. 소니픽처스, 소니뮤직, PS 게임 등 세계적으로 경쟁력을 갖고 있는 자신들의 콘텐츠 역량을 소니의 휴대폰, MP3, TV, 디지털 카메라, PC, 노트북에 제공함으로써 하드웨어 제품의 일류 브랜드 명성을 유지하고, 더 나아가 가정의 거실을 지배하는 홈 엔터테인먼트의 리더가 되겠다는 비전을 가지고 있다. 소니의 액정TV인 브라비아의 최신모델은 별도의 기기를 추가하거나 케이블방송의 가입 없이 인터넷을 통해 소니가 제공하는 콘텐츠를 다운로드해 시청할 수 있도록 지원한다. 소니의 하워드 스트링거Howard Stringer 회장은 "2011년까지 소니 제품의 90%가 인터넷으로 서로 연결될 것"이라고 설명하면서 소니가 IT와 가전, 그리고 엔터테인먼트 간 융합을 통해 가전시장을 주도

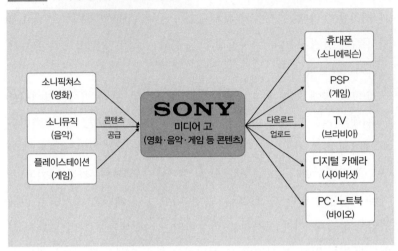

그림 4-2 소니의 미디어 고(Media Go) 전략

할 것이라는 포부를 밝혔다.

새로운 대안 미디어, 블로그

1997년 미국에서 처음 등장한 블로그란 웹web과 로그log의 합성어로 기술적·상업적 제약 없이 자신의 생각이나 경험, 지식 등을 인터넷상에 간단하게 기록해 다른 사람들과 공유하는 '인터넷 일기장' 또는 '온라인상의 개인 홈페이지' 개념에서 출발했다. 이러한 블로그는 점차 개인출판, 개인방송, 커뮤니티 구축에 이르기까지 다양한 형태로 발전해 나가면서 사회 전반에 영향력을 행사하는 1인 미디어로 떠올랐다. 이는 블로그 간의 의사소통을 도와주는 기능이 추가되면서 거대한 정보 네트워크를 형성할 수 있기 때문에 가능한 일이었다. 또한 유명인사들의 블로그는 언론사 못지않게 주목을 받고 있는데, 그들이 자신의 견해를 담은 글을 블로그에 올리면 이를 바로 신문이나 방송에서 검색해 뉴

스 꼭지로 올려놓는 등 오프라인을 타고서도 널리 전파되고 있다.

2004년 《웹스터 사전》은 '상호작용성을 강화한 개인 홈페이지'를 의미하는 블로그를 '올해의 단어'로 선정했다. 그리고 블로그의 등장을 '정보세계에서 인터넷 다음으로 폭발적인 사건'으로 규정했다. 인터넷 강국인 한국의 경우 인터넷 사용자의 70%가 싸이월드 등 미니홈피를 운영하고 있는 것으로 조사되었다. 약식 블로그 형태인 싸이월드의 미니홈피는 한국인의 성향과 잘 맞아 떨어져 페이스북, 트위터, 마이스페이스 등을 제치고 63.6%의 압도적인 이용률을 보이고 있다.

오늘날 블로그는 또 하나의 대안 미디어로 큰 주목을 받고 있다. 앞에서도 설명했듯이 블로그는 끊임없는 네트워크 확장성에 기반한 뛰어난 전파성을 갖고 있기 때문이다. 블로그의 네크워크 확장성을 지원해 주는 가장 중요한 기능이 곧 '트랙백trackback'이다. 트랙백은 블로그에서 간단히 역방향 링크를 자동적으로 생성해 주는 기능이다. 누군가의 블로그를 읽고 그에 대한 의견을 자신의 블로그에 써넣은 후 트랙백을 주고받으면 원래 글 아래 새로운 글로 가는 링크가 생성된다. 트랙백은 1인 미디어를 지향하는 블로그들 사이에 연결고리를 만들어 줌으로써 거대한 소통 네트워크를 창출하는 역할을 한다. 또한 RSS 역시 블로그의 확장성을 지원해 주는 중요한 기능 중 하나다. RSS는 뉴스나 블로그 사이트에서 주로 사용하는 콘텐츠 표현방식이다. RSS를 이용하면 마치 신문을 구독하듯 수백 개 블로그의 최신 글을 한 자리에서 볼 수 있다. RSS가 등장하기 전에는 네티즌들이 원하는 정보를 얻기 위해 해당 사이트를 직접 방문해야 했다. 하지만 이제는 RSS 관련 프로그램을 이용해 자신이 원하는 콘텐츠의 자동 수집이 가능해졌기 때문에 사용자는 각각의 사이트 방문 없이 최신 정보들만 골라 한 자리에서 볼 수 있다. 블로그는 SNS의 인적 네트워크와는 다른 차원으로 특정 지식인맥과 관심인맥의 강력한 네트워크를 구축하고 있다. 한 사람이 올린 지식에 다수가 참여하면서 지식의 은행으로 발전한다. 이를 통해 블로그는 기존의 어느 미디어도 흉내 내지 못하는 '공명의 장'을 형성하면서 사회 전반에 영향력을 확대하고 있다. 또한 블로그는 1대1 개념의 개인 미디어와 매스미디어의 형태가 혼합된 하이브리드 매체의 성격을 지니고 있다. 블로거와 방문자는 1대1 커뮤니케이션 관계로 존재하지만, 블로그에 글을 게시해 불특정 다수에게 개방되는 순간, 모든 사람의 관심을 끌 수 있게 되면 삽시간에 온라인을 타고 전파됨으로써 매스미디어 못지않은 사회적 영향력을 발휘할 수 있게 되는 것이다. 2008년 청계천 광장에서 열린 미국산 소고기 수입에 반대하는 첫 번째 집회에는 주최측이 300명 정도 모일 것이라고 예상했지만 1만 명 이상이 참석했다. 그후 수만 명이 참여한 거대한 촛불시위로 확산되었다. 촛불시위 확산의 중심에는 블로그가 있었고, 블로그를 통해 일어난 공명이 거대한 파도처럼 퍼져나갔다. 블로그 네트워크의 가장 큰 특징은 분산된 개개인들이 스스로 눈덩이처럼 뭉쳐 활발한 활동을 가능케 하는 '자발적 응집성'에 있다.

요리분야의 파워블로거 문성실 씨의 블로그는 하루 방문자가 약 2만명에 이르고, 블로그 이웃은 30만 명을 웃돈다. 그녀는 자신의 블로그에 쌓은 콘텐츠로 요리관련 책을 4권이나 발간했다고 한다. 이 같은 문성실 씨의 블로그는 하이브리드 매체적 성격을 잘 대변해 준다.[16] 주부현진희 씨가 운영하는 요리 블로그 또한 2002년 개설 이래 총 3,000만명이 다녀갔다. 2008년 그녀의 블로그는 '네이버 최대 방문객 1위'를 기록, 파워블로그로 선정되기도 했다. 젊은 주부들에게는 블로그가 육아에서 가사, 요리, 쇼핑, 여행에 이르기까지 생활의 지침서이자 삶의 방향을 안내해 주는 나침반이 되기도 한다. 그만큼 대안 미디어로써 블로그는 콘텐츠의 신뢰도가 높다. 블로그는 현장의 살아 있는 지식을 공유·전파하는 수단이기 때문이다.

최근에는 와이프와 블로거의 합성어인 '와이프로거'가 주목을 받고 있다. 많은 기업들이 영향력 있는 와이프로거들과 손을 잡기 위해 열렬한 러브콜을 보낸다. 부지런한 아내들의 취미생활 정도로 여겨졌던 블로그가 신뢰도 높은 유통 채널로 변화하고 있기 때문이다. 특히 분산되어 있는 틈새시장의 경우 일반 소비자들의 접근이 어려웠지만 블로그를 통해 이를 결집시켜 채산성이 있는 시장으로 바꿔놓기도 한다. '살림의 여왕', '요리의 여왕', '육아의 여왕'로 불리는 많은 파워블로거들은 기업들과 손을 잡고 공동구매 이벤트를 실시해 큰 성과를 내고 있다. 한 블로그에서는 특정기업의 소형 오븐을 불과 닷새 만에 1,300대나 판매하는 놀라운 기록을 세우기도 했다. PC가 인터넷에 연결되면서 무한한 가치를 창출했듯이 제품과 블로그가 결합된 블로그 마케팅을 통해 커다란 부가가치가 창출되고 있는 것이다. 1인 미디어를 1인 기업으로 바꾼 와이프로거들의 면모를 잘 엿볼 수 있는 대목이다.

강력한 바이러스 마케팅, 블로그 네트워크

매스미디어인 방송에서의 네트워크 가치는 시청자 수에 비례한다. 한 명이 프로그램을 본다면 네트워크 가치는 1이며, 100명이 보면 100이 되는 원리로서 이를 '사노프의 법칙sarnoff's law'이라고 한다. 사노프의 법칙에 따르면 TV 시청자가 많아질수록 네트워크 가치는 직선을 그리며 상승한다. 웹사이트나 블로그와 같은 인터넷 기반의 소셜 네트워크도 TV 프로그램의 시청률처럼 '방문자 그래프'라는 '카운트' 방식으로 네트워크의 가치를 평가한다. 그러나 여기에는 방송과 다른 '그 무엇'이 존재한다. 일방향 커뮤니케이션의 대중매체와 달리 쌍방향 커뮤니케이션이 가능하다는 점에서 블로그의 네트워크 가치는 단순히 방문자 수만 가지고 평가할 수 없기 때문이다. 블로그는 가입자 수가 중요한 것이 아니라 블로그의 정보와 이미지를 다른 대상들과 공유, 협력하여 새로운 정보나 아이디어, 지식, 서비스를 창출하는 것에서 네트워크의 가치가 발휘된다. 그러므로 블로그의 경우 '네트워크의 가치는 참여자 수의 제곱에 비례한다'는 멧칼프의 법칙Metcalfe's Law이나 '2N에 비례한다'는 리드의 법칙Reed's law이 적용된다. 멧칼프의 법칙에서 가장 중요한 개념은 바로 '노드node'다. 로컬 네트워크LAN, 즉 네트워크의 기본요소인 지역 네트워크에 연결된 컴퓨터와 그 안에 속한 장비들을 통칭해 하나의 노드라고 한다. 쌍방향 커뮤니케이션을 전제하는 블로그의 네트워크 가치는 이 노드의 수에 비례한다. 팩스 한 대나 전화 한 대의 가치는 미미하지만 두 대, 세 대, 네 대로 증가할수록 다른 대상들과의 커뮤니케이션이 활발해지면서 그 가치가 높아지는 원리와 같다.

이와 같은 노드의 원리에서 웹사이트나 블로그의 힘을 표출하고 있는 바이러스 마케팅virus marketing이란 개념이 시작되었다. 위키피디아는 바이러스 마케팅을 '네티즌들이 이메일 등의 전파 가능한 매체를 통해 자발적으로 어떤 기업이나 기업의 제품을 홍보할 수 있도록 제작해 널리 퍼뜨리는 마케팅 기법'이라고 정의한다. 즉 컴퓨터 바이러스처럼 확산된다고 해서 이 같은 이름이 붙은 것이다. '사람들은 언제나 비슷한 사람들과 연결된다'는 것과 '비슷한 사람들과 접촉하려는 것은 인간의 본성이다'라는 것이 바이러스 마케팅을 가능하게 만들고 있는 원리다.

2000년 말부터 바이러스 마케팅이 새로운 인터넷 광고기법으로 주목받기 시작했다. 이는 입소문 마케팅과 흡사하지만 엄밀히 말해 그 전파방식이 다르다. 입소문 마케팅은 정보 제공자를 중심으로 메시지가 퍼져나가지만 바이러스 마케팅은 정보 수용자를 중심으로 퍼져나간다. 바이러스 마케팅은 주로 누구나 쉽게 제작할 수 있는 웹 애니메이션 기술을 통해 이루어지고 있다. 바이러스 마케팅을 원하는 기업들은 사회적 유행이나 풍조, 트렌드를 배경으로 네티즌들의 입맛에 맞는 재미있고 엽기적인 내용의 웹 애니메이션을 제작해 인터넷 사이트에 무료로 띄워놓는다. 그와 동시에 웹 애니메이션에 기업명이나 제품을 슬쩍 끼워넣는 방식으로 간접광고를 실시한다. 이를 발견한 네티즌들은 애니메이션이 재미있을 경우 이메일을 통해 다른 사람들에게 전달하고, 어느덧 네티즌들 사이에 화제로 떠오르면서 바이러스 마케팅이 이루어지는 것이다.

먼저 블로그를 광고매체로 이용하는 비즈니스 모델을 살펴볼 수 있다. 개별 블로그들이 광고를 보여주는 것에 동의할 경우 광고대행사들은 광고주를 유치해 관련성 높은 블로그에 노출시켜 준다. 블로그 방문자들이 광고를 클릭할 때마다 광고주에게 광고비를 청구해 수익을 블로그 운영자와 분배하는 사업 모델이다. 현재 구글의 애드센스, 다음의 애드클릭스, 파워블로거의 파블애드 등이 블로그를 광고 모델로 활용하고 있다.[17] 그러나 블로그를 통해 너무 노골적인 광고게재를 지속하다 보면 오히려 블로그 자체의 진실성을 떨어뜨려 광고매체로서의 신뢰를 잃게 되는 우려도 존재한다.

미디어 기업 역시 혁신적인 온라인 커뮤니케이션 수단인 블로그를 다양한 방법으로 자신들의 사업 모델에 접목해 새로운 비즈니스를 창출하고 있다. 블로그가 어떤 매체보다도 전달자와 수신자 간 상호작용의 속도가 빠르고 전파력이 높기 때문이다.

MP3 디지털 포맷으로, 인터넷을 통해 배포되는 라디오 방송 형식의 프로그램인 팟캐스트는 처음부터 블로그와 함께 성장했다. 팟캐스트는 일반방송과 달리 모바일 기기에 방송내용을 담아 언제든지 청취하거나 시청할 수 있으며, 블로그의 RSS 기능이 팟캐스트를 사방으로 배포할 수 있도록 지원해 주어 급속히 전파되었다. 팟캐스트에는 유명 방송국의 전문 프로그램도 제공되지만, 개인들도 자신의 '보이는 라디오 방송'을 만들어 제공할 수 있다. TV의 오락 프로그램이나 새로 개봉하는 영화도 블로그를 마케팅 수단으로 적극 활용한다. TV 방송사들은 방송 콘텐츠를 홍보용으로 만들어 블로그에 띄움으로써 콘텐츠와 출연자가 함께 뜰 수 있는 기회를 만들어내고 있다. 영화의 경우 블로그를 통한 입소문과 네티즌들의 바이러스 전파력에 절대적인 기대를 걸고 있다. 때때로 영화의 내용과는 상관없이 민감한 사회상황과 의도적으로 연계시켜 영화의 인지도를 높이는 마케팅 활동을 펴기도 한다.

블로그를 가장 잘 활용하는 기업들 중 하나가 게임회사들이다. 마이크로소프트는 Box용 게임 '헤일로 2' 출시 1년 전부터 베타테스트를 수행하면서 얼리 어댑터들에게 블로그 사용후기를 올릴 것을 독려했고, 소비자들의 기대감을 높여 출시 첫날 1억 4,500만 달러의 매출을 기록했다. 의견선도형 파워블로거를 발굴해 구전의 축으로 활용한 것이다.[18]

노이즈 마케팅과 블로그 미디어의 역기능

최근 가요계에서는 표절시비, 음원유출 등의 논란으로 유명 가수들이 음반도 출시되기 전에 곤욕을 치르는 일이 심심찮게 발생하고 있다. 이 같은 해프닝은 우연일까, 의도된 사고일까? 이 가운데 상당수는 '노이즈noise 마케팅'을 통한 홍보다. 연예계에서는 '노이즈 마케팅'이 가장 훌륭한 홍보수단으로 암묵적으로 활용되고 있는 것도 사실이다.

노이즈 마케팅은 포털사이트나 블로그를 통해 고의적으로 각종 이슈를 만들어 전파함으로써 많은 사람들의 관심을 불러일으키고자 하는 목적에서 이루어진다. 소음이나 잡음을 뜻하는 '노이즈'를 일부러 조성해 긍정적인 영향을 미치든 부정적인 영향을 미치든 상관없이 해당 상품에 대한 소비자들의 호기심을 부추겨 궁극적으로 상품의 판매로 연결시키는 방법이다. 음원 유출이나 표절, 노출시비 등으로 일단 네티즌들 사이에 논란이 일면 포털의 검색어 상위권에 오르게 되고, 이슈 몰이에 일단 성공하면 노래가 나오기 전에 인기대열에 합류할 수 있다. 이러한 노이즈 마케팅 기법은 소비자들의 관심이나 호기심을 일시적으로 자극할 수 있을지는 몰라도 이를 반복할 경우 신뢰성을 잃게 되어 오히려 소비자들의 불신만 조장할 수도 있다.

인터넷 성장을 선도했던 지식검색은 이제 전문 블로그에 그 자리를 내주고 있다. 지식검색을 이용할 경우 많은 트래픽을 불러 모으면서 정보의 오류와 오용현상이 나타나기 때문이다. 따라서 지식검색보다는 파워블로그를 선호하는 현상이 발견된다.

블로그가 미디어로서 순기능만 갖고 있는 건 아니다. 많은 정치인이나 연예인들이 어느 날 일약 '스타'로 떠오르기도 하고, 반대로 검증되지 않은 사실에 휘둘려 '공공의 적'으로 추락하는 블로그 효과가 수없이 나타나고 있기 때문이다. 조그만 목소리도 다수의 여론으로 확산되면, 진실 여부를 떠나 그 반향은 엄청날 수가 있다. 블로그가 시대 변화와 사회적 현상을 읽는 매체로 진화하면서 스스로 정화 기능이 없는 블로그는 양날의 검처럼 긍정적인 면과 부정적인 면이 동시에 존재하는 미디어로 전락한다.

블로그의 전파력과 사회적 영향력을 잘 나타내주는 표현으로 '발 없는 천리마'라는 것이 있다. 블로그에 의미 있는 정보가 뜨면 불과 30분 만에 지구 한 바퀴를 돈다는 뜻이다. 그런가 하면 '타잔의 포효'라는

표현도 있다. 정글의 타잔과 같은 힘(영향력)을 가진 파워블로거의 의견
이 발신되면 단시간 내 정글(네트워크) 전체가 떠들썩해진다는 의미다.
블로그의 빠르고 강한 전파력은 크라우드 클라우트crowd clout와 결합하
면서 더 큰 영향력을 행사한다. 크라우드 클라우트는 소비자들이 인터
넷에서 집단행동을 통해 사회나 시장에 특별한 변화를 주는 영향력을
말한다. 예를 들어 특정 정치인을 선거에서 떨어뜨리거나 공급자가 시
장에 내놓은 가격을 낮추도록 압력을 가하는 단체행위 등에서 크라우
드 클라우트 현상을 찾아볼 수 있다. 이에 따라 소비자와 공급자 간의
관계가 바뀌면서 소비자들이 자신의 니즈를 밝히면 공급자들은 이를
충족시키기 위해 시장에서 경쟁을 하는 현상이 나타나고 있다. 어느덧
개인 미디어로 크게 성장한 블로그의 전파력과 사회적 영향력에 대해
곱씹어볼 만한 사건들도 많이 발생하고 있다.

  2008년 우리 사회를 뜨겁게 달구었던 '미네르바 사건'을 잘 기억할
것이다. 인터넷 논객 박모씨는 다음의 아고라 게시판에 경제와 관련된
많은 글들을 올렸는데, 리먼브라더스의 파산을 예측하면서 일약 스타
로 떠올라 '인터넷상의 경제대통령(?)'이라는 칭호까지 얻었다. 그의
글은 블로그상에서 어느덧 타잔의 포효가 되었고, 수많은 네티즌들은
물론 일부 사회지도층 인사들까지 기획재정부 장관의 말보다 더 신뢰
가 간다며 그와 함께 정부의 경제정책을 비난하는 데 앞장서기도 했다.
미네르바라는 필명을 가진 얼굴 없는 한 블로거의 글이 엄청난 사회적
파장을 불러일으키자, 검찰은 그를 결국 허위사실유포죄로 긴급체포하
기에 이르렀다. 이 같은 유형의 사건에 대해 우리 사회는 표현의 자유
를 침해하고 있다는 주장과 함께 개인의 견해일지라도 인터넷에 유포
되어 많은 사람들에게 영향을 미치고 있다면 이에 합당한 책임을 져야
하다는 주장이 맞서고 있다.

콘텐츠 백화점 시대를 여는 온라인 마켓플레이스

온라인 마켓플레이스란 누구나 인터넷 사이트에서 물건을 판매하거나 필요한 물건을 구매하는 방식의 인터넷 중개 쇼핑몰을 말한다. 콘텐츠 사업자들은 온라인 마켓플레이스의 개념을 응용해 자신들의 콘텐츠를 판매하거나 다른 소유자들의 콘텐츠를 중계하는 역할을 하고 있다.

온라인 마켓플레이스가 새로운 비즈니스 모델로 각광을 받고 있는 이유는 오프라인상에서 이루어지던 콘텐츠 시장의 복잡한 거래방식과 소요시간, 그리고 거래에 따른 비용들을 개선시킬 수 있다는 장점 때문이다. 그리고 단순한 유통 프로세스로 시공간의 제약을 받지 않는다는 장점 또한 갖고 있다

그동안 콘텐츠 사업자들은 온라인 사업 진출에 대해 자기들 스스로 시장을 무너뜨리는 자충수를 둘 수 있다는 우려 때문에 매우 조심스러운 입장을 견지해 왔다. 하지만 현재 DVD 등 부가판권 시장이 무너진 상황에서 콘텐츠 사업자들이나 방송사들은 수익보전을 위해 온라인 마켓플레이스에 직간접적으로 활발히 진출하고 있다. 또한 글로벌 미디어기업들은 각종 규제가 많은 오프라인 매체보다 상대적으로 규제가 적은 온라인 마켓플레이스를 통해 콘텐츠의 유통을 모색하고 있다.

2009년 국내 지상파 방송3사와 EBS는 공동 콘텐츠 사업 조인식을 갖고, 지상파 통합 다운로드 사이트인 '콘팅conting'의 서비스를 시작했다. '콘팅'은 4대 방송사가 쏟아내는 주당 100시간 이상의 신규 콘텐츠를 비롯해 EBS의 영어 콘텐츠 등 총 9만 8,000시간에 달하는 방대한 영상 콘텐츠를 제공함으로써 명실상부한 콘텐츠 마켓플레이스 시대를 선도하고 있다. 이 플랫폼에서는 월 1만 원 내외의 정액제 판매 서비스와 500~1,000원의 개별 콘텐츠 판매를 병행해 제공한다. 방송사 최초로 DRM 없는 콘텐츠를 제공하는 콘팅 서비스는 다운로드한 콘텐츠를

PC, PMP, MP3 등 기기에 상관없이 이용할 수 있도록 하여 개인의 편의성을 크게 높였으며 저장한 콘텐츠를 얼마든지 다시 보면서 평생 소장할 수 있도록 했다. 콘팅 서비스를 통해 이제 시청자들은 지상파TV의 유명 콘텐츠를 한 곳의 사이트에서 내려받을 수 있게 되었다. 한 국가의 모든 지상파TV가 연합해 통합 온라인 마켓플레이스 서비스를 제공하는 것은 세계적으로도 그 유례가 없는 일이다. 콘팅 서비스의 핵심 콘텐츠는 드라마인데, 향후에는 메이저급 영화배급사와 케이블TV 콘텐츠도 수급할 예정이다. 이를 통해 콘팅 서비스는 불법 다운로드를 합법화하는 역할을 할 것으로 기대되고 있다.

판도라TV는 2009년 상반기에 저작권자들이 영상물을 자유롭게 유통할 수 있는 콘텐츠 장터인 오픈마켓 '브랜드채널brand.pandora.tv'을 열었다. 이 채널에서는 영화배급사나 콘텐츠 제작자, UCC 제작자 등 다양한 CP들에게 독립채널을 제공하고 있다. 다양한 CP들은 채널 공간 내에서 콘텐츠를 판매하고 프로모션한다. 그리고 브랜드 채널 안에서 콘텐츠를 공급하면서 무료, 유료, 과금, 광고 모델들을 선택할 수 있도록 사용자 인터페이스를 제공해 준다. 브랜드채널에는 SM 엔터테인먼트 등 100여 개의 CP들이 입점하고 있다. 화질 역시 DVD의 4배 수준인 4Mbps급4HD으로 제공, 시청자들의 폭발적인 반응을 확보했다.

영화제작 및 극장배급사업을 하고 있는 CJ 엔터테인먼트는 NHN과 합작법인을 설립해 네이버에 자사가 확보한 영화를 공급하기로 합의, 2009년 하반기부터 서비스를 시작했다. 이 회사에서는 다운로드 가격으로 최신 영화의 경우 3,000원선, 신작은 2,000원선, 구작은 1,000원선을 받고 있다. 그리고 네이버에서 PC를 통해 다운로드한 영화는 이용자들의 편의를 위해 PMP로 내려받아 볼 수 있고, 영화파일을 휴대폰에 옮겨서도 즐길 수 있다. 이 같은 사업 모델은 단순히 PC를 통해

VOD 형식으로 콘텐츠를 제공하는 수준을 넘어서 네이버라는 사이버 마켓을 통해 영화 콘텐츠를 일반에게 판매하는 사업 모델이다. CJ 엔터테인먼트 관계자는 "네이버뿐 아니라 다른 온라인 유통 플랫폼과도 제휴를 확대해나갈 것"이라며, "이용자들이 불법시장이 아니라 합법시장에서 편리하게 영화를 볼 수 있고, 영화산업이 정상궤도를 찾는 데 도움이 될 것"이라고 말했다.

영화진흥위원회는 2010년 5월 영화합법 다운로드 사이트인 온라인 장터 'KOME Korean Open Movie Exchange'를 오픈했다. KOME는 영화 콘텐츠를 합법적으로 사고 팔 수 있는 영화 온라인 장터이지만 B2B의 사업모델을 가지고 있다는 점이 특징이다. 즉 투자배급사와 제작사 등 작품의 판권을 가진 콘텐츠 제공자CP MCP가 KOME에 콘텐츠와 이용조건을 등록하면 벅스, 맥스무비, 씨네로닷컴 등 서비스 사업자SP는 콘텐츠 이용권한을 획득해 합법적으로 영화를 유통시키는 시스템이다.

영국의 '필름 네트워크'는 또 다른 형태의 콘텐츠 마켓플레이스의 방향을 보여주고 있는 사례다. BBC가 운영하고 있는 이 온라인 플랫폼은 B2B 중심으로 서비스가 제공된다. '필름 네트워크' 사이트는 드라마, 코미디, 다큐멘터리, 애니메이션, 음악 장르의 영상물 거래를 중개하고 있다. 판매자와 구매자를 연결시켜주기 위해 짧막한 쇼케이스 형

그림 4-3 공공 온라인 유통망(KOME)

※ 자료: 영화진흥위원회, 2010

태의 영상물과 작품 프로파일을 사이트에 올려놓고 있다. 필름 네트워크의 평가위원회에서는 엄격한 심사를 거쳐 접수된 비디오클립을 선정한다. 사이트 방문자들은 비디오클립에 대한 평가와 의견을 자유롭게 달 수 있다.

온라인 마켓플레이스가 기존 방송영상 콘텐츠 사업자의 관심을 끌고 있는 이유는 미래의 주요 소비자그룹인 크리슈머(ceative와 consumer의 합성어)들에게 적합한 비즈니스 모델이기 때문이다. 이 창조적 소비자들은 자신들이 원하는 상품이나 서비스를 스스로 검색하고 찾아내어 소비하는 트레저 헌터들이다. 그들은 단순히 생산된 물건을 사서 쓰는 소비자가 아니라 제품의 구성단계에서부터 참여하는 소비자 그룹을 의미하고 있기도 하다.

지상파TV의 콘팅 서비스와 CJ엔터테인먼트 모두 유료과금 모델이다. 하지만 싸이월드와 다음 팟의 예와 같이 무료 비즈니스 모델의 가능성을 더 크게 보고 있는 전문가들도 있다. 이와 관련해 인터넷 카페에 올라와 있는 'UCC와 플랫폼 전략'이란 아래의 글을 소개해 본다.

오늘 미디어법제론 수업에서 UCC에 관한 짧은 토론이 있었다. KBSi에 근무하는 한 학생은 UCC에는 한계가 있다고 주장을 했다. 그렇게 생각하는 것이 대부분 사람들의 생각일 것이다. 그 근거로서 그는 아무리 UCC가 많아봐야 방송사 등 대자본을 가진 집단이 만든 콘텐츠에 질적으로 못 미친다는 점, UCC는 카피된 것이 대부분이며, 언론사 등이 만든 콘텐츠에 종속된 것이라는 점, UCC를 확대해 봤자 돈이 안 되며 콘텐츠를 만든 방송사 등 저작권자의 저작권을 침해하여 저작권자에게 손해를 끼친다는 점을 들었다. 그러나 그것은 전통적인 카피라이트의 패러다임에서, 공을 들여 만든 콘텐츠는 유료여야 한다는 고정관념에서 봤을 때만 그러하다. 카피레프트의 패러다임에서 보면 모든 사정이 바뀐다. 예를 들어 KBS나 MBC가 자사가 생산하는 모든 콘텐츠를 무료로 배포하고 사용자에게 마음대로 재판매·재가공 등을 허용해 저작권을 완전 개방한다고 했을 때 KBS나 MBC는 과연 어떻게 될까? 망할까?

백수광부라는 닉네임의 이 전문가는 자신의 블로그에서 결코 방송사는 망하지 않는다고 주장하고 있다. 망하지 않는 이유로 방송사는 콘텐츠를 무료 배포하는 대신 광고수익과 기타 다양한 부가수익을 확보할 수 있어 살을 주고 뼈를 취한다는 전략이 될 수 있다는 것이다. 지금까지의 전통적 미디어 사업자의 입장에서 보면 이 같은 주장은 사실 말이 안 될 수 있다. 그러나 온라인 마켓플레이스의 입장에서 보면 얼마든지 가능한 이야기가 될 수 있을 것이다. 구체적인 예를 들어보자.

온라인에서 콘텐츠를 이용하는 소비자들의 콘텐츠 소비 패턴은 기성세대와 사뭇 다르다. 자신이 원하는 콘텐츠를 즐기기 위해 기꺼이 광고를 보는 것도 마다 하지 않는다. 이러한 소비자들을 위해 싸이월드를 운영하는 SK커뮤니케이션즈는 2009년 상반기, 높은 시청률과 새로운 사회적 코드를 형성한 KBS 드라마 〈꽃보다 남자〉의 편집 UCC를 합법화하는 '애드 뷰ADView' 시스템을 도입했다. 드라마의 내용을 편집한 UCC를 감상하기 위해 네티즌들은 15초 분량의 광고를 봐야 한다. 여기에서 발생한 광고 수익을 드라마 저작권자와 배분하는 대신 이용자들에게 〈꽃보다 남자〉의 전체 프로그램을 무료로 시청할 수 있게 했다. 그리고 자신의 미니 홈페이지에 방송영상물을 스크랩할 수도 있고, 콘텐츠를 편집해서 게시판에 올릴 수 있도록 허용했다. 물론 이 같은 게시물에도 광고가 자동 삽입되어 저작권이 보호되는 동시에 별도의 수익이 발생하는 것이다.

다음커뮤니케이션 역시 2009년 초에 '다음 tv팟'을 통해 〈꽃보다 남자〉에 대한 UCC 서비스를 실시했는데, 한 달도 채 안 된 기간 동안 이용 건수가 무려 1,200만 회를 넘어섰다고 한다. 다음 역시 동영상 저작권 필터링 시스템을 통해 관련 영상에 광고를 붙이고, 드라마 저작권자와 수익을 배분하는 비즈니스 모델을 제공했다.

폐쇄와 개방, 애플과 구글의 앱스토어 전쟁

주로 무선 인터넷을 통해 이용하고 있는 스마트폰의 앱스토어는 개방형 콘텐츠 장터를 가장 잘 실현하고 있는 사업 모델이다. 앱스토어의 원조인 애플에 이어 SK텔레콤, 삼성전자 등 이동통신사 및 휴대폰 제조사를 중심으로 개방형 앱스토어를 잇달아 선을 보이고 있다. 이는 소비자들이 이용하는 어플리케이션을 외부에서 공급받아 제공하는 진화된 아웃소싱의 형태 중 하나로서 집단지성에 기반한 사업 모델이라고 할 수 있다. 대체로 앱스토어에서는 수익이 발생하면 개발자가 70%를 가져가고, 운영자가 30%를 가져가는 구조다. 개발자들이 누구나 자유롭게 프로그램을 개발, 등록하여 판매할 수 있다는 점 때문에 중소 소프트웨어 업체들이나 개발자들에는 희망의 빛이 되고 있다. 아울러 앱스토어는 스마트폰을 중심으로 '모바일 웹' 환경을 급속 확산시키는 기폭제 역할을 하고 있다. 2008년 7월에 오픈한 애플의 앱스토어는 불과 1년 만에 10억 건 가까운 다운로드를 기록하는 신화를 창출했다.

SK텔레콤의 국내 첫 모바일 오픈마켓 'T스토어 www.tstore.co.kr'는 2009년 하반기부터 정식 오픈했다. T스토어는 게임과 폰 꾸미기, 펀fun, 생활·위치, 음악, 방송·영화, 만화, 어학·교육 등 총 8가지의 메뉴로 구성돼 있다. 콘텐츠 가격은 자유롭게 책정할 수 있도록 하되 판매수익은 개발자와 SK텔레콤이 7대3으로 배분하는 방식을 취한다. 삼성전자 역시 2009년 하반기에 스마트폰 애플리케이션 장터인 '삼성 애플리케이션 스토어'를 영국·프랑스·이탈리아 등에 선보였는데, 이 콘텐츠 백화점에서는 모바일 콘텐츠 제작업체들이 제작한 게임, 날씨정보 등 800여 개의 서비스가 제공된다. 앱스토어에서 가장 인기가 높은 아이템은 게임이다. 앱스토어를 우리나라보다 먼저 오픈한 해외사례를 살펴보면 사용자들의 3분의 1이 게임을 선택하고 있다. 이 같은 현상 때문에 벌써부터 앱스토어에 의한 최대 희생양이 게임업체 닌텐도가 될지도 모른다는 예측이 흘러나오고 있다.

국내의 음악시장은 스마트폰의 앱스토어 활성화에 큰 기대를 걸고 있다. 아날로그 음반에서 디지털 CD 시대로 넘어가면서 탄탄대로의 제2의 전성기를 구가하던 음악산업은 2000년도를 전후로 급격히 위축되었다. 세계적인 음반 소매상인 타워레코드사조차도 2006년 파산하기에 이르렀다. 그러나 음악산업 자체가 몰락한 것은 아니었다. 음악시장이 디지털 음원시장으로 넘어가면서 음악산업을 주도하는 주인들이 바뀐 것이다. 미국의 음악시장은 냅스터를 거쳐 애플의 아이튠스가 주도권을 쥐게 되었고, 국내의 음악시장은 사실상 이동통신사가 패권을 거머쥐게 되었다. 디지털 음원시장으로 전환되면서 가수 신승훈, 김건모의 밀리언셀러 음반 판매는 옛날 이야기가 되었다. CD가 아닌 음원 형태로 음악이 팔리면서 이제 음반 10만 장 판매도 힘든 실정이다. 또한 다운로드 시장에서의 노래가치가 너무 낮게 평가된 채 거래되고 있어 음악산업의 외형성장에 걸림돌이 되고 있다는 지적이다. SK텔레콤의 멜론에서 노래 한 곡 다운받는 데 600원(부가세 10% 별도)을 내야 한다. 한 달에 7,000원을 내면 40곡, 1만 1,000원을 내면 150곡이나 다운로드할 수 있다. 유료로 구입한 곡은 1년간 무료로 다시 다운로드할 수 있다. 노래 한 곡에 불과 140원 정도의 가격으로 판매되고 있는 것이다. 물론 음원판매 방식의 장점도 크다. 박리다매의 효과와 다양한 디바이스를 통한 판매기회를 확보할 수 있기 때문이다. 이제 앱스토어에 음악을 올리면 100원 중 70원을 콘텐츠 생산자가 갖게 되어 음반 기획자에겐 신시장이 되고 있다. 통상적으로 음원 판매시 판매금액의 약 40% 정도가 음악 생산자에게 돌아와 이를 음악생산에 참여한 사람들이 나누어 가지는 구조다. 앱스토어는 음악 생산자와 사용자 간의 직거래 장터다. 따라서 기획자가 적정한 음악 가격을 임의로 책정할 수 있게 되어 다양한 기획이 가능해진다. 여기에 트위터, 페이스북 등 디지털 시대의 혁신적 아이콘들도 가세하여 음악 생태계 변화에 큰 바람을 일으키고 있다. 무려 4억 명이 사용하고 있는 세계 최대의 SNS인 페이스북을 통해 유명 아티스트들의 연주를 생중계하기도 한다. 또한 트위터를 통해 수많은 팔로어들과 교감하면서 앨범 작업을 하기도 하고, 앨범 출시도 트위터를 통해 알리면서 마케팅 활동을 하고 있다.

애플이 독주하던 앱스토어 시장에 구글이 참여하면서 커다란 파장이 일고 있다. 폐쇄와 개방은 어느덧 애플과 구글의 싸움을 상징하는 단어가 되었다. 애플은 엄밀히 말해 앱스토어 서비스에서 폐쇄형의 월드가든Walled garden을 통해 성장했다. 월드가든은 '담장이 쳐진 정원'을 말한다. 이 사업 모델이 가능한 것은 정원의 담을 넘나들 수 있는 사람들에게 일정한 차별성을 제공해 줌으로써 정원의 소유자는 정원을 보호하며 안정적으로 이윤을 창출할 수 있기 때문이다. 월드가든 사업 모델을 도입해 서비스를 시작한 미디어 기업으로는 1999년의 AOL을 꼽을 수 있다. AOL은 아동 전용 채널에서 어린이들이 부적절한 웹사이트에 접근하는 것을 막기 위해 월드가든을 도입했다.애플은 자신들이 정한 기술표준으로 만들어진 애플리케이션을, 자신들의 심사를 거쳐 등록하는 앱스토어가 더 안전하고 효과적이라는 주장이다. '좋은 기기(아이폰)에 엄선한 콘텐츠를 제공하니 사용자는 그냥 즐기면 된다'라는 식이다. 이에 반해 구글은 철저한 개방을 강조한다. 구글은 인터넷 검색업체이며, 검색 결과에 광고를 붙여 수익을 낸다. 개방형의 안드로이드폰도 같은 비즈니스 모델의 확장이다. 구글의 앱스토어에 대한 관점도 애플과 180도 다르다. 구글의 루빈 부사장은 강조한다. "구글의 특징은 투명성과 선택 가능성이다. 우리는 개발자들이 어떠한 애플리케이션이든, 몇 개를 올리든 관여하지 않는다. 선택과 판단은 사용자들의 몫이다." 애플의 스티브 잡스는 구글의 개방정책에 이렇게 공격하고 있다. "포르노를 보고 싶으면 안드로이드 마켓으로 가라."

가상공간에서의 통제력 상실을 우려한 나머지 기술정책은 물론 써드파티third party의 콘텐츠 유입을 일부 차단하여 공생과 협력의 기회를 막아버리는 애플의 폐쇄정책에 대해 우려와 반대의 목소리가 높아지고 있다. 2010년 상반기에 애플은 아이폰에서 소리바다, 벅스뮤직, 엠넷 등의 국내 음원 서비스를 차단했다. 공식적으로 애플이 밝힌 애플리케이션 차단 이유는 국내 음악 서비스 업체들이 이용하는 '휴대폰 소액결제' 방식이 신용카드를 기본 결제수단으로 삼아온 애플의 정책과 어긋난다는 것이다. 그러나 실제적으로는 자사의 독자적인 음원 서비스인 아이튠스와 국내 음원 서비스가 경쟁이 되는 상황에서 자사 서비스를 아이폰에서 확대하기 위한 조치의 일환인 것으로 판단하고 있다. 선두를 질주하던 마이스페이스가 폐쇄전략으로 인해 개방과 협력 모델을 모토로 하고 있는 페이스북에 SNS 시장 1위의 자리를 넘겨준 사례를 볼 때 애플의 폐쇄정책 또한 한계를 지닐 수밖에 없다. 개방된 인터넷 시대에 '울타리 내의 감옥' 또는 '울타리 내의 사막' 등으로 평가되는 월드가든 서비스는 결국 대중성 확보에 한계를 갖고 있기 때문에 애플 역시 점진적인 개방으로 전환할 것이라 예상된다.

미래형 미디어의 지향점, 개방형 TV 플랫폼

개방형 TV 플랫폼은 전통적인 폐쇄형 플랫폼과 달리 외부 콘텐츠 사업자와 애플리케이션 개발자들에게 플랫폼과의 인터페이스를 개방하여 더욱 확대된 판매자 시장에 접근함으로써 외부와의 긍정적 네트워크 효과를 추구하는 것이다. 후발주자인 IPTV 사업자들이 경쟁력 확보를 위해 도입하기 시작한 개방형 플랫폼의 개방수준은 해당 기업들의 전략적 의사결정에 따라 이루어진다.

최근 해외 IPTV 사업자들이 개방형의 신규 서비스와 관련해 보이고 있는 움직임은 OTT 서비스 끌어안기, SNS 수용, 앱스토어 도입, 3스크린 전략 등 4가지로 요약할 수 있다. 개방형 플랫폼은 소비자의 니즈를 빠르게 충족시켜 경쟁이 치열해지는 방송시장에 새로운 패러다임을 가져오는 것이며, 홈네트워크 사업과도 연계되어 추가적인 수익창출을 기대하는 것이다.[19]

프랑스의 IPTV 도입은 성공적인 사례로 꼽히고 있는데, 2009년 기준으로 초고속 인터넷 전체 가입자의 30%를 웃도는 570여 만 명이 IPTV에 가입하고 있다. 프랑스가 IPTV에서 성공을 거둔 이유는 IPTV 서비스를 제공하는 통신사업자들이 과감히 밀어붙인 IPTV, 초고속 인터넷, 전화를 묶은 '3종 패키지 상품'이 시장에서 통했기 때문이다. 또한 자체적으로 망을 보유하지 못한 IPTV 사업자일지라도 기존 통신사업자들과 동등한 조건에서 브로드밴드 사업을 할 수 있도록 한 정책의 지원이 큰 힘이 되었다. 프랑스텔레콤에서 설립한 '오렌지Orange TV'는 2009년 말 기준으로 가입자 270만 명을 확보하면서 세계 최대의 IPTV

사업자로 부상했다. 오렌지TV의 사업범위는 이제 프랑스에 한정되지 않고 폴란드, 스페인, 세네갈 등으로 계속 확장되고 있다. IPTV를 통해 글로벌을 실현하고 있는 오렌지TV의 성장배경에는 초창기부터 콘텐츠 에브리웨어 전략을 구사하는 개방형 플랫폼으로 포지셔닝한 점에서 찾아볼 수 있다. 또한 일반에게 소프트웨어와 API를 공개해 외부 개발자들이 다양한 애플리케이션을 오렌지TV에 올릴 수 있는 TV 앱스토어 도입을 추진하고 있다.

미국의 IPTV 사업자들 역시 개방형 플랫폼으로 진화하고 있다. 버라이즌의 FiosTV는 지역날씨나 교통정보, 스포츠 뉴스, 주가 등의 위젯 서비스를 제공해 큰 호응을 얻고 있다. 외부 OTT 사업자들에게 자신의 플랫폼을 개방해 유튜브나 블립TV 등의 동영상 서비스와 다양한 인터넷 연동 애플리케이션 서비스를 제공하고 있다.

구글TV는 안드로이드 플랫폼에 기반한 개방형 플랫폼이다. 향후 구글TV는 방송채널 사업자들이 제공하는 수백 개의 채널과 인터넷 콘텐츠, 동영상 사이트를 모두 수용하여 스마트TV 시대를 앞당길 것으로 예상된다. 소니에 이어 구글TV 플랫폼을 적용한 삼성 TV, LG TV 등이 시장에 출시될 예정이다. KT의 IPTV인 '쿡TV' 역시 2010년 초부터 개방형 TV 플랫폼 사업모델을 도입하고 있다. KT가 제시하고 있는 '개방형'은 IPTV 서비스를 제공하기 위한 서비스 구성요소, 예컨대 채널, VOD, 애플리케이션 등의 개발·공급을 불특정 PP, CP, 개인, 개발자에게 허용하는 것으로서 이를 실현하기 위한 수단으로 API를 공개하고, SDK software development kit를 제공하는 서비스 제공방식을 말한다. 쿡TV는 개방형 플랫폼을 통해 콘텐츠·애플리케이션 개방이라는 파괴적 혁신으로 기존 '방송콘텐츠 유통사 중심의 폐쇄형 하이엔드 콘텐츠 및 관련 소프트웨어 제작유통체계'에서 '개인 참여 기반의 오픈형 로엔드

제작유통체계'로 전환시키며, 수익배분 구조의 정상화를 이루는 데 기여할 것으로 예상하고 있다.[20]

개방형 플랫폼을 지향하고 있는 IPTV는 궁극적으로 '고객들이 언제 어디서나 콘텐츠를 원하는 기기로 이용할 수 있도록 하는 것'이 목표다. 이러한 개방형 생태계가 TV 시장에서 제대로 자리 잡기 위해서는 기술 표준화를 통한 호환성의 확보, 웹이 TV에 들어오면서 발생하는 웹 영역과 방송 영역 간의 법규제상 형평성 문제, IPTV 사업자들의 망 개방을 통한 범용성 확보 등이 당면한 해결과제로 등장하고 있다.

개방형 TV 플랫폼이 확산되면, 향후 콘텐츠 비즈니스의 가치사슬에 어떠한 영향을 미칠 것인가? 다음과 같은 두 가지 방향으로 나누어 볼 수 있다. 하나는 전통적인 콘텐츠 유통구조와 새로운 개방형 콘텐츠 공급구조가 서로 영향을 미치면서 기존 콘텐츠 유통망 채널의 수직적 재개편이 이루어질 것이라는 점이다. 기존 사업자이든 새로운 사업자이든 간에, 개방형 공급구조에 참여하는 콘텐츠 공급자는 기존의 소매 유통점에 해당하는 방송 플랫폼을 뛰어넘어 직접 소비자에게 자신의 콘텐츠를 배급하는 모델Direct-to-Consumer Model을 추구한다. 이는 개방형TV 플랫폼이 아니더라도 앱스토어나 유튜브, OTT와 커넥티드 TV 등을 통해 우리는 이 같은 진화를 이미 경험하고 있는 중이다. 또 하나는 다양한 콘텐츠와 애플리케이션의 유통채널이 활성화되면서 TV, PC, 모바일, 전자책 등 3 스크린이나 4 스크린의 방향으로 수평적 컨버전스화가 활발하게 진행될 것이라는 점이다. 이에 따라 콘텐츠 사업의 기존 가치사슬에 큰 영향을 미치게 된다. 앞으로 새로운 융·복합형의 스크린이 계속 출현함에 따라 그 수는 더욱 증가할 것이다. 단기적으로는 같은 생태계 내에 있는 플랫폼 간의 경쟁이 치열하겠지만, 장기적으로 보면 스크린 간 시간점유 경쟁이 될 것이다.

표 4-8 KT의 오픈형 IPTV 유형과 특징

분야	개요
채널 오픈	• 채널 송출을 원하는 누구에게나 실시간 채널의 송출 기회 제공 • 쿡TV 편성을 희망하는 일반채널은 선별과정 없이 무조건 전송 • 개인 콘텐츠는 연관 장르에 따라 하나의 '블록채널'로 묶어 전송
VOD 오픈	• 별도 계약 없이 쿡TV에 콘텐츠를 등록하고 가입자에게 온 디맨드 방식 제공 • VOD 제공자가 자발적으로 유·무료 제공 여부와 가격을 설정 • 오픈형 숍에서 등록절차, 매출 및 이용통계 데이터 제공, 디지털파일 전환 및 무료심의 지원
TV 앱스토어	• 쿡TV 애플리케이션을 개발할 수 있고, 앱스토어를 통해 자유롭게 제공하거나 거래 • TV, PC, 스마트폰 등의 단말에서 구동 가능한 n-screen 서비스 실현을 목표로 함
오픈형 CUG	• 기업 및 단체가 누구나 손쉽게 PC(웹)를 통해 쿡TV 내 홈페이지(CUG)를 개설하여 운영 • 운영자가 아닌 회원의 콘텐츠 등록 및 공유 가능 • 콘텐츠 거래 기능 제공을 통한 유료 콘텐츠 유통 활성화 • VOD 수준의 단순 콘텐츠 제공을 넘어선 CUG 채널 제공
오픈형 SNS	• TV 속에서 나만의 블로그를 통해 콘텐츠 업로드, 친구들과 공유, 소통 및 거래가 가능케 함 • STB 및 타 웹사이트를 통한 업로드 창구 다양화 • 화상·모바일·PC 연동 댓글(채팅)을 통한 소통 기능 강화 • 개인 콘텐츠 거래 기능 제공
오픈 커머스	• 시간, 채널 제약 없이 콘텐츠 및 상품을 IPTV에서 자유롭게 사고 팔 수 있는 TV형 오픈형 마켓 • T커머스 사업자만 판매 가능하던 기존 구조(B2C)에서 판매를 희망하는 누구나 쿡TV가 구축하는 오픈형 커머스 사이트에 판매자로 등록이 가능한 구조(C2C)로 변경 • 판매자 누구나 제한 없이 상품을 등록할 수 있게 함(일부 법적 규제 상품 제외)

※ 출처: KT경제경영연구소, 오픈형 IPTV 혁신이 주는 사회경제적 파급효과에 대한 연구, 2010

CHAPTER 04

콘텐츠 에브리웨어
도래에 따른
미디어의 성공전략

앞에서 살펴보았듯이 미디어 시장은 향후 산업 내 동종 플랫폼 간의 경쟁에서 이종 스크린 간 시간점유 경쟁으로 환경이 바뀌게 될 것이다. 소비자들에게는 스크린별 시장의 크기가 아니라, 다양한 스크린별로 자신의 시간소비를 어떻게 배분할 것인가가 더 중요해진다. 미디어 사업자들은 콘텐츠 에브리웨어를 어떻게 실천할 것이며, 또한 다양한 스크린에 분산된 고객들에게 어떻게 접근하여 자신의 진성고객으로 만들 것이냐가 사업의 핵심사항이 될 것이다.

개방형 플랫폼에서 제공하고 있는 앱스토어, 다양한 형태의 VOD, 개방형 CUG, SNS, 오픈 커머스는 PC와 모바일 기반의 서비스를 TV로 옮겨온 것이다. 소비자 입장에서 보면, 인터넷에 접속된 PC 대신 대형 TV 모니터를 붙인 형태가 될 수 있다. 그렇지만 PC나 모바일에서 TV 화면으로 옮겨온 이상 서비스 구성과 내용은 고화질의 대형화면에 적합해야 한다. 그러므로 사용자 인터페이스, 서비스 조작방식, 화면 메뉴구성이 다를 수밖에 없다. 이를 운용하기 위한 기술적 측면에서도 기존의 플랫폼 구성방식과 크게 다르다. 콘텐츠 에브리웨어를 실현하고자 하는 콘텐츠 사업자나 플랫폼 사업자 모두 자신들이 추구하는 서비스의 구현을 위한 효율적인 통합 플랫폼의 기술적 이해가 절대적으로 필요하다.

IBM은 미디어 기업의 향후 성패는 사용자들에게 콘텐츠에 대해 다양한 선택의 기회를 주면서 손쉽게 전달할 수 있는 시스템을 갖춘 오픈 플랫폼의 확보 여부에 달려 있음을 강조하고 있다.

여기에서 논의하는 오픈 플랫폼은 개방형 플랫폼에 국한하는 것이 아니라 콘텐츠 에브리웨어를 실천하기 위해 갖춰야 할 플랫폼의 기술사양을 의미한다. 웹 2.0이 TV 환경으로 들어오면서 소비자와 소통하는 참여와 공유 개념이 플랫폼에 반영되어야 하며, 콘텐츠의 소비방식 역시 비선형적 소비구조가 증가하면서 이에 따른 최적의 콘텐츠 전달방식도 고려해야 한다. 과거 동일한 콘텐츠를 대량의 소비자들에게 뿌리던 방식에서 UCC와 개인형 콘텐츠를 선호하는 소비자들에게 맞춤형 서비스를 제공, 만족도를 제고시켜 경제성을 확보해야 한다. 현실적으로 상이한 수많은 서비스를 구동할 수 있는 솔루션을 한 플랫폼에서 모두 수용할 수 없으므로 과거 핵심역량으로 간주해 왔던 특정 기술기반마저 아웃소싱으로 해결하는 방식도 이제 핵심역량이 되고 있다.

페덱스와 델컴퓨터에서 배우는 유연한 콘텐츠 배포방식

오픈 플랫폼의 가장 중요한 기술기반은 다양한 이용수단에 대응하는 콘텐츠 배포 시스템이다. 딜로이트 컨설팅은 2000년 후반부터 성숙하기 시작한 크로스 미디어 플랫폼이 2012년경에는 IP 네트워크로 통합된 '중앙 집중형의 배포 시스템' 체계로 변화할 것이라고 전망하고 있다. 즉 콘텐츠 플랫폼이 한 걸음 진화해 플랫폼의 중앙 미디어 서버에 소비자들이 접근하여 콘텐츠를 끌어가는 형태의 배포 시스템으로 변화한다는 의미다.

방송사들은 사전에 정해진 콘텐츠를, 정해진 순서에 따라 정해진 시간에 제공했다. 이처럼 미디어 기업들이 '밀어내는 대로' 소비자들이 시청할 수밖에 없는 미디어를 '푸시push 미디어'라고 한다. 하지만 지금은 크게 바뀌고 있다. 소비자들은 자신이 원하는 콘텐츠를 자신이 선택한 플랫폼과 시간대에 맞게 자신 쪽으로 끌어당긴다. '풀pull 미디어'가 등장한 것이다. 푸시 미디어 시대에는 소비자에게 프로그램을 팔았지만, 풀 미디어 시대에는 프로그램에 대한 접근 또는 접속을 판다. 따라서 개인이 프로그램을 검색해 확보하고, 이를 공유할 수 있는 효율적인 배포 시스템은 풀 미디어의 생명과도 같다.

세계적으로 우편, 소포, 화물 등을 특송하는 페덱스FedEx는 1973년 프레드릭 스미스가 테네시 주 멤피스에서 설립했다. 페덱스는 자신들의 배포방식으로 오늘날의 글로벌 기업으로 성장했다. 가장 효율적인 물류유통을 위해 페덱스가 고안한 배포방식은 자전거의 원형바퀴 및 창살 모양에서 아이디어를 얻었다. 바퀴 중심에 해당하는 중간 허브들을 만들어 물류기지화하고, 바퀴 창살처럼 각 지점을 연결하는 개념이었다. 그러나 사업기획 초기에는 많은 논란과 시행착오가 있었다. 아이디어는 좋지만 기지위치 선정 및 최단거리 산정 등 실효성이 떨어질 것이라는 판단이 지배적이었다. 이를 보완하기 위해 물류기지 선정을 충실히 하는 것은 물론, 물류 이동을 추적하는 서비스를 도입했다.

페덱스의 물류이동 방식 개념은 네트워크를 통해 콘텐츠를 유통시키는 방식과 동일하다. 과거 중앙에서 여러 지역에 콘텐츠를 전송하기 위해서는 전용회선을 설치해 처음과 끝을 연결하는 방식이었으나, 이제 수많은 개인들에게 콘텐츠를 뿌려야 하는 디지털 시대에 그와 같은 낡은 방식은 거의 불가능하다. 이 같은 콘텐츠 배포의 문제점을 해결해 준 것이 페덱스 방식의 CDN contents delivery network 서비스다. CDN은 네트워크 중심의 최단거리 알고리즘 또는 압축기술에 기반한 서비스다. 즉 대역폭 소요가 많은 지역에 기지 ISP를 두고 동일한 콘텐츠에 대한 복제본을 둠으로써 해당기지와 가까운 곳에서 서비스를 원하는 고객에게 좀 더 편리하고 신속하게 서비스를 제공하는 사업개념이다. 한 걸음 더 나아가 P2P Peer to Peer 방식도 콘텐츠의 효과적인 배포를 위해 이용되고 있다. P2P는 인터넷에서 개인과 개인이 직접 연결되어 파일을 공유하는 것을 말한다. 기존의 서버와 클라이언트 개념이나 공급자와 소비자 개념에서 벗어나 개인 컴퓨터끼리 직접 연결하고 검색함으로써 주어진 자원을 가장 효과적으로 활용하는 방식이다. 아직 방송사업자들은 자신들의 콘텐츠를 뿌리는 수단으로 이 방식을 사용하는 것을 꺼려하고 있는데, 디지털 콘텐츠의 불법유출에 문제가 있기 때문이다. P2P를 이용한 음악 콘텐츠 사업으로 큰 성공을 거두었으나 결국 저작권 문제로 한때 사업을 접어야 했던 냅스터나 소리바다가 대표적인 사례다. 최근 들어 인터넷 생중계 방송 등에 기존 CDN에 P2P 서비스를 결합한 하이브리드 CDN 서비스가 보편화되고 있다. 이는 대용량 고화질 콘텐츠 전송에 있어 순수 P2P 서비스보다 안정적이면서도 기존 CDN 서비스보다 비용적인 면에서 훨씬 효과적인 것이 특징이다. 또한 불안정한 네트워크 환경 하에서도 전송품질의 안정성이 보장되기 때문에 예상치 못한 대규모 트래픽이 발생하더라도 HD급 인터넷 생중계를 안정적으로 제공할 수 있다는 장점을 갖고 있다. 정보 누출방지를 위한 보안 시스템의 개발, 다양한 콘텐츠 포맷의 지원, 저렴한 비용으로 빠르고 안정적인 전송을 가능케 하는 기술의 발달로 배포 시스템은 계속 진화하고 있다.

'MPLS multi protocol label switching' 기술이 대표적인 그 사례다. MPLS는 영상물이나 콘텐츠의 패킷을 특정 지역으로 손쉽게 전송할 수 있는 기술이다. 양방향 트래픽과 콘텐츠 태깅 tagging이 가능하며, 메타데이터를 첨부할 수도 있어 매우 편리하다. 승인 기능을 통해 콘텐츠를 누구에게 허용할지, 누구를 차단할지의 여부도 결정할 수 있다. MPLS 기술이 없었다면 현재의 주파수 대역폭과 비용으로 고품질의 영상물을 전송하기에 매우 부담스러웠을 것이다.

MPLS는 우편물 배달 시스템을 진화시킨 기술로 데이터 패킷에 IP 주소 대신 별도의 라벨을 붙여 전송한다. 부산에서 서울의 도봉구 창동으로 주소가 다른 10개의 우편물을 배달할 경우 부산우편집중국에서는 각각의 주소를 하나씩 확인해 서울우편집중국으로 가는 트럭에 싣는다. 서울우편집중국에서는 다시 10개의 편지 주소를 확인한 다음 도봉구 창동 우체국으로 보낸다. 이처럼 우편물이 거치는 단계마다 주소를 확인하는 데 많은 시간이 소요된다. 여기에 MPLS 기술을 대입해 보면, 행낭에 붙은 라벨 하나만 확인한 후 그 속에 든 10개의 우편물을 다음 단계로 배송하기 때문에 주소를 확인하는 시간이 대폭 줄어든다. 극단적으로 보면 우편집중국에 해당하는 MPLS의 네트워크 스위치에서 주소를 확인하는 시간이 10분의 1로 단축되므로 전송속도가 빨라지고 QoS Quality of Service(서비스 품질)도 유리하게 된다. MPLS 덕분에 이제 세계 어느 곳이든 콘텐츠를 고품질로 간편하게 전송할 수 있는 지능형 글로벌 네트워크가 가능해졌고, 이는 콘텐츠 유통의 유비쿼터스 시대를 실현해 주고 있다.

　디지털 세대에게는 콘텐츠를 일방적으로 제공하는 방식보다 그들이 원하는 콘텐츠를 원하는 시간과 장소에 맞춤형으로 제공하는 배포방식이 더 가치 있는 비즈니스 모델이 되고 있다. 이를 실현하기 위해서는 델컴퓨터의 유통방식을 유념해 볼 필요가 있다. 델의 다이렉트 모델은 유통마진을 최소화하기 위해 만든 직접판매 방식이다. 1984년에 창업한 델은 이 방식을 통해 IBM과 HP를 밀어내고 세계 1위의 PC 업체로 떠올랐다. 당시 중간상인들은 IBM PC를 2,000달러에 사다가 소비자들에게 3,000달러에 되팔아 큰 마진을 취했다. 최근 들어 델은 사업적 어려움을 겪기도 했지만 다이렉트 모델의 원칙에는 여전히 변함이 없다. 창업자 마이클 델은 공급자 입장에서 '소비자는 이러한 PC를 원할 것이다'라고 판단해 다양한 제품을 내놓는 것은 실패할 수 있다고 판단했다. 대신 그는 소비자가 원하는 PC를 직접 주문받아 선호하는 스펙을 몇 가지 유형으로 분류해 대량생산 체제를 갖추었으며, 또한 가급적 온라인으로 공급하자는 사업계획을 실천했다. 아울러 주문과정에서의 고객 요구사항을 실시간으로 제품생산에 반영, 고객만족도를 크게 제고시켰다. 인텔의 CTO 저스틴 래트너 Justin Rattner는 "2015년까지 약 150억 개의 소비자 기기에 총 수십억 시간 분량의 TV 콘텐츠가 공급될 것"이라고 하면서 "앞으로 TV 콘텐츠를 수요에 맞게 더욱 체계적으로 공급할 수 있는 방법의 개발이 필요할 것"이라고 전망했다. TV 콘텐츠의 양이 크게 증가하면서 개인별 맞춤화 서비스가 더욱 중요해지고 있는 것이다. TV와 웹이 결합되면서 새로운 소통방식으로 고객별 맞춤화 서비스를 실현해 나가고 있다. 미국의 CBS TV는 'TV 위젯' 애플리케이션을 도입해 시청자들이 원하는 방식으로 콘텐츠를 검색해 접속할 수 있도록 하고 있다. 시청자들은 자신이 좋아하는 프로그램을 찾아 구성하는 편리함과 즐거움을 갖게 되었으며, 감명 깊게 본 프로그램을 친구나 가족과 함께 나눌 수 있게 되었다. 또한 TV 위젯은 사용자들에게 관심 있는 스포츠팀의 경기결과나 주식시세, 뉴스 검색을 제공하고 친구와의 채팅 등 다양한 경험을 제공하고 있다. 또한 CBS는 페이스북 등 소셜 네트워킹 서비스에 TV 위젯을 곁들여 자사의 간판 프로그램인 〈CSI〉의 홍보영상 및 전편(全篇) 보기 VOD 등을 광고와 함께 제공할 예정이다. 시청자로 하여금 CBS의 동영상 서비스 공간으로 방문토록 유도하는 것이 아니라, 시청자가 있는 공간으로 직접 콘텐츠를 이동시키는 것이다. 항상 소비자 중심에서 공급체계를 고민하고 있는 델의 배포체계 개념이 이제 TV에서도 실현되고 있다.

오픈 플랫폼 시스템의 구축방법

바야흐로 대중매체의 성장은 둔화되고 있으며 요리채널, 골프채널, 낚시채널과 같은 틈새 미디어 시장 역시 완만한 성장곡선을 그리고 있다. 반면에 개인 미디어의 수요는 높은 성장세를 나타내고 있다. 따라서 미디어 기업은 시청자의 콘텐츠 이용정보를 축적·분석해 맞춤형 서비스를 제공할 수 있어야 하고, 소비자와의 상호작용이 가능한 라이프스타일 미디어로 변화해야 한다. 2010년 한국 방송통신위원회는 '10대 미래 서비스'를 선정하고, 이를 통해 국내총생산GDP 4만 달러 시대를 열어가겠다고 밝혔다. 이 중 하나인 '스마트 스크린 서비스'는 클라우드 컴퓨팅 기술과 개방형 미디어 마켓을 활용해 언제 어디서나 IPTV, PC, 모바일 기기로 게임, 소프트웨어, 콘텐츠 등을 끊임없이 이용할 수 있도록 하는 것이다. 콘텐츠 에브리웨어에 의한 라이프스타일 미디어 시대가 본격 도래하고 있는 것이다.

타임워너는 컴퓨터를 통해 케이블 콘텐츠를 볼 수 있는 TV 에브리웨어 서비스의 확대에 역점을 두고 있다. 이 회사의 제프 뷰크스Jeff Bewkes 대표이사는 "미국의 TV 에브리웨어 가입자가 2010년 상반기 현재 2,000만 명이며, 2011년까지 5,000만 명에 도달할 것"이라고 전망했다. 국내 케이블TV 사업자 역시 가입자 유지수단과 제한된 사업권역이라는 케이블TV의 한계를 극복하기 위해 'TV 에브리웨어'의 도입을 서두르고 있다.

디지털 IT 인프라를 통해 어떤 플랫폼이나 단말기이든 간에, 콘텐츠가 실시간 제공되어 경제성을 창출할 수 있는 시스템을 구현하기 위해 오픈 플랫폼이 각 부분별로 갖춰야 할 사항들은 다음과 같다.

첫째, 다양한 미디어에 유연하고 신속하게 대응하기 위해 오픈 플랫폼은 기존 콘텐츠를 디지털 포맷으로 재제작하거나 디지털로 전환할 수 있는 시스템이 되어야 한다. 디지털 콘텐츠는 콘텐츠의 보관, 편집, 전송, 다목적 사용, 저작권 관리가 용이하며 고화질 서비스를 통해 미디어 기업의 브랜드 가치를 제고시켜 준다. 또한 새로운 비즈니스 기회 창출을 통해 수익성을 증대시킬 수 있다.

둘째, 다양한 패키지와 유연한 가격의 콘텐츠를 제공할 수 있는 시스템으로 구성되어야 한다. 여러 플랫폼과 개별 소비자들에게 뿌려지는 콘텐츠의 과금체계, 즉 빌링billing 시스템의 구축은 가장 중요한 과제다. 사용처 인증과 과금, 청구, 수금, 정산이 체계적으로 이루어져야 누수 없는 최적의 수익을 확보할 수 있다.

셋째, 언제나 고객과의 실시간 커뮤니케이션이 가능하도록 시스템을 갖추는 것이 중요하다. 고객 대상의 캠페인 기획 및 수행을 지원하고 고객의 이해를 위한 고객분석, 다양한 고객에 적합한 콘텐츠의 개발, 고객과의 효과적이고 신속한 커뮤니케이션을 위한 CRM(고객관계관리)은 오픈 플랫폼이 갖추어야 할 핵심사항들이다. 또한 고객들의 자발적 참여를 유도하기 위해 이메일 계정, 블로그, 미니홈피 공간 등을 제공해 줌으로써 '멀티 소스, 퍼스널라이즈드 유즈multi-source personalized-use'를 추구할 수 있어야 한다.

마지막으로 대용량 파일을 보관 · 처리하는 DAMSdigital asset management system 도입의 필요성이 커지고 있으며, DAMS는 오픈 플랫폼의 핵심자

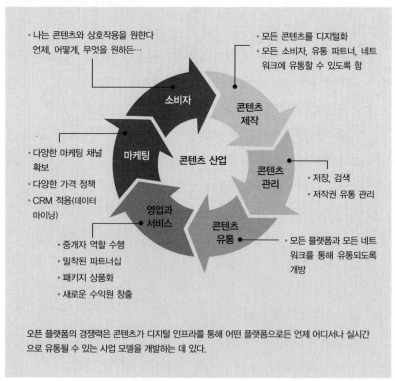

그림 4-4 효율적인 오픈 플랫폼 구성

· 나는 콘텐츠와 상호작용을 원한다
언제, 어떻게, 무엇을 원하든…

· 모든 콘텐츠를 디지털화
· 모든 소비자, 유통 파트너, 네트워크에 유통할 수 있도록 함

소비자

콘텐츠
제작

마케팅

콘텐츠 산업

콘텐츠
관리

· 다양한 마케팅 채널
확보
· 다양한 가격 정책
· CRM 적용(데이터
마이닝)

영업과
서비스

콘텐츠
유통

· 저장, 검색
· 저작권 유통 관리

· 중개자 역할 수행
· 밀착된 파트너십
· 패키지 상품화
· 새로운 수익원 창출

· 모든 플랫폼과 모든 네트워크를 통해 유통되도록
개방

오픈 플랫폼의 경쟁력은 콘텐츠가 디지털 인프라를 통해 어떤 플랫폼으로든 언제 어디서나 실시간으로 유통될 수 있는 사업 모델을 개발하는 데 있다.

산이 되고 있다. 실시간 방송과 주문형 콘텐츠 사업의 병행은 이제 선택이 아닌 필수조건이 되었고, 콘텐츠 에브리웨어까지 사업범위에 들어서고 있기 때문이다. DAMS는 단순한 디지털 저장 시스템이 아니라 디지털 콘텐츠를 다양하게 활용하여 가치창출을 극대화하기 위한 수단이자 도구다. 그러므로 DAMS는 해당 미디어 기업이 추구하고 있는 콘텐츠 비즈니스의 특성을 반영할 수 있도록 최적화하여 구현될 수 있도록 설계·구성되어야 한다. DAMS는 기본적으로 미디어 기업들이 보유하고 있는 콘텐츠 자산의 현재가치와 잔여가치를 확인하고 관리하는 운영 인프라의 기능을 수행한다. 또한 방송 프로그램, 이미지, 텍스트를 포함한 리치 미디어rich media 콘텐츠의 생성, 저장, 조회, 편집, 파일 포맷 전환 등을 제공하는 데 필요한 전략과 프로세스, 기술을 지원한다.

이제 미디어 기업의 경쟁력은 자신들의 콘텐츠가 디지털 인프라를 통해 어떤 플랫폼이든 간에, 언제 어디서나 실시간으로 유통할 수 있는 비즈니스 모델의 개발에 달려 있다. 선진 미디어 기업들은 이를 수행할 오픈 플랫폼 기반을 스스로 갖추거나, 아니면 전문적인 외부업체와의 제휴를 통해 '미디어 허브 시스템media hub system'을 갖추고, 콘텐츠 에브리웨어를 실현시키고 있다. 대표적인 IT 인프라 기반의 오픈 플랫폼 형태의 사례는 다음과 같다.

디즈니의 미디어 허브

디즈니는 IBM의 '미디어 허브'라는 디지털 콘텐츠 유통 프레임워크를 기반으로 다양한 매체에 콘텐츠를 배포하기 위한 유통 플랫폼을 구축했다. 미국의 통신회사 스프린트Sprint 역시 IBM의 솔루션을 기반으로 오픈 플랫폼을 구축해 다양한 미디어에 콘텐츠를 전송하기 위한 가공 및 전송 사업을 전개하고 있다.

HP의 DMP

HP는 디지털 콘텐츠 유통에 필요한 솔루션을 보유하고 있는 파트너사들과의 연계를 통해 DMP Digital Media Platform 라는 기술기반의 프레임워크를 구성했고, 이탈리아의 IPTV 기업인 패스트웹에 이를 적용한 오픈 플랫폼을 구축했다. 그리고 월마트의 VOD 다운로드 서비스를 대행하고 있다.

컴캐스트의 더플랫폼

컴캐스트의 자회사로 설립된 더플랫폼thePlatform은 여러 솔루션 파트너사와의 협력을 통해 브로드밴드와 모바일 시장에 콘텐츠를 원활히 배포할 수 있는 유통 플랫폼을 구축했다. 그리고 미디어, 콘텐츠 기업을 대상으로 자신들의 플랫폼을 ASP 형태로 제공해 주는 미디어 퍼블리싱 서비스media publishing service를 시작했다. 이 플랫폼은 ABC News, Amp'd Mobile, CNBC, College Sports TV, 마이크로소프트, 컴캐스트 등을 주요 고객으로 영입했다. 아울러 NBC유니버설과 뉴스코퍼레이션이 인터넷 방송 포털 사업을 위해 설립한 합작법인의 유통 플랫폼 서비스를 더플랫폼에서 제공하기로 했다.

Sync Cast

Sync Cast는 온라인, 모바일, 케이블, 위성, IPTV 등 다양한 스크린을 대상으로 콘텐츠를 유통시키기 위해 가공에서 전송까지의 콘텐츠 유통 플랫폼을 보유하고 있다. 이 회사는 컴캐스트, EMI, NBC유니버설, 마이크로소프트, 월마트, 워너뮤직그룹에 멀티미디어 콘텐츠의 전송 서비스를 제공하고 있다.

MSQU와 매스 커스터마이제이션의 미디어 산업 적용

1996년 전후까지의 방송 플랫폼은 해당 미디어의 전용 플랫폼으로서 매체별로 독립적 형태를 유지하고 있었다. TV와 라디오, 인터넷, 무선매체 간 상호 가치사슬의 연관관계가 거의 없는 형태로 운영되었고, 플랫폼은 단순히 소비자의 게이트 키퍼 역할을 수행하고 있었다. 2000년 중반 무렵부터 TV와 인터넷, 개인 미디어들을 아우르는 크로스 미디어 플랫폼으로 진화가 이루어지면서 다양한 사용자들에게 선택성과 편의성을 제공해 주기에 이르렀다. 이러한 멀티 기능의 플랫폼은 동일한 콘텐츠를 다른 경로의 미디어에 제공해 경제적 이득을 확보할 수 있는 원 소스 멀티 유즈의 실현을 촉진하고 있다. 원 소스 멀티 유즈는 동일한 콘텐츠의 플랫폼 판매에 그치지 않고 디즈니와 같이 애니메이션과 캐릭터, 테마파크에 이르기까지 다른 사업군에 연계되기도 한다. 일반 제품들은 시장에서 라이프사이클에 따라 출시되고 성장하며 쇠퇴하는 과정을 거친다. 그러나 콘텐츠 제품은 일반 제품과 달리 캐릭터에 의해 성숙기 시장을 지속화하거나 새로운 시장으로 부활시키는 특성을 갖고 있다.

예를 들어 1928년생으로 82세가 된 미키마우스, 1926년생으로 84세가 된 곰돌이 푸, 1934년에 태어나 76세가 된 도널드 덕, 그리고 81세의 뽀빠이 등 미국에는 70세가 훨씬 넘은 장수 캐릭터가 10개 이상 존재하며, 아직도 왕성한 경제활동을 하고 있다. 1976년 극장 애니메이션으로 개봉한 우리나라의 〈로버트 태권브이〉는 30년이 지난 2007년 극장용 디지털로 복원되었고, 이후 SF 블록버스터 영화, DVD, 피규어 (완구), 온라인 게임, 테마파크 등을 추진하고 있어 체계적인 원 소스 멀티 유즈 비즈니스를 진행하고 있다. 이들 비즈니스가 성공하면 2010년 27세의 장수 캐릭터로서 부천시의 주민등록증을 갖고 있는 '아기공룡 둘리'와 같은 반열에 오를 것이다.

디지털 미디어 시대는 한 걸음 더 나아가 멀티 소스 퀵 유즈MSQU, multi source quick use를 실현할 수 있게 해주었으며, MSQU는 디지털 미디어 산업을 받쳐주는 경제논리의 하나로 발전하고 있다. MSQU란 생산자의 텍스트와 동영상 등 멀티 소스의 콘텐츠를 원하는 사용자나 고객들이 신속하게 이용할 수 있도록 중간의 복잡한 유통과정을 생략한 채 다양한 경로의 접속수단에 빠르게 전달하는 것을 말한다. 방송, 통신, 인터넷 등의 경쟁으로 산업은 더 복잡해지고 있으며, 시청자들도 역동적으로 바뀌고 있다. 웹 2.0이 여러 미디어에 접목되면서 공간·시간·형태·속도·가격·권력의 패러다임을 크게 변화시키고 있다. 점차 시청자층이 세분화되면서 개인시청 형태가 증가하고 있으며, 미디어 관여에 있어 소극적인 태도에서 적극적인 태도로 바뀌고 있다. 또한 이들은 다양한 방식과 가격으로 콘텐츠에 접속해 소비하고 있다.

음악채널인 엠넷은 〈슈퍼스타 K〉라는 한국형 대중가요 오디션 프로그램을 제작해 선풍적인 인기를 끌었다. 2009년에 방영된 〈슈퍼스타 K〉 시즌 1에는 무려 72만 명이 오디션에 참가했고, 최고시청률 8.47%를 기록하면서 케이블TV 시청률 사상 최고의 대박을 떠뜨렸다. 케이블TV에서 대박 시청률은 보통 1%대이므로 〈슈퍼스타 K〉에 대한 뜨거운 시청자 반응을 가늠해 볼 수 있다. 〈슈퍼스타 K〉의 성공 원동력으로는 참가자들마다 가지고 있는 구구절절한 사연들이 프로그램에 풀어지고, 결선에 가까워지면서 누가 최종까지 살아남을지 모르는 서바이벌 게임 같은 긴박감 등이 시청자들의 관심을 집중시켰다는 점을 들 수 있다. 아울러 실시간 휴대폰 문자투표를 통해 시청자와 참가자의 열린 소통을 도모한 점도 중요한 성공요인으로 꼽히고 있다.

이처럼 시청자들의 적극적인 참여를 반영하면서 만들어지는 프로그램이 트렌드가 되고 있다. 소비자의 참여와 개인적 소비가 가장 왕성하게 이루어지고 있는 미디어 중 하나가 바로 인터넷 라디오다. 인터넷 라디오는 라디오라고 불리기는 하지만 전파가 아닌 인터넷 프로토콜을 통해 전달되기 때문에 방송 프로그램에 따라 PC, MP3 플레이어, 휴대폰 등 다양한 기기를 통한 개인적 소비가 가능하며, 소비자들의 프로그램 참여가 왕성하게 일어나고 있다.

젊은 소비자 계층은 신규 콘텐츠에 신속하게 접근할 수 있는, 그리고 자신의 취향대로 콘텐츠를 소비할 수 있는 환경을 제공해 주는 플랫폼을 선호한다. 이를 통해 MSQU 경제가 실현된다. 대형 공연장의 라이브 영상을 TV 매체로 중계하는 동시에 다양한 멀티화면들을 인터넷에 전송함으로써 콘텐츠 이용의 지리적 제한을 벗어나게 해주고, 멀티화면을 개인들이 선택할 수 있게 하여 MSQU를 실현케 하고 있다. 또한 개인들도 스마트폰 카메라로 공연현장을 촬영해 메시지와 함께 스마트폰 메신저인 '카카오톡'을 통해 여러 사람에게 신속하게 전달하고 있어 또 다른 개념의 MSQU를 구현하고 있다.

저자가 원고를 쓰고 출판하기 전까지 장시간 소요되는 과정을 생략하고 디지털화된 원고 자체와 책 소개 영상을 원하는 독자에게 SNS를 통해 신속하게 전달하는 것도 MSQU의 한 사례가 될 것이다. DMB, 인터넷, 스마트폰, 전자책 단말기 등 멀티 장비들이 널리 보급되면서 이제 미디어 사업자들도 MSQU를 원하는 소비자들을 위해 생산한 정보와 콘텐츠를 다양한 형태로 제공하는 스마트 미디어로 변화해야 한다.

MSQU와 함께 디지털 미디어 산업에 적용되고 있는 또 하나의 경제현상으로 매스 커스터마이제이션mass customization 을 들 수 있다. 매스 커스터마이제이션은 대량생산mass production 과 고객화customization 의 합성어로서 기업경영의 혁신적인 패러다임이다. 미디어 산업에서는 이를 그룹별 사용자의 니즈에 신속히 대응하는 사용자 중심의 라이프 컨버전스 서비스라고 부를 수 있다.

과거의 방송 시스템은 규격화된 상품을 대량으로 만들어내는 대량생산 시스템과 비슷했다. 방송은 공통성, 동질의 취향에 대해서만 집중했고, '한 가지로 모든 시청자를 만족시킨다'라는 최대공약수적인 모델이 핵심이었다. 최고 히트상품을 지향하는 방송 사업 모델의 경제적 효율성이 너무나 강력한 나머지 소수 취향들은 배제될 수밖에 없었다. 그러나 오늘날의 젊은 시청자들은 PC로도 방송 프로그램을 감상하는 동시에 음악도 즐긴다. 전화 통화도 하고 메신저도 주고받는다. 다양한 니즈를 요구하는 새로운 종(種)의 시청자그룹이 자꾸 진화하고 있는 것이다.

대량생산 방식은 고객의 니즈를 반영한 개별 생산을 할 수 없다. 반면에 매스 커스터마이제이션은 과거에는 서로 양립할 수 없다고 생각했던 대량생산 방식과 개인 및 소수 대상의 생산방식을 접목시키고 있다. 그러나 매스 커스터마이제이션은 고객의 필요에 따라 개별의 콘텐츠나 제품을 생산하는 다품종화와는 구별된다. 일반 기업 분야에서의 매스 커스터마이제이션 성공사례로 미국의 델컴퓨터와 출판사 맥그로힐 등을 들 수 있다.

델컴퓨터는 고객의 주문에 따라 고객이 요구하는 기능을 갖춘 컴퓨터를 대량생산해 고객에게 직접 전달하는 다이렉트 모델로 크게 성공했다. 또한 맥그로힐은 100부 미만의 소량 주문에도 이를 모아서 신속하게 대량생산체제로 연결시킴으로써 큰 이익을 올릴 수 있었다.

OSMU가 공급자 중심의 매스 마케팅 전략을 추구하고 있는 반면, MUQS는 콘텐츠의 개별소비가 증가되고 있는 추세에 따라 매스 커스터마이제이션을 실행하는 마케팅을 추구하고 있다. 미디어 산업에 적용된 매스 커스터마이제이션은 개별고객들의 다양한 요구와 기대를 충족시키면서도 과거 대량생산 시스템 못지않은 낮은 원가를 유지할 수 있게 되었다. 이는 IT와 디지털 콘텐츠 생산기술, 배포기술이 비약적으로 발전했기에 가능한 것이다.

협업과 아웃소싱이 핵심역량이 되는 미디어 기업

미국의 UPS와 DHL은 대표적인 글로벌 물류기업이자 상호간 경쟁사다. 2000년 후반 들어 DHL은 무리한 사업확장으로 연간 10억 달러 이상의 적자를 기록했고, UPS는 연료비 급등으로 화물항공기의 가동률이 급격히 떨어졌다. 경영환경 악화의 위기를 극복하기 위해 DHL은 경쟁사인 UPS에 화물업무를 10년간 좋은 조건으로 위탁함으로써 효과적인 구조조정에 성공했고, UPS는 DHL의 항공화물 위탁으로 항공기 가동률을 높여 수익을 크게 개선했다.

미디어 기업들은 디지털 시스템과 미래형 미디어 플랫폼으로 전환하기 위해 대규모 비용을 투자해 새로운 시스템을 구축해야 한다. 그러나 미디어 기업들은 미래에 대한 불확실성으로 대규모 투자를 망설이게 된다. 새로운 비즈니스 환경에 진입함에 있어서 시장 선도적인 '퍼스트 무버first mover'가 되기보다는 다른 기업들이 하는 것을 지켜보면서 최적의 투자시기를 저울질하는 '베스트 무버best mover'가 되기를 원한다.

또한 경쟁기업이면서도 위기를 극복하기 위해 과감한 아웃소싱을 도입하는 UPS나 DHL과는 달리 대부분의 콘텐츠 기업들은 내부역량의 아웃소싱에 대해 거부감을 갖고 있다. 과거의 방송사는 제작·편집·송출 시설 자체가 경쟁력이었다. 콘텐츠 생산과 배포에 있어 품질 유지, 신속하고 유연한 대응이 핵심이었으므로 직접 설비자산과 인력을 소유하지 않고는 안팎의 변화에 빠르게 대처할 수 없기 때문이었다. 그러므로 경쟁하고 있는 미디어 기업끼리 제작 시스템과 스튜디오를 공유한다는 것은 생각하기 어려운 일이었다.

신문사들 역시 오랫동안 고속윤전기 확보와 전국적인 판매망 구축에 자신들의 투자를 집중해 왔다. 최신형 윤전기의 보유 대수가 신문사의 사세를 나타내는 척도가 되기도 했다. 그러나 갈수록 이러한 아날로그 자산의 중요성은 가치를 상실하고 있다. 급변하는 디지털 시장환경 속에서 미디어 기업들도 핵심역량 이외의 기술부문이나 보조적 사업부문을 아웃소싱하거나 외부 전문업체와 협업하는 사례가 일반화되고 있다. 방송국의 경우 편성과 콘텐츠 기획, 마케팅, 광고를 제외한 콘텐츠 제작 기능, 송출 기능, 저장 기능 등을 아웃소싱함으로써 내부 관리비용을 절감하고, 빠른 속도로 발전하는 방송기술 환경에 효과적으로 대처하고 있다.

'상시 기술혁신, 디지털 지식 경제, 경계 파괴' 등의 개념이 산업 내로 급속히 유입되고 있는 상황에서 미디어 기업들도 외부의 역량을 묶어 자신의 가치로 만들어내는 새로운 가치조합을 통해 경쟁력을 갖춰나가야 한다. 이제 미디어 기업들에게 요구되고 있는 핵심역량은 소비자의 선택을 점유하기 위해 브랜드 인지도를 제고하는 것, 콘텐츠의 개인적 선택을 용이하도록 이끄는 환경을 제공하는 것, 유연한 비즈니스와 오퍼레이션 체계를 갖추는 것이다.

일본 정부는 디지털 시대에 자유로운 방송사업 진출을 위해 여러 방송사 간에 방송설비를 공유하는 정책을 추진하고 있어 기존 방송사나 신규 방송사업자들이 막대한 비용이 소요되는 설비를 갖추지 않고도 사업을 영위할 수 있도록 하고 있다. 이에 따라 콘텐츠 제작과 소싱 능력만 있으면 방송허가를 받을 수 있어 기술기반에 대한 방송사의 아웃소싱이 활성화될 전망이다.

종합 콘텐츠 기업으로 변신을 추구하고 있는 BBC는 IT 기업인 지멘스Simens와의 협업관계를 통해 차세대 플랫폼을 구축했는데, 이는 향후의 방송기술기반이 어떻게 변화해야 하는지를 잘 보여주는 사례다. 2002년부터 BBC의 IT 서비스 아웃소싱을 전담하고 있는 지멘스는 2007~15년까지 BBC의 디지털 방송 인프라 및 새로운 콘텐츠 전송 플랫폼의 디자인, 구축, 운영 계약을 체결했다. 아울러 지멘스는 자신들의 데이터 센터IDC를 기반으로 BBC 콘텐츠의 변환, 저장, 암호화, 전송 등의 IT 인프라 서비스를 제공하고 있다.

BBC는 2010년까지 '테이프 없는 제작'의 실현을 목표로 추진하고 있는데, 지멘스와의 협력을 통해 방송사 내 선형 편집시스템들을 디지털 방식의 비선형 편집시스템으로 교체하고 있다. 선형 편집시스템은 A와 B라는 두 대의 VCR에 비디오 스위치를 연결해 저장된 영상을 옮기면서 편집하는 방식이다. 이 경우 테이프 복제에 따른 세대손실generation loss이 불가피하여 화질이 손상되며, 수많은 자료 테이프의 보관에 따른 공간이 필요하고, 공유와 재활용이 불편해 효율적인 자산관리가 어렵다. 반면에 비선형 편집시스템은 비디오 데이터를 디지털 형태로 디지타이징digitizing하여 컴퓨터의 하드디스크에 보관하고, 디지털 편집 소프트웨어를 활용해 작업을 진행하는 방식이다. 더 나아가 사내의 모든 제작팀이 네트워크를 통해 자료를 공유하고 편집할 수 있어 콘텐츠 자산의 효용성을 크게 높여준다. BBC는 이 프로젝트를 개방형의 뉴미디어 환경에 대응하기 위한 '창조적 데스크톱creative desktop'이라고 명명했다. 책상 위의 컴퓨터를 이용해 프로그램 자료를 검색하고 편집한다는 의미다.

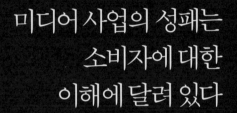

미디어 사업의 성패는
소비자에 대한
이해에 달려 있다

무한경쟁의 미디어 산업, 승자독식의 냉정한 세계
새로운 유형의 소비자 집단과 트렌드의 변화
줄어드는 미디어 소비시간, 시간점유율 확보가 관건
소비자의 관심도와 비례하는 광고매출
걸어 다니며 소비하는 모바일TV 시대
미디어 기업의 글로벌화 추구

PART

5

CHAPTER 01

무한경쟁의 미디어 산업, 승자독식의 냉정한 세계

생존자 효과의 법칙으로 명암이 교차하는 글로벌 미디어

아날로그 시대에는 승자와 패자, 그리고 중간영역의 시장이 공존해 2등이나 3등도 사이좋게 생존할 수 있었다. 그러나 디지털 경쟁환경에 서는 승자와 패자만이 존재하는 '승자독식'의 형태가 일반화되고 있 다. 중간에 위치한 사업자의 지위는 점차 축소되는 경향이 확대되고 있 다. 특히 불황기에는 사회적 신뢰를 중시하고, 효율성을 추구하는 소비 자들의 성향에 따라 시장에서 검증된 상위 브랜드로 집중되는 쏠림현 상이 심화된다. 이에 따라 살아남은 기업이 쓰러진 기업의 시장까지 차 지하는 '생존자 효과survivor's effect'가 나타난다. 예를 들어 대공황을 거치면서 미국의 자동차회사는 300개 이상에서 4개로 대폭 감소한 바 있으며, IT 버블에 따라 미국의 상장기업 상위 25% 가운데 40%가 탈락하기도 했다.

미디어 기업도 이 같은 생존자 효과의 법칙의 예외일 수는 없다. 국내의 경우 상위 4대 포털 사업자의 광고매출액 점유율을 분석해 보면 1위 기업 NHN의 점유율이 전체의 70%를 웃돌고 있다. 인터넷 이용이 증가한 최근 몇 년간 포털 업계의 경쟁은 치열했지만 오히려 1위 기업의 점유율은 2009년 기준 약 78%로 성장해 고착된 경쟁구도를 심화시키고 있는 것으로 나타났다. 월드컵, 아시안 게임, 올림픽 등 스포츠 이벤트와 각종 선거 등의 정치 이벤트가 인터넷 매체의 촉진자로 부각되면서 광고산업 규모가 증가하고 있지만 생존자 효과에 따라 그 수혜는 1위 포털에 집중되는 현상이 커지고 있다.

미국 에모리 대학의 자그디시 셰스Jagdish Sheth 교수와 조지메이슨 대학의 라헨드라 시소디아Rajendra Sisodia 교수는 글로벌 경쟁구도 하에서는 업종별로 3대 기업만이 생존하게 된다는 '3강의 법칙'을 주장한 바 있다. 즉 상위 3대기업이 세계시장의 70% 정도를 차지하고, 나머지 30%는 군소 전문기업들에게 돌아간다는 것이다. 2008년 11월 삼성경제연구소는 출판, 방송, 엔터테인먼트, 광고를 포함한 전 세계 미디어 기업 743개를 대상으로 매출내용을 분석한 바 있다. 그 결과 2007년 매출액 상위 5% 기업(37개사)이 전 세계 미디어 매출의 64.5%를 차지했다. 이는 1998년 56.8%보다 높은 과점화 현상을 보여주고 있다. 또한 10년 사이에 상위 10대 미디어 기업의 순위가 크게 바뀌고 있다는 사실 또한 보여준다.

1998년 매출기준 상위 3대기업은 비방디, 디즈니, 뉴스코퍼레이션이었다. 반면에 2007년에는 타임워너, 디즈니, 컴캐스트로 바뀌었다.

표 5-1	글로벌 미디어 상위 10대 기업의 변천			
순위	매출액 기준		순이익 기준	
	1998년	2007년	1998년	2007년
1	비방디	타임워너	리버티미디어	월트디즈니
2	월트디즈니	월트디즈니	월트디즈니	타임워너
3	뉴스코퍼레이션	컴캐스트	리드엘스비어그룹	비방디
4	베텔스만	비방디	비방디	뉴스코퍼레이션
5	CBS	뉴스코퍼레이션	뉴스코퍼레이션	컴캐스트
6	LAGARDERE	베텔스만	컴캐스트	리드엘스비어그룹
7	덴쓰	덴쓰	개닛	바이어컴
8	ITV	디렉TV	피어슨	리버티미디어
9	AEGIS GROUP	CBS	리드엘스비어PLC	디렉TV
10	톰슨	바이어컴	톰슨	리드엘스비어PLC

디즈니와 같이 변화하는 디지털 환경에 적극 대응한 회사들은 선두권
을 유지한 반면, 과거의 사업 모델을 고수한 미디어 기업들은 순위에서
밀려난 것이다. 선두 미디어 기업들은 온·오프라인 경계를 허물며 사
업을 확대했고, 글로벌 미디어로의 성장에 더욱 주력했으며, 뉴미디어
에 적극 대처하면서 지속적인 성장을 이루었다.

정보소비의 불균형과 프리코노믹스가 초래하는 미디어 빅뱅

과거 불과 4~5개의 채널만이 제공되던 지상파TV 시대를 지나 케이
블TV가 도입되면서 무려 100개가 넘는 채널이 우리 안방에 전달되고
있다. 여기에 디지털 위성방송과 IPTV 등 경쟁 플랫폼들도 미디어 시
장 내에 진입해 수많은 정보와 콘텐츠를 쏟아내고 있다. 그러나 정작
문제는 정보의 생산량만큼 정보의 소비량이 함께 늘지 않는다는 점이

다. 연구결과에 따르면, 정보의 생산은 매년 평균 10~20% 성장하고 있지만 한정된 소비시간을 가지고 있는 사람들의 정보소비 능력은 기껏해야 매년 1~2%밖에 증가하지 못한다고 한다. 오히려 소비자들의 다양한 정보와 콘텐츠 소비형태로 인해 소비자 그룹은 작은 단위로 분화·파편화되는 현상이 일반화되고 있다. 디지털 기술의 발전으로 콘텐츠 생산 자체가 용이해졌고 배포처가 크게 증가하면서 TV 프로그램 편수와 서적의 출판 종수, 음악 생산량은 엄청나게 늘어났지만, 히트작품 수는 오히려 줄고 있다. 이는 그만큼 소비자의 선택폭이 다양해졌다는 사실을 말해 준다.

정보의 생산과 수요의 불균형과 함께 프리코노믹스freeconomics, 즉 무료경제의 패러다임도 보편화되고 있다. 프리코노믹스란《롱테일 경제학》의 저자 크리스 앤더슨이 2007년 11월 〈이코노미스트The Economist〉에 처음 소개한 용어다. 소비자들이 특정 이동통신을 이용하는 대신 휴대폰을 제값 내고 구매하지 않는 것도, 제록스Xerox가 복사기를 무료로 설치해 주는 대신 복사지 등 소모용품을 독점 공급하는 것도, 음악가들이 자신의 음악을 마이스페이스에 무료로 올려놓는 것도 모두 무료경제의 산물이다. 사실 프리코노믹스의 원조는 지상파TV다. 방송국들은 프로그램을 무료로 제공해 시청자를 모으고, 이 시청자를 광고주에 파는 이중상품 시장구조가 TV 경제의 기본이기 때문이다. 디지털과 인터넷의 융합으로 정보가 넘쳐나면서 프리코노믹스는 미디어 산업에도 큰 영향을 미치고 있다. 인터넷 포털사이트는 사용자들이 정보를 손쉽게 찾을 수 있는 검색 기술을 개발해 무료로 제공한다. 대신 광고를 유치해 수익을 발생시킨다. 지하철역에서 무차별적으로 배포되고 있는 무가지 역시 마찬가지다. 뉴스 정보를 생산하기 위한 모든 비용을 광고주에게 의존하고 있는 무가지로 인해 신문 가판시장이 무너지고 있다. 시청자들이 공영방송인 KBS의 수신료 인상에 반대하는 것이나 유료방송 플랫폼의 ARPU가 정체되고 있는 것도 프리코노믹스 현상으로 볼 수 있다. 노키아와 삼성전자는 자사의 특정 휴대폰을 구입한 소비자들에게 무료로 음악을 다운로드할 수 있게 하고 있다. 오히려 '남보다 먼저 가치 있는 무엇인가를 무료로 제공하는 것'이 치열한 경쟁환경에서 살아남을 수 있는 경제논리가 되고 있다.

도서 콘텐츠 또한 전자책을 통해 무료로 제공되고 있다. 해당 출판사는 소비자의 지갑을 성급하게 열어보려는 시도보다는 소비자의 관심을 먼저 확보하고자 한다. 구글이 무료 검색 서비스를 제공해 사용자의 관심과 방문 수를 대량으로 확보한 후 자연스럽게 미디어 비즈니스 모델을 적용해 막대한 광고 수익을 올리고 있는 것과 같은 이치다. KT의 IPTV도 처음에는 무료로 서비스하면서 소비자에게 경험과 가치를 느끼게 한 뒤 유료로 전환했다. TV의 대안적 매체로 각받고 있는 미국의 '훌루'도 광고 모델을 적용해 무료 서비스를 제공하다가 부분적으로 유료 서비스를 도입하고 있다.

다매체·다채널 시대에 소비자들은 자신의 비용을 들여 선뜻 새로운 미디어를 수용하려 들지 않는다. 따라서 프리코노믹스는 미디어 산업에도 혁신 코드로 자리잡기에 이른다. 대신 미디어 사업자들은 남들이 제공하지 않는 무료free 체험을 직간접 경쟁사보다 우선 제공하고 그에 기반한 경제적 수익economics 모델을 가동시키는 메커니즘freeconomics을 추구하게 된다. 그러나 중요한 것은 프리코노믹스가 시장 지배적 사업자들에게 더욱 유리한 기회를 주고 있는 경제논리라는 사실이다. 대부분의 '무료 체험'을 주도하고 있는 기업들은 시장의 선도자들이다. 시장에 신규 참여하는 사업자들은 무료 마케팅에 따른 막대한 비용을 감수해야 하는 위험부담으로 망설일 수밖에 없다.

한편 광고 비즈니스 모델에 의한 무료경제에 한계를 느낀 콘텐츠 기업들은 디지털 콘텐츠의 유료화를 적극 시도하고 있다. 그러나 어느새 프리코노믹스 개념이 널리 확산되어 '디지털 콘텐츠는 무료'라고 인식하고 있는 소비자들이 대부분이므로 생각처럼 유료화가 수월한 것은 아니다. 온라인에서 무료로 보던 콘텐츠를 유료 전환할 경우 구매할 의사가 없다는 소비자들이 훨씬 많다.

그렇다면 디지털 콘텐츠 유료화의 성공조건은 무엇일까?

무엇보다도 콘텐츠의 불법 복제와 소비에 대한 인식이 개선된 사회적 환경이 조성되어야 한다. 그리고 혁신적인 디지털 기기와 콘텐츠의 결합을 통해 유료화를 추구하는 것도 중요한 전략이다. 이미 아이튠스와 아이팟의 성공에서 검증되고 있는 사업 모델이다. 그러나 무엇보다 중요한 것은 디지털 콘텐츠 자체의 차별적 가치를 만들어내는 일이다. 온라인에서 누구나 무료로 얻을 수 있는 뉴스 콘텐츠보다 더욱 분석적이고 심층적인 기사를 제공하는 신문, 완벽한 각본과 뛰어난 연출로 완성도를 높인 영화와 드라마, 화질과 음질이 우수한 품질의 콘텐츠로 소비자들에게 차별적인 가치를 준다면 유료화의 성공 가능성은 커진다.

21세기 디지털 경제의 특징은 정보의 생산과 수용의 불균형, 프리코노믹스 패러다임의 확산으로 요약될 수 있다. 이는 미디어 산업에서도 예외가 아니며, 미디어 빅뱅을 초래하고 있다. 산업의 질서를 무너뜨리고 혼란스럽게 만드는 빅뱅은 분명 위기이지만 곧 기회이기도 하다. 우주에서 빅뱅이 일어난 이후 새로운 은하계가 탄생하듯이, 미디어 산업도 빅뱅을 겪으면서 새로운 환경에 적합한 강력한 미디어 사업자로 거듭날 수 있기 때문이다.

분명한 것은 빅뱅 시대에 적합한 미디어 플랫폼의 핵심역량은 '모든 것을 가진 복합체로의 플랫폼이 아니라 강력한 브랜드를 가진 콘텐츠 통합자, 그리고 가능한 모든 기술로 소비자가 있는 모든 접점에 콘텐츠를 뿌려주는 배포자로의 역할'이다.

혼란과 변화의 시대에도 시장에서 선두지위를 유지하고 있는 미디어 기업들을 살펴보면, 주요 수익모델인 매스마케팅 환경을 기반으로 온라인과 모바일, 커뮤니티를 접목시켜 새로운 디지털 미디어 환경에 탄력적으로 잘 대응하고 있음을 알 수 있다. 톰슨 로이터의 경우가 좋은 사례다. 2007년 캐나다 금융정보업체인 톰슨 코퍼레이션은 영국 로이터통신을 인수, 톰슨 로이터로 출범함으로써 미국의 블룸버그뉴스를 넘어서는 세계 최대 규모의 뉴스 정보 제공 회사가 되었다. 톰슨 로이터는 전통적인 뉴스 통신사의 기능이 점차 쇠퇴할 것을 예견하고 경제정보, 증시시황 속보, 금융시장분석 등 금융정보 서비스 분야를 집중육성한 결과, 현재 회사 수입의 90%가 이 사업 분야에서 나온다. 톰슨 로이터의 핵심역량은 여전히 뉴스 취재의 속보성에 있다. 그들은 뉴스가 발생하는 현장이라면 어디에든 존재한다. 과거와 다른 점이 있다면 뉴스 전달의 형식이 무엇이든 상관하지 않는다는 점이다. 기존의 대량 매체 외에도 모바일, IPTV, 소셜 네트워킹 사이트 등 모든 매체에 뉴스 콘텐츠를 유통시키면서 소비자들에게 폭넓은 선택권을 주고 있다. 톰슨 로이터는 콘텐츠를 사용하는 방식에 대한 통제권이 이미 소비자들에게 넘어갔다는 사실을 누구보다도 잘 간파하고 있다. 그들은 게임의 규칙을 바꿔 차세대에도 최고의 미디어 그룹으로 성장하기 위한 전략을 빠르게 실천하고 있다. 톰슨 로이터는 가상세계인 '세컨드 라이프'에 지사를 설립한 세계 최초의 미디어 기업이 되었다. 무게중심을 디지털 세계로 옮긴 톰슨 로이터는 이제 가상세계에서 일어난 일까지 취재·보도하고 있는 것이다.

왜 세계적 미디어 기업들은 M&A를 하는가

국제통화기금IMF의 '세계경제전망World Economic Outlook 보고서'에 따르면, 유럽 지역 내 미디어·엔터테인먼트 산업분야의 M&A는 2005년 이후 23%나 증가함으로써 불황에 크게 영향을 받지 않은 것으로 나타났다. 오히려 시장이 어려움에 처하면 글로벌 미디어 기업들의 M&A는 더욱 활발해질 것으로 전망하고 있다. 생산구조와 소비행태가 변화하면서 디지털 시장의 형성과정이 단축되고, 글로벌 광고시장 변화와 개발도상국들의 위상 변화 등에 따라 기업들의 핵심사업 집중과 비용절감을 추구하는 전략에 의해 미디어·엔터테인먼트 기업의 M&A 시장은 더욱 활기를 띨 것이라는 분석이다. 미디어 기업의 M&A가 가장 많이 발생한 유럽 시장의 경우 2005년대 이후 M&A 3건당 한 건 이상은 글로벌 미디어 시장에서 이루어졌다고 한다. 이를 통해 미디어·엔터테인먼트 산업의 국경은 이미 허물어지고 있으며, M&A를 통한 글로벌 미디어 시장의 형성이 가속화되고 있음을 알 수 있다.

독일의 대표적인 유료 TV 플랫폼 사업자인 프레미레Premiere 등을 포함한 유럽의 많은 방송사들이 이미 미국계 기업에 넘어갔으며, 신흥시장으로 급부상하고 있는 아시아, 남미, 동유럽의 방송시장을 대상으로 글로벌 미디어그룹의 진출이 더욱 활발해지고 있다. 2003년 11월 세계 2위의 레코드회사인 소니 뮤직엔터테인먼트SME와 5위 베텔스만 뮤직그룹BMG이 합병되었다. 2007년 세계적인 금융정보 제공업체인 캐나다의 톰슨코퍼레이션은 2007년 영국 로이터통신을 172억 달러에 인수했다. 이 같은 현상은 유럽지역 미디어 기업에만 국한된 것이 아니다. 2007년 루퍼트 머독은 미국의 〈월 스트리트 저널〉을 소유한 다우존스를 50억 달러에 인수했다. 그리고 미국 최대 케이블TV 사업자이자 인터넷 서비스를 제공하는 컴캐스트는 2009년 말, 1926년에 설립된 전통의 TV 방송사인 NBC유니버설을 약 300억 달러의 가격으로 인수했다. NBC유니버설은 디즈니, 뉴스코퍼레이션, 타임워너에 이어 세계 4위의 미디어·엔터테인먼트 기업으로 NBC 산하 16개의 방송국과 CNBC, 브라보 등의 케이블 채널, 그리고 유니버설 영화사를 거느리고 있다. 이번 합병으로 인해 컴캐스트는 안정적 콘텐츠 공급원을 확보했고, 이를 활용한 다양한 수익 창출을 기대할 수 있게 되었다. 또한 그동안 광고 수익 감소 등으로 총체적 어려움을 겪고 있던 NBC는 케이블 플랫폼과의 합병을 통해 거대 미디어 그룹으로서 시장에서의 경쟁 우위를 확보할 것으로 기대하고 있다. 그러나 과거 타임워너와 AOL, CBS와 바이어컴도 합병한 적 있었지만 기대했던 만큼 시너지 효과가 발휘되지 않아 진통을 겪다가 결국 분리되고 만 사례를 들어 합병의 성공 여부는 좀 더 지켜봐야 한다는 의견도 존재한다.

2001년 당시 전통과 첨단 미디어의 만남으로 평가되면서 큰 시너지 효과를 기대했던 타임워너와 AOL의 합병은 지속된 실적부진으로 합병 당시 120달러가 넘던 주가가 30달러로 떨어지면서 콘텐츠와 네트워크 사업을 다시 분리했다. 양사의 합병을 회의적으로 바라보는 전문가들은 케이블TV가 고속도로라면 콘텐츠는 자동차이며, 이를 동시에 보유하는 것은 바람직하지 않다는 논리를 편다. 고속도로회사의 입장에서는 통행료를 비싸게 받아야 수지가 맞지만 자동차회사는 통행료가 싸야 차가 잘 팔리기 때문에 결국 이해가 상충될 수밖에 없다는 지적이다. 그러나 컴캐스트의 논리는 이와 다르다. 케이블TV 시장이 점차 인터넷에 의해 잠식당할 것이며, 현재의 네크워크 사업을 잘 유지하기 위해서는 기존 케이블과 인터넷이란 새로운 도로에 얹을 콘텐츠 회사가 절실히 필요하다는 생각이다. 이러한 전략을 통해 컴캐스트는 네트워크와 콘텐츠의 결합을 통한 시너지 창출로 초거대 미디어 기업을 지향하고 있다.

시너지 경영으로 가장 크게 성공한 미디어 기업이 곧 디즈니다. 디즈니는 '건전한 즐거움의 제공'이라는 브랜드 슬로건에 따라 애니메이션, 영화, 비디오, 음반, 게임, 테마파크, 캐릭터 상점 등을 유기적으로 연계시켜 시너지 효과를 극대화하고 있다. 어느 하나의 매체에서 히트작품이 나오면 다른 매체들에서 해당 히트작품을 자신의 소프트웨어로 활용해 시너지를 발휘하고 있다. 그러나 모든 기업이 이처럼 시너지 경영에 성공하고 있는 것은 아니다. 오히려 시너지 경영으로 성공한 기업을 찾는 것이 쉽지 않을 정도로 이는 어려운 과제다.

미국 기업집단들 중 상당수가 복합기업체 할인이란 악재에 시달려왔다. '복합기업체 할인conglomerate discount'이란 두 개 이상의 사업을 하는 기업이 한 사업에만 집중하는 '전업형 기업'과의 경쟁에서 밀리고, 투명성도 부족해 주가가 저평가되는 현상을 말한다. 마이클 포터Michael Porter 하버드대학 경영대학원 교수는 사업이 추가될수록 경영이 복잡해지기 때문에 경영자는 실수를 저지르게 되고, 결과적으로 기업 전체의 수익성이 떨어진다고 주장했다. 컴캐스트가 M&A한 NBC유니버설은 과거 프랑스의 대표적 기업집단인 비방디그룹에서 인수해 비방디유니버설Vivendi Universal로 운영했으나 시너지 경영의 전형적인 실패작으로 꼽히고 있다.

비방디그룹은 원래 수도 · 폐기물 처리 등 유틸리티 산업에서 세계적 기업이었다. 하지만 1998년 이후 비방디그룹은 '디지털 컨버전스 구현을 선도하는 기업'을 새로운 전사적 비전으로 정하고, 유니버설 스튜디오 등의 인수합병을 통해 미디어 · 콘텐츠 산업에 진입한다. 미디어 · 통신을 새 주력사업으로 삼고, 방송 · 통신 · 영화 · 음악 · 출판 · 포털 등 관련사업 간의 적극적 시너지 창출을 시도한 것이다. 하지만 비방디의

실험은 참담한 실패로 끝났고, 기업의 생존 자체가 위협받을 정도에 몰렸다.[1]

'디지털 시대의 리더'라는 비방디의 비전은 분명 매력 있지만 실패로 끝난 이유는 무엇인가? 유니버설 스튜디오를 인수하는 데 230억 달러(당시 시장가치는 150억 달러)라는 엄청난 비용을 지불했지만 각 분야별 시너지 창출을 통한 경쟁력 확보에 실패했기 때문이다. 새로이 진입한 미디어·엔터테인먼트 분야에서 비방디의 경험 및 역량 부족으로 시너지를 창출할 수 있는 전략 수립과 실행이 매우 미흡했다. 예를 들어 수직적으로 계열화한 방송의 유통 채널과 영화, 음악 등의 콘텐츠 부문 간에 유기적인 협조가 이루어지지 않아 효과적인 시너지를 만들어내지 못했다.

특히 비방디의 기존 주력사업과 미디어 산업 간에는 상호 연관성이 적었기 때문에 자신들의 경영방식이나 노하우 등의 핵심역량을 새로운 사업에 이전할 수 없었고, 새로 인수한 엔터테인먼트 사업 부문을 효율적으로 통제하지도 못했다. 그리고 디지털 미디어 산업의 진화방향에 대한 혜안이 부족해 효과적인 자원배분에 의한 미래 지향적 포트폴리오를 구성하지 못했다.

미디어 기업들은 M&A를 통해 시너지를 추구하지만 스스로의 착각에 빠지기 쉽다. 고객들은 자신들이 소비하는 콘텐츠를 누가 만들었든 상관없이 양질의 콘텐츠가 제공되기를 원하기 때문이다. 그러므로 시너지는 생각만큼 창출하기가 쉽지 않고, 다각화된 사업구조가 오히려 '부(-)'의 시너지로 나타나는 경우가 많다.

미디어의 역사를 살펴보면 새로운 기술의 출현으로 근본적인 변화가 일어날 때 반드시 업계의 재편이 이뤄졌다. 이 재편은 수익구조의 악화에 따른 어쩔 수 없는 선택이거나 위기에 적극 대처하기 위한 수단의 모습을 띠었다. 라디오의 등장으로 레코드 산업이 위기에 직면했을 때 영국의 HMV와 '영국 콜롬비아'의 합병으로 EMI Electrical and Musical Industries 가 탄생한 사례가 대표적이다. 또한 TV가 본격 보급된 1948년 이후 미국 영화산업은 깊은 침체에 빠진다. 이에 대한 대응으로 메이저 영화사들은 다각화와 M&A를 통해 복합기업으로 성장했다. 1950년대 이후 TV 프로그램, 비디오, 멀티미디어, 테마파크, 캐릭터 등으로 사업을 다각화하면서 메이저 영화사들은 대부분 현재 글로벌 다국적기업으로 성장해 있다. 이와 같이 복합기업으로의 변신은 원 소스 멀티 유즈의 특징을 가진 엔터테인먼트 산업에서 각 부문 간 시너지를 극대화하기 위한 자연스런 결과로 볼 수 있다.

국내 M&A 사례와 시장 지배력

오랫동안 한국의 법적 환경과 사회적 분위기는 미디어 기업 간 M&A를 경원시하는 분위기였다. 미디어 독점에 따른 여론의 왜곡을 우려하는 등 공적 자원의 영역으로 미디어를 바라보는 시각이 지배적이었기 때문이다. 따라서 신문과 방송의 겸영을 금지하고, 미디어 기업 간의 M&A를 규제하는 환경 탓에 뉴미디어에 신속히 대처하거나 미디어 산업의 국내외 경쟁력을 키우는 데 한계가 있었다. 그러나 2000년대 후반부터 미디어 관련법의 단계적 규제완화가 이루어지면서 케이블TV 기업들의 M&A가 활발히 진행되었고, 통신·방송의 융합이 이루어지고 있으며, 2009년 8월의 미디어법 개정으로 신문과 방송의 겸영금지가 해제되기에 이르렀다.

미디어 기업의 M&A 동기는 크게 영업적 이득operating gains과 재무적 이득financial gains으로 구분될 수 있다. 영업적 이득은 규모의 경제, 시장

지배력의 증대, 기술적 상호보완, 경영효율성 증대 등의 합병효과를 기대하는 것을 의미한다. 자산과 인력, 설비들의 공동이용에 따른 비용의 감소효과와 진입장벽 형성 등의 영업적 시너지는 실질적으로 현금흐름의 확대를 가져온다.

재무적 이득은 합병을 통해 한계투자수익률이 낮은 사업부문에서 높은 사업부문으로 자금을 배분함으로써 자본비용 감소 내지 보다 효율적인 내부자본시장internal capital market의 이점을 확보할 수 있다. 예를 들어 MPP 혹은 복합미디어 기업의 경우 사업환경에 따라 채널 간, 사업부문 간 사업성과가 다르기 때문에 M&A를 통한 효율적인 포트폴리오의 구축이 매우 중요하다.[2]

2009년 말 CJ그룹은 국내 최대의 MPP 회사인 '온미디어'를 인수했다. 지분 55.17%에 인수금액은 4,345억 원이었다. 케이블TV 방송사업 분야에서 가장 큰 M&A였던 만큼 주식시장의 반응도 민감했다. 그간 CJ그룹은 방송채널 사업, 케이블 MSO 사업, 영화의 제작·배급사업, 극장사업, 공연사업, 음악사업, 홈쇼핑 사업 등 가장 체계적이고 균형 잡힌 포트폴리오를 갖춰왔다. 반면에 경쟁사인 온미디어는 콘텐츠 중심의 미디어 전략contents driven strategy을 추구, 시청점유율과 채널 장르별 순위, 타깃 시청률, 브랜드 가치 등에서 선두권을 달리고 있었다. 증권 애널리스트들은 동일한 방송채널 사업을 하고 있는 CJ미디어와 온미디어의 통합운영으로 시너지 효과 창출이 기대된다며 긍정적으로 평가했다. 애널리스트들은 양 사가 합쳐질 경우 시청점유율이 확대되어 광고수입 증대가 기대되며, 그간 경쟁관계에 있었던 해외 콘텐츠의 확보비용이 절감되고, 자체 제작한 콘텐츠의 활용 범위가 확대되는 등의 시너지 효과가 발휘될 것으로 전망했다. 또한 양 사의 시청점유율을 합하면 약 30%로 다매체 플랫폼에 대한 시장 대응력을 강화할 수 있다.

미디어 기업의 집중화 현상은 케이블 SO업계에서도 마찬가지다. 여러 차례의 M&A를 통해 몸집을 키운 티브로드와 헬로비전, 씨앤앰의 상위 3대 MSO가 전체 1,500만 가입자 수의 50%를 웃도는 점유율을 보유하고 있다. 2008년 법 개정에 따라 한 회사가 확보할 수 있는 가입자 시장 규모가 과거 5분의 1에서 3분의 1로 완화되면서 M&A에 의한 MSO의 집중화 현상이 더 커질 전망이다.

CHAPTER 02

새로운 유형의 소비자 집단과 트렌드의 변화

1020 C세대는 미래의 주요 고객

사진, 음악, 동영상 등의 콘텐츠를 직접 디지털 기기로 생산해 인터넷상에 저장하고 이를 공유하는 콘텐츠 세대인 C세대가 미래고객으로 부상하고 있다. 10~20대로 구성된 C세대는 온라인상에서 자신의 일상을 디지털 매체를 통해 저장·기록해 타인과 공유하고자 하는 라이프캐싱life cashing의 욕구가 강한 그룹이다. 인터넷과 IT 업체들은 이러한 소비자의 니즈를 충족시키기 위한 다양한 제품과 서비스를 제공하고 있다.

C세대와 유사한 개념의 미래고객으로 개지티어즈Gadgetiers 그룹, 쿨키

즈Kool kids 그룹을 들 수 있다. 개지트Gadget란 혁신적인 기술이 적용되어 크기가 작아지고 성능이 뛰어난 개인용 전자제품을 뜻한다. 아이패드, MP3, 전자책 단말기, DMB, 스마트폰 등이 전형적인 개지트에 속한다. 이를 즐겨 사용하는 계층을 개지티어즈 그룹이라고 하는데 우리말로 하면 '기기 매료자'정도에 해당된다. 개지티어즈 그룹은 대중 속에서 자신의 개성을 표출하고 싶어 하는 20~30대의 스마트한 소비계층으로 인터넷 초기 세대로 분류할 수 있다. 그들은 마이크로 미디어 소비자답게 최첨단 기기 및 서비스를 가장 빨리 사용하는 얼리 어댑터이자, 스스로를 첨단 디지털족이라고 생각한다. 그리고 자신들과 비슷한 유형의 소비자들과 함께 커뮤니티를 형성해 트렌드를 선도해 나가기도 한다.

쿨키즈 그룹은 감성적인 소비행태의 소비자를 일컫는다. 그들의 나이는 대개 12~20세 정도로 개지티어즈 그룹에 비해 경제적 자립도가 부족한 계층이다. 그들은 웹 2.0의 초기세대로서 야후나 네이버, 블로그 세대로 지칭될 수 있다. 쿨키즈 그룹은 콘텐츠의 생산과 공유, SNS에 몰입한다. 엄밀히 말하면 디지털 기기 자체에 대한 심취보다는 콘텐츠와 커뮤니티에 더 집착하고 매료되어 있다. 그들의 문화소비 트렌드 중 하나가 익명에 의한 관계형성이며, 온라인 SNS를 통해 평소에 한 번도 보지 못한 수많은 친구를 갖고 있다. 온라인 게임과 블로그는 익명의 관계를 형성하면서 콘텐츠가 소비되는 대표적 사례다.

쿨키즈 그룹은 사회 풍자와 반항적 코드가 담긴 콘텐츠에 열광한다. 미국의 10대들에게 가장 인기 있는 TV 애니메이션은 〈심슨 가족〉이다. 일상생활에서의 모순을 코믹하게 보여주면서 기존의 사회질서나 정형화된 사고를 깨는 콘텐츠에 대해 높은 선호도를 보이는 것이다. 미국의 10대들은 아무리 시험이 코앞에 닥쳐도 〈심슨 가족〉만큼은 킥킥대면서 보고 있다.

C세대에게 새로운 디지털 기기와 미디어의 소비는 하나의 패션이자 자신을 표현하는 수단이다. 특히 디자인에 가장 높은 점수를 준다. 과거에는 여성들이 이러한 소비행태를 보였지만 현재는 성별 구분이 없어졌다. 보통 성인들이 MP3를 구입할 때는 성능과 견고함, 가격, 저장용량 등을 기준으로 제품을 선택하는데, C세대에게 기능의 차이는 오십보백보다. 대신 그들에게는 최신 제품, 요즈음 가장 잘 팔리는 제품, 디자인이 뛰어난 제품 등이 선택의 중요한 기준이 되고 있다. 따라서 디지털 기기 제품을 생산하는 회사들은 C세대를 겨냥한 '아이코닉 디자인iconic design'에 심혈을 기울이고 있기도 하다. 이들 세대는 디자인 하나를 고르더라도 단순히 모양이 좋거나 이미지가 예쁘다는 차원을 넘어 한 시대를 상징하고 대변하는 디자인에 감정이 통한다. 손에 잡히는 감촉, 디자인과 색감이 탁월한 아이팟, 작고 얇은 도시락 모양의 닌텐도 등이 대표적인 아이코닉 디자인 제품들이다. 미국 고등학생 중에서 아이팟을 소유하고 있는 비율은 무려 82%에 달한다고 한다. 그들은 패션 노마드를 지향하며 끊임없이 새로운 유행과 변화를 추구해 나간다.

최근 길거리에서 50~60km에 불과한 속도의 미니 바이크를 타고 뒤뚱거리는 젊은이들을 쉽게 발견할 수 있다. 그들이 착용한 헬멧이 오히려 미니 바이크보다 더 크게 보이는 우스꽝스러운 모습에 웃음이 절로 나온다. 그들은 '안 되는 것이 있나? 그것 참 재미있는데?'라는 생각을 실천하는 'Why not?' 세대다. 따라서 그들에게 미니 바이크는 엉뚱한 재미와 개성을 표출해 주는 아이콘이다.

C세대에게는 특정 방송사나 미디어에 대한 구분 자체는 별 의미가 없다. 그들은 기성세대와는 달리 다양한 방법을 통해 동일한 내용의 콘텐츠를 소비하고 있기 때문이다. 그들이 TV의 주력 시청자로 자리 잡

게 되면서 점차적으로 방송사나 채널에 대한 충성도는 약화될 수밖에 없다. 이는 역설적으로 콘텐츠만 좋으면 브랜드 이미지가 약한 사업자라도 시장에서 성공적으로 자리를 잡을 수 있다는 뜻이다.

다국적 컨설팅 기업인 액센추어에서 2008년 4월 발표한 '텔레비전 소비의 행태 변화'를 살펴보면, '새로운 미디어 환경에서 시청자는 방송사의 브랜드 때문에 특정 프로그램을 선택하기보다는 콘텐츠 자체에 대해 높은 충성도를 보인다'는 사실을 알 수 있다. 기존 미디어 기업에게는 가입자를 유지하기 위한 브랜드 강화전략이 가장 중요하지만 신생기업에게는 콘텐츠로 승부할 수 있는 기회가 생기는 것이다.

C세대 그룹 중에서 10대의 청소년 연령층을 가리켜 글로벌 D세대로 칭하기도 한다. 인터넷과 미디어가 국경을 무너뜨리면서 글로벌 D세대는 점차 동질화되고 있으며, 새로운 창조적 소비자들로 등장하고 있다. 전 세계적으로 청소년들의 패션 스타일이나 음악적 취향, 콘텐츠 소비 패턴, 미디어 소비 습관 등이 유사해지면서 막강한 구매력을 갖춘 소비집단으로 성장하고 있는 것이다. 어릴 때부터 IT 기기를 다루면서 성장했고, 인터넷에 친숙한 이들 디지털 네이티브 그룹은 2000년대 후반을 기준하여 전 세계 12억 명에 달하는 커다란 글로벌 집단으로 떠오르고 있다. 미디어 기업들은 이들을 고객으로 확보하기 위해 분명 인터넷 매체에 많은 투자를 해야 하지만 적절한 수익 모델을 확보해야 하는 또 다른 고민도 함께 안고 있다.

2009년 7월 영국의 일간지 〈파이낸셜 타임스Financial Times〉는 미국의 투자은행 모건스탠리에서 인턴으로 근무하고 있는 매튜 롭슨(15세)이라는 영국 소년이 작성한 '10대들의 미디어 이용형태'에 대한 보고서를 인용, 보도하여 큰 반향을 일으켰다. 이 보고서는 '청소년들은 공짜 인터넷 매체를 선호하기 때문에 트위터의 미래도 암울하다'는 메시지를 담고 있다. 롭슨이 주변의 10대들을 대상으로 조사한 결과, 그들은 TV나 신문, 라디오 같은 전통적인 매체보다 인터넷 웹사이트 등을 이용해 음악이나 뉴스 등의 콘텐츠를 소비하는 비율이 훨씬 높지만 온라인 매체에 기꺼이 사용료를 지불하고자 하는 청소년은 많지 않다는 사실이 밝혀졌다. 특히 정기적으로 신문을 읽는 청소년은 하나도 없었다. 이는 미디어의 차세대 소비자들이 향후 어떻게 미디어를 소비할 것인지를 잘 가늠케 해주고 있다. 특히 청소년들에게 인기를 누리고 있는 SNS 사이트인 트위터를 예로 제시하면서 롭슨은 다음과 같이 분석한다. "10대들은 더 이상 트위터를 사용하지 않을 것이다. 휴대폰을 이용해 트위터 계정을 업데이트하려면 돈이 많이 들기 때문이다." 그 대신 청소년들은 광고 없이 무료음악을 제공하는 사이트 '라스트 FM Last.fm' 같은 매체를 더 많이 이용할 것으로 예상했다. 물론 그들이 성장해 직업을 갖고 구매력을 갖추게 되면 인터넷을 통한 유료 콘텐츠를 이용할 수 있을 것이다.

미국의 저명한 풍자 칼럼니스트인 아트 부크월드 Art Buchwald 는 2007년 81세의 나이로 타개하기 전에 "안녕하세요. 아트 부크월드입니다. 제가 조금 전에 사망했습니다"라는 내용의 동영상 부고를 띄워 그의 유머와 기지에 대해 또 한 번 독자들을 웃게 만들었다. 지난 40여 년 동안 워싱턴 정가의 엘리트 계층을 날카롭게 풍자 비판해 온 부크월드는 TV 매체에 대해 다음과 같이 지적했다. "텔레비전은 한 가지 심각한 문제를 지니고 있다. 바로 두 번째 페이지가 없다는 것이다." 이렇듯 지적인 활동을 제한하는 바보상자로 불리던 TV가 거듭된 진화를 통해 오늘날에는 수많은 부가서비스를 제공하고 있다. 디지털 환경에서 태어난 미래의 주요 시청자층에게 TV와 인터넷이 결합된 IPTV, 디지털 케이블TV가 제공하는 웹TV, 커넥티드 TV 등은 친숙한 매체가 될 것이다.

현재와 미래의 소비자를 철저하게 잘 이해하는 것이 미디어 사업에서 성공의 지름길이다. 뉴욕에 자리한 애플 매장에는 파란색 유니폼을 입은 전문 조사요원 14명이 근무한다. 그들이 하루 종일 하고 있는 일은 매장을 방문한 고객들의 불만을 조용히 듣고 메모하는 것뿐이다. 애플은 여기에서 접수한 고객 불만들을 모아 이듬해 신제품에 반영한다. 히트상품은 연구실에서 나오는 것이 아니라 고객이 만들어주는 것이다. 역설적으로 '고객을 안다고 하는' 회사는 실패하고, '고객을 알려고 하는' 회사가 결국 이기게 되어 있다. 미디어 사업 역시 고객의 니즈와 트렌드를 잘 파악해 대응하는 회사가 강자가 될 수밖에 없다.

디지털 경제체제 하에서는 사실 선두기업을 따라잡는 것이 점차 어려워지고 있다. 후발기업은 대체로 모방전략을 추구하게 마련인데, 선도기업은 모방기업의 전략과 방향, 그리고 대응방법 등에 대해 잘 알고 있다. 그러므로 선도기업은 현재의 위치에 머물지 않고 계속 앞으로 나가고 있으며, 후발기업은 끝없는 추격전을 펼치지만 실제로는 추월하기가 매우 어렵다.

《이솝 우화》에 나오는 토끼와 거북이 경주의 승자는 거북이었다. 방심한 토끼가 중간에 낮잠을 청한 탓이다. 하지만 요즘 기업환경에 대비해 보면 토끼는 한낮에 한가로이 낮잠을 자지 않으므로 거북이가 이기려면 스스로 지름길을 찾아 목표지점에 도달해야 하는 방법이 유일하다. 거북이가 찾아내야 할 지름길이 곧 기업의 차별화된 전략이다. 이러한 비즈니스 경제원칙들이 디지털 시대에 접어들면서 미디어 업계에도 그대로 적용되고 있다. 즉 미디어 기업이 경쟁 우위를 확보하기 위해서는 차별화된 고객 접근방식에 따른 경쟁력 확보, 브랜드 인지도의 육성이 가장 중요하다.

방송사업은 기본적으로 콘텐츠 애그리게이션 사업의 속성을 지니고 있다. 경쟁이 심화된 시장환경에서는 저가의 콘텐츠 패키지를 제공해 가격경쟁 우위를 갖추거나 틈새시장을 확보하는 방법, 그리고 타깃 시청자의 소비성향에 주목해 가격 우위보다는 콘텐츠의 품질과 디자인 등 차별화된 경쟁력을 갖추는 방법 등이 중요하다. 가능하다면 차별화된 상품 경쟁력을 갖는 것이 가장 바람직하다.

케이블TV에서 가장 인기 있는 장르 중 하나가 곧 스포츠다. 많은 스포츠 팬들은 타이거 우즈와 최경주, 신지애 등의 유명선수들이 출전하는 경기의 시청을 원한다. 그리고 프리미어리그에서 활약하는 박지성의 경기를 중계하는 채널을 선호한다. 소비자들은 자신들이 선호하는 스포츠 채널들의 확보를 위해 이 채널들이 포함된 가장 비싼 패키지를 기꺼이 구입한다. 그들에게 스포츠 외의 채널들은 그냥 덤으로 따라오는 부수적 서비스일 뿐이다. 드라마를 좋아하는 주부들에게는 각 지상파 방송에서 만든 재방송 위주의 드라마 채널이 필수품이다.

다양한 소비계층을 공략하기 위해서는 제품가치를 소구할 수 있는 브랜드파워의 강화가 요구된다. 케이블TV나 위성방송에서는 여러 개의 카툰 채널과 많은 영화 채널들의 시청률 순위가 잘 바뀌지 않는다. 히트상품에 따라 매출순위가 뒤바뀌는 홈쇼핑 채널과는 사뭇 다른 양상이다. 이는 지속적으로 쌓아온 브랜드 전략과 콘텐츠 차별화 전략에서 비롯된 결과로 볼 수 있다.

2010년대, 현재의 주요 시청자 그룹이 사라지는가?

소파에 편안히 앉아 TV를 시청하는 기존의 수동적 시청자 그룹들은 디지털 케이블TV나 IPTV의 복잡한 기능을 싫어한다. 특히 나이든 연령층은 수많은 기능이 내재된 리모컨에 기가 질린 나머지 평소에 자주 보는 몇몇 지상파 채널에 시선을 고정한다. 메뉴가 복잡하거나 기능이 어렵게 느껴지면 굳이 끝까지 사용해 보고자 노력조차 하지 않는다. 물론 매뉴얼조차도 참조하지 않는다. 이들은 이른바 '카우치 포테이토couch potato 족'들이다.

TV 뱅킹 서비스도 대표적인 번거로운 서비스다. 은행들은 많은 돈을 투자해 집에서 은행업무를 편리하게 처리할 수 있는 TV 뱅킹 서비스를 앞다투어 도입했지만 1년도 되지 않아 대부분 서비스를 중단했다. 인터넷 뱅킹을 잘 활용하는 주부들조차 엔터테인먼트 접촉수단인 TV 화면을 통해 ID와 비밀번호, 인증번호 등을 일일이 입력하는 데 번거로움을 느낀다.

하지만 개지티어즈나 쿨키즈 그룹 같은 10~20대의 창조형 소비자들은 전통적인 시청자 그룹들과 다르다. 그들은 이미 만들어놓은 TV 공간에서 정보와 오락을 소비하는 대신, 스스로가 창조적인 공간을 만들어 상호 네트워크를 형성하고, 참여와 공유를 실행한다. 자신들의 생각과 의견, 경험 등을 서로 공유하기 위해 사용하는 소셜 미디어가 그들의 주요 무대다. 블로그와 SNS, UCC 등의 소셜 미디어는 그 자체가 일종의 유기체처럼 성장하기 때문에 일반 미디어에 적용되는 소비와 생산의 메커니즘이 작동하지 않는다. 소셜 미디어의 양방향성을 활용하여 사용자들이 공간을 만들어 나간다.

점차적으로 거실에서 편안하게 TV를 시청하는 전통적인 수동적 시청자lean back consumer들은 줄어들고, 다양한 방식을 통해 유비쿼터스 콘텐츠를 사용하는 적극적인 시청자lean forward consumer들은 증가할 것이다. 지난 2007년 다보스 포럼에서 빌 게이츠는 말했다. "5년 후 사람들은 우리가 TV를 보는 모습에 웃음을 참지 못할 것이다. 인터넷이 5년 안에 텔레비전에 혁명을 가져올 것이다. 뉴스를 볼 때 시청자가 원하는 뉴스

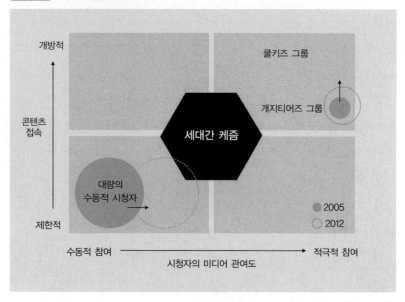

그림 5-1 시청자 세대간 케즘

개방적

쿨키즈 그룹

콘텐츠
접속

개지티어즈 그룹

세대간 케즘

대량의
수동적 시청자

● 2005
○ 2012

제한적

수동적 참여 ⟶ 적극적 참여

시청자의 미디어 관여도

※ 출처: IBM, 'Institute for Business Value', 2006

만 전송될 것이다." 그의 말은 구글TV와 애플TV 등 인터넷망에 올라탄 지능형 TV에 의해 어느 정도 가시화되고 있다. 그렇다면 수십 년 동안 거실의 주매체로서 자리를 잡아온 TV가 하루아침에 사라질 것인가? IBM 보고서에 따르면 2005년에서 2012년 사이를 기준으로 볼 때 기존의 수동적 시청자 그룹은 좀 더 적극적인 시청자로 변화하고 10대의 쿨키즈, 20~30대의 개지티어즈 그룹은 콘텐츠 접속에 있어 더욱 개방적으로 바뀔 것으로 전망하고 있다. 그러나 양 그룹 사이에는 근본적으로 세대 간 간극generational chasm이 존재한다고 설명하고 있다.[3] 즉 2012년까지는 전통적인 TV 시청방식이 사라지지 않는 대신 양극화된 시청형태를 보여주게 될 것이다.

1954년 서울 종로 보신각의 전자제품 대리점에 TV 수상기 한 대가

전시되었다. 촌로들은 TV 상자 안에 사람들이 살고 있는 것으로 착각할 정도로, 화면에 비친 사람들의 모습은 경이로운 구경거리였다. 1961년 KBS가 개국하면서 우리나라에서도 TV 시대가 활짝 열렸고, TV는 우리의 감각기관을 확장해 우리가 세계와 접촉하는 방식을 획기적으로 넓혀주었다. 1928년 이래 TV는 흑백TV, 컬러TV, 디지털TV, 그리고 3D TV로 발전해 왔다. 그렇지만 우리가 TV를 보는 시청방식에는 큰 변화가 없었다. TV 방송국들은 편성을 통해 어떤 시간에 어떤 프로그램을 배치할지를 결정해 시청자들을 최대한 많이 유입시키기 위한 전략을 짠다. 시청자들은 리모컨을 이용해 방송국에서 편성한 프로그램을 선택하여 시청한다. 앞에서 살펴본 것처럼 IBM이 분석한 2005~12년 사이의 시청형태는 매우 완만하게 변화하고 있지만, 2012년 이후에는 현재의 신세대들이 주요 시청자 계층으로 부상하면서 그 변화의 폭이 급격히 커질 것으로 예상된다. 이들은 자신이 원하는 시간에 원하는 프로그램을 시청하는 비선형적 시청형태를 즐기며, 유비쿼터스 콘텐츠를 찾아 소비하는 행태가 보편화될 것이다. 나날이 진화하고 있는 TV가 엔터테인먼트의 중심매체로서 그 가치는 줄어들지 않겠지만, 적어도 콘텐츠를 전달하는 수단에는 혁명적 변화가 이루어질 것이 분명하다. 이 중심에는 모바일 미디어, 커넥티드 TV, 인터넷 기반의 TV 포털 등이 주요 플랫폼으로 성장해 있을 것이다. 검색기반으로 시청이 이루어지는 스마트TV(커넥티드 TV 등)는 시청자가 '아이리스'라고 검색어를 넣으면 지상파TV에서 방송중인 프로그램이나 케이블TV에서 재방송중인 프로그램을 찾아 연결해 줄 것이다. 또한 다양한 UCC나 동영상도 연결시켜 준다. 음성인식 기술과 지능형 검색기술을 접목한 검색기능에 의해 '야구 경기'라고 주문하면, 시청자가 위치한 지역의 프로야구 경기부터 우선적으로 안내해 줄 수도 있다. 이와 같이 시청자의 주도적 선택이 보편화되면서 이른바 '황금시간대'라는 의미는 퇴색할 것이다. 유·무선 IP 기반의 플랫폼들에 의해 소비자가 TV와 소통하는 방식이 변화하고 있다. 이들 플랫폼은 타 매체와의 연결성이 용이하여 다른 매체의 콘텐츠를 손쉽게 접속해 경험할 수 있도록 해주는 특징을 가지고 있다. 그러므로 향후에는 점차 플랫폼 간의 경계가 사라지게 될 것이다.

CHAPTER 03

줄어드는 미디어 소비시간, 시간점유율 확보가 관건

이제 세상은 업종 간 경계가 붕괴·용해되는 액체사회 liquid society에 들어섰다. 소비자의 관심을 끌기 위한 경쟁자는 동일 산업 내에만 존재하는 것이 아니라 이종업체 간에도 존재한다. 1994~98년까지 매년 세 배 이상의 매출 성장을 기록했던 나이키는 2000년에 접어들면서 성장률이 둔화되자, 그 원인이 자신들의 경쟁자인 리복이나 퓨마, 아디다스 때문이 아니라 닌텐도와 소니, 그리고 MP3 음악을 제공하는 애플 때문이라고 지적하기도 했다. 요즘 신세대는 운동보다 게임에 더 많은 시간을 할애하는 탓에 나이키 용품의 구매가 줄어들고 있다는 것이다. 한 걸음 더 나아가 닌텐도 위는 실내 운동 게임을 계속 선보이며 선풍적인 인기를 끌고 있다.

항공사들 또한 보이지 않는 경쟁자로 화상회의를 지목한다. 많은 기업들이 본사와 해외지사 간에 화상회의 시스템을 설치해 놓음으로써 직원들의 불필요한 해외출장을 억제하고 있는 것이다. 이처럼 보이지 않는 경쟁자들의 출현으로 업종 간 장벽이 무너지면서 시장점유율 경쟁시대가 막을 내리고, '시간점유율time share' 경쟁시대로의 전환이 예고되고 있다. 따라서 나이키가 고심 끝에 내놓은 제품은 질을 향상시킨 스포츠웨어가 아니라 고객 시간점유율을 더 확보하기 위해 조깅하면서 MP3를 편하게 들을 수 있는 결합상품 스포츠웨어다.

액체사회의 현상은 미디어, 엔터테인먼트 기업에게도 예외가 아니다. 싸이월드는 세계적인 블로그 열풍에 힘입어 무려 1,700만 명의 회원을 가진 국내 최고의 커뮤니티 서비스로 성장했다. 싸이월드는 미니홈피라는 차별화된 서비스 제공으로 하루 2억~2억 5,000만 원대의 도토리가 판매되는 등 회원들의 열기가 뜨거웠는데, 2005년 무렵부터 회원들의 반응이 차츰 식기 시작했다. 그 원인은 경쟁사인 다음 카페나 네이버 블로그의 성장 때문이 아니라 스타크래프트나 카트라이더, 서든 어택 같은 게임 때문이었다. 싸이월드 고객들은 PC방에 가면 우선 싸이월드에 들어가 방명록과 사진첩을 관리하고, 일촌들에게 쪽지를 보낸 다음 곧바로 카트라이더 게임에 몰두한다. 그 바람에 싸이월드에 머무르는 시간이 크게 줄어들었고, 미니룸 꾸미기 등에 할애하는 시간이 감소하면서 도토리 판매가 크게 감소하는 현상으로 이어졌다.

방송사도 이와 유사한 현상을 겪고 있다. 지금껏 방송사의 경쟁자는 같은 산업 내의 타 방송국이나 신문사 정도였다. 그러나 이제 이동통신 업체가 가장 큰 경쟁자로 등장하고 있다. 시청자들의 휴대폰 접속시간이 증가하면서 TV 시청시간이 줄어들고 있기 때문이다. 휴대폰을 통해 메시지를 보내고, 음악을 즐기고, DMB를 시청하거나 사진과 동영상을 찍어 공유하기 때문이다. 휴대폰은 이제 TV뿐 아니라 MP3나 게임업체, 영화관 고객들의 시간을 뺏고 있는 경쟁자가 되고 있다.

달라진 미디어 환경 하에서 소비자 접점의 확보와 소비자 시간점유율의 극대화는 사업성패의 관건으로 떠올랐다. 이제 볼거리는 풍성한데 시간이 부족한 환경이 도래한 것이다. 볼거리뿐 아니라 먹을거리 등모든 분야에서 시간이 가장 값지고 희귀한 자원이 되고 있다.

그렇다면 미디어 기업들은 이처럼 분화된 시청자의 관심과 주목을어떻게 끌 것인가? 이를 위해서는 주로 정보상품에서 논의되는 관심경제attention economy의 개념을 살펴볼 필요가 있다. 정보는 수요와 공급의법칙이 비교적 명확하게 작동하는 재화로 판단되어 왔다. 방송 미디어역시 오랫동안 이 균형이 유지되어 왔으나, 디지털 시대로 들어서면서정보나 콘텐츠의 공급이 수요를 초과되는 현상이 빚어지고 있다. 이제흔하디흔해진 정보의 양에 따라 소비자의 관심이 점점 분산되고 있는것이다.

관심경제 영역에서 가장 중요한 것은 소비자의 선택과 연관성이다.미디어 기업들은 자신들의 콘텐츠에 대한 소비자의 관심을 면밀히 파악한 후 그에 걸맞은 관심 서비스 등을 제공해 주면서 소비자를 끌어들여야 한다. 소비자가 자신의 관심과 연관된 콘텐츠에 주목하는 한 시장은 지속적으로 형성된다. 관심경제 영역에서 비즈니스의 열쇠는 바로집객력에 있으며, 집객요소로서 맞춤형 서비스를 제공하는 것이 가장중요하다. 대량생산·대량소비 체제에 익숙했던 소비패턴이 최근 들어차별화·개성화 중심의 패턴으로 변하고 있어 맞춤 서비스의 제공은 모든 산업분야에 필수적인 조건이 되고 있다. 맞춤 서비스는 크게 두 가지로 나눌 수 있다. 그 하나는 소수만을 대상으로 제공되는 맞춤형 고급서비스다. 또 다른 하나는 대량생산하는 제품이나 서비스를 고객의 취향에 따라 선택하도록 하는 것이다.

　TV 매체들은 소수 대상의 틈새 프로그램보다는 규모의 경제를 확보할 수 있는 대량 맞춤형 프로그램을 통해 수익성 제고를 추구한다. 문제는 흩어져 있는 같은 취향의 시청자들을 어떻게 끌어 모아 그들의 시간을 확보할 것인가라는 점이다. 이를 위해 웹 2.0 기반을 활용한 다양한 소비자와의 접점을 확보하여 맞춤형 뉴스, 맞춤형 검색, 추천 프로그램, 관심 프로그램의 알림 서비스 등을 제공하고 있는 추세다. 위성 DMB를 운영하는 TU미디어에서는 스포츠 팬들을 위해 휴대폰 문자로 중계방송을 예고해 주면서 티켓 예약서비스까지 제공한다. 경제뉴스 전문채널에서는 실시간 주식시황과 속보성 헤드라인 기사를 휴대폰으로 전송해 준다. YTN은 〈돌발영상〉을 인터넷에 올려 고정시청자를 확보하고 있으며, tvN은 엔터테인먼트 뉴스를 지하철에 설치된 폐쇄형 TV에 노출시켜 시청자에게 브랜드 인지도를 각인시킨다. 이러한 집객 노력은 주요 소비자층의 관심을 자신의 채널로 끌어들여 고객들의 체류시간을 늘리고자 하는 목적에서 비롯된다.

　미디어 산업의 진화를 살펴보면 플랫폼이 왕이던 시대에서 콘텐츠가 왕인 시대로 바뀌었고, 이제는 소비자가 왕인 시대로 발전하고 있음을 알 수 있다. 미디어 기업들에게는 CRM을 잘 구축해 축적된 소비자 데이터를 적극 활용, 고객 계층별로 차별화된 서비스의 제공이 매우 중요해지고 있다.

CHAPTER 04

소비자의 관심도와
비례하는 광고매출

대부분의 미디어 전문가들은 매스미디어의 광고매출 성장률이 갈수록 둔화될 것이며, 전국광고 매체로서의 영향력 또한 감소할 것으로 전망한다. 실제로 매스미디어 광고는 인터넷 등의 비전통적인 매체로 이동하고 있다. 오랫동안 호황을 누려왔던 신문과 TV 매체들은 이제 적자를 우려하고 있고, 수많은 잡지들이 폐간 위기에 봉착해 있다. 광고주들을 대상으로 분석한 미국의 한 보고서에 따르면, 마케팅에 100만 달러를 추가 투입할 경우 응답자의 50%가 인터넷 광고검색에 쓰겠다고 밝혔다. 단 19%의 광고주만이 TV를 주목했다.

〈뉴욕 타임스〉, 〈트리뷴Tribune Company〉, 〈에미스 커뮤니케이션Emmis

Communicaitons〉 등 주요 미디어 기업의 주주들은 경영위기를 극복하기 위해 기존 자산을 처분하고 웹 등의 인터넷 사업분야에 더 투자할 것을 요구하고 나섰다. 이 같은 요구는 오랫동안 오프라인에서 축적해 온 양질의 콘텐츠와 노하우가 인터넷, IT 기술과 결합하면 시장을 창출할 수 있다는 기대감에서 비롯된 것이다. 또한 미디어 업계뿐 아니라 광고주들 역시 빠르게 변화하고 있는 상황에 적응하기 위해 새로운 형태의 광고개발과 마케팅을 위해 전심전력하고 있다.

변화하는 광고의 개념과 판매방식

미국에서는 라디오와 TV 연속극을 '솝 오페라soap opera'라고 부른다. 이는 1950년대부터 주부 대상의 연속극에 비누회사들이 메인 광고스폰서로 나섰기 때문에 붙여진 이름이다. 그후에도 세재나 식음료, 주방용품 메이커들은 오랫동안 전통적인 TV 프로그램을 지원해 온 대형 광고주들이었다. 광고의 목적은 기본적으로 '자신들이 목표로 하는 이미지를 구축해 궁극적으로 소비자들이 갖고 싶어 하는 브랜드를 만드는 것'이다. 이 같은 목표를 달성하는 데 오랫동안 TV는 매우 효과적인 매체로 군림해 왔다. 그러나 오늘날의 다매체 시대에서는 광고의 효율성과 기능적 특성만을 따지기보다는 소비자들의 반응과 경험이 보다 중시됨으로써 소비자와 어떤 방식으로 연관성을 높일 것인가가 중요하게 되었다. 이제 광고주들은 TV에서 점차 이탈해 새로운 미디어와 광고방식에 눈을 돌리고 있다. 대표적인 사례로 제품의 간접광고인 PPL을 들 수 있다. PPL은 영화나 드라마에 주로 활용되는데, 인터넷 매체에 등장하는 3~5분 길이의 짧은 드라마에서도 PPL은 각광받고 있다.

PPL처럼 소비자의 반응과 경험을 유도하는 광고형태는 다양하게 나타나고 있다. 맥도널드는 신제품 음료를 출시하면서 TV 광고 대신 대형 수영장 바닥에 제품 로고를 그려 넣어 소비자들에게 노출시키는 마케팅 방식을 선택하고 있다. 도요타는 새로 출시한 소형 자동차를 광고하기 위해 TV 매체보다 게임 속 광고에 집중하고 있다. 소형 자동차의 타깃고객인 게임을 즐기는 신세대를 공략하기 위한 전략이다. 게임 속 주인공의 차로 도요타 제품을 등장시킴으로써 마치 게임 속의 자동차가 내 차 같다는 이미지를 젊은 소비자에게 심어주고 있는 것이다.

블로그는 대형 광고주들의 관심을 끄는 매체다. 유명 블로거들은 대량 매체들이 적중시킬 수 없는 타깃고객들을 대상으로 큰 광고수입을 올리고 있다. TV 광고에서 벗어난 새로운 광고형태는 과거 콘텐츠 기반에서 검색기반으로, 그리고 이용자 기반으로 진화하고 있다. 구글은 블로그 등 틈새 사이트들의 문맥을 자동으로 파악해 이에 적합한 광고를 붙이는 시스템AdSense을 통해 광고시장의 기반을 확보했고, 인터넷의 쌍방향성에 기반한 검색광고 시스템AdWords을 개발해 사용자들의 니즈에 직접 대응함으로써 오늘날의 구글을 일궈냈다. 한 걸음 더 나아가 콘텐츠 이용자의 성별, 연령, 직업 등 신상정보와 접속한 시간과 위치 정보를 파악해 이용자의 특성에 가장 적합한 광고를 제공하는 이용자 기반 광고가 새롭게 부상하고 있다.

IBM 연구소는 향후의 광고산업에서는 공급자가 개방되고 소비자 주도권이 강화되면서 '광고 거래시장Ad marketplace'이 부상할 것으로 전망한다. 이를 통해 소비자가 선호하는 광고 유형을 직접 선택케 함으로써 광고에 대한 거부감을 감소시키고, 또한 광고주는 광고비용 대비 효과를 투명하게 확보할 수 있어 공급자와 소비자 모두에게 크게 환영을 받을 것이라는 예측이다. 또한 광고의 온라인 경매를 통해 합리적인 비용으로 광고를 거래할 수 있다는 것이다. TV, PC, 모바일 기기 등 미디어 접속경로가 다양해지더라도 사용자의 멀티미디어 콘텐츠 이용을 종합적으로 파악하는 것이 가능해짐으로써 단순히 광고가 노출되는 콘텐츠의 평판이 아니라 콘텐츠를 소비하는 이용자의 가치에 따라 광고비가 책정될 수 있게 된다. 그 결과 과거에는 저평가됐던 틈새 콘텐츠들의 수익 또한 확대될 수 있어 일거양득이라는 설명이다.

2008년 영국의 폼Phorm 사는 BT 등 주요 네트워크 사업자들과 협력해 '오픈 인터넷 익스체인지'라는 광고거래 시스템을 출시했다. 이를 통해 인터넷 이용패턴을 분석, 소비자의 특성을 파악함으로써 광고주는 선별된 소비자들을 대상으로 보다 정밀하게 광고를 제공할 수 있다.⁴ 디지털 미디어 시대가 도래하면서 광고 기능 자체가 유통기능을 겸하고 있다. 인터넷의 검색광고나 정보제공형 쇼핑광고처럼 이제는 미디어를 통해 특정 제품이나 서비스에 대한 인지와 함께 즉각적인 구매가 가능해지고 있다. 과거에는 목표로 한 광고효과에 도달하기 위해 반복노출을 통한 소비자의 인지도와 관심을 높여나갔다. 이를 통해 소비자들에게 구매하고 싶은 욕구를 불러일으키게 만드는 AIDA awareness interest desire action 라는 전통적 소비자 반응모델이 변화를 맞이하고 있다. 신문에서 제공하는 정보가 다양한 미디어 플랫폼으로 전달되면서 신문기사의 소비는 과거 종이신문 시대보다 오히려 증가하고 있다. 비록 뉴스 전달매체들이 급증하면서 신문의 위상은 크게 추락했지만 아직까지 신문만큼 많은 정보를 생산하고 담아낼 수 있는 미디어도 드물며, 광고 매체로서 대량 소비자들에게 효과적인 반응과 구매 유도를 일으키게 하는 기능도 신문이 앞서 있다. 신문사들은 계속 줄고 있는 구독자들을 확보하기 위해 다른 미디어와 다양한 형태로 결합한 크로스 미디어 전략을 구사하면서 광고의 효과를 극대화하기 위한 전략을 추구하고 있다. 크로스 미디어 패캐지로 집행되는 광고는 각 매체의 특성에 맞게 단순히 광고 형태와 메시지 내용을 변형시킨 것이 아니라 신문, 모바일, 웹 간의 기능적 시너지를 발휘시켜 소비자 반응을 높이는 데 더 큰 비중을 두고 있다.

'QR quick response 코드'를 이용한 크로스 광고 형태가 대표적 사례가 될 수 있다. 2차원 바코드인 QR 코드가 붙은 신문광고를 카메라폰으로 촬영하면 데이터가 압축돼 모바일 웹사이트로 옮겨지고, 여기에서 각종 할인 쿠폰이나 상세한 상품정보 등을 얻을 수 있게 된다. 전통적인 신문광고는 상품정보나 기업의 이미지를 노출하는 효과가 위주이지만, QR 코드는 단순히 보여주는 것 외에 소비자들에게 참여기회와 함께 깊이 있는 정보를 제공하여 판촉을 제고할 수 있다는 점에서 효과적이며, 신문광고와의 시너지를 발휘할 수 있다. TV 매체 역시 소비자들의 관심과 흥미를 유발할 수 있는 광고의 개발에 많은 노력을 경주하고 있다. 여전히 소비자들의 관심만 존재한다면 전통적인 광고매출도 늘어날 수 있기 때문이다. NFL 챔피언 결정전인 수퍼볼의 30초짜리 광고가 300만 달러를 넘어섰고, 여기에 등장하는 광고 자체가 전 세계인의 관심사가 되고 있는 것만 봐도 그 가능성을 잘 알 수 있다. 또한 유튜브와 같은 동영상 사이트를 통해 해당광고가 전 세계에 공짜로 뿌려지면서 TV 매체와의 커다란 시너지를 창출하고 있다. 게다가 수퍼볼에 등장한 광고들에 대해 수많은 네티즌들의 시청소감과 평점이 매겨져 인터넷에 노출되므로 그 효과는 대단하다.

미국의 GE는 환경 사업에 관한 TV 광고 시리즈를 만들어 DVR 광고로 제공했다. 대개 DVR 소비자들은 광고를 건너뛴 채 프로그램을 시청하는 성향을 갖고 있는 만큼 GE의 광고 역시 대충 흘러 지나갈 광고였다. 그러나 GE는 광고 시리즈 말미에 각각 1초짜리 보너스 동영상을 심어놓았다. 이 1초짜리 보너스 동영상은 많게는 수십 장의 정지화면으로 이루어져 있는데, 만화나 블로그 페이지처럼 코믹한 그림과 간단한 텍스트로 구성되어 있다. DVR로 프로그램을 시청하던 소비자들은 광고를 대충 흘려보내다가 마지막 부분 1초에 일시정지pause 시키고, 마치 만화책을 읽듯이 정지화면들을 자세히 들여다보며 감상하고 있다. 채 1분도 안 되는 TV 광고를 흘려보내다가 이 1초짜리 보너스 동영상을 보는 데 4~5분씩 시간을 소비하는 것이다.

과거에는 극장에 영화를 보러 갔다가 일방적으로 제공된 스크린 광고에 짜증을 내는 관객들이 많았다. 내 돈을 내고 영화를 보러 왔는데 컴컴한 공간에 가둬놓고는 TV에서 보던 식상한 광고를 틀어주는 건 정말 어이가 없다는 게 그들의 항변이었다.

충분히 공감이 가는 이야기다. 그러나 이제 고객의 불만은 크게 줄어들었다. 스크린 광고라는 미디어 포맷에 최적화된 광고를 제공하고 있기 때문이다. TV에서 항상 보던 광고가 아니라 대형 스크린 광고로 제작되거나 재편집되어 그 자체가 즐거운 엔터테인먼트 콘텐츠가 되고 있다.

미국의 주요 복수 종합유선방송사업자MSO들이 2009년부터 시행하기로 한 권역별 양방향 공동광고도 광고주를 적극 유치하기 위한 새로운 시도다. 브라이트하우스 네트웍스, 케이블비전, 차터 커뮤니케이션, 컴캐스트, 콕스 커뮤니케이션스, 타임워너케이블 등 미국의 6대 MSO는 카누 벤처스Canoe Ventures를 공동 설립해 디지털 케이블TV를 통해 광고를 송출하기로 결정했다. 카누 프로젝트는 지금까지 각 SO별로 송출하던 광고를 5,400만 명의 디지털 케이블 가입자 전체를 대상으로 송출함으로써 더 많은 광고주를 유치하고, 광고비 규모를 키우는 것이 일차적 목표다. 그리고 전체 가입자를 소득별·연령별·지역별·인종별 특정 타깃그룹으로 분류해 계층에 맞는 타깃 광고의 집행을 추진하기로 했다. 예를 들어 아메리칸 익스프레스의 골드카드는 소득수준이 상위에 있는 지역에 송출하고, 그 밖의 지역에는 그린카드 광고를 내보내는 방식이다. 케이블TV SO사업자들은 이러한 노력이 축소되는 광고시장을 회복시켜줄 것으로 기대하고 있다.

국내 케이블TV 사업자 역시 미국과 비슷한 노력을 경주하고 있다. CJ헬로비전은 디지털 케이블TV 가입자들이 간단한 리모컨 조작으로 광고 제품과 서비스에 대한 추가정보를 얻을 수 있는 양방향 광고iAD서비스를 시작했다. 아울러 전자프로그램가이드EPG 메뉴나 채널을 선택할 때 인터넷 배너광고처럼 TV 배너가 노출되는 양방향 광고를 도입했다. 해당 프로그램을 선택했을 때에만 광고가 나오게 하여 시청자의 집중도를 높이는 것은 물론 이를 자주 이용하는 층을 겨냥해 광고를 진행할 수 있어 효과적이라는 판단을 하고 있다.

씨앤앰은 자신들의 15개 개별 SO의 디지털 채널에 지역광고를 편성하고 운영할 수 있는 시스템을 IP기반으로 구축했다. 이 시스템을 이용해 타깃별로 광고를 달리 편성하는 방법을 시도하고 있다. 씨앤앰의 담당 팀장은 "디지털 전환과 함께 신유형 방송광고 트렌드는 급물살을 탈 것이다. 서로 성격이 다른 플랫폼과의 연합광고(크로스 미디어 광고)도 양방향 광고를 적용한 새로운 광고시장 영역으로 개척될 수 있을 것이다"라고 언급하고 있다.

2008년 MLB의 최고 연봉 계약자는 뉴욕 양키스의 알렉스 로드리게스다. 그는 역대 최고금액인 10년간 2억 6,500만 달러에 계약한 것으로 알려져 있다. 로드리게스측이 제시한 금액이 너무 높아 많은 전문가들은 계약이 불발될 것이라고 예상했지만 결국 성사되었다. 그의 에이전트인 스캇 보라스는 이 계약을 위해 심혈을 기울여 만든 이른바 'IPN Iconic Performance Network value'이라는 X파일을 제시했다. IPN은 리그를 대표하는 스타플레이어인 로드리게스가 소속 구단은 물론 지역방송국에 얼마나 많은 부가가치를 안겨주고 있는지를 일목요연한 통계로 제시한 자료다. IPN에서는 대표적으로 뉴욕 양키스 구단의 예스 네트워크Yes Network 방송국을 들고 있다. 보라스는 로드리게스 때문에 예스 네트워크의 자산가치가 2002년 설립 당시 10억 달러에서 30억 달러로 3배나 뛰었다고 주장했다. 이 방송국에는 1,000만 이상의 팬들이 매달 2달러 50센트를 납부하고 있어 연간 시청료 수익만 3억 달러 이상이며, 광고료 수입 역시 막대하다. 로드리게스측은 이 같은 중계방송 시청료 수입과 광고수익의 일부를 연봉에 반영해야 한다는 논리를 구단에 제시했고, 협상을 통해 최고의 연봉계약이 성사되었다. 비록 대부분의 TV 방송사가 광고수입이 줄어들어 미래를 걱정하는 처지에 놓여 있지만, 시청자들의 관심만 끌 수 있다면 예스 네트워크처럼 불황을 모르는 방송사도 있다는 점에 주목해야 한다. 변화하는 매체환경에 대응하여 기존 매체들이 어떻게 광고의 판매방식을 바꿔 수익모델을 만들어나갈 것인가에 따라 미디어 기업의 성패가 달려 있다고 할 수 있다.

구글TV가 도입하고자 하는 수익 모델은 광고수입과 유료가입자가 정체 중인 전통적 TV 산업에 시사하는 바가 크다. 구글은 구글TV의 OS 및 관련 소프트웨어를 TV 가전업체들에게 무료로 공개한다. 구글TV는 월 사용료를 받지 않는 대신 프로그램 검색어 입력에 따른 광고수입을 수익 모델로 삼고 있다. 구글TV의 판매가 늘어날수록 광고수입 또한 크게 증가할 것으로 예상하고 있다. 구글은 이미 인터넷의 검색광고를 통해 오늘날의 왕국을 만들었으며, 안드로이드폰에 적용한 수익모델을 TV로 확장하고자 한다.

광고 1.0의 시대는 일방적으로 메시지를 내보내는 형태다. 반면에 클릭 수로 광고비용을 지불케 하는 성과지향적인 광고 2.0은 소비자를 끌어들이고 참여시키는 데에 중점을 둔다. '푸시' 전략이 아니라 '풀' 전략이다. 소비자들이 삼성의 3D TV를 검색하면, 검색결과와 함께 삼성의 다양한 광고를 보여준다. 이를 통해 소비자의 참여participation와 관여engagement를 유도한다.

그렇다면 앞으로의 광고 3.0은 어떤 모습이 될 것인가?

TV를 보면서 자신이 좋아하는 탤런트가 와인을 마시는 장면이 나오면, 그 장면을 클릭해 와인과 관련된 정보를 알아보고, 바로 주문도 할 수 있다. 또 탤런트가 입고 나온 의상도 TV 커머스T-Commerce를 통해 구입할 수 있다. 디지털 방송매체를 통해 소개되고 있는 광고 2.0과 광고 3.0 형태는 인터넷을 기반으로 한 스마트TV가 등장하면서 보편화될 전망이다.

CHAPTER 05

걸어 다니며 소비하는
모바일TV 시대

2007년 '미디어 빅뱅'을 주제로 열린 서울디지털포럼SDF에서 노키아의 최고기술경영자CTO는 다음과 같이 주장했다. "미디어는 모바일이다. 연결은 관계다. 사람은 모두 미디어를 통해 얻는 경험으로 연결된다. 모바일은 미디어를 소비하는 가장 자연스러운 방법이다. 그리고 이것이 결국 미디어가 미래에 나가야 할 방향이다." 우리 생활에서 가장 친숙한 동반자가 된 휴대폰에 TV 기능이 부착된 DMB폰은 널리 보급되어 이미 대중적 매체가 되었다. 최신 DMB폰은 PMP처럼 별도의 변환과정 없이 드라마, 영화 등을 바로 재생해 감상할 수 있는 디빅스DivX 플레이어까지 지원한다. 이 바람에 휴대용 멀티미디어 플레이어인

PMP가 설 자리를 잃고 있다. 손 안의 영화관으로 사랑받았던 PMP는 가뜩이나 MP3 플레이어, 네비게이션, 미니노트북의 틈새에서 고전하고 있던 차에 DMB폰에 의해 시장에서 완전히 밀려날 신세로 전락하고 말았다. 휴대폰이 보는 기능뿐 아니라 음악을 듣는 기능까지 흡수하면서 MP3 플레이어 역시 PMP와 같이 독자 생존이 어려운 상황이 될 것으로 전망된다.

세계미래회의의 티머시 맥Timothy Mack 회장은 "21세기는 시간부족 사회이며, 시간이 가장 중요한 자원이 된다"고 주장한 바 있다.[5] 미디어 기업 역시 다양한 유통채널의 확보를 통해 시간이 부족한 소비자들을 확보하는 것이 사업의 핵심역량이 될 것이다. 이를 위해 DMB폰과 PMP, MP3, 내비게이션, 아이패드 등 이동형 매체로의 접근은 매우 중요한 전략이 되고 있다.

시장조사기관인 가트너에 따르면 세계 DMB폰 시장은 2007년 1,878만 대에서 2010년에는 1억 1,347만 대 규모로 크게 성장할 전망이다. 불과 3년 만에 6배가 늘어난다는 예측이다. 그리고 2010년의 세계 휴대폰 시장에서 약 9%가 TV를 부착한 휴대폰이 점유할 것으로 전망했다. 10명의 휴대폰 사용자 중 한 명이 손 안의 TV를 즐길 수 있게 되는 것이다. IPTV가 시청자들에게 언제 어디서나 자신이 원하는 프로그램을 찾아 시청할 수 있게 해줌으로써 시간의 제약에서 해방시켜주었다면, DMB폰은 공간의 자유를 더해 준다. 또한 개인형 미디어의 속성에 걸맞게 특정 스포츠 경기나 음악 콘서트 중계 등 맞춤형 방송까지 제공한다.

기존 TV 방송은 30분과 50분 단위로 편성되어 있지만 집중도와 영향력이 떨어질 수 있는 휴대폰TV의 경우 5분 이내로 제작된 콘텐츠를 많이 제공하는 경향이 나타나고 있다. 짧은 시간에 메시지를 전달하는 시트콤이나 뉴스 형식의 정보 프로그램 등은 드라마와 영화 못지않은 인기를 끌고 있어 새로운 방송모델을 제시하고 있다.

LG전자의 시크릿폰은 2008년 베이징 올림픽에 맞추어 DMB 방송을 시청하는 도중에 전화나 문자가 오는 경우 타임머신 버튼을 누르면 수신된 방송 내용이 저장되고, 통화가 끝나면 앞서 보던 방송을 이어서 시청할 수 있는 편리한 기능을 제공해 줌으로써 올림픽을 더욱 생생하게 즐길 수 있게 해주었다. 2009년 3월, 경기침체의 여파로 실직자들이 대거 발생하는 등 국민들의 생활은 어려웠지만 세계 야구선수권 대회인 WBC는 온 국민을 행복하게 만들어주었다. 비록 우승은 일본에 내주었지만 일본과의 경기에서 2승 3패로 호각지세를 보였고, 베네수엘라 등 메이저리그 선수들이 즐비한 국가들을 제압, 한국 야구의 힘을 널리 전파한 쾌거였다. 당시 미국에서 개최된 WBC는 주로 오전시간에 경기를 시작해 TV를 보기 어려운 많은 직장인들이 휴대폰을 통해 제공되는 위성 DMB를 시청했고, 이 기간 동안 위성DMB 가입 신청이 급증했다.

우리나라의 휴대폰 활용도는 가히 세계 정상급이다. 2009년 5월 기준, 우리나라 휴대폰 가입자 수는 4,623만 명으로 보급률은 94%에 달한다. 거의 전 국민이 휴대폰을 한 대씩 가지고 있는 셈이다. 그런 만큼 휴대폰 사용료의 씀씀이도 가히 세계 최고 수준이다. 2008년 평균 가구당 통신비는 13만 4,000원으로, 이는 케이블 방송의 1년치 평균 수신료에 해당한다. 전자제품의 역사를 살펴볼 때 지금껏 어떤 제품도 휴대폰처럼 빠른 속도로 보급되지 않았다. 특히 한국의 소비자들은 휴대폰 기종을 가장 빠르게 교체하는 소비성향을 보이고 있다. 2009년 말, KT가 애플의 아이폰 국내 출시를 발표하자 수많은 사람들이 앞다퉈 구매 신청을 하면서 장기간 대기하는 현상이 빚어졌다. 삼성의 옴니아폰 후속모델인 옴니아HD 역시 출시되기 무섭게 기존 고객들은 신제품으로 교체했다. 그들에게 휴대폰은 더 이상 단순히 통화만 하는 도구가 아니다. 인터넷, 카메라, TV, 라디오, MP3, 게임, 전자수첩, 일정표, 신용카드 등 디지털 문명의 주요 도구들이 모두 휴대폰 안에 들어 있기 때문이다. 이동하면서 전화할 수 있는 수단으로 태어난 휴대폰은 이제 통신영역을 넘어선 종합문화서비스 플랫폼으로 진화되었다. 그리고 휴대폰에 속도가 빠른 무선 인터넷이 결합되면서 PC 못지않은 이용환경이 탄생했다.

국내 최초의 무선 인터넷 포털서비스인 SK텔레콤의 네이트가 탄생한 지 2009년 12월로 10주년이 되었다. 지난 10년 사이에 무선 인터넷의 속도는 무려 500배 이상 빨라졌다. 1999년 2메가바이트 용량의 음악파일을 전송할 때 18분 30초가 걸렸지만, 이제는 2.2초면 가능하다. 콘텐츠 역시 초창기 네이트에는 20여 개의 CP가 5,000여 개의 콘텐츠를 제공하는 수준이었지만, 10년이 지난 지금은 무려 700여 개의 CP가 500만 개 이상의 콘텐츠를 제공함으로써 1,000배 이상 증가했다.

무선 인터넷의 속도가 빨라지고, 비용이 낮아지면서 휴대폰은 스마트폰으로 무게중심을 옮겨가고 있다. 스마트폰을 통해 공간에 구애받지 않고 누구와도 커뮤니케이션할 수 있는 환경으로 바뀌면서 삶의 방식도 크게 바뀌고 있다. '눈에서 멀어지면 마음도 멀어진다'는 말은 이제 무의미해지고 있으며, 반대로 이제 곁에 있다고 해서 가까워지는 것도 아닌 세상이 되었다. 일본의 이동통신회사 '도코모'는 '어디든'이란 뜻을 갖고 있는데, 거리공간의 개념이 사라진 모바일 시대의 핵심을 잘 표현하고 있다.

스마트폰 애플리케이션은 날로 진화하고 있다. 스마트폰은 젊은 세대들의 재산목록 1호인데, 이들이 주로 생활하는 캠퍼스의 모습이 스마트폰 애플리케이션을 통해 어떻게 바뀌고 있는지 살펴보자. 각 대학

교에서는 경쟁적으로 학교생활을 위한 맞춤형 애플리케이션을 개발해 앱스토어에 공개하고 있다. 대학생들은 캠퍼스 정보 애플리케이션을 이용해 식당 메뉴를 체크하고, 도서관 빈자리를 검색하기도 하며, 도서 검색과 강의자료까지 얻을 수 있게 되었다. 또한 GPS가 내장된 스마트 폰 덕분에 캠퍼스 지도 위에 떠 있는 자신의 위치를 파악, 가고자 하는 건물을 쉽게 찾을 수 있게 해준다.

스마트폰의 보급 확산으로 기업에서는 '모바일 오피스'를 통해 업무의 방식을 바꿔나가고 있다. 스마트폰에 탑재된 그룹웨어를 통해 현장에서 이메일을 체크하고, 신속하게 결재를 처리하며, 인스턴트 메신저를 주고받기도 한다. 또한 일정관리와 주식시황 정보 등을 실시간 검색해 스피드 경영 및 업무 생산성 향상에 매우 유용한 도움을 받는다.

2009년 글로벌 IT 업계의 최대화두는 단연 '140자의 마술'로 불리는 트위터였다. '지금 전 세계에서 일어나는 일을 가장 빨리 알고 싶다면 트위터에 접속하세요'라는 메시지를 통해 트위터는 SNS의 강자로 부상했다. 2006년 3월 구글에서 퇴사한 비즈 스톤Biz Stone이 창업한 트위터는 불과 3년 만에 전 세계의 이용자 수가 3억 명을 돌파했고, 회사가치가 약 100억 달러에 달하는 등 경이적인 성장을 실현했다. 이에 반해 1999년설립 이래 2005년 가입자 2,000만 명을 돌파하면서 '싸이질'을 대대적으로 유행시킨 SNS의 원조 싸이월드는 지속적인 가입자 정체현상을 겪으면서 해외시장에서도 철수하는 등 부진을 면치 못하고 있다.

트위터와 싸이월드의 명암을 바꿔놓은 가장 큰 차이점은 무엇일까? 전문가들은 모바일과의 연계 여부에서 두 기업의 운명이 바뀌었다고 분석한다. 트위터는 스마트폰을 통해 언제 어디서나 정보공유가 가능한 트위터 서비스를 제공함으로써 모바일 SNS를 만들어냈다. 웬만한 스마트폰에는 트위터 애플리케이션이 제공되고 있어 편리하게 이용할 수 있다. 싸이월드 역시 휴대폰에서도 이용 가능한 '모바일 싸이월드' 서비스를 내놓았지만 이동통신사가 자체 구축한 모바일 포털을 거쳐야 했고, 비싼 사용요금 등으로 성장의 한계에 봉착했던 것이다.

매체의 진화는 고화질(대형), 인터넷ALL IP, 모바일이라는 세 가지 축의 방향에서 단말기의 눈부신 진화와 함께 발전을 거듭하고 있다. 특히 휴대폰은 손 안의 TV로 불리는 모바일 TV를 선도하고 있어 무한한 산업적 가능성을 보여주고 있다. 2005년 12월, 상용 서비스를 개시한 국내 지상파 DMB는 2009년 6월 말 기준으로 약 2,200만의 이용자 시대를 열었다. 1995년 개국한 케이블TV가 1,000만 가입자 확보에 10년이 걸렸고, 2002년 개국한 디지털 위성방송은 200만 가입자 확보에 5년이 소요되었다. 이에 반해 불과 3년 6개월 만에 약 2,200만의 이용자를 확보한 지상파 DMB의 보급 속도는 가히 폭발적이다. 이 중 휴대폰이 60% 이상을 차지하고 있어 DMB를 대표하는 단말기가 되었다.

모바일 TV의 미래모습은 어떤 것일까? 이제 IPTV를 모바일에 접목시킨 모바일 IPTV의 도입이 가까워지고 있다. 모바일 IPTV는 기존의 IPTV에 무선 및 이동성 기술을 적용해 언제 어디서나 자유롭게 IPTV 서비스를 이용하도록 하는 서비스다. 모바일IPTV가 탄생하면 유선 IPTV 가입자들은 집 밖에서도 다양한 방송채널과 VOD, 부가서비스를 즐길 수 있다. 모바일 IPTV의 주력 단말기 역시 진화하고 있는 휴대폰이 될 것이 자명하다. 모바일 IPTV 이후에는 아마도 손톱만한 크기의 HD급 DVD가 개발되어 편의점이나 무인 기기에서 구매한 후 휴대폰에 삽입하고, 휴대폰 액정을 원하는 크기만큼 늘려서 고화질의 영화를 감상할 수도 있는 단계로 발전할지 모른다.

구글의 CEO 에릭 슈미트Eric Schmidt는 2009년 미국 솔트레이크에서 열린 가트너 심포지엄에서 다음과 같은 요지의 발언을 했다. "5년 후에는

10억 명의 사람이 주머니에 슈퍼컴퓨터를 넣고 다닐 것이다. 앞으로 휴대폰, 비디오카메라, GPS 디바이스 등 개인이 들고 다니는 소형 가전제품이나 개인 단말기들은 모두 강력한 컴퓨터로 탈바꿈할 것이다. 휴대폰이 중심이 된 모바일도 지금보다 20배나 빨라지는 100Mbps 브로드밴드 시대가 열릴 것이다."

아마 이때쯤 되면 TV, 라디오, 휴대폰, 인터넷 등이 모바일로 통합되어 미디어 간 경계는 사라지게 될 것이다. 또한 모든 미디어 수단들이 강력한 컴퓨터로 바뀌는 환경에서 이들 기기들이 쏟아내는 정보와 엔터테인먼트의 양은 실로 엄청날 것이다.

미디어 기업의 글로벌화 추구

〈주몽〉, 〈대장금〉은 이란에서도 최고 시청률 기록

지역적 성격이 강했던 미디어 기업들이 바야흐로 인터넷의 발달로 말미암아 글로벌화를 추구하고 있다. 과거에는 프로그램을 단순하게 해외 방송사에 판매하는 형태에 그쳤는데, 이제 글로벌 미디어 기업이 직간접적으로 진출한 채널들과 인터넷을 통해 전 세계 시청자들과 대면하고 있는 것이다.

CNN이나 BBC, 디스커버리, ESPN, NHK 등의 채널이 매일 노출되고 있으며 많은 사람들이 〈프리즌 브레이크〉나 〈CSI〉 등과 같은 미국 드라마에 열광한다. 아울러 메이저리그 야구나 프리미어리그 축구를 실시간으로 즐긴다. 이는 비단 우리만의 환경은 아니다. 문화적 배경과 역사, 생활방식이 크게 다른 중동과 이란에서도 한국의 드라마 〈주몽〉과 〈해신〉, 〈대장금〉의 인기가 하늘을 찌르고 있다고 한다. 중국과 일본, 동남아시아에 이어 TV 드라마를 통한 한류열풍이 중동지역까지 진출한 것이다. 우리와 식생활문화가 전혀 다른데도 불구하고, 이란에서의 〈대장금〉 시청률이 무려 85%에 이른다고 하니 모든 국민이 보고 있다고 해도 과언이 아니다. 중남미의 조그만 나라인 코스타리카의 국영 TV에서도 스페인어로 '궁궐 안의 보석'이란 제목으로 2009년과 2010년 초에 〈대장금〉을 방영해 시청자들의 폭발적인 반응을 얻었다고 한다. 생소한 문화의 한국 드라마에 이방인들이 심취하는 이유는 무엇일까? 그들의 눈에 비친 한국의 문화와 궁궐, 서민들의 생활상, 음식 등 모든 것이 너무나 독특하고 신선하기 때문이라고 한다. 평소에 들어보지 못한 음율과 음색의 독특한 드라마 배경음악 역시 그들의 마음을 끌고 있다. 우즈베키스탄인은 길거리에서 한국인들을 보면 '주몽, 주몽', 또는 '장보고, 장보고'라고 외치면서 반갑게 인사를 한다고 한다. 한국 드라마에는 국경과 인종, 그리고 문화적 차이와 직접적 경험을 초월한 공감적 요소가 존재하기 때문에 한류의 열풍이 일어나고 있는 것이다. 이방인들은 역사적 배경이 생소함에도 불구하고 주몽이 고난을 극복하고 대국을 건설해 나가는 스토리에 푹 빠졌다고 한다. 이 같은 한류는 한국어 공부로까지 이어져 우즈베키스탄의 주요 9개 대학에 한국어과가 설치되기까지 했을 정도다.

전 세계에서 판매되는 영화 티켓의 85%가 미국 영화를 보기 위한 것일 만큼 할리우드 영화가 세계인의 상품이 된 것이나, 《해리포터》가 영국 어린이를 위한 소설이 아니라 전 세계 어린이를 위한 소설이 된 것도 마찬가지 현상이다. 언제부터인가 전 세계 소비자의 감성과 기호는 비슷하게 좁혀지고 있으며, 이로 인해 재미있는 콘텐츠나 편리한 디지털 기기는 금세 글로벌 시장으로 퍼져나간다. 무분별한 문화유입으로 자국 문화의 정체성이 위협받을 것을 우려했던 과거와는 사뭇 다른 양상이 전개되고 있는 것이다.

글로벌 미디어그룹이나 콘텐츠 그룹들은 글로벌 시장을 겨냥해 각국의 문화적 할인을 해소할 수 있는 상품이나 콘텐츠를 생산하고 있다. 할리우드 영화사가 수억 달러씩을 투자해 만든 영화 한 편을 2억 5,000만의 인구를 가진 자국 시장만을 대상으로 공급했다면 벌써 도산했을 것이다. 12억의 중국 인구와 11억의 인도 인구, 그리고 5,000만의 한국 인구에 이르기까지 전 세계 모든 국가를 대상으로 콘텐츠를 공급했기 때문에 성공할 수 있었다. 약 3억 달러의 제작비가 투여된 〈아바타〉는 한국에서만 1,000만 관객을 넘어섰고, 전 세계적으로 27억 달러의 수입을 창출했다. 2007년에 개봉된 〈타이타닉〉 역시 전 세계적으로 약 18억 4,000만 달러의 흥행수입을 올렸는데, 미국 관객 수는 한계치인 7,000만 명이었고 인도에서의 관객 수는 무려 3,000만 명이었다.

이처럼 전 세계시장을 대상으로 흥행을 펼치고 있는 할리우드 영화사들은 각국의 문화적 차이를 최소화할 수 있는 대중적 블록버스터 영화를 생산해 내는 데 주력하고 있다.

미디어 기업의 글로벌라이제이션 전략

세계 경제를 휩쓸고 있는 글로벌라이제이션의 물결에서 방송산업도 예외가 아니다. 미디어 기업들이 글로벌 시장으로 진출하는 이유는 무엇일까?

첫째, 포화상태에 도달한 자국의 미디어 시장을 벗어나 글로벌 시장에서 규모와 범위의 경제를 확보하기 위한 전략에서다. 미국의 미디어 기업들은 1980년대와 1990년대를 거치면서 인수합병과 전략적 제휴를 통해 거대한 미디어 그룹으로 재탄생했고, 범위의 경제를 확보함으로써 거대한 내수시장에서 커다란 수익을 창출할 수 있었다. 이들 기업은 자국 내에서 확보한 수익을 바탕으로 자신들의 콘텐츠 판매와 유통망을 확대하기 위해 글로벌 시장에 진출했다. 자국시장에서 성공한 미디어 기업들은 자국에서 일차적인 원가를 확보하고 있으므로 큰 비용의 투자 없이도 세계시장으로 진출할 수 있었고, 로컬 미디어들과의 경쟁에서 비용우위를 확보할 수 있어 보다 유연하게 현지화를 추구할 수 있었다. 그러나 이제 미디어 기업들에게 글로벌라이제이션은 미래의 비전이라기보다는 현재의 당면과제가 되었다. 지난 10여 년 사이에 디지털과 인터넷 발달로 인해 다양한 뉴미디어가 등장하면서 시장에서의 경쟁이 치열해졌고, 자국시장을 벗어나 해외시장으로의 진출을 통한 활로 개척이 절실해졌기 때문이다.

둘째, 경제와 금융정보, 프리미어리그 등 인기 스포츠 경기를 독점하고 있는 미디어 기업들은 전 세계를 대상으로 고급정보의 유통과 스포츠 경기의 판매를 위한 글로벌 미디어 체제를 구축하고 있다. 톰슨 로이터나 블룸버그, 다우존스, CNBC가 추구하고 있는 전략이 바로 고급정보의 유통이다. 인터넷에는 무료 정보가 넘쳐나고 있지만, 고객들은 돈이 되는 고급정보라면 기꺼이 지불할 용의를 가지고 있어 고급정보의 수요는 오히려 더 커지고 있다. 이들 기업은 자신들의 막강한 정보 상품력을 바탕으로 글로벌 프리미엄 경제 네트워크를 지향한다. 스포츠 채널의 대명사인 ESPN은 메이저리그, NBA, 골프, 유럽 축구, 격투기 중계 등 해외 유명 스포츠 경기를 실시간으로 우리 안방에 전달해 주고 있어 스포츠 마니아들에게는 없어서는 안 되는 글로벌 미디어다.

글로벌 미디어 기업들은 방송 프로그램을 단품으로 수출하고 있는 대부분의 국내 미디어 기업들과는 달리 해외시장에 직접 방송채널을 진출하고 있다. 방송 프로그램의 단품 판매는 충성도가 높은 고정 시청자를 지속 확보하기가 어려워 장기적인 전략이 될 수 없기 때문이다. 이들 기업은 글로벌 네트워크를 통해 원 소스 멀티 유즈의 콘텐츠 유통을 실현하면서 세계시장에서의 수익비중을 넓혀나가고 있다.

글로벌 미디어 기업의 핵심역량은 콘텐츠의 표준화와 규모의 경제 확보다. 이들 기업의 글로벌 진출 사례를 살펴보면 매우 정교한 전략을 수립해 추진했음을 알 수 있다. 먼저 이들의 글로벌 채널 진출에는 대체로 방송 프로그램의 단품 수출과 라이선스 판매를 거쳐 채널 진출로 이어지는 단계별 추진전략이 구사되고 있다. 다큐멘터리와 논픽션으로 재미와 지식을 동시에 추구하면서 전 세계에 많은 고정시청자들을 확보하고 있는 디스커버리 채널은 1985년 첫 방송 이래 약 170개국에 방영되고 있는 글로벌 네트워크다. 이들 역시 자신들의 프로그램을 한국을 포함한 해외 TV 방송사들에게 단품으로 판매하면서 점차적으로 글로벌 미디어로 성장했다. 1995년에 국내에 케이블TV가 도입되면서 케이블 PP인 Q채널과 독점 라이선스 계약을 체결하고, 프로그램을 판매하기도 했다. 그후 Q채널에 하루 2시간의 고정시간대를 확보해 블록

표 5-2 글로벌 방송사업 진출의 단계별 전략

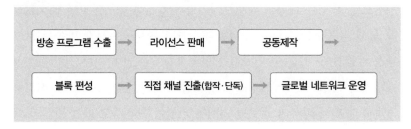

편성을 제공함으로써 국내에서의 인지도를 높여나갔다. 충분한 경험을 축적한 디스커버리는 국내 MSO인 씨앤엠과의 제휴를 통해 케이블TV에 직접 진출했고, 곧바로 위성방송으로 확대해 나갔다.

디스커버리와 같이 독립된 채널로 해당국가에 진입할 경우 시청습관이 형성되면서 자연스럽게 문화적 장벽도 낮아지고, 고정시청자를 확보해 일정한 시청률을 유지할 수 있을 뿐 아니라, 글로벌 운영을 통해 경제적 효율성과 시너지를 발휘할 수 있기 때문에 궁극적으로 직접적인 채널 진출을 추진하는 것이다.또한 글로벌 미디어 기업들은 문화적·지리적으로 근접한 지역을 선택해 먼저 진출한 다음, 사업의 성과를 살펴보면서 대상 지역을 넓혀간다. 그리고 이들은 지역별로 시장환경에 맞는 사업방식을 도입함으로써 철저한 현지화 전략을 추구한다. 디즈니와 같은 기업들은 브랜드 이미지 관리를 위해 대체로 자신들이 지분을 100% 소유하는 방식을 선호하지만, HBO는 현지 기업과의 합작법인을 만들어 운영하는 등 지역별 사정에 따라 유연하게 대처하고 있다. 아울러 글로벌 미디어 기업들은 자신들의 프로그램으로 전량 편성되기를 원하지만 현지 시청자들의 성향을 감안해 로컬 프로그램을 적극 편성하기도 한다. CNN, BBC, CNBC와 같이 월드 뉴스를 제공하는 채널들은 아예 로컬 편성 블록을 고정편성함으로써 현지밀착형의 방송을 제공한다.

글로벌 미디어 기업들은 자신들의 효율적인 프로그램 제작 시스템을 기반으로 풍부한 콘텐츠 라이브러리를 구축한 다음, 글로벌 네트워크를 통해 유통하는 전략을 구사한다. 실제로 하루 24시간 방송 프로그램을 공급할 수 있는 능력이 없는 방송사가 글로벌 미디어 기업으로 성장하기는 어렵다. 세계시장으로 진출할 수 있는 콘텐츠 라이브러리를 구축하기 위해 미국의 글로벌 미디어 기업이 활용하고 있는 방식인 할리우드의 스튜디오 모델을 유념해 볼 필요가 있다. 스튜디오 모델이란 콘텐츠의 마케팅과 배급을 총괄하는 방식으로서 외부제작자의 프로그램 개발 및 제작을 지원해 콘텐츠 라이브러리를 구축하고, 이를 유통시키는 시스템이다. 즉 전 세계 시장을 대상으로 특정 프로그램을 기획한 다음, 다수의 제작사로부터 프로그램을 납품받아 이를 방송시장에 공급하는 것이다. 글로벌 미디어로 성장하기 위해서는 콘텐츠 확보가 필수적인 바, 글로벌 미디어 기업 내에는 스튜디오 모델 방식으로 영화와 방송 프로그램을 제작하고 유통을 담당하는 핵심부서를 두고 있다. 또한 동일 프로그램 포맷에 의한 현지 제작 또는 공동제작을 하는 방식은 글로벌 미디어 기업들의 주요 전략 중 하나다. 일반적으로 프로그램 포맷을 판매할 때 방송 브랜드, 프로그램 아이디어와 형식, 포맷 바이블을 함께 제공한다. 포맷 바이블이란 타깃시청층, 편성전략, 출연자 섭외 기준, 인터뷰 내용 등 구체적인 연출 노하우를 말한다. 수많은 슈퍼스타들을 발굴한 폭스TV의 원조 오디션 프로그램인 〈아메리칸 아이돌〉이나 영국 ITV의 〈브리튼즈 갓 탤런트〉 같은 방송 프로그램은 국제 프로그램 견본시장에서 포맷 비즈니스로 각광을 받은 대표적 사례다.

디즈니 채널의 프로그램 포맷을 활용한 현지화 전략은 가장 전형적인 사례가 될 것이다. 영국 메이드스톤Maidstone 스튜디오에서는 어린이 대상의 디즈니 채널에서 방영할 프로그램을 동일한 포맷으로 6개국용으로 제작하고 있다. 이곳에서는 멕시코에 방영될 스페인어 버전, 브라질어, 프랑스어, 이탈리아어, 독일어 버전으로 총 200개가 넘는 개별 프로그램들을 만들고 있다. 전체 분량의 5분의 3은 국가별 버전에서 동일하게 이용되고, 나머지 5분의 2는 국가별 특성에 따라 새롭게 제작하는 방식이다. 이 경우 프로그램 제작비용은 각 국가별로 만들 때 소요되는 비용의 3분의 1 수준이라고 한다. 그리고 하나의 포맷을 각

국가의 특성에 맞게 재제작함으로써 프로그램에 해당 국가의 정서를 담도록 하고 있다. 1981년 케이블TV의 음악 전문채널로 방송을 시작한 MTV는 미국 대중문화의 전도사를 자처하며 음악산업과 대중문화에 커다란 영향을 끼쳤다. MTV는 뮤직비디오를 소개하는 'VJ video jockey' 개념의 대중화, 영상매체로 음악을 소개하는 전문 프로그램의 도입, 음악 관련 행사 및 프로모션 등을 통해 팬들과 아티스트가 공유할 수 있는 공간을 제공했다. 10대와 젊은 층들은 MTV의 슬로건인 "난 MTV를 원해 I Want My MTV"처럼 MTV의 등장에 열광했다.

MTV는 1980년대 말부터 유럽과 아시아 지역으로 본격 진출하면서 글로벌 네트워크로 성장했다. MTV는 처음부터 독립적으로 진출하기보다는 해당 지역의 사업자와의 제휴를 통해 뿌리를 내리는 방식을 선호했고, 로컬 음악을 함께 편성하는 글로컬라이제이션 glocalization 전략을 추구했다.

2007년 말 MTV는 문화적 차이로 도저히 접근이 어려울 것 같았던 중동지역에까지 진출해 새로운 음악 및 라이프스타일 채널을 선보였다. MTV 아라비아는 1989년부터 글로벌 MTV를 개척하고 있는 빌 도디 Bill Dowdy 부회장이 중국, 인도, 러시아에 이어 53번째로 개국한 채널이다. 그에게 두 개의 위성을 통해 1억 9,000만의 중동지역 시청자들을 대상으로 MTV 방송을 송출하는 것은 가장 야심찬 작업이었다.

MTV 아라비아는 철저한 현지화 전략을 통해 아라비아 문화에 '스며들기'를 추구했다. MTV 아라비아는 미국을 비롯한 서구의 대중음악과 아랍계 음악을 6대4 비율로 방송하고, 토착화된 리얼리티쇼를 제공했다. MTV의 파트너사인 두바이 아랍 미디어그룹 AMG은 '아라비아 진출에 있어서 가장 중요한 것은 문화적 배려'임을 강조하며 아라비아의 프로그램 편집자가 콘텐츠 제작에 참여하는 등 문화 이질감을 최소화하기 위해 노력했다. 그리고 MTV의 프로그램 포맷을 중동지역에 맞게 변형시켜 재제작하기도 하고, 현지인을 MC로 내세운 프로그램을 선보였다. MTV 아라비아의 자체 제작 프로그램 〈우리의 힙합〉은 사우디아라비아 출신 래퍼 '쿠사이 키드로'가 중동의 각국을 순회하며 스타를 발굴하는 오디션 프로그램으로서 아라비아 시청자들의 좋은 호응을 얻었다. 아직 아라비아 지역 대상의 광고시장은 그다지 크지 않지만 MTV는 미래를 위해 투자하고 있는 것이다. 글로벌 시장으로의 진출은 MTV의 생존전략이기 때문이다. 아라비아 국가들의 전체 인구 가운데 3분의 2가 25세 미만이므로 젊은 층이 선호하는 엔터테인먼트 산업의 잠재성이 무척 큰 지역으로 그들은 판단하고 있다. MTV의 현지진출에 힘입어 모기업 바이어컴은 두바이에 테마파크 사업과 관련한 25억 달러의 라이선스 계약을 체결하기도 했다.

인터넷 창업가들이 키우는 또 다른 글로벌 미디어

인터넷과 기업가entrepreneur의 합성어인 네트러프러너는 '인터넷 창업가'를 지칭하는 표현이다. 네트러프러너는 콘텐츠 산업을 글로벌로 키우는 데 크게 기여하고 있다.

미국에서는 전통적으로 학위를 중요한 자산가치로 여겨왔는데, 디지털 시대가 발전하면서 인터넷 창업 열풍이 일었고, 많은 대학생들이 학위를 포기하고 창업 열풍에 합류하는 일도 많아졌다. 아이팟을 만든 애플의 CEO 스티브 잡스, 구글을 개발한 세르게인 브린과 래리 페이지, 미국판 싸이월드인 마이스페이스를 만든 톰 앤더슨Tom Anderson과 크리스토퍼 드울프Christopher DeWolfe가 대표적인 인물이며, 한국에도 수많은 네트러프러너들이 있다. 이들의 공통된 특징은 상품을 창의적으로 만드는 발명가, 엉뚱한 생각으로 발상을 전환하는 몽상가의 성향을 지니고 있다는 것이다. 인터넷을 잘 모르던 톰 앤더슨은 무명 록밴드 시절 자신의 음악을 들어줄 청중을 인터넷상에서 만들 수 있을 것이라는 착상을 한 끝에 마이스페이스닷컴이라는 미국 제일의 SNS를 만들었다.

과거의 글로벌 미디어 기업들은 권위와 규모를 통해 글로벌 진출을 추진했다. 특히 뉴스코퍼레이션의 루퍼트 머독 회장은 강력한 추진력을 바탕으로 글로벌 미디어를 성공적으로 구축했다. 그러나 지구상에서 가장 규제가 심한 국가 중 하나인 중국시장에서는 막대한 비용을 투자한 만큼의 성과를 거두지 못했다. 기존 방송 시스템으로 거대 중국시장을 뚫기에는 분명한 한계가 있었던 것이다.

최근 미디어 기업들은 인터넷에 기반한 네트러프러너의 정신으로 글로벌 시장을 개척하고 있다. 이들의 공통된 전략은 온·오프라인의 경계를 허물고, 업종의 경계를 파괴하며, 국경의 경계를 다양한 방법으로 넘나들고 있다는 것이다.

앞으로 글로벌 미디어 산업은 세계 최대 인터넷 검색엔진을 가진 구글이 주도할 것이라는 전망이 우세하다. 기존의 전통적인 미디어 그룹보다 더 유연하게 글로벌 진출전략을 구사할 수 있기 때문이다.

디지털 시대에 미디어의 성공조건으로 삼성경제연구소에서는 규모의 경쟁력, 콘텐츠 및 기술력, 차별화된 비즈니스 모델, 저비용 구조 등 4가지를 꼽고 있다. 이러한 성공조건을 기준으로 주요 글로벌 미디어 업체들을 비교한 결과, 구글의 미래 경쟁력이 가장 큰 것으로 나타났다. 구글은 디즈니와 톰슨 로이터와 비교할 때 디지털 기술력과 광고수익 모델, 저비용 구조 등에서 우위를 보이고 있다. 미국 최대의 케이블 TV회사인 컴캐스트는 방송통신 융합서비스에, IT 하드웨어 업체인 노키아는 모바일 콘텐츠에 각각 우위를 지녔지만 종합적인 경쟁력에서는 구글에 비해 뒤지고 있다.

　구글의 시장가치는 인터넷 광고가 크게 늘면서 2008년 기준 800억 달러를 넘어섰고 세계 최대의 미디어 회사인 타임워너를 앞지를 정도다. 삼성경제연구소에서는 미디어 산업에서 "과거 10년보다 더 혁신적인 변화가 일어나면서 5년 내 패권이 판가름 날 것"이라며 "디지털 환경에 적응하지 못하는 미디어는 도태될 수밖에 없다"고 분석하고 있다.

국경 없는 상품, 한류는 글로벌의 가장 큰 경쟁력

　1997년 6월 중국의 CCTV를 통해 드라마 〈사랑이 뭐길래〉가 방영되면서 중국대륙에 한류의 바람이 불기 시작했다. 이 드라마는 최고시청률 15%대를 돌파했고, 외화 가운데 시청률 2위를 기록했다. 전통적인 가부장 권위를 일깨워준 '대발이 아버지(이순재 분)'의 당당한 모습은 '남녀 역차별' 속에 살던 중국의 남성들을 크게 고무시켰다. 중국의 대도시 젊은이들은 HOT 등 우리나라 댄스가수들의 노래를 따라 부르기 시작했고, 드라마 〈보고 또 보고〉를 시청하면서 진한 감동에 울고 웃었다. 일본에서는 2004년 4월 NHK의 위성방송을 통해 드라마 〈겨울 소나타(겨울연가)〉가 방영되면서 한류의 붐이 일어났다. 시청률은 15% 수준으로 한국 기준으로 보면 40~50%에 해당하는 경이적인 기록이었다. 〈겨울연가〉가 한류 신드롬의 기폭제가 되어 우리나라 연예인이 표지 모델로 나온 잡지들이 길거리에 전시되기 시작했고, 드라마 인기에 힘입어 한국음식, 관광, 한복 등 파생상품이 크게 유행했다. 2009년 9월 최고의 한류 스타 배용준과 최지우는 도쿄돔에서 애니메이션 〈겨울연가〉의 제작발표회에 이어 《한국의 아름다움을 찾아 떠난 여행》의 출판기념회를 가졌는데, 무려 5만 명의 팬들이 운집해 그들의 인기를 실감할 수 있었다. 한류 드라마는 소재와 내용이 신선하고 엔터테인먼트적 요소가 뛰어나다는 이유로 새로운 것을 찾는 일본과 중국 등 아시아권에서 시청자들의 인기를 모을 수 있었다. 홍콩 TVB 방송사의 이스터 룩Easther Luk 이사는 〈대장금〉의 인기몰이 현상에 대해 "중국인들이 좋아하는 약재와 음식, 한자와 명나라 등이 적절하게 배합되어 있으며 음악, 의상, 배경 등이 매우 아름다워 시청자들의 뜨거운 반응을 불러일으켰다"고 분석하고 있다. 또한 "결코 포기하지 말라는 긍정적인 메시지, 가족관계에 중점을 둔 유교적 문화 등이 기저에 깔려 있는 점"도 성공요인으로 들고 있다. 하지만 일본에서의 한국 드라마는 지상파에서 케이블TV로 밀려나면서 점점 그 열풍이 점차 식어가고 있었다. 그러다가 민영 지상파 방송사인 TBS가 2010년 4월부터 〈아이리스〉를 황금시간대인 저녁 9시에 편성함으로써 다시 한번 한류 붐에 불을 지폈다. TBS는 수목 드라마가 방영되는 프라임타임대의 낮은 시청률을 타개하기 위해 한국 드라마를 편성한 것이다. 일본의 〈데일리스포츠〉는 '본사마(이병헌)가 TBS를 살릴 것인가'라는 기사를 통해 '저조한 시청률로 고전을 면치 못하던 TBS가 일본 내 뿌리 깊은 한류에 사운(社運)을 걸었다'고 설명하고 있다. 그러나 기대와는 달리 〈아이리스〉의 시청률은 7%대에 머물러 2004년 NHK에서 방영한 〈겨울연가〉의 시청률 20%에 크게 못 미치고 말았다. 볼거리가 풍부한 일본의 방송환경을 감안할 때 이제 독창적이고 완성도 높은 드라마가 아니면 한류 스타만으로 일본 시청자의 관심을 끌기에 한계가 있음을 알 수 있다. 또한 한류에 대해 각국의 거부감과 저항도 만만치 않다. 미디어 산업이나 문화콘텐츠의 경우 각국의 통제와 배타적인 국민적 정서가 상존하고 있기 때문이다. 한류가 해당 국가에서 영향력을 발휘하고, 일정한 문화적 지위를 점유하게 되면서 반(反)한류의 정서가 수반되고 있는 것이다. 〈데일리스포츠〉가 〈아이리스〉의 TBS 방영에 따른 제2차 한류 붐과 주연배우 이병헌과 김태희에 대한 기대감을 표명한 데 반해 타블로이드지 〈석간 겐다이(現代)〉는 '제2차 한류 붐, 한류 처(妻)가 가정을 망가뜨린다'라는 기사를 통해 '한류 때문에 가정이 붕괴 직전'이라는 부정적인 측면을 부각시킨 바 있다.

외국의 문화상품이 해당국가에 기여하는 바가 적다고 인식되면 바로 이익밖에 모르는 장사치로 몰리는 사례가 많이 있었다. 상업성 높은 영화를 양산했던 홍콩 영화의 경우 주변의 아시아 국가들로부터 한동안 '리틀 할리우드'라는 찬사를 받기도 했지만 '자본주의 쓰레기 문화의 집대성'이라는 비난 또한 거셌다. 국내 문화 콘텐츠 산업이 급성장하고 있는 것은 분명한 사실이나 아직 세계시장에서 차지하는 비중은 약 2% 정도에 불과하고, 세계 최고수준과 비교할 때 질적·양적 측면에서 큰 격차가 있기 때문에 지속적인 한류 붐을 유지할 수 있는 전략이 필요하다. 이러한 측면에서 세계 속에 확고한 자리를 잡고 있는 일본의 애니메이션과 만화산업의 성공사례를 유념해 볼 필요가 있다.

전 세계에서 방영되는 TV 애니메이션의 60%, 국내의 경우 90% 이상이 일본 작품이다. 일본의 만화는 세계시장 점유율의 절반을 넘고 있으며, 국내의 경우 70%를 점유하고 있다. 또한 일본의 만화는 드라마나 영화로도 제작되어 원 소스 멀티 유즈를 통해 큰 부가가치를 실현하고 있다. 만화 〈꽃보다 남자〉는 2009년에 우리나라에서도 드라마로 제작되어 큰 인기를 끌었고, 〈드래곤볼〉은 TV 애니메이션과 게임으로도 제작되어 전 세계에 팔려나갔다. 더 중요한 것은 '일본 애니메이션이나 한 편 볼까'라고 하면서 TV를 켜는 사람은 없듯이 일본의 대중문화는 자연스럽게 세계화되어 일상생활 속에 침투되어 있다는 사실이다.

이들 콘텐츠는 민족적·지역적·이데올로기적 색채를 지워내고 모든 나라 사람들이 공통적으로 느끼는 정서를 표현하기 때문이다. 삼성이나 현대자동차는 알아도 그들이 한국기업이라는 사실은 잘 모르는 서구인이 많듯이 일본에 진출한 한국 가수 보아의 국적을 일본으로 착각하는 사람들도 많다고 한다. 문화의 외형적·감정적 동질성이 높아질수록 소비자들은 편하게 접근하여 소비하는 경향을 보인다고 한다.

분명 한류는 국내의 미디어가 글로벌 미디어로 뻗어나가기 위한 경쟁력의 핵심이다. 그러나 한류가 다양한 국가에서 생활 문화로서 정착하기 위해서는 일본의 애니메이션이나 만화산업처럼 국적성을 벗어나 자연스럽게 해당국에 스며들 수 있는 전략이 필요하다. '가장 한국적인 것이 세계적인 것'이라는 메시지는 콘텐츠 산업에도 잘 적용될 수 있지만, 세계인들이 공감할 수 있는 보편적 정서와 재미를 내포할 때 배타적 경계의 장벽이 사라진다는 점을 잊어서는 안 될 것이다.

한국의 '빨리빨리 문화'는 빠른 속도로 변하고 있는 디지털 시대에 오히려 큰 경쟁력이 되고 있다는 재미있는 분석도 있다. 한류의 원천이 되고 있는 한국의 드라마 제작 방식도 마찬가지다. 촬영 직전에 가까스로 전달된 쪽대본으로 허겁지겁 찍어나가는 국내 드라마 제작현실에 비춰보았을 때 미국과 일본의 '사전 제작제'는 정녕 우리의 이상향이었다. 순간 최고시청률 52%, 평균시청률 30% 이상을 기록하면서 2009년 최고의 화제작으로 주목받았던 KBS 미니시리즈 〈아이리스〉 역시 예외는 아니었다. 서울 한복판에서 일어날 핵 테러를 막기 위해 주인공인 김현준(이병헌 분), 김선화(김소연 분), 최승희(김태희 분)가 테러리스트들과 긴박감 넘치는 총격전을 펼치는 장면은 〈아이리스〉의 하이라이트였다. 그런데 광화문과 세종로에서 촬영한 이 장면들은 불과 1주일 후에 방영되었는데 미국과 같은 나라에서는 상상도 할 수 없는 제작방식이 아닐 수 없다. 이러한 초스피드 졸속(?) 제작방식은 역설적으로 시청자들과의 호흡이 척척 잘 들어맞고, 드라마의 재미를 높이는 요소가 되고 있다고 한다. 드라마를 일단 방영하면서 그때그때의 시청자 반응과 요구를 드라마 내용에 탄력적으로 수용해 나가고, 총 방영 회수와 드라마 결말까지도 시청률에 따라 바꾸고 있기 때문이다. 디지털 시대의 아웃소싱 방식인 집단지성에 의한 크라우드 소싱, 또는 양방향 커뮤니케이션의 TV 2.0 개념을 잘 적용하고 있다고 볼 수 있다. 그렇기 때문에 비록 작품으로서의 전체적 완성도는 떨어지더라도 어느 누가 보더라도 보편적 재미 요소와 공감이 내용에 듬뿍 녹아 있다. 한류 드라마의 이런 매력 때문에 동남아시아는 물론 우즈베키스탄, 이란에서까지 절대적인 인기를 끌고 있는 것이다.

국내 미디어 기업의 글로벌 진출을 위한 전략과 과제

1980년대 이후 미국의 미디어 기업들은 M&A를 통해 신문, 방송, 영화, 출판, 음악 등 사업을 다각화하면서 덩치를 키웠고, 이 힘을 바탕으로 해외시장에 적극 진출해 글로벌 기업으로 성장했다. 2008년을 기준으로 타임워너의 매출액은 50조 원, 디즈니는 40조 원에 달하고 있다. 이는 우리나라 MBC, SBS의 연간 매출액 6,000~7,000억 원의 약 70배에 달하는 수준이다. 우리나라의 전체 방송시장 규모는 2007년 기준, 10조 5,000억 원 수준으로 미국시장의 5.3%에 불과하다.

정보통신 분야에서는 우리나라도 세계적인 기업들을 갖고 있지만 국내에서 가장 큰 시장을 가지고 있는 지상파 방송의 경우 세계 100위권 안에 드는 방송사가 없다. 그만큼 우리나라 미디어 기업의 글로벌 수준은 아직 미약하다. 국내 미디어 업계는 한정된 내수시장에서만 경쟁을 해왔으며, 정부의 규제와 높은 진입장벽 탓에 미디어 기업의 규모를 키우기가 어려워 글로벌 선진기업들과 경쟁할 수 있는 상황 또한 아니었다. 이제 국내 방송시장도 다매체·다채널 시장으로 진화함에 따라 협소한 내수시장 안에서의 치열한 경쟁을 타개하고, FTA에 따른 콘텐츠 경쟁력의 확보를 위해 글로벌 방송시장으로의 진출이 필수적인 환경이 되고 있다. 그러나 국내의 대다수 대형 미디어기업들은 해외진출의 필요성을 절감하고 있지만 아직까지 글로벌화에 대한 인식과 노하우 부족으로 장기적 관점의 글로벌 진출 전략을 갖추지 못하고 있다.

한국을 흔히 '글로벌 브랜드 기업들의 무덤'이라고 표현한다. 수많은 글로벌 기업들이 한국시장에 진출했지만 토종 브랜드에 밀려 실패한 사례가 많기 때문이다. 세계 최대의 유통기업인 월마트와 까르푸는 한국 소비자들의 쇼핑 스타일과 구매심리를 잘 파악하지 못한 채 결국 철수했다. 미국이나 유럽과 달리 소비자의 키를 훌쩍 뛰어넘는 매대에 상품들을 쌓아놓고 파는 창고형 매장보다 한국 소비자들에게는 매장직원들의 친절한 서비스와 도움이 있는 이마트가 훨씬 매력적이기 때문이다. 전 세계 인터넷 검색시장을 석권하고 있는 구글 역시 우리나라에서는 네이버에 밀려 제대로 힘을 발휘하지 못하고 있다. 네이버가 구글보다 국내 네티즌들이 기대하는 감각 수준의 검색결과를 더 잘 제공해주고 있기 때문이다.

미디어 기업 역시 글로벌로 진출해 성공하기 위해서는 해당 국가의 소비자 특성과 시장환경 등을 정확히 파악해 접근해야 하는 바, 콘텐츠의 문화적 할인율과 각국의 규제 때문에 일반상품보다 훨씬 정착하기가 어렵다.

우리는 어떻게 해야 글로벌 시장에 진출해 장기적으로 콘텐츠와 미디어 강국의 꿈을 실현할 수 있을 것인가?

첫째, 콘텐츠의 수출, 공동제작, 채널 진출이라는 단계적 수순을 밟으며 발전시켜 나가는 것이 바람직할 것이다. 이는 미국의 글로벌 미디어 기업들이 활용했던 방식으로 해당국가의 시청자와 문화를 이해하면서 기반을 닦아가는 방법이다. 해외에서 인기를 끌 수 있는 한류 콘텐츠의 수출이 무엇보다 우선되어야 하겠지만 연속적인 히트 작품의 공급은 쉽지 않으므로 지속적인 사업성과 로열티 유지가 어렵다. 또한 국내의 경우 지상파TV가 아니면 한류 드라마를 생산하기도, 막대하게 투자된 제작비를 회수하기도 어려운 시장구조를 지니고 있다. 그러나 단발성으로 콘텐츠를 수출하는 기업이 아니라 글로벌 미디어를 지향하는 기업이라면 반드시 한류 드라마만이 핵심 콘텐츠는 아니다. 영화와 음악, 게임, 다큐멘터리도 있고 다양한 예능 프로그램도 있다. 이들에게 콘텐츠 판매와 공동제작은 글로벌 미디어로 가기 위한 전초 단계가 될 것이다. 특히 공동제작은 상호간 양방향 소통을 통해 프로그램에 대한 신뢰를 구축하는 데 매우 중요하다. '한국-베트남, 태국 TV 다큐멘터리'를 공동 제작하고 '베트남 슈퍼스타 콘테스트 2008' 등을 기획한 국내 한 미디어 기업의 임원은 "공동제작의 접근을 통해 양국의 문화발전과 우호증진을 도모해 일방적인 한류로 야기된 반한류의 정서를 순화하고, 지속적인 한류 확산에도 기여할 수 있을 것"이라고 지적한다. 현지 미디어 기업과의 콘텐츠 무한경쟁보다는 협력과 상생을 모색하는 것이 오히려 경쟁에서 살아남을 수 있는 길이며, 이는 국제 간의 공동제작을 통해 실현할 수 있다.

또한 공동제작은 특정 국가의 외국 프로그램 쿼터 제한을 우회할 수 있는 매우 효율적인 방안이다. 예를 들어 중국은 총 방송시간의 15% 이상을 외국 콘텐츠로 편성하는 것을 금지하고 있다. 초기의 공동제작은 프로젝트 단위에서 진행하되 사업이 안정화될 경우 각국에서 통용될 수 있는 프로그램 포맷의 개발과 그를 통한 현지 제작을 실행할 수 있을 것이다. 채널 단위의 글로벌 시장 진출이 이루어지기 위해서는 프로그램 장르별로 365일 24시간 방송이 가능한 물량 확보가 반드시 이루어져야 한다. 앞에서 살펴본 할리우드의 스튜디오 모델과 현지법인과의 공동 포맷 제작을 통한 콘텐츠 조달을 고려해 보는 것도 좋은 대안이 될 것이다.

둘째, 콘텐츠와 미디어 산업이 글로벌 시장에 진출하기 위해서는 국제 수준의 기획·창작 인력의 국가적 양성이 절실히 필요하다. 문화 콘텐츠 산업의 경쟁력은 상상력과 창작력이다. 아시아권에서 우리의 콘텐츠가 통할 수 있었던 것은 우리나라 제작진의 우수한 이야기 구성능력, 수준 높은 촬영과 편집 등의 후반제작 기술, 빠른 제작기간 등의 강점 때문이었다. 하지만 여전히 세계로 통할 수 있는 수준의 콘텐츠 기획과 창작능력은 크게 모자란다. 1970년대에 절정의 인기를 구가했던 홍콩 영화가 점차 소멸해 버린 것은 당시 쿵푸와 암흑가를 다룬 '홍콩식 느와르'라는 동일한 소재의 반복적인 노출에 소비자들이 식상했기 때문이다. 아울러 일부 액션 스타에 대한 지나친 의존성향도 큰 원인으로 작용했다. 또한 중남미에서는 사랑과 배반, 갈등 소재의 눈물 짜기 멜로드라마에 싫증을 느낀 시청자들은 〈대장금〉 같은 한류 드라마에 반색을 하고 있다. 그러므로 국제적 감각을 지닌 작가와 기획 인력들이 많이 배출되어 글로벌 시대에도 소통할 수 있는 다양한 문화코드를 개발, 시청자들의 새로운 유행과 소비를 창조해 나갈 때 진정한 경쟁력이 확보될 수 있다.

셋째, 국내의 앞선 IT 기술력과 콘텐츠를 결합해 해외로 진출하는 방법이다. 세계 최고 수준으로 올라선 우리의 디지털 TV, 스마트폰, MP3 등의 정보통신 기기에 콘텐츠를 연계시켜 소비자들에게 제공함으로써 사용자들의 자연스러운 생활문화로 자리 잡게 함으로써 디지털 한류시대를 열어가는 것이다. 현재 진행되고 있는 온라인의 패러다임을 볼 때 E&M 영역에서 새로운 부가가치를 창출하기 위해서는 가전(家電)과 개별 단말기인 개전(個電) 영역 사이의 연계 서비스가 필수적인 환경이 되고 있다. 소니는 자신들의 모든 IT 제품에 소니가 생산하고 보유한 영화, 음악, 게임 등의 콘텐츠를 온라인으로 연결해 궁극적으로 홈터미널의 승자가 되겠다는 야심찬 '미디어 고' 전략을 추진하고 있다. 그리고 애플 역시 아이팟, 아이폰 등 IT 제품들과 아이튠스라는 콘텐츠 유통 플랫폼을 연계시켜 21세기 최고의 히트상품을 창출해 냈다. 이를 통해 미국은 물론 영국과 일본 등에서 디지털 음원사업 분야의 최고 점유율을 갖고 있다. 또한 삼성전자가 야후와 손을 잡고 '위젯TV 서비스'라는 새로운 지평을 연 것이나, LG전자가 독일 최대의 온라인 영화 대여업체인 맥스돔과 전략적 제휴를 맺고 브로드밴드TV를 통한 프리미엄 VOD 서비스를 선보인 것도 디지털 한류에 대한 사고를 확대하는 데 좋은 시사점이 될 수 있다.

또한 온라인은 국경의 벽을 가장 쉽게 넘을 수 있는 방법이 되고 있다. 빌 게이츠는 말했다. "앞으로 많은 사람들은 이미 정해진 편성에 따라 프로그램이 제공되고, 광고가 프로그램 시청을 방해하는 TV를 떠나 훨씬 유연한 형태를 취하는 온라인 매체로 이동할 것이다." 이 같은 현상은 어느 나라를 막론하고 현재 변화하고 있는 커다란 흐름이다. 이제 온라인과 모바일, 커뮤니티에 기반한 새로운 미디어 환경이 조성되고 있다. 디즈니닷컴 disney.com 은 프로그램을 6개 국어로 서비스한다. 디즈니에게 해외시장은 무궁무진한 비즈니스 기회를 약속한다. 그간 디즈니는 프로그램을 해외 방송사들에게 판매하는 데 주력했지만, 이제 온라인 시청경험이 확산되는 추세에 발맞춰 전 세계 시청자들에게 직접 콘텐츠를 제공하는 전략을 동시에 진행하고 있다.

마지막으로 정책당국의 '복합글로벌 미디어그룹'의 출현을 위한 다양한 정책지원과 탈규제정책 또한 필수적인 사항이다. 미디어 산업은 다른 어떤 산업분야보다도 사회적 영향력이 크다는 점에서 어느 나라이든 간에 태생적으로 규제를 받아온 산업이다. 국내의 경우 미디어 산업의 발목을 잡는 규제가 지나치게 많았는데, 이제 '글로벌 스탠더드global standard'에 맞는 규제완화 정책이 실현되고 있다. 미디어 산업에 대한 규제가 심하다 보면 자생력이 떨어져 글로벌 시장에서의 경쟁력이 뒤질 수밖에 없다. 신문과 방송의 겸영 허용, 방송과 통신의 상호진입 허용, 소유 제한 확대, M&A 규제를 완화하는 정책 등은 국내 미디어 기업이 글로벌 시장으로 나가기 위한 규모를 갖추는 데 필요한 일차적 조치라고 볼 수 있다. 그러나 규제 완화 정책에 대한 반론과 비판 또한 만만치 않다. 규제 완화에 힘입어 미디어 기업들은 상업적으로 가능성 있는 콘텐츠를 집중 생산해 더 큰 수익을 얻으려 하기 때문에 콘텐츠의 다양성이 훼손되고, 여론 독과점을 야기할 수 있다는 지적이 대표적이다. 그러나 세계는 이미 무한경쟁 시대에 진입했고, 미디어 기업 역시 이 조류에서 비껴갈 수 없다는 점을 간과해서는 안 된다. 한·미 FTA에 따라 방송채널사업자인 PP분야에도 외국 미디어 기업이 국내에 법인을 세워 직접 진출할 수 있게 됨으로써 글로벌 미디어 기업들의 각축이 더욱 가속화될 전망이다. 반면에 우리의 미디어 시장은 시장 개방과 치열한 채널 간 경쟁, 상승하고 있는 콘텐츠 제작비용, 유료시장 및 광고 시장의 정체 등으로 위기에 처해 있다. 이제 국내 미디어 기업들의 글로벌 진출은 대안이 아니라 생존을 위한 해결책이 될 것이다. 공익성과 상업성이 조화롭게 공존하는 미디어 시장으로 성장할 때 국내 미디어 기업은 글로벌 미디어그룹에 맞설 수 있는 경쟁력을 확보할 수 있다.

최근 신흥시장으로 급부상하고 있는 아시아, 남미, 동유럽 시장 역시 기존 글로벌 미디어그룹들뿐 아니라 중국과 인도, 일본의 미디어 기업들까지도 진출을 서두르고 있다. 여기에 국내 지상파TV 및 뉴미디어 기업들도 기회를 모색하고 있다. 문화가 곧 경제인 21세기 디지털 시대에 콘텐츠의 허브로서 한국의 글로벌 미디어그룹의 탄생을 기대해 본다.

  필자가 뉴욕에서 유학 중이던 1986년 어느 날, WNET 뉴욕공영방송
에 실습을 나가 백남준의 비디오 아트쇼 〈바이 바이 키플링〉의 위성중
계 현장을 지켜보았다. 1984년 〈굿모닝 미스터 오웰〉에 이은 두 번째
작품 〈바이 바이 키플링〉은 "동양은 동양이고 서양은 서양일 뿐, 이 둘
은 결코 서로 만날 수 없다"는 영국 시인 키플링의 단언을 반박하고,
상호 소통적 참여 TV를 통해 지구촌이 하나가 되는 모습을 보여주는
메시지를 담고 있었다. 뉴욕과 도쿄, 서울을 생중계로 연결한 이 역사
적인 우주 오페라에 세계인들은 깊은 공감과 찬사를 보냈다. 이러한 인
연을 계기로 필자는 1993년 삼성전자의 후원으로 백남준의 예술세계

를 다룬 특집 다큐멘터리를 제작, 디스커버리 채널을 통해 미국 전역에 방영하는 영광을 가졌다.

20여 년 전에 백남준이 보여준 위성중계 예술은 이제 역사 속의 퍼포먼스로 기억되고 있다. 오늘날 디지털 기술과 인터넷은 세계를 촘촘한 그물처럼 상시 동시권으로 묶어놓았고, 지구촌의 커뮤니케이션 방식과 미디어의 산업지도를 완전히 바꿔놓았다. 아마도 그의 예언보다 훨씬 빠르게 인류는 국경 없는 글로벌 커뮤니케이션 환경에 진입했으며, 한 걸음 더 나아가 유튜브와 싸이월드, 트위터 등의 SNS를 통해 언제 어디서나 정보를 실시간으로 공유하는 웹 3.0 시대를 맞고 있다. 인터넷과 SNS를 통한 개개인의 네트워크는 사면팔방으로 확장되어 이 세상 누구라도 몇 단계를 건너면 연결될 수 있는 좁은 세계에 살게 되었다.

필자는 국내에 뉴미디어 도입이 이루어지기 전인 1980년대 중후반에 미국의 케이블TV 방송사와 NBC에서 귀중한 경험을 쌓았고, 1990년대에 제일기획과 삼성영상사업단에서 전략담당 팀장으로서 훌륭한 선배, 동료, 후배들과 함께 국내 최초의 엔터테인먼트 그룹인 삼성영상사업단을 설계하고 만드는 데 열정을 바쳤다. 그리고 2000년 이후 기업의 임원으로서 디지털 미디어 사업을 맡아 새롭게 신규사업을 일궈내면서 하루하루 변하고 있는 산업의 현장을 직접 체험하고 있다. '미디어 빅뱅과 스크램블의 시대에 디지털과 인터넷이 바꾸고 있는 미디어 경제와 비즈니스 모델의 진화, 과연 그 방향과 끝은 어디일까?'라는 것이 필자가 항상 생각하고 있는 연구 테마다. 산업의 현장에서 축적해 온 조그마한 지식들과 사례들을 모아 틈틈이 기록하고 책으로 엮어내는 일은 필자에게는 본업 외의 두 번째 일이지만 참으로 소중하게 생각하는 또 하나의 사명이다.

이 자리를 빌려《케이블TV 사업의 실제》,《미디어 소비자 광고의 변화》에 이어 이번《미디어기업을 넘어 콘텐츠기업으로》를 출간하기까지 자료를 챙겨주고 조언을 아끼지 않은 가족과 필자가 몸담고 있는 CJ 시스템즈에서 동고동락하며 디지털 미디어 분야를 개척해 온 동료, 후배들에게 이 책으로 존경과 감사의 마음을 대신하고자 한다.

Part 1

1) 최혜실, '디지털, 스토리텔링, 산업', 계간문예, 2006

2) 정보통신정책연구원, '디지털 컨버전스 기반 미래연구', 2010

3) 김우정, '김우정의 풍류일가 뉴스레터', 2009. 8

Part 2

1) 고정민, 《문화콘텐츠 경영전략》, 커뮤니케이션북스, 2007

2) 이시훈 · 성열홍 · 손영화, 《미디어, 소비자, 광고의 변화》, 한경사, 2008

Part 3

1) 이시훈 · 성열홍 · 손영화, 《미디어, 소비자, 광고의 변화》, 한경사, 2008

2) 명승은, 《미디어 2.0》, 한빛미디어, 2008

3) 김원제, '미디어 2.0의 개념과 새로운 가치 창출', EIC 보고서, 2007

4) 김지희, '커런트 TV가 보여주는 양방향 미디어의 진수', 미디액트 미디어운동연구저널, 2009

5) 배일한, 《오목한 미래》, 갤리온, 2009

6) 동아비즈니스 리뷰, 2010. 5. 1

7) 이병주, '약한 유대관계의 힘', LG경제연구원, 2004. 9. 29

Part 4

1) 이노션 브랜드커뮤니케이션연구소, '대한민국 디지털 라이프 보고서:찰나를 잡아라', 2010. 4

2) 최진순, '뉴스 유료화 논의의 의미', 2009. 4. 24

3) 'MBC 경영평가 보고서', 2008

4) 2009년 방송통신위원회, AGB닐슨 미디어 리서치

5) 방송통신위원회, '2008년도 방송사업자 재산상황 공표', 2009

6) 신호철, '미국의 유료방송 시장전망 보고서', 정보통신정책연구원, 2009. 8

7) 하이리서치센터, 산업 브리프 자료, 2009. 9. 30

8) 미디어파트너스아시아(MPA), 2008

9) 제프리 A. 무어, 《캐즘 마케팅》, 세종서적, 2002

10) 〈가디언 The Guardian〉, 2009. 8. 29

11) 〈매경 이코노미〉, 2009. 4. 22

12) 〈전자신문〉, 2009. 4. 16

13) KT 경제경영연구소, '커넥티드 TV로 인한 미디어 시장 변화 동향 및 시사점', 2010.4

14) 손민선, '하드웨어-콘텐츠 연계 모델의 이상과 현실', LG Business Insight 1048호, LG경제연구원,
    2009. 7. 7

15) 손민선, '하드웨어-콘텐츠 연계 모델의 이상과 현실', LG Business Insight 1048호, LG경제연구원,
    2009. 7. 7

16) 이시훈·성열홍·손영화, 《미디어, 소비자, 광고의 변화》, 한경사, 2008

17) 이시훈·성열홍·손영화, 《미디어, 소비자, 광고의 변화》, 한경사, 2008

18) 이정호, '블로그 시대의 기업경영', 삼성경제연구소, 2005. 11. 9

19) 박종봉, 'IPTV 서비스, 국내외 현황과 향후 발전모습', TTA 저널 122호, 2009

20) 장석권, '개방형 IPTV 생태계 활성화를 위한 원칙과 상생방안', KT 경제경영연구소, 2010

Part 5

1) 송민정·이화진·최명호, '오픈형 IPTV 혁신이 주는 사회경제적 파급효과에 대한 연구', KT 경제
   경영연구소, 2010

2) 성열홍, '케이블TV 영화채널의 수평적 합병에 따른 경제적 효율성에 관한 연구', 경희대학교 박
   사학위논문, 2000

3) IBM, 'The end of television as we kmow it', 2006

4) 이성호, 'IT 컨버전스의 진화 : 디지털컨버전스에서 라이프컨버전스로', 삼성경제연구소, 2009.
   2. 3

5) 신지은, 박정훈 등, 《세계의 미래학자 10인이 말하는 미래혁명》, 일송북, 2007